Nicola Stricker

Die maskierte Theologie von Pierre Bayle

Arbeiten zur Kirchengeschichte

Begründet von

Karl Holl† und Hans Lietzmann†

herausgegeben von

Christoph Markschies und Gerhard Müller

Band 84

Walter de Gruyter · Berlin · New York

2003

Nicola Stricker

Die maskierte Theologie von Pierre Bayle

Walter de Gruyter · Berlin · New York

2003

∞ Gedruckt auf säurefreiem Papier,
das die US-ANSI-Norm über Haltbarkeit erfüllt.

ISBN 3-11-017747-1

Bibliografische Information Der Deutschen Bibliothek

Die Deutsche Bibliothek verzeichnet diese Publikation in der Deutschen Nationalbibliografie;
detaillierte bibliografische Daten sind im Internet über http://dnb.ddb.de abrufbar.

Printed in Germany
Umschlaggestaltung: Christopher Schneider, Berlin

In memoriam

Elisabeth Labrousse
(1914-2000)

Vorwort

Die Werke der Bayle-Spezialistin Elisabeth Labrousse haben der vorliegenden Arbeit richtungweisende Impulse gegeben. Der wohl wichtigste Anstoß aber ging von einem kurzen Briefwechsel aus, den ich – noch auf der Suche nach einem geeigneten Dissertationsthema – mit dieser international renommierten Forscherin führen durfte. Unsicher, ob es überhaupt möglich sei, das theologische Denken Bayles in einer Dissertation nachzuweisen und darzustellen, wandte ich mich an Elisabeth Labrousse, die mich in ihren herzlichen Briefen dazu ermunterte und mir hilfreiche Ratschläge gab. Ich bedaure es sehr, ihr die Ergebnisse meiner Arbeit nicht mehr präsentieren zu können. Mit Respekt und Dankbarkeit widme ich meine Arbeit dieser großartigen Forscherin.

Ich danke den Herausgebern der „Arbeiten zur Kirchengeschichte", Professor Dr. Christoph Markschies und Professor Dr. Gerhard Müller, für die Aufnahme meiner Arbeit in diese Reihe. Professor Dr. Christoph Markschies gilt zudem mein Dank für seine akribische Endkorrektur des Manuskripts.

Grundlage der vorliegenden Arbeit ist meine an der Theologischen Fakultät der Universität Heidelberg verfaßte Dissertation. Herzlich danken möchte ich meinem Doktorvater, Professor Dr. Heimo Hofmeister (Lehrstuhl für Religionsphilosophie), der mir bei der Betreuung der Doktorarbeit den großen wissenschaftlichen Freiraum gewährte, den diese interdisziplinäre Arbeit benötigte. Sehr dankbar bin ich Professor Dr. Dr. Gerhard Besier (Lehrstuhl für Historische Theologie und Konfessionskunde) für seine Bereitschaft, die Dissertation als Korreferent zu begutachten, sowie für seine wertvollen Ratschläge hinsichtlich der Publikation und die vielen aufmunternden Gespräche.

Finanzielle Unterstützung während der Arbeit an der Dissertation leistete ein von der Universität Heidelberg gewährtes Promotionsstipendium nach dem Landesgraduiertenförderungsgesetz. Die Dissertation wurde von der Gesellschaft für die Geschichte des reformierten Protestantismus mit dem J. F. Gerhard Goeters-Preis ausgezeichnet, den ich mit größter Dankbarkeit und Freude auf der 4. Emder Tagung der Gesellschaft im März 2003 entgegengenommen habe. Auch der Evangelischen Landeskirche in

Baden sei an dieser Stelle für ihre namhafte Beteiligung am Druckkosten-
zuschuß herzlich gedankt.

In jeder Hinsicht dankbar bin ich meinen Eltern, Herrn Dr. Gerd
Stricker und Frau Oberstudienrätin Doris Stricker-Vornhof, die meinen
akademischen Werdegang ermöglicht und unterstützt haben und deren
Bereitschaft zu fachfremder Lektüre und zu strengem Korrekturlesen viel
zur besseren Lesbarkeit und Verständlichkeit meiner Dissertation beige-
tragen hat. Ein letztes Dankeswort gilt meinem Lebensgefährten, Herrn
Dipl.-Biol. Hasan Avci, der die Niederschrift der Dissertation durch alle
Höhen und Tiefen mitbegleitet hat.

Mannheim, im März 2003

Inhaltsverzeichnis

Kapitel I

Einleitung

1. Ziel und inhaltliche Bestimmung dieser Arbeit

Das Interesse an Bayle als einem Vorläufer und Lieblingsautor der Aufklärung ist noch immer groß. Doch die bisherige Bayle-Forschung zeigt
eine räumliche Konstellation (Frankreich, USA, England, Italien), in der
die deutschsprachige Forschung kaum eine Rolle spielt. Außerdem gilt das
Interesse vornehmlich dem Philosophen und Kritiker Bayle, mit großem
Gewicht auf das „Dictionaire Historique et Critique". Diese Reduktion
des Bayleschen Werkes auf das „Dictionaire" und den philosophischen
Aspekt ist jedoch ein schwerwiegender methodischer *faux-pas*, der verhindert, daß das Denken Bayles in seinem ganzen Ausmaß erfaßt wird. Bayles
Aufruf zur zivilen und religiösen Toleranz, seine Ablehnung einer theonomen Ethik und sein moralischer Rationalismus, aber auch sein Skeptizismus als Oppositionsphilosophie zu den dogmatischen Systemen sind die
Themen, welche die Forschung bisher am ausführlichsten behandelt hat.
Die Tatsache, daß Bayles Theologie bisher nur beiläufig Beachtung fand,
hat ihren Grund sicherlich darin, daß ein spezifisch theologisches Werk
aus seiner Feder fehlt. Außerdem hält sich die Ansicht, daß der Fideismus,
den Bayle in seinen Schriften vertritt, eine calvinistische Maske[1] sei, die
dazu diene, seinen Atheismus zu verschleiern – mit der Folge, daß seiner
Theologie grundsätzlich jegliche Bedeutung abgesprochen wird. Es ist
daher das Ziel der vorliegenden Arbeit, den Theologen im Werk des
Philosophen von Rotterdam darzustellen.

Die Theologie Bayles, eine vorwiegend implizite und maskierte Theologie, läßt sich vor allem in ihrer Abgrenzung und Zustimmung zu
anderen Theologien erfassen. Die Darstellung von Bayles Auseinander-

---

[1] Cf. D. P. WALKER, *The Decline of Hell. Seventeenth-Century Discussions of Eternal
Torment*, London 1964, p. 28: „Bayle of course uses this defence only when
wearing his Calvinist mask".

setzung mit den Autoren, deren theologisches Denken er übernimmt oder
aber ablehnt[2], ist daher ebenso wichtig für die Herausarbeitung seiner
Theologie wie die Untersuchung der theologischen Konsequenzen seiner
philosophischen Gedanken. Auch der Bezug zum Calvinismus muß geklärt
werden. Diese Schritte werden es erlauben, die Kohärenz der Theologie
Bayles zu demonstrieren, ohne sie jedoch einem allzu schematischen
Prinzip zu unterwerfen[3], da es nicht Bayles Absicht ist, ein theologisches
System zu entwerfen. Zudem sind Bayles Ruhm über seine Zeit hinaus
und sein Einfluß auf die Aufklärer auch an seiner Theologie zu bemessen,
deren maskierter Charakter auf eine bewußte, aber vorsichtige Ablösung
von der Theologie seiner Zeit hinweist.

2. Biographische Notiz und zeitliche Einordnung der wichtigsten Werke[4]

Pierre Bayle wird am 18. November 1647 als Sohn eines reformierten
Pfarrers in Le Carla (Südfrankreich) geboren. Seine akademische Bildung
beginnt spät: Die Familie ist arm, da die calvinistischen Gemeinden lange
vor der Widerrufung des Edikts von Nantes (1685) unter der staatlichen
Benachteiligung zu leiden haben. Erst im Alter von neunzehn Jahren kann
er sein Studium an der reformierten Akademie von Puylaurens aufnehmen,
das er kurze Zeit später aus finanziellen Gründen wieder unterbricht. Im
Jahre 1669 entschließt sich Bayle, an das Kolleg der Jesuiten in Toulouse
zu wechseln und zum katholischen Glauben zu konvertieren. Es ist das
Problem der Autorität in Glaubensdingen, das ihn dazu bringt, das protestantische Prinzip der *sola Scriptura* zugunsten des katholischen Primats
der Kirche aufzugeben. 1670 kehrt Bayle jedoch wieder zum Calvinismus

---

[2] Bereits R. VOELTZEL, *Vraie et fausse Eglise selon les théologiens protestants du XVIIe siècle*, Paris 1956, p. 6, macht geltend, daß kein protestantisches Buch des 17. Jahrhunderts ohne einen Bezug auf die Werke, auf die es antwortet, verständlich wird.

[3] Cf. L. LEVY-BRUHL, „Les tendances générales de Bayle et de Fontenelle", *Revue d'histoire de la philosophie* 1 (1927), p. 52: „On ne peut ni ne doit donner un exposé systématique d'idées que leur auteur a précisément refusé d'unir en un système."

[4] Eine ausführliche biographische Darstellung bietet E. LABROUSSE, *Pierre Bayle, Du Pays de Foix à la cité d'Erasme*, Den Haag 1963. – Die vollständigste Bibliographie der Werke Bayles, einschließlich der unveröffentlichten und nicht mehr auffind-baren Werke und der ihm nicht mit Sicherheit zuzuordnenden Schriften, findet sich in G. MORI, *Bayle philosophe*, Paris 1999, pp. 347-356.

zurück. Seinen eigenen Angaben nach sind es die Transsubstantiations-lehre und die Heiligenverehrung der Katholiken, die ihn dazu bewogen haben.[5] Ein solcher Rückfall in das Lager der „Ketzer" hat bereits vor der Widerrufung des Edikts von Nantes schwere Folgen: von der Verhängung eines Bußgelds (seit 1663) bis zur Verbannung (seit 1665) und Konfis-zierung des Eigentums (seit 1669).[6] Da der Verbannung in der Regel ein langer Gefängnisaufenthalt vorausgeht[7], verläßt Bayle Frankreich heimlich und geht nach Genf. An der dortigen Akademie lernt er die kartesische Philosophie kennen, die sich im protestantischen Gelehrtenmilieu immer stärker ausbreitet.

Nach Anstellungen als Hauslehrer in Genf und Coppet wagt es Bayle, nach Frankreich zurückzukehren.[8] Auch in Rouen und Paris verdingt er sich zunächst als Hauslehrer, bevor er 1675 Philosophieprofessor an der reformierten Akademie von Sedan wird. Im Rahmen seines dortigen Wirkens entstehen unter anderem das „Système de Philosophie" (1675-1677), die gegen Poiret gerichteten „Objectiones in Libros quatuor de Deo, anima et malo" (1679), die „Thèses Philosophiques" (1680) und die „Dissertation où on défend contre les Péripatéticiens les raisons par lesquelles quelques Cartésiens ont prouvé que l'essence du corps consiste dans l'étenduë" (1680). Nach der Schließung der Akademie im Jahre 1681 – alle protestantischen Akademien in Frankreich werden in diesem Jahr aufgehoben – emigriert Bayle nach Rotterdam, wo ihn die Schola illustris als Philosophieprofessor aufnimmt. Aberglaube und Vorurteile sind die Zielscheibe seiner 1682 anonym und unter einer fiktiven Adresse (Köln: Pierre Marteau) veröffentlichten „Lettre à M.L.A.D.C. Docteur de la Sorbonne, où il est prouvé (...) que les comètes ne sont point le présage d'aucun malheur (...)", die ein Jahr später mit dem Titel „Pensées diverses, écrites à un docteur de Sorbonne, à l'occasion de la comète qui parut au mois de décembre 1680" in Rotterdam neu aufgelegt wird. 1682 erscheint außerdem sein polemisches Werk „Critique générale de l'Histoire du

---

5   Cf. P. BAYLE, *La Chimère de la Cabale de Rotterdam*, in ders., *Oeuvres diverses*, hrsg. von E. LABROUSSE, 5 Bde., Hildesheim 1964-1982, Bd. II, p. 759a. – Verweise auf diese Ausgabe werden im folgenden mit OD abgekürzt.

6   C. PAILHES, „Catholiques et protestants en Pays de Foix au temps de Bayle (vers 1630-1685)", in H. BOST/P. DE ROBERT (Hrsg.), *Pierre Bayle, citoyen du monde. De l'enfant du Carla à l'auteur du Dictionnaire* (Actes du colloque de Carla-Bayle, 13-15 septembre 1996), Paris 1999, p. 57f, betont die strenge Handhabung dieser Maßnahmen in Bayles Heimatregion.

7   Cf. E. LABROUSSE, *Pierre Bayle, Du Pays de Foix à la cité d'Erasme*, p. 78, n. 9.

8   Cf. E. LABROUSSE, *Pierre Bayle, Du Pays de Foix à la cité d'Erasme*, p. 120: „(...) à condition d'éviter sa province natale, il estima, à juste titre, qu'il n'y courrait pas de risques sérieux d'être identifié comme relaps."

calvinisme de Mr. Maimbourg", in dem Bayle die tendenziöse katholische Geschichtsschreibung anprangert. Dieses Werk erlebt, nach mehreren Auflagen, 1685 eine Fortsetzung mit den „Nouvelles Lettres de l'auteur de la Critique générale", in denen er unter anderem das protestantische Prinzip der *sola Scriptura* verteidigt. Daneben gibt Bayle von 1684 bis 1687 die „Nouvelles de la République des Lettres" heraus, eine monatlich erscheinende Revue, die kritische Buchrezensionen von Autoren verschiedener Herkunft und Konfession enthält.

Die Widerrufung des Edikts von Nantes im Jahre 1685 und die Verfolgung der Protestanten durch die französische Regierung, der auch sein ältester Bruder Jacob — wie der Vater ein reformierter Pfarrer — zum Opfer fällt, sind Anlaß für Bayles bitteres Pamphlet „Ce que c'est que la France toute catholique sous le règne de Louis le Grand" (1686). In diesem Zusammenhang entsteht auch der „Commentaire philosophique sur ces paroles de Jésus-Christ, Contrains-les d'entrer" (1686), eine philosophische Widerlegung der Legitimität von Zwangsbekehrungen und zugleich eine Demonstration der Notwendigkeit von Toleranz, die Bayle auch Widerstand in den reformierten Reihen einbringen sollte.

Ausgerechnet mit einem renommierten Glaubensgenossen liefert sich Bayle in Rotterdam einen erbitterten Schlagabtausch. Im Zuge der Auseinandersetzung mit dem Theologieprofessor und Pfarrer Pierre Jurieu entstehen unter anderem 1691 die „Cabale chimérique" und ihre Fortsetzungen — darunter „La Chimère de la Cabale de Rotterdam" —, in denen sich Bayle gegen die Anschuldigungen Jurieus verteidigt, aber auch die „Janua coelorum reserata cunctis religionibus", ein Angriff auf Jurieus Kirchenbegriff. Der Streit mit Jurieu führt letztendlich, im Jahre 1693, zu Bayles Entlassung von der École Illustre, mit dem Verbot öffentlichen und privaten Unterrichtens. Dank einer ihm von seinem Verleger Reinier Leers gewährten Pension kann Bayle jedoch die langwierige Unternehmung des „Dictionaire historique et critique" in Angriff nehmen, das vielfach als sein Meisterwerk bezeichnet wird. Das „Dictionaire" muß nach seinem ersten Erscheinen (1696) mehrmals überarbeitet werden, da das Konsistorium der wallonischen Kirche gegen diverse Artikel Einspruch erhebt.

Zehn Jahre nach der „Addition aux Pensées diverses", einer Verteidigung der „Pensées diverses" gegen Jurieu, erscheint 1704 eine „Continuation des Pensées diverses", in der Bayle seinen Standpunkt ausbaut und die Einwände Jurieus minutiös widerlegt. Die vierteilige „Réponse aux questions d'un provincial", deren erster Teil 1703 erscheint und deren vierter Teil 1707 posthum veröffentlicht wird, ist eine unsystematische Abhandlung historischer und philosophisch-theologischer Themen, in deren Rahmen Bayle zudem eine Auseinandersetzung mit Vertretern der rationalistischen Theologie (King, Bernard, Le Clerc, Jaquelot) führt. Das letzte Werk Bayles sind die „Entretiens de Maxime et de Thémiste", die ebenfalls posthum 1707 erscheinen und der Auseinandersetzung mit den ratonalistischen Theologen Le Clerc und Jaquelot gewidmet sind. Berühmt – aber arm – stirbt Bayle am 28. Dezember 1706 an Tuberkulose.

Die Werke Bayles sind in die große Zeitspanne einzuordnen, die von der Reformation über den Kartesianismus zum Beginn der Aufklärung führt und geprägt ist von politischen und religiösen Auseinandersetzungen. Der Feldzug der französischen Apologeten gegen die Freidenker, die immer größere Ausmaße annehmende Verfolgung der Protestanten, die innerprotestantischen Spaltungen, aber auch der Jansenistenstreit und die Reaktionen auf den Kartesianismus finden ein Echo im Werk des Mannes, dem als Herausgeber der „Nouvelles de la République des Lettres" und als Verfasser des „Dictionaire historique et critique" kaum ein Aspekt der philosophischen und theologischen Debatten entgeht. Politisch, philosophisch und theologisch ergeben sich in dieser Epoche maßgebende Anstöße, denen nicht zuletzt das theologische Denken Bayles Rechnung trägt, zumal sich zu dieser Zeit auch die Krise der calvinistischen Orthodoxie manifestiert.[9]

3. Der Stand der Forschung: ein Überblick

Die gesamte Bayle-Forschung steht in dem Spannungsverhältnis, das bereits Voltaire beschrieben hat: Es sei den größten Gegnern Bayles nicht gelungen, eine einzige Zeile im Werk Bayles zu finden, die eine offene Blasphemie gegen die christliche Religion enthalte, während seine Verteidiger zugeben müssen, daß in den Kontroversschriften der Leser auf jeder Seite zum Zweifel und oft sogar zum Unglauben hingeführt werde:

„On ne le pouvait convaincre d'être impie; mais il faisait des impies, en mettant les objections contre nos dogmes dans un jour si lumineux qu'il n'était pas possible à une foi médiocre de n'être pas ébranlée, et malheureusement la plus grande partie des lecteurs n'a qu'une foi très-médiocre."[10]

---

[9]   Eine sehr interessante Beschreibung dieser Krise, die sich vor allem im Verhältnis des Protestantismus zur Bibel manifestiert, findet sich bei F. LAPLANCHE, *L'écriture, le sacré et l'histoire. Erudits et politiques protestants devant la Bible en France au XVIIe siècle*, Amsterdam-Maarssen 1986.

[10] VOLTAIRE, *Lettres à S.A. Monseigneur le Prince de *** sur Rabelais, et sur d'autres auteurs qui ont mal parlé de la religion chrétienne*, in ders., *Oeuvres complètes*, hrsg.

1835 stellt SAINTE-BEUVE[11] in einer biographischen Studie Bayle vor,
dem er zwar eine große philosophische Bedeutung bescheinigt, die aber
von seiner bemerkenswerten kritischen Gabe noch übertroffen werde.
Bayle verkörpert für Sainte-Beuve das Ideal des kritischen Geistes, der im
Gegensatz stehe zum schöpferischen und poetischen Geist, aber auch
zum Philosophen mit System. Bayle sehe die Philosophie als Vergnügen
und sei an allem interessiert, was ihm letztlich ermögliche, tolerant und
unparteiisch zu sein. Sainte-Beuve erinnert zu Recht an die vielen Rollen,
in die Bayle in seinen Argumentationen schlüpft, und sieht in ihm einen
Denker, der nicht am Ruhm, sondern an den verschlungenen Wegen
seines Denkens interessiert ist. Er übernimmt die von der Aufklärung
geprägte Sicht Bayles als eines Vorgängers Voltaires und begrüßt in ihm
den Gegenpol zu den Denkformen und literarischen Normen der
französischen Klassik.[12] Bayles Kritik seien keine Grenzen gesetzt, weil er
sich keinem Stil und keiner Lehre, aber auch keinem Thema verpflichtet
fühle. Der kritische Geist, den Bayle verkörpere, sei zwar nicht vereinbar
mit starker Religiosität, aber Sainte-Beuve schreibt Bayle dennoch eine
gewisse Religiosität zu, wobei er sich vor allem auf die in Bayles Briefen
bewiesene Gottergebenheit und das in ihnen zum Ausdruck kommende
Gottvertrauen beruft. Christliche Gesinnung und philosophischer Blick-
winkel – so stellt Sainte-Beuve daher fest – können für Bayle durchaus
nebeneinander existieren. Mehr interessiert ist Sainte-Beuve, der nicht in
die Tiefen der Bayleschen Argumentation vordringt, allerdings an Bayles
Gleichgültigkeit gegenüber weltlichen Vergnügen und dem anderen
Geschlecht, da er in dieser eine Stütze seines kritischen Vermögens
ausmacht.[13] In den „Nouveaux lundis" stellt Sainte-Beuve wehmütig fest,
daß Bayle das Los der meisten Schriftsteller teile, nämlich der Vergangenheit anzugehören und nur die Gelehrten zu interessieren, die nichts

---

von L. MOLAND, 52 Bde., Paris 1877-1885, Repr. Nendeln 1967, Bd. XXVI, p.
502.

[11] C.-A. SAINTE-BEUVE, „Du génie critique et de Bayle", in ders., *Portraits littéraires*,
hrsg. von G. ANTOINE, Paris 1993, pp. 250-266.

[12] Cf. C.-A. SAINTE-BEUVE, *Nouveaux lundis*, 13 Bde., Paris ²1874, Bd. 9, p. 20f;
Bayle sei der große Vorläufer Voltaires, aber ein holländischer Voltaire und unter
den Schriftstellern „le moins parisien", bei dem es nicht auf die Form, sondern den
Inhalt ankomme („Le fruit chez lui vaut mieux que l'écorce").

[13] Zwar hält Sainte-Beuve die mittlerweile als böswillige Unterstellung erwiesene
Anekdote, Baylè habe ein Verhältnis mit der Gattin seines Widersachers Jurieu ge-
habt, für durchaus möglich, aber er sieht darin einen einmaligen Fehltritt, der
Bayles mangelndes Interesse am anderen Geschlecht nicht weiter in Frage stelle.

Besseres zu tun haben „que de vivre dans les loisirs et les recherches du cabinet"[14].

Von größerem kritischem Tiefgang ist die Studie von FEUERBACH[15] aus dem Jahre 1838. Bayle wird verstanden als der freie Privatgelehrte, dessen Zweifel ganz zu seiner kritischen Gesinnung paßten. Den historisch wichtigsten Aspekt sieht Feuerbach in der Darstellung des Gegensatzes von Glaube und Vernunft. Da Feuerbach Theologie und Wissenschaft streng trennt, spricht er Bayle von vornherein jegliches theologisches Interesse ab. Weil ihm Bayle aber in seiner Dogmenkritik nicht weit genug geht, gehört Feuerbach zu den wenigen, die im Glauben Bayles „eine *subjektive* Ehrlichkeit", wenngleich auch einen „Akt der Selbstverleugnung"[16], sehen und auf seine Verbundenheit mit der calvinistischen Tradition und der verfolgten protestantischen Minderheit hinweisen. Bayle – so Feuerbachs Versuch einer psychologischen Beschreibung – glaube im Widerspruch zu seinem Geist. Dieser Versuch einer psychologischen Erfassung wird der Rolle des Glaubens in Bayles Denken allerdings nicht gerecht. Aufgrund seiner eigenen Dogmenkritik hält Feuerbach Bayles antikatholische Polemiken für besonders beachtenswert, da er sich darin nicht zurückhalten müsse. Seine inhaltlich beste polemische Schrift ist für ihn der „Commentaire philosophique" gegen die Mißachtung des Gewissens. Die von Bayle propagierte Trennung von Moral und Religion habe noch nicht den Durchbruch der autonomen Ethik geschafft, der erst mit Kant erzielt werde. Bayles Bedeutung, die Feuerbach in seinem negativen Verhältnis zur Theologie begründet, gehöre daher der Vergangenheit an. Bayles Philosophie bleibe Gelegenheitsphilosophie, da er „*kein metaphysisches Sitzfleisch*"[17] besitze.

Im Artikel „Bayle" des Werks „La France protestante" von Eugène und Emile HAAG[18] wird Bayle als Schüler Montaignes und Vorgänger Montesquieus und Voltaires vorgestellt, dessen größte Leistung in seinem Plädoyer für die Toleranz bestehe. Die Besonderheit des Artikels liegt vornehmlich darin, daß er, im Gegensatz zur geläufigen Meinung, in Bayle einen aufrichtigen, durch die Vorwürfe des Atheismus verletzten

---

14   C.-A. SAINTE-BEUVE, *Nouveaux lundis*, Bd. 9, p. 29.

15   L. FEUERBACH, *Pierre Bayle. Ein Beitrag zur Geschichte der Philosophie und Menschheit* (*Gesammelte Werke*, hrsg. von W. SCHUFFENHAUER, Bd. 4), Berlin 1967.

16   L. FEUERBACH, *Pierre Bayle. Ein Beitrag zur Geschichte der Philosophie und Menschheit* (*Gesammelte Werke*, hrsg. von W. SCHUFFENHAUER, Bd. 4), p. 158, p. 160.

17   L. FEUERBACH, *Pierre Bayle. Ein Beitrag zur Geschichte der Philosophie und Menschheit* (*Gesammelte Werke*, hrsg. von W. SCHUFFENHAUER, Bd. 4), p. 228.

18   Eug. und Em. HAAG, *La France Protestante*, Bd. 1, Paris ²1877, cols. 1053-1077.

Protestanten erkennt, dem von seiten des fanatischen Pfarrers Jurieu großes Unrecht widerfahren sei.

Zwischen 1855 und 1862 erscheinen drei ebenso interessante wie unterschiedliche französische Studien. LENIENT[19] charakterisiert das Denken Bayles als Pyrrhonismus. Daß er diesen Begriff nicht richtig zuordnet, zeigt sich daran, daß er Bayle im gleichen Atemzug einen Vertreter der absoluten Rechte der Vernunft nennt. Bayle ist in den Augen Léniens kein Feind der Religion, aber er ist auch nicht gläubig, so daß seine orthodoxen Formulierungen nicht seiner wahren Haltung entsprechen. Bayles Individualismus läßt ihn gegen Intoleranz und Dogmatismus argumentieren. Indem er die Philosophie als kritische Waffe gegen den Dogmatismus verstehe und mit spöttischer Gleichgültigkeit für den Atheismus plädiere, habe er der Religionskritik des 18. Jahrhunderts Vorschub geleistet. Für Lénient besteht Bayles philosophische Errungenschaft im Toleranzgedanken, der seiner religiösen Indifferenz entspringe.

Die Theologie Bayles ist das Thema, dem sich SAIGEY[20] widmet. Leider geht es Saigey nicht darum, die Theologie Bayles zu beschreiben, sondern den Unglauben Bayles zu demonstrieren. Saigeys Urteil ist vernichtend: Bayle benutzte sein Talent, um menschliche Verirrungen hervorzuheben und Unordnung und Verdorbenheit zu säen, er entehrte die französische Reformation und ebnete dem Gift des nächsten Jahrhunderts die Bahn. Saigey verurteilt Bayles moralische Kritik an David als Angriff gegen die Bibel und sieht eine Übereinstimmung mit der reformierten Kirche nur hinsichtlich der gemeinsamen Opposition zum Katholizismus gegeben. Bayles Berufung auf die Schrift sei, nachdem er die Unverständlichkeit und Absurdität des Christentums gezeigt habe, nur ein Deckmantel für seine Attacke gegen die christlichen Dogmen. Dennoch habe Bayle dem Christentum auch einen Dienst erwiesen, da er die Nutzlosigkeit der traditionellen apologetischen Argumente zeige. Saigeys Studie ist gerade deshalb so interessant, weil sie verdeutlicht, wie die eigene Stellungnahme zum Verhältnis von Glaube und Vernunft die Interpretation Bayles ganz wesentlich beeinflußt.

JEANMAIRE[21] begrüßt, wie Lénient, in Bayle den Vorkämpfer für die Toleranz. Das wahre System Bayles sei ein Skeptizismus *sui generis*, dessen Keim bei Descartes angelegt sei. Jeanmaire spricht sich gegen das Bild eines atheistischen Bayle aus, wirft ihm jedoch seinerseits – wohl aus der

---

19   C. LENIENT, *Étude sur Bayle*, Paris 1855, Repr. New York 1972.
20   E. SAIGEY, „La théologie de Bayle", *Nouvelle Revue de Théologie* 5 (1860), pp. 1-22.
21   E. JEANMAIRE, *Essai sur la critique religieuse de Pierre Bayle*, Strasbourg 1862.

eigenen optimistischen Grundhaltung heraus – vor, die Schwäche und
Verdorbenheit der menschlichen Natur zu übertreiben:

„(...) il ne sent pas ce qu'il y a de divin dans l'humanité."[22]

Für Jeanmaire gehört Bayle nicht zu den Freidenkern, vielmehr nimmt er
dessen Verteidigung der reformierten Kirche und seine Stellung des
Glaubens über die Vernunft ernst. Zwar erfaßt Jeanmaire die Bedeutung
des wahren Glaubens im Werk Bayle, aber er spricht ihm gleichzeitig eine
irreligiöse Geisteshaltung zu. Bayle nehme die reformierten Dogmen hin,
ohne alle zu glauben, und sei mit seinem subjektiven Glauben kein
Revolutionär, sondern ein Skeptiker, der seine Religion im Herzen, aber
nicht in der Vernunft trage. So erscheint Bayle mit seinem religiösen
Subjektivismus bei Jeanmaire nicht nur als Vorläufer der Aufklärung,
sondern auch als Vorläufer des 19. Jahrhunderts.

Auch das beginnende 20. Jahrhundert ist sich nicht einig über die
philosophische Leistung Bayles und sein Verhältnis zum Calvinismus.
EUCKEN[23] macht einen weiteren Versuch einer psychologischen Analyse
Bayles. Über seine Einordnung in die Philosophiegeschichte schreibt er:
Bayle ist der große Skeptiker, Logiker und Dialektiker, ohne den die
Aufklärung unverständlich bleibt. Eucken konstatiert den moralischen
Rationalismus Bayles, der sich aber daran stoße, daß die Erfahrung ein
anderes Bild vom Menschen lehre, und sich so dem Pessimismus und
Skeptizismus öffne. Beim Versuch, durch die Flucht zur Religion den
moralischen Zwiespalt zu überwinden, erkenne Bayle, daß die Religion
der Moral sogar schaden und Intoleranz erzeugen kann. In seinem
Glaubensbegriff bleibe Bayle an die positiven Formen der Religion
gebunden. Zwar würdigt Eucken Bayles kritische und dialektische Attacke
gegen die rationale Rechtfertigung der Dogmen als bedeutend, aber „die
positive Leistung ist auch hier schwach"[24], weil Bayle zugleich Halt im
schlichten Bibelglauben suche.

Eine rein biographische Studie liefert BOLIN[25] in seiner Einleitung zu
Feuerbachs „Bayle". Das Fehlen biographischer Angaben bei Feuerbach
und die Langatmigkeit der Biographie von Des Maizeaux stellen den

---

[22]   E. JEANMAIRE, *Essai sur la critique religieuse de Pierre Bayle*, p. 56.
[23]   R. C. EUCKEN, „Pierre Bayle, der grosse Skeptiker, eine psychologische Studie", in
        ders., *Gesammelte Aufsätze zur Philosophie und Lebensanschauung*, Leipzig 1903, pp.
        186-206.
[24]   R. C. EUCKEN, „Pierre Bayle, der grosse Skeptiker, eine psychologische Studie", in
        ders., *Gesammelte Aufsätze zur Philosophie und Lebensanschauung*, p. 203.
[25]   W. BOLIN, „Biographische Einleitung", in L. FEUERBACH, *Sämmtliche Werke*, neu
        hrsg. von W. BOLIN/F. JODL, Bd. 5: *Pierre Bayle*, Stuttgart 1905, pp. 1-109.

Grund von Bolins Einleitung dar, die den historischen Hintergrund erhellen will und sich als freie Wiedergabe der Biographie von Des Maizeaux versteht. Interessant ist, daß sich Bolin vor allem auf Bayles Streit mit Jurieu konzentriert, der in der Darstellung als streitsüchtiger Theologe qualifiziert wird, dessen Gott „der blut- und opferfreudige Judengott"[26] sei.

Eine positive Wertung Bayles als antiklerikaler Freidenker und Apostel der Toleranz findet sich bei CAZES[27]. Auch er sieht in Bayle die Verkörperung des kritischen Geistes, der darin aber eher den Kartesianismus als den Skeptizismus beerbe. Der Baylesche Zweifel habe die moderne Welt hervorgebracht und die Vernunft von der Tyrannei der Theologie befreit. Alle großen politischen, religiösen, wissenschaftlichen Errungenschaften seien die Krönung und das Resultat seines immensen Werkes, das Cazes im zweiten Teil anhand von einigen Auszügen thematisch darstellt. Cazes' Absicht – der in Bayle wohl eher einen Verbündeten sucht – ist es, Bayle zur Gallionsfigur des Antiklerikalismus und der Demokratie zu machen.

Eine neue Sicht bringt die Studie von DELVOLVE[28], der Bayles Philosophie als Positivismus bezeichnet. Bayle sei zwar kein bedeutsamer Philosoph, aber ein moderner Kritiker, in dessen Werk Theologie und Philosophie miteinander verwoben seien. Delvolvé ist es wichtig darzustellen, daß Bayle vor allem Moralist ist. Zugleich sieht er in ihm einen Gegner jeglicher Theologie und einen versteckten Atheisten, der seine wahren Ansichten nicht äußert. Doch er betont auch das konstruktive Moment im Denken Bayles, nämlich seinen Versuch, zu einem Höchstmaß an Gewißheit auf den Gebieten der Physik, Moral und Geschichte zu gelangen.

Die Rezension der Studien von Cazes und Delvolvé von SCHOELL[29] ist signifikant, weil sie eine erste vorsichtige Annäherung des Protestantismus an sein *enfant terrible* zeigt. Schoell verurteilt Cazes' Absicht, Bayle für seine Zwecke einzuspannen, und wirft Delvolvé vor, Bayle zum treuen Schüler von Auguste Comte und zu einem intoleranten Antiklerikalen zu machen. Er betont ausdrücklich den protestantischen Hintergrund Bayles, der nicht das religiöse Gefühl an sich, sondern seine intoleranten Formen

---

[26] W. BOLIN, „Biographische Einleitung", in L. FEUERBACH, *Sämmtliche Werke*, p. 77.

[27] A. CAZES, *Pierre Bayle: sa vie, ses idées, son influence, son oeuvre*, Paris 1905.

[28] J. DELVOLVE, *Religion, critique et philosophie positive chez Pierre Bayle*, Paris 1906, Repr. New York 1971.

[29] T. SCHOELL, „Le protestantisme de Bayle, à propos de deux livres récents", *Bulletin de la Société de l'Histoire du Protestantisme Français* 57 (1908), pp. 359-375.

und den menschlichen Stolz attackiert habe. Er bestätigt, daß Bayle noch nicht genügend gewürdigt worden ist, was seine Stellung innerhalb der Philosophie und der französischen Literatur betrifft. Bayles Denken wird nicht nur als Voraussetzung für die „Theodicee" Leibniz' und die Religionspolitik Friedrichs II. gesehen, sondern sogar für Kants Unterscheidung zwischen theoretischer und praktischer Vernunft. Für Schoell ist Bayle ein wahrer Protestant, nicht nur weil dieser ins Exil gegangen ist, sondern weil er die protestantische Achtung des Gewissens verinnerlicht habe. Zugleich charakterisiert er ihn auch als protestantischen Freidenker, der sich losgelöst habe von Dogma und Ritus, aber der religiösen Idee an sich nicht feindlich gegenüberstehe. Obwohl ein Skeptiker à la Pascal und ein Feind der Göttin Vernunft in den Augen Schoells – eine Überwindung des Zweifels durch den Glauben vermag dieser bei Bayle dennoch nicht erkennen. Die Dimension des Glaubens im Werk Bayles wird daher auch von Schoell letztlich nicht gebührend gewürdigt.

Lange bevor er sich mit der Ideologie der Nationalsozialisten identifiziert und zu einer unrühmlichen Figur der deutschen protestantischen Theologie wird, unternimmt der in Heidelberg bei Troeltsch promovierte, später als Professor für Religionsphilosophie und Systematische Theologie in Breslau und Frankfurt tätige BORNHAUSEN[30] den Versuch, das Verhältnis Bayles zur Religion zu verdeutlichen. Er erkennt in Bayle den „Wendepunkt in der französischen Religionsgeschichte"[31], weil dieser das religiöse Problem ohne konfessionelle Gebundenheit erörtere und damit den französischen Individualismus der Neuzeit verkörpere. Bayles Akzent liegt, nach Bornhausen, auf der Vernunft, die zwar nicht zu sicherer Erkenntnis, aber zur Absonderung des Irrtums fähig sei. Auch vertrete er die naturrechtliche Freiheit des Einzelnen gegen die religiöse Massenuniformierung. Da die Vernunft kein sicherer Führer sei, propagiere Bayle den Glauben als „religiöses Opfer", wobei er das Positive an der Irrationalität der Religion hervorhebe. Diese Befreiung und Autonomie der Religion habe Bayles Zeit aber nicht verstanden, die bei ihm nur rationale Triumphe über Religion fand. Trotz der übertriebenen Loslösung Bayles aus dem Protestantismus zugunsten eines religiösen Individualismus ist

---

[30] K. BORNHAUSEN, „Das religiöse Problem während der französischen Vorrevolution bei Bayle, Voltaire, Rousseau", *Historische Zeitschrift*, 3. Folge, 9. Band (1910), pp. 496-504. – Über Bornhausens Wandlung vom liberalen Theologen zum Vertreter eines deutschen Volksglaubens cf. M. WOLFES, „Bornhausen, Karl-Eduard", in *Biographisch-Bibliographisches Kirchenlexikon*, begr. u. hrsg. von F. W. BAUTZ, fortgef. v. T. BAUTZ, Bd. 15, Herzberg 1999, cols. 264-286.

[31] K. BORNHAUSEN, „Das religiöse Problem während der französischen Vorrevolution bei Bayle, Voltaire, Rousseau", *Historische Zeitschrift*, 3. Folge, 9. Band (1910), p. 498.

Bornhausens Ansatz daher durchaus anzuerkennen, da er erfaßt, wie sehr das 18. Jahrhundert diesen Denker verkannte.

Die Bedeutung der calvinistischen Komponente im Werk Bayles hebt die Studie von SERRURIER hervor[32], die Bayle als Moralisten charakterisiert, dessen Anthropologie und Geschichtsauffassung aus dem Protestantismus hervorgehen. Bayles Ablehnung richte sich nicht gegen die Theologie an sich, sondern gegen die Theologen. Serrurier stellt ausdrücklich fest, daß Bayles Werk Logik und Einheit genommen wird, wenn man seinen calvinistischen Glauben leugnet.

MONOD[33] hingegen greift die Sichtweise Delvolvés auf: Der Skeptiker Bayle erkenne nur die empirische Philosophie an. Doch Bayle ist für ihn auch „le champion le plus redoutable qu'ait encore produit l'incrédulité", dessen Auseinandersetzungen mit den Theologen seinen Atheismus zeigen. Einzig die Toleranz bleibt vor Monod bestehen, der sonst nichts Gutes an Bayle erkennen will und sich in moralisierenden Aussagen ergeht.

Ab den zwanziger Jahren des 20. Jahrhunderts mehren sich Einzelstudien und Artikel, die der Wirkungsgeschichte Bayles im 18. Jahrhundert genauer nachgehen.[34] In Deutschland beschäftigt sich nach JAKOBY[35] SUGG[36] in ihrer Dissertation mit dem Skeptiker und Kritiker Bayle. Wie Feuerbach bezeichnet Sugg die Philosophie Bayles als Gelegenheitsphilosophie, die aus seiner Ablehnung gegen jeglichen Dogmatismus und der kritischen Ausrichtung seines Denkens hervorgehe. Sosehr Sugg sich bemüht, Bayles Nähe und Abgrenzung zum Kartesianismus Rechnung zu tragen und einige andere Aspekte der Kritik Bayles (unter anderem am

---

[32] C. SERRURIER, *Pierre Bayle en Hollande, étude historique et critique*, Lausanne 1912.

[33] A. MONOD, *De Pascal à Chateaubriand: les défenseurs français du christianisme de 1670 à 1802*, Paris 1916, Repr. New York 1971.

[34] P. A. BECKER, „Gottsched, Bayle und die Enzyklopädie", in *Beiträge zur deutschen Bildungsgeschichte. Festschrift zur Zweihundertjahrfeier der Deutschen Gesellschaft in Leipzig, 1727-1927*, Leipzig 1927, pp. 94-108; H. E. HAXO, „Pierre Bayle et Voltaire avant les Lettres Philosophiques", *Publications of the Modern Language Association of America* 46 (1931), pp. 461-497; L. P. COURTINES, „Some Notes on the Dissemination of Bayle's Thought in Europe", *Revue de littérature comparée* 17 (1937), pp. 700-705; L. P. COURTINES, „Bayle, Hume and Berkeley", *Revue de littérature comparée* 21 (1947), pp. 416-428; H. T. MASON, *Pierre Bayle and Voltaire*, London 1963.

[35] E. JAKOBY, *Pierre Bayles Anschauung über Staat und Gesellschaft*, Diss., Frankfurt 1926.

[36] E. B. SUGG, *Pierre Bayle. Ein Kritiker der Philosophie seiner Zeit* (Forschungen zur Geschichte der Philosophie und der Pädagogik, hrsg. von A. SCHNEIDER/W. KAHL, IV. Band, Heft 3), Leipzig 1930, p. 12.

Materialismus) zu veranschaulichen, so unzutreffend ist ihre Beurteilung, was Bayles Theologie betrifft:

„Der Gott Bayles ist hiernach ebenso wie der cartesische Gott ein vom Verstande konstruiertes Sein, erschlossen und bewiesen aus den Tatsachen der Welt."[37]

Eine philosophiegeschichtliche Deutung gibt CASSIRER[38], der in Bayle den ersten Denker erkennt, der deutlich den gemeinsamen Kampf von Wissen und Glauben gegen den Aberglauben fordere. Für Cassirer ist klar, daß Bayle nicht den Glaubensinhalt attackieren will, an dem er keine explizite Kritik übt, sondern das Grundübel in der Idolatrie sieht und so die religionskritische These des französischen Enzyklopädismus vorwegnimmt. Cassirer betont Bayles universelle Forderung nach Gewissens- und Glaubensfreiheit mit dem Primat des sittlichen Gewissens. Allerdings ordnet er Bayle den Deisten zu – eine Auffassung, die der Betrachtung des Gottesbegriffs bei Bayle nicht standhält – und sieht in ihm, wie Delvolvé, den ersten überzeugten Positivisten. Bahnbrechend ist auf jeden Fall Cassirers Erkenntnis der Bedeutung Bayles für die Geschichtswissenschaft: Bayle habe keine geschichtsphilosophische Absicht, aber er werde zum „Logiker der Geschichte"[39], der in seiner akribischen Kritik der historischen Überlieferung das geschichtlich Wahre, die Tatsache vom Irrtum und vom Schwindel trenne.

1935 erhält Bayle einen Platz in der berühmten Monographie von HAZARD[40] über die Krise des europäischen Geistes, in der er vor allem als Kritiker gewürdigt wird, der zwar nicht vorhatte, zum Lehrmeister des Atheismus zu werden, aber doch irgendwie zwiespältig wirkt.

Eine regelrechte Blütezeit erlebt die Bayle-Forschung in den fünfziger und vor allem den sechziger Jahren des 20. Jahrhunderts. Nach Serrurier betont BARBER[41] Bayles calvinistische Anschauungen über Mensch und Geschichte. Bayle, der noch nicht seinen Platz in der Geschichte des französischen Denkens gefunden habe, sei zudem vom Fideismus Montaignes und Charrons inspiriert. Nur, wenn er vor allem als Protestant

---

[37]   E.B. SUGG, *Pierre Bayle. Ein Kritiker der Philosophie seiner Zeit*, p. 12.
[38]   E. CASSIRER, *Die Philosophie der Aufklärung*, mit einer Einleitung von G. HARTUNG und einer Bibliographie der Rezensionen von A. SCHUBBACH, Hamburg 1998.
[39]   E. CASSIRER, *Die Philosophie der Aufklärung*, p. 274.
[40]   P. HAZARD, *La crise de la conscience européenne, 1680-1715*, Paris 1961.
[41]   W. H. BARBER, „Pierre Bayle: Faith and Reason", in W. MOORE/R. SUTHERLAND/E. STARKIE, *The French Mind: Studies in Honour of G. Rudler*, Oxford 1952, pp. 109-125.

verstanden werde, sei eine richtige Einschätzung seines Denkens und seiner Bedeutung möglich.

Beachtung verdienen die Ausführungen von BEYREUTHER[42] über das Verhältnis von Zinzendorf zu Bayle. Anders als viele Forscher vor und nach ihm sieht Beyreuther die Kritik und Einwände Bayles gegen die Orthodoxie in seiner absoluten Aufrichtigkeit begründet. Bayle bekämpfe nicht den Calvinismus, sondern den kirchlichen Traditionalismus und den „Orthodoxismus"[43], der einer rationalen Fixierung und Erstarrung des lebendigen Glaubens entspreche. Bayle – das ist Beyreuther wichtig zu zeigen – hält an der Offenbarung fest und lebt aus ihr. Der Autoritätsverlust der Theologie bringt Bayle nach Beyreuther dazu, seine theologischen Anliegen philosophisch zu formulieren. Paulinisches Gedankengut und reformatorisches Anliegen kennzeichnen Bayles Denken, der Frömmigkeit und Götterbild hinterfrage und den Menschen dazu bewegen wolle, auf die Gnade Gottes zu hoffen. Es ist Beyreuthers großes Verdienst, erstmalig die Bedeutung der Gnade in Bayles Werk zu betonen. Er geht allerdings zu weit, wenn er bei Bayle einen Mystizismus erkennen will, der als neues europäisches Lebensgefühl auch zur Wurzel des Pietismus wird. Den Unterschied zwischen Zinzendorf und Bayle sieht Beyreuther vor allem in der Konsequenz ihres reformatorischen Anliegens. Während Bayle – nach Beyreuther – auf neue Kräfte in der Kirche hofft und wartet, setzt Zinzendorf sein Verständnis christlicher Existenz in die Praxis um. In einem Artikel über die Bedeutung Bayles für Lessing[44] kritisiert Beyreuther die Vereinnahmung Bayles durch Feuerbach und die Marxisten. Zwar ist dieser Artikel nicht sehr erhellend, was die konkrete Wirkung Bayles auf Lessing betrifft, aber er enthält doch etwas ganz Wesentliches: Beyreuther betont nämlich erstmalig, daß eine methodisch sinnvolle Annäherung an Bayle nur erfolgen kann, wenn zuerst nach seinem Selbstverständnis gefragt wird. Eine weitere wichtige Erkenntnis formuliert Beyreuther, en passant, in einer Fußnote: Um Bayle zu verstehen, sei nicht nur eine objektive fundierte Kenntnis der Theologiegeschichte nötig – diese müsse auch begleitet werden von einer Haltung, die den christlichen Glauben ernst nimmt. Er geht sogar noch einen Schritt

---

[42]   E. BEYREUTHER, „Die Paradoxie des Glaubens: Zinzendorfs Verhältnis zu Pierre Bayle und zur Aufklärung", in ders., *Studien zur Theologie Zinzendorfs*, Neukirchen 1962, pp. 201-234.

[43]   E. BEYREUTHER, „Die Paradoxie des Glaubens: Zinzendorfs Verhältnis zu Pierre Bayle und zur Aufklärung", in ders., *Studien zur Theologie Zinzendorfs*, p. 207.

[44]   E. BEYREUTHER, „Die Bedeutung Pierre Bayles für Lessing und dessen Fragment über die Herrnhuter", in H. BORNKAMM ET AL., *Der Pietismus in Gestalten und Wirkungen*, Bielefeld 1975, pp. 84-97.

weiter, indem er „die eigene christliche Grundposition als hermeneutische Voraussetzung"[45] für die Interpretation Bayles bezeichnet.

Auch der Artikel über Bayle in der „Theologischen Realenzyklopädie" entstammt Beyreuthers Feder, der seine Grundansicht von Bayle, dem aufrichtigen Protestanten, der den Glauben vor der Vernunft in Schutz nehmen will, aufs neue bestätigt:

„Er will den christlichen Glauben aus den Fesseln der Vernunft befreien, Wider-vernünftigkeit sei nicht Unvernunft, sondern nur Grenzziehung. Seine schneidende Dialektik will Aufräumungsarbeit leisten."[46]

Schließlich ist Beyreuther eine Neuveröffentlichung der Ausgabe Gott-scheds von „Pierre Bayles Historischem und Critischem Wörterbuch" zu verdanken.[47] Da Gottscheds Ausgabe neben dem Bayleschen Text nicht nur zahlreiche Anmerkungen Gottscheds, sondern auch Argumente von Leibniz gegen Bayle enthält, besitzt die Neuausgabe von Beyreuther den Vorzug, drei bedeutende Denker zugleich zugänglich zu machen. Ande-rerseits aber hätte eine Neuübersetzung des „Dictionaire" den Vorteil gebracht, Bayles Denken wertfrei, das heißt ohne die Perspektiven Gott-scheds und Leibniz' darzustellen, zumal die von Gottsched und Kollegen besorgte Übersetzung nicht immer einwandfrei im Sinne einer nicht wertenden Übersetzung ist. Dazu kommt die in heutiger Sicht nicht immer ganz verständliche Sprache, die den Nachteil hat, die natürlichen Übersetzungsschwierigkeiten noch zu verstärken. Eine Neuübersetzung der Werke Bayles steht, das sei an dieser Stelle vermerkt, immer noch aus.

1959 erscheint in Amsterdam ein wegweisender Sammelband.[48] Neben Beiträgen zu Bayles Kritik[49] und Biographie[50] werden unter anderem

---

[45] E. BEYREUTHER, „Die Bedeutung Pierre Bayles für Lessing und dessen Fragment über die Herrnhuter", in H. BORNKAMM ET AL., *Der Pietismus in Gestalten und Wirkungen*, p. 86, n. 7.

[46] E. BEYREUTHER, „Bayle", *Theologische Realenzyklopädie*, teilw. hrsg. von G. KRAUSE und G. MÜLLER, Bd. 5, Berlin/New York 1980, p. 388.

[47] *Pierre Bayles Historisches und Critisches Wörterbuch, nach der Ausgabe von 1740 übersetzt von Johann Christoph Gottsched u.a.*, neu hrsg. von E. BEYREUTHER, 4 Bde., Repr. Hildesheim 1974-1978.

[48] P. DIBON (Hrsg.), *Pierre Bayle. Le philosophe de Rotterdam*, Amsterdam 1959.

[49] In P. DIBON (Hrsg.), *Pierre Bayle. Le philosophe de Rotterdam*, Amsterdam 1959: L. KOLAKOWSKI, „Pierre Bayle, critique de la métaphysique spinoziste de la substance", pp. 66-80; P.J.S. WHITMORE, „Bayle's Criticism of Locke", pp. 81-96.

[50] In P. DIBON (Hrsg.), *Pierre Bayle. Le philosophe de Rotterdam*, Amsterdam 1959: H. C. HAZEWINKEL, „Pierre Bayle à Rotterdam", pp. 20-47; E. LABROUSSE, „Les coulisses du Journal de Bayle", pp. 97-141; R. POPKIN, „An Unpublished Letter of Pierre Bayle to Pierre Jurieu", pp. 216-218; E. LABROUSSE, „Documents relatifs à

Fragen zu seinem Einfluß[51] behandelt. DIBON[52] selbst geht es darum, den Prozeß der Zerstörung des Bayle-Mythos (Skeptiker, Kritiker à la Voltaire) voranzutreiben und die vielen Manifestationen eines gläubigen Bayle hervorzuheben. Bayle gehe es vor allem um die Betonung der göttlichen Transzendenz. Der Ursprung des Streits zwischen Bayle und Jurieu hingegen sei nicht theologischer, sondern politischer Natur. Der Philosoph von Rotterdam ist für Dibon ein Kartesianer, der aber auch dem Humanismus von Erasmus, Montaigne, Naudé und La Mothe le Vayer verbunden ist. Zwar betreibe Bayle eine Desakralisierung der Exegese, aber wenn man seinen Glauben verstehe, verwunderten die kritischen Auswüchse nicht. Die Verbundenheit mit Montaigne und dem Kartesianismus ist auch Thema des Beitrags von POPKIN[53]. Er erkennt ein fideistisches Ziel hinter der kritischen Methode Bayles, das – wie Popkin in einem anderen Artikel ausführt – in den Pyrrhonismus führt:

„The onion is peeled until *nothing* is left. This high road to Pyrrhonism is the utter and total *reductio ad absurdum* (...) of all our intellectual pretensions."[54]

Der etwas stilisiert wirkende, umständlich formulierte Beitrag von ROBINET[55] stellt dar, wie Bayle sich von Malebranche und Leibniz dem Jansenisten Arnauld zuwendet. Neben Bayles Spinozakritik geht es Robinet um die Aphilosophie Bayles, in der sich die Vernunft gegen sich selbst wende. Für Robinet ist Bayle, dem er den Vorwurf macht, maßlos zu zitieren, mit seiner unvollendeten Dialektik ein eher kleiner Geist neben Malebranche und Leibniz. Daher sieht er auch den einzig bleibenden Wert des Bayleschen Denkens in der Toleranz.

Auch wenn man ihr nicht zugestehen kann, als erste auf den protestantischen Hintergrund des Werkes Bayles hingewiesen zu haben, ist das

---

l'offre d'une chaire de philosophie à l'Université de Franeker au printemps de 1684", pp. 234-237.

[51] In P. DIBON (Hrsg.), *Pierre Bayle. Le philosophe de Rotterdam*, Amsterdam 1959: R. SHACKLETON, „Bayle and Montesquieu", pp. 142-149; C.L. THIJSSEN-SCHOUTE, „La diffusion européenne des idées de Bayle", pp. 150-195.

[52] P. DIBON, „Redécouverte de Bayle", in ders. (Hrsg.), *Pierre Bayle. Le philosophe de Rotterdam*, pp. vii-xvii.

[53] R.H. POPKIN, „Pierre Bayle's Place in 17th Century Scepticism", in P. DIBON (Hrsg.), *Pierre Bayle. Le philosophe de Rotterdam*, pp. 1-19.

[54] R.H. POPKIN, „The High Road to Pyrrhonism", *American Philosophical Quarterly* 2-1 (1965), p. 27.

[55] A. ROBINET, „L'aphilosophie de P. Bayle devant les philosophies de Malebranche et de Leibniz", in P. DIBON (Hrsg.), *Pierre Bayle. Le philosophe de Rotterdam*, pp. 48-65.

zweibändige Werk von LABROUSSE[56] ein Meilenstein in der Bayle-Forschung, dem noch viele weiterführende Studien[57] dieser hervorragenden Bayle-Spezialistin gefolgt sind. Während der erste Band eine ausgezeichnete Biographie Bayles bietet, die auch das soziale und intellektuelle Milieu, in dem er sich bewegt, ausleuchtet, beschäftigt sich der zweite Band in noch nicht dagewesener Ausführlichkeit mit dem Denken Bayles, das Labrousse in vier Kategorien unterteilt: *vérité de fait* (Geschichtskritik, Bezug zum Kartesianismus, Analyse des Irrtums, Existenz eines spekulativen Atheismus), *vérité de raison* (Bayles Philosophie und ihr Bezug zum Kartesianismus, Gottesbeweise, Beurteilung anderer philosophischer Systeme, Okkasionalismus, Kritik des Aristotelismus, natürliche Moral und Gewissen), *vérité révélée* (Glaubensverständnis, Fideismus, Verhältnis zur Schrift, Wunder, Bibelkritik, Güte Gottes, moralisch Böses, manichäistische Einwände gegen die Theodizee, Freiheitsverständnis, antikatholische Kritik) und *doctrines pratiques* (Geschichtsschreibung, negative Anthropologie, Absolutismus, Religion und Gesellschaft, Toleranz, irrendes Gewissen). Labrousse wendet sich sowohl gegen eine Sicht, die Bayle den Philosophen des 18. Jahrhunderts zuordnet, als auch gegen Delvolvés Auffassung der Philosophie Bayles als Positivismus und Naturalismus. Sie hebt sowohl die Prägung durch den Kartesianismus und insbesondere den Okkasionalismus als auch das außerordentliche Interesse Bayles für die theologischen Fragen seiner Zeit hervor und zeigt, daß Bayle nur im Bezug zum Calvinismus und zur Philosophie seiner Zeit verstanden werden kann. Daß Bayle gläubig ist, sieht Labrousse zwar als wahrscheinlich, aber nicht als erwiesen an, wobei sie jedoch betont, daß die Entscheidung der Frage nach der Gläubigkeit Bayles für den Historiker zweitrangig ist. Das führt jedoch dazu, daß die Bedeutung der religiösen Dimension im Werk Bayles von ihr letztlich nicht wirklich erkannt wird.

---

[56]   E. LABROUSSE, *Pierre Bayle, Du Pays de Foix à la cité d'Erasme*, Den Haag 1963; *Pierre Bayle: hétérodoxie et rigorisme*, Paris ²1996 (Erstauflage Den Haag 1964).

[57]   Zu den späteren Werken von E. LABROUSSE gehören unter anderem: *Pierre Bayle et l'instrument critique*, Paris 1965; „Note à propos de la conception de la tolérance au XVIIIe siècle", *Studies on Voltaire and the Eighteenth Century* 56 (1967), pp. 799-811; „Le paradoxe de l'érudit cartésien Pierre Bayle", in *Religion, érudition et critique à la fin du XVIIe siècle et au début du XVIIIe siècle*, Paris 1968, pp. 53-70; *Notes sur Bayle*, Paris 1987; „Pierre Bayle", in J.-P. SCHWOBINGER (Hrsg.), *Grundriss der Geschichte der Philosophie: Die Philosophie des 17. Jahrhunderts*, Bd. 2: *Frankreich und die Niederlande*, Basel 1993, pp. 1025-1050; *Conscience et conviction. Études sur le XVIIe siècle*, Oxford 1996.

Auch REX[58] geht es um die Herausarbeitung der calvinistischen Tradition, die sich am deutlichsten in Bayles antikatholischer Kritik, wie zum Beispiel in seiner Argumentation gegen die Autorität der Kirche, widerspiegelt. Interessant ist insbesondere seine Demonstration des religionspolitischen Charakters von Bayles Kritik an König David. Rex weist zudem einen Einfluß der Genfer Kartesianer – des Theologen Tronchin und des Philosophieprofessors Chouet – nach, der sich vor allem in Bayles Kritik an der katholischen Abendmahlslehre niederschlägt.

BRUSH[59] wiederum geht es vor allem darum, das in Verruf gekommene Prädikat des „Skeptikers" in bezug auf Bayle zu verteidigen, indem er die Rezeption von Montaigne im Werk Bayles geltend macht, ohne jedoch die kartesische Komponente völlig zu verneinen.

Natürlich ist Bayle auch von der marxistischen philosophischen Geschichtsschreibung annektiert worden. Bayle habe – so behauptet FINGER[60] – die Waffen geliefert, die den französischen Aufklärern halfen, „das feudal-religiöse Weltbild"[61] zu zerschmettern und die Revolution vorzubereiten. Finger sieht in Bayles Werk nicht zuletzt eine Kampfansage gegen die christliche Lehre, wobei er natürlich das Fehlen eines atheistischen und materialistischen Programms bemängelt. Das Problem der Interpretation Fingers liegt jedoch – abgesehen von seiner tendenziösen Deutung – darin, daß er Bayle, wie es die Fußnoten, in denen direkte Verweise auf Bayle fehlen, vermuten lassen, nur sekundär (über Feuerbach) rezipiert.

Umfangreich, gehaltvoll und von hohem Wert ist die Studie von RETAT[62], die sich von den Kontroversen Bayles bis zu dessen Einfluß erstreckt und die Veränderung des Bayle-Bildes zeigt. Insbesondere hebt Rétat hervor, daß denen, die überzeugt waren von der Übereinstimmung von Glaube und Vernunft, der Baylesche Radikalismus nur als atheistische Maske erscheinen konnte, während den Gegnern des Rationalismus Bayle

[58] Die beiden wichtigsten Studien von W.E. REX sind: *Essays on Pierre Bayle and Religious Controversy*, Den Haag 1965; „Pierre Bayle: the Theology and Politics of the Article on David", *Bibliothèque d'Humanisme et Renaissance* 24 (1962, 1963), pp. 168-189, pp. 366-403.

[59] C.B. BRUSH, *Montaigne and Bayle. Variations on the Theme of Skepticism*, Den Haag 1966.

[60] O. FINGER, „Bemerkungen zu einer Entwicklungslinie: Feuerbachs Bayle-Rezeption", in *Studien zur Geschichte der russischen Literatur des 18. Jahrhunderts*, Bd. 2, Berlin 1968, pp. 40-61, pp. 382-385.

[61] O. FINGER, „Bemerkungen zu einer Entwicklungslinie: Feuerbachs Bayle-Rezeption", in *Studien zur Geschichte der russischen Literatur des 18. Jahrhunderts*, Bd. 2, p. 42.

[62] P. RETAT, *Le Dictionnaire de Bayle et la lutte philosophique au XVIIIe siècle*, Paris 1971.

zunächst eher ein Verbündeter war. Erst die Berührung mit der Philosophie des 18. Jahrhunderts mache das Denken Bayles explosiv. Da sich Rétat jedoch vor allem mit der Wirkungsgeschichte Bayles in Frankreich beschäftigt, ist an dieser Stelle auch auf die Studie von SAUDER[63] zu verweisen, die einen sehr informativen, aber leider – wohl aus Platzgründen – nicht in die Tiefe gehenden Überblick über die Wirkungen Bayles auf die deutsche Aufklärung präsentiert. Auch eine von FERRARI[64] verfaßte Studie, die unter anderem der Frage nach Bayles Einfluß auf Kant nachgeht, ist leider – obwohl sie eine Liste der expliziten und wahrscheinlichen Verweise Kants auf Bayle enthält –, was Bayle betrifft, nicht sehr aussagekräftig.

Die detaillierte Studie von SOLE[65] unterstreicht Bayles religiöse Weltsicht und seine indirekte Apologetik gegenüber dem Rationalismus – eine Botschaft, die die Aufklärung mißverstanden habe. Bayles Kritik an den Christen, insbesondere seine Attacke gegen die Reste eines Heidentums in der christlichen Religion, diene dem wahren Christentum. Solé zeigt, daß Bayles Glaube durch die Vorstellung eines *deus absconditus* charakterisiert ist und daß er sich, mit seiner Theologie der Toleranz, vor allem als Anwalt des verfolgten Protestantismus betätigt.

Die Untersuchungen von DIECKMANN[66] zeichnen sich besonders durch die Unterschiedlichkeit ihrer Ansätze aus. Neben einer Betrachtung des „Dictionaire" unter vorwiegend literarischen Gesichtspunkten geht es ihm um den unterschiedlichen Gebrauch des Begriffes der Vernunft, der bei Bayle, der für die Krise der kritischen Vernunft steht, im wesentlichen religiös verankert sei. Dieckmann macht deutlich, daß Bayle nicht für die Autonomie der Vernunft, sondern für die Reinheit des Glaubens kämpft. Bayle sei nicht nur Philosoph, sondern auch Theologe. Bereits in seiner Rezension[67] von Dibons Sammelband (1961) warnt Dieckmann daher

---

[63]   G. SAUDER, „Bayle-Rezeption in der deutschen Aufklärung", *Deutsche Vierteljahrsschrift für Literaturwissenschaft und Geistesgeschichte*, Sonderheft „18. Jahrhundert" (1975), pp. 83-104.

[64]   F. FERRARI, *Les Sources françaises de la philosophie de Kant*, Paris 1979.

[65]   J. SOLE, „Religion et conception du monde dans le Dictionnaire de Bayle", *Bulletin de la Société de l'Histoire du Protestantisme Français* 117 (1971), pp. 545-581 ; 118 (1972), pp. 55-98, pp. 483-510, pp. 650-682.

[66]   H. DIECKMANN, „Reflexionen über den Begriff Raison in der Aufklärung und bei Bayle", in F. SCHALK (Hrsg.), *Ideen und Formen. Festschrift für H. Friedrich*, Frankfurt 1965, pp. 41-59; „Form and Style in Pierre Bayle's Dictionaire historique et critique", in *Essays on European Literature in Honor of Liselotte Dieckmann*, hrsg. von P.U. HOHENDAHL, St. Louis 1972, pp. 179-190.

[67]   H. DIECKMANN, „Pierre Bayle: ‚Philosopher of Rotterdam'", *Journal of the History of Ideas* 22 (1961), pp. 131-136.

ausdrücklich davor, eine Interpretation von Bayle zu geben, in der auf die
Bewertung seiner Absicht verzichtet wird.

So wichtig es ist, die Intention Bayles darzustellen, so wenig hilfreich
scheint es, wenn die Forschung anhand von Psychogrammen versucht,
das Denken Bayles zu erfassen. In seiner Studie über das Refuge versucht
CERNY[68], Bayles Infragestellen traditioneller Vorstellungen und seine
Suche nach neuen philosophischen und religiösen Lösungen mit einem
psychologischen Malaise zu erklären. Bayle, den Cerny als „sexually-
repressed"[69] und schizoide Persönlichkeit bezeichnet, sei emotional gestört, aber von großer intellektueller Integrität, was ihn zu einem äußerst
provokativen Denker und zum größten Intellektuellen des Refuge mache.

Unter den italienischen Forschern tut sich neben PAGANINI[70] mit
seiner Darstellung des Verhältnisses von Glaube und Vernunft bei Bayle,
in der er Bayles methodischen Skeptizismus und die antinomische Dialektik des Bayleschen Denkens hervorhebt, vor allem BIANCHI[71] durch
seine sehr vielschichtige Betrachtung des Denkens Bayles hervor. Er bestätigt die Verbundenheit Bayles mit der skeptischen und freidenkerischen
Tradition. Einen besonders wichtigen Beitrag liefert Bianchi mit der Darstellung der Rolle der Leidenschaften im Denken Bayles, in dem neben
ihrer schädlichen Wirkung auf den wissenschaftlichen Geist auch ihre
soziale Notwendigkeit betont werde.

1995 erscheint, nach zwei im Vorjahr veranstalteten Bayle-Kongressen,
ein Sammelband[72], der dem Spannungsverhältnis zwischen Calvinismus
und Skeptizismus im Denken Bayles gewidmet ist. Dieser Sammelband
mit Beiträgen von Abel, Moreau, Kenshur, Lennon, Gros, Bost und
Labrousse zeigt vor allem, daß die Bayle-Forschung auch Ende des 20.

---

[68]   G. CERNY, *Theology, Politics and Letters at the Crossroads of European Civilisation.
Jacques Basnage and the Baylean Huguenot Refugees in the Dutch Republic*, Dordrecht
1987.

[69]   G. CERNY, *Theology, Politics and Letters at the Crossroads of European Civilisation*,
p. 24.

[70]   G. PAGANINI, *Analisi della fede e critica della ragione nella filosofia di Pierre Bayle*,
Florenz 1980.

[71]   L. BIANCHI, „La critique leibnizienne du Projet du Dictionaire de Pierre Bayle", in
Leibniz: Tradition und Aktualität, V. Internationaler Leibniz-Kongress, Vorträge,
Hannover 1988, pp. 73-81; „Pierre Bayle face au meilleur des mondes", in A.
HEINEKAMP/A. ROBINET, *Leibniz, le meilleur des mondes*, Stuttgart 1992, pp. 129-
141; „Passioni necessarie e passioni causa di errori in P. Bayle", in I. CAPPIELLO,
Tra antichi e moderni. Antropologia e Stato tra disciplinamento e morale privata,
Neapel 1990, pp. 137-169; „Pierre Bayle et le libertinage érudit", in H. BOTS,
*Critique, savoir et érudition à la veille des Lumières. Le Dictionaire historique et critique
de Pierre Bayle (1647-1706)*, Amsterdam-Maarssen 1998, pp. 251-268.

[72]   O. ABEL/P.-F. MOREAU (Hrsg.), *Pierre Bayle: la foi dans le doute*, Genf 1995.

Jahrhunderts äußerst vielfältig und widersprüchlich ist. Neben der Tendenz, Bayle den Freidenkern zuzurechnen – und sei es aufgrund einer angeblich zentralen Bedeutung von Sexualität in Bayles „Dictionaire"[73] –, wird auch die Auffassung einer atheistischen Philosophie Bayles aufs neue vertreten. Der wichtigste Repräsentant einer solchen Interpretation ist der italienische Forscher MORI[74], der den Fideismus Bayles nicht auf eine Erkenntnis der Ohnmacht der Vernunft, sondern auf einen Atheismus der Vernunft begründet sieht. Unabhängig von der Bejahung oder Verneinung eines gläubigen Bayle, so die Interpretation Moris, münde die philosophische Reflexion Bayles in den stratonischen Atheismus. Zwar ist es durchaus begrüßenswert, daß Mori versucht, Bayle aus objektiven Gründen zum Atheisten zu deklarieren, aber seine Interpretation wertet den Gegensatz von Glaube und Vernunft, in dem Bayle ausdrücklich zugunsten des Glaubens entscheidet, doch als Kaschierung einer atheistischen Grundhaltung. Dem Glauben wird von Mori von vornherein eine nebensächliche Bedeutung zugewiesen, der auch die Verbundenheit der Position Bayles mit der calvinistischen Tradition vernachlässigt, indem er von vornherein die orthodoxen Äußerungen Bayles, in Anlehnung an die Interpretationsvorgaben von Leo Strauss in seinem Werk „Persecution and the Art of Writing" (1941), als unwesentlich wertet und den philosophischen Aspekt seines Denkens isoliert.

Der Bayle-Kongreß in Bayles Geburtsstadt zum Anlaß des 300jährigen Jubiläums des „Dictionaire" 1996 hat zur Veröffentlichung eines wichtigen Sammelbandes[75] geführt, in dem, neben der historischen Einordnung des Werkes Bayles, einige neue Aspekte zur Wirkungs- und Rezeptionsgeschichte sowie Bewertungen zum Denken Bayles vorgestellt werden. Besonders erwähnenswert unter den zahlreichen interessanten Beiträgen, die nicht nur unterschiedlich orientiert sind, sondern auch die Verschiedenheit der Interpretationen bezeugen, sind vor allem, neben der Untersuchung von BIANCHI[76] über die Wirkungsgeschichte Bayles in

---

[73] D. WOOTTON, „Pierre Bayle, libertine?", in M.A. STEWART, *Studies in Seventeenth-Century Philosophy*, Oxford 1997, pp. 197-226.

[74] G. MORI, *Tra Descartes e Bayle. Poiret e la teodicea*, Bologna 1990; *Introduzione a Bayle*, Rom/Bari 1996; *Bayle philosophe*, Paris 1999 (ein Sammelband, der die bisherigen Artikel Moris in einer überarbeiteten Fassung und die Übersetzung der italienischen Artikel enthält).

[75] H. BOST/P. DE ROBERT (Hrsg.), *Pierre Bayle, citoyen du monde. De l'enfant du Carla à l'auteur du Dictionnaire* (Actes du colloque de Carla-Bayle, 13-15 septembre 1996), Paris 1999.

[76] L. BIANCHI, „Bayle et l'Italie", in H. BOST/P. DE ROBERT (Hrsg.), *Pierre Bayle, citoyen du monde*, pp. 127-142.

Italien, die Studie von BIRNSTIEL[77] über den Einfluß Bayles auf den Preußenkönig Friedrich II., die Betrachtung der modernen und ethischen Geschichtsauffassung Bayles von ABEL[78] und die Verdeutlichung des Spannungsverhältnisses zwischen dem moralischen Rationalismus Bayles und seinem Fideismus von MCKENNA[79], der insbesondere dem Aspekt der Argumentation *ad hominem* bei Bayle nachgeht.

Besonders bemerkenswert und durchaus grundlegend ist auch die Studie von BROGI[80], die dezidiert auf Bayles Auseinandersetzung mit der rationalistischen Theologie eingeht. Einerseits betont Brogi die Möglichkeit unterschiedlicher Lesarten Bayles und warnt vor einer anachronistischen Interpretation, die seine Äußerungen mit den antitheologischen Glaubensbekundungen innerhalb der Theologie des 20. Jahrhunderts gleichsetzt. Andererseits stellt er deutlich heraus, daß der rigide Calvinismus für Bayle die einzig kohärente Form christlicher Theologie bleibe, auch wenn er den „salto mortale"[81] des Glaubens nicht vollziehe. Das Ziel Bayles kann Brogi jedoch nur als negatives erfassen: Indem er die unerwünschten Konsequenzen jeder Theologie und die Sterilität des theologischen Wissens zeige, nehme Bayle dem Glauben und der Theologie jeglichen kognitiven Inhalt. So bleibt bei Brogi eine positive Wertung der Theologie Bayles leider aus.

Es ist das große Verdienst von NEUMEISTER[82], dem in Deutschland wenig beachteten Denker mehr Aufmerksamkeit zu verschaffen. Nicht nur Neumeisters Forschungsbeiträge sind dabei zu erwähnen, sondern auch die von ihm realisierte Ausstellung von Bayles „Dictionaire" in der Universitätsbibliothek der Freien Universität Berlin (15. November 1996 bis 10. Januar 1997). Das „Dictionaire" wertet Neumeister nicht nur als Enzyklopädie der Aufklärung, sondern auch als „ein Buch zum Lesen und

---

[77]   E. BIRNSTIEL, „Frédéric II et le *Dictionnaire* de Bayle", in H. BOST/P. DE ROBERT (Hrsg.), *Pierre Bayle, citoyen du monde*, pp. 143-157.

[78]   O. ABEL, „Les témoins de l'histoire", in H. BOST/P. DE ROBERT (Hrsg.), *Pierre Bayle, citoyen du monde*, pp. 343-362.

[79]   A. MCKENNA, „Rationalisme moral et fidéisme", in H. BOST/P. DE ROBERT (Hrsg.), *Pierre Bayle, citoyen du monde*, pp. 257-274.

[80]   S. BROGI, *Teologia senza verità: Bayle contro i „rationaux"*, Milano 1998.

[81]   S. BROGI, *Teologia senza verità*, p. 261.

[82]   S. NEUMEISTER, „Pierre Bayle oder die Lust der Aufklärung", in H.A. KOCH/A. KRUP-EBERT, *Welt der Information. Wissen und Wissensvermittlung in Geschichte und Gegenwart*, Stuttgart 1990, pp. 62-78; „Pierre Bayle und der Mythos. Postmoderne Lektüre eines protestantischen Querdenkers", in S. NEUMEISTER (Hrsg.), *Frühaufklärung*, München 1994, pp. 127-148; „Pierre Bayle. Ein Kampf für religiöse und politische Toleranz", in L. KREIMENDAHL (Hrsg.), *Philosophen des 17. Jahrhunderts*, Darmstadt 1999, pp. 222-237.

zum Sich-darin-verlieren"[83]. Bayle sei in der Tat ein Denker, dessen geistesgeschichtliche Bedeutung vielleicht erst heute sichtbar werde. Durch Neumeister erhält Bayle, der Kämpfer für Toleranz und „Advokat der Wahrheit, die alle gleich sein läßt"[84], auch in Kreimendahls Werk über die Philosophen des 17. Jahrhunderts[85] einen Platz. Neben seinen positiven Wirkungen würdigt Neumeister auch die Objektivität der Bayleschen Kritik, deren Maxime die Gerechtigkeit sei. Bayle wolle – so Neumeisters differenziertes Urteil – keinen „kritischen Kahlschlag von cartesianischem Ausmaß"[86], denn „er überläßt weder dem kirchlichen Dogma noch der cartesianischen *tabula rasa* das Feld"[87]. Neumeister charakterisiert Bayle folgerichtig einerseits als Wegbereiter der Aufklärung aufgrund seiner Textkritik und Forderung nach Toleranz, andererseits aber als protestantischen Theologen und gläubigen Skeptiker, von dem sich das 18. Jahrhundert grundlegend entfernt habe. In Neumeisters Band über die Frühaufklärung finden sich zudem zwei weitere deutsche Untersuchungen: eine über das Verhältnis Bayles zu Thomasius von JAUMANN[88], der Labrousses Auffassung einer Bayleschen Übertragung der kartesischen Methode auf die Geschichte kritisiert und Bayle vielmehr als Propädeut einer exakten historischen Methode bezeichnet, die andere von FONTIUS[89], der Bayles Verdienst vor allem in der Aufhebung der kartesischen Trennung von Geschichte und Vernunft erkennt. Eine ähnlich positive Wertung erhält Bayle auch in einem neueren Beitrag von BIZEUL[90], der wiederum die Bedeutung der Toleranz im Denken Bayles hervorhebt und in ihm einem durchaus aktuellen Denker versteht, der mit Gewinn zu lesen sei.

---

[83] S. NEUMEISTER, „Pierre Bayle oder die Lust der Aufklärung", in H.A. KOCH/A. KRUP-EBERT, *Welt der Information*, p. 76.

[84] S. NEUMEISTER, „Pierre Bayle: Ein Kampf für religiöse und politische Toleranz", in L. KREIMENDAHL, *Philosophen des 17. Jahrhunderts*, p. 226.

[85] Auch Kreimendahl beschäftigt sich mit Bayle, insbesondere mit der Theodizeefrage: cf. L. KREIMENDAHL, „Das Theodizeeproblem und Bayles fideistischer Lösungsversuch", in R.H. POPKIN/A. VANDERJAGT (Hrsg.), *Scepticism and Irreligion in the Seventeenth and Eighteenth Centuries*, Leiden 1993, pp. 267-281.

[86] S. NEUMEISTER, „Pierre Bayle und der Mythos. Postmoderne Lektüre eines protestantischen Querdenkers", in ders. (Hrsg.), *Frühaufklärung*, München 1994, p. 134.

[87] S. NEUMEISTER, „Pierre Bayle und der Mythos. Postmoderne Lektüre eines protestantischen Querdenkers", in ders. (Hrsg.), *Frühaufklärung*, p. 144.

[88] H. JAUMANN, „Frühe Aufklärung als historische Kritik: P. Bayle und Christian Thomasius", in S. NEUMEISTER (Hrsg.), *Frühaufklärung*, pp. 149-170.

[89] M. FONTIUS, „Blüteperioden und wissenschaftlicher Niedergang: Reflexionen bei Bayle und Lambert", in S. NEUMEISTER (Hrsg.), *Frühaufklärung*, pp. 171-194.

[90] Y. BIZEUL, „Pierre Bayle – Vordenker des modernen Toleranzbegriffs", in H.J. WENDEL/W. BERNARD/Y. BIZEUL, *Toleranz im Wandel*, Rostock 2000, pp. 73-76.

Die 2001 erschienene Studie von BRAHAMI[91] über den Skeptizismus –
insbesondere bei Montaigne, Bayle und Hume – weist Bayle einen radikalen
Skeptizismus zu, der sich aus den Aporien der Theologie und Metaphysik
ergebe. Dieser Skeptizismus präsentiere sich aber gleichzeitig als ein
strenger Rationalismus, der von der antiken Form des Skeptizismus unabhängig sei. Das Verhältnis Bayles zur Theologie charakterisiert Brahami
als ein negatives, da für Bayle nicht nur die Philosophie zum Atheismus
neige, sondern auch eine natürliche oder spekulative Theologie atheistisch
sei. So erkennt er zwar ein fideistisches Glaubensverständnis bei Bayle an,
aber leider wird das Verhältnis Bayles zum Calvinismus kaum miteinbezo-
gen, so daß der Glaube, um den es Bayle geht, nur unzureichend charakterisiert wird. Das skeptische Element in Bayles Denken, auch in seiner
Anthropologie, aber wird von Brahami, vor allem in seinem Bezug zu den
anderen *nouveaux sceptiques*, deutlich herausgestellt.

In einem Sammelband[92] über die Funktion der Maske im Werk der
Freidenker des 17. Jahrhunderts, in dessen Rahmen auch einige Überlegungen zu dieser Doktorarbeit veröffentlicht wurden[93], findet sich ein
Beitrag von LÉON-MIEHE[94], der etwas ganz wesentliches zur Diskussion
über Bayle festhält: Léon-Miehe zeigt auf, daß die Benutzung einer Maske
nicht nur der Kaschierung dienen muß, sondern auch eine didaktische
Funktion haben kann. So stellt sich für Léon-Miehe Bayle vor allem als
Denker dar, der unter der Benutzung von Masken Irrtümer und Vorurteile
demaskiert.

Daß hinter dem Werk des Philosophen aber vor allem ein Theologe
steckt – das soll in der vorliegenden Arbeit veranschaulicht werden.

---

[91]   F. BRAHAMI, *Le travail du scepticisme: Montaigne, Bayle, Hume*, Paris 2001.

[92]   *Libertinage et philosophie au XVIIe siècle*, N° 5: *Les libertins et le masque: simulation
       et représentation*, Journée d'étude organisée par (...) A. MCKENNA/P.-F. MOREAU,
       Saint-Etienne 2001.

[93]   N. STRICKER, „La théologie masquée de Pierre Bayle", in *Libertinage et philosophie
       au XVIIe siècle*, N°5, pp. 149-162.

[94]   A. LEON-MIEHE, „Pierre Bayle, l'homme qui démasque", in *Libertinage et
       philosophie au XVIIe siècle*, N° 5, pp. 163-170.

Kapitel II

Der Fideismus Bayles

Der Begriff „Fideismus" ist eine Schöpfung des 19. Jahrhunderts, die zunächst die katholische Häresie des Theologen Bautain, die eine rationale Beweisführung der Existenz Gottes, der Nichtkörperlichkeit und Unsterblichkeit der Seele, aber auch der Regeln des natürlichen Moralgesetzes und der Vorgänge der göttlichen Vorsehung verneint, bezeichnete, bevor dieser Begriff allgemein auf Denkmodelle bezogen wurde, die den Glauben als Voraussetzung theologischer oder sogar jeglicher Art von Erkenntnis betrachteten.[1] Insbesondere trifft diese Bezeichnung auch für die im 16. und 17. Jahrhundert verbreitete Richtung zu, die den Glauben als Mittel theologischer Erkenntnis in den Vordergrund stellt. Es wäre jedoch unsachgemäß, den Fideismus der Zeit Bayles als uniforme Lehre darstellen zu wollen, da er je nach philosophisch-theologischem Interesse eine andere Ausprägung und vor allem eine andere Funktion hat.

1. Grundformen des Fideismus

Im 16. Jahrhundert vor allem von Montaigne in seinen „Essais", insbesondere in der „Apologie de Raimond Sebond", propagiert, lassen sich

---

[1]   Cf. F. BRAHAMI, *Le travail du scepticisme*, p. 88. – Die Definition von P. WALTER, „Fideismus", in *Lexikon für Theologie und Kirche*, 11 Bde., Freiburg ³1993-2001, Bd. 3 (2000), cols. 1272-1273, ist der von D.M. GRUBE, „Fideismus", in *Religion in Geschichte und Gegenwart*, 5 Bde., Tübingen ⁴1998 ff, Bd. 3 (2000), cols. 112-113, vorzuziehen, da sie dem Postulat der universellen Gültigkeit des Glaubens als Mittel der Erkenntnis Rechnung trägt. Interessant ist auch die Charakterisierung des Fideismus bei L. KREIMENDAHL, „Das Theodizeeproblem und Bayles fideistischer Lösungsversuch", in R.H. POPKIN/A. VANDERJAGT (Hrsg.), *Scepticism and Irreligion in the Seventeenth and Eighteenth Centuries*, p. 268, der zudem, etwa bei Hume, einen Fideismus konstatiert, der „nicht religiös gefärbt" sei, sondern die Subjektivität der Gewißheit postuliere.

zu Beginn des 17. Jahrhunderts zwei Grundarten des Fideismus erkennen, die vor allem in der Richtung der sogenannten *nouveaux sceptiques* verbreitet sind. Es gibt jedoch auch Mischformen, die Elemente beider Tendenzen vereinen. Um den Fideismus Bayles zu erfassen, empfiehlt sich an dieser Stelle eine kurze Charakterisierung der beiden Tendenzen dieser Geisteshaltung, die jeweils auf ihre Weise für die Ausbildung der fideistischen Position Bayles prägend sind.

1.1. Irrationaler Fideismus

Der irrationale Fideismus beruft sich in philosophischer Hinsicht stark auf den Skeptizismus der „Hypotyposen" von Sextus Empiricus, der die Vernunft zu einem fehlerhaften Mittel der Erkenntnis degradiert und die Verborgenheit der Wahrheit betont. In theologischer Hinsicht fußt er auf der Heiligen Schrift, vor allem auf 1 Kor 1,19-20, dem Postulat der philosophischen Unmöglichkeit der Erkenntnis des wahren Gottes mit dem Verweis auf die Erlösung *per stultitiam praedicationis*. Die Philosophie kann die Wahrheit nicht erlangen, und auch die spekulative Theologie[2], die mehr mit den Mitteln der Vernunft als mit der Offenbarung argumentiert, wird entwertet. Die Vernunft wird dem Glauben als Erkenntnismittel gänzlich untergeordnet, so daß der rationale Diskurs über die Wahrheit völlig an Bedeutung verliert. An die Stelle der Ungewißheit der Vernunft im Skeptizismus, der nur die Erscheinungen als gewiß erachtet, setzt diese religiös motivierte skeptische Sicht jedoch die Gewißheit des Glaubens, der die Erkenntnis der offenbarten Wahrheiten ermöglicht. In dieser Hinsicht wird der Skeptizismus nun zur Propädeutik des Glaubens.[3] Die skeptische Argumentation dient folglich dazu, die Unzulänglichkeit der Vernunft darzustellen, um dann auf den Glauben als einzig sicheres Mittel der Erkenntnis zu verweisen.

---

[2] In den *Objectiones in Libros quatuor de Deo, anima et malo*, OD IV, pp. 146a-161b, wendet sich Bayle gegen die von Poiret in den „Cogitationes rationales" dargestellte Form einer spekulativen kartesischen Theologie. Anders als die späteren Werke Bayle sind die „Objectiones" jedoch ein äußerst rationalistisches Werk, das nicht vom Fideismus geprägt ist und in dem Bayle nur philosophisch argumentiert. Eine Zusammenfassung bietet das Kapitel von G. MORI, „Les Objections à Poiret", in ders., *Bayle philosophe*, Paris 1999, pp. 55-88, das allerdings, gemäß der Grundthese des Autors, den Werken Bayles einen kaschierten Atheismus unterstellt.

[3] Cf. F. CAUJOLLE-ZASLAWSKY, „L'interprétation du scepticisme comme philosophie du doute religieux: analyse d'un malentendu", *Revue de Théologie et de Philosophie* (troisième série) 27 (1977), p. 84.

Dieser Skeptizismus ist keine autonome Denkrichtung, sondern theologischen Zwecken untergeordnet: Angesichts der Ohnmacht der Vernunft ist der Mensch bereit, sich allein auf Gott als den Garanten der Wahrheit zu verlassen. Diese Ohnmacht ergibt sich nicht zuletzt aus der Behinderung der Vernunft durch die Leidenschaften. So erzeugt der Stolz die Sünde und den Irrglauben[4], während der Gehorsam Gott gegenüber, dem anerkannten höchsten Wesen, tugendhaft macht. Die Vernunft sträubt sich jedoch gegen diesen Gehorsam und widersetzt sich der Autorität Gottes. Hier geschieht nun die Bändigung der Vernunft durch den Skeptizismus, der ganz im Dienste der Religion steht. Das vermeintliche Wissen der Vernunft wird als eitel bezeichnet und eine *docta ignorantia* nahegelegt, wie sie etwa Montaigne mit dem Verweis auf 1 Kor 1,19-20 propagiert[5] und auch Calvin befürwortet:

„Car des choses qu'il n'est pas licite ne (sic!) possible de savoir, l'ignorance en est docte; l'appétit de les savoir est une espèce de rage"[6].

Ohne die Hilfe Gottes bleibt die Wahrheit unerkannt. Das wahre Bild der *conditio humana* findet sich daher in der christlichen Lehre, die die natürliche Schwäche des Menschen aufzeigt. Als Skeptiker, der die Unzulänglichkeit seiner Vernunft erkannt hat, ist der Mensch bereit, von Gott instruiert und neu geformt zu werden.[7]

Dies ist auch die Aussage des katholischen Theologen Pierre Charron (1541-1603). In seinem Hauptwerk „De la Sagesse"[8] – das eine auf den menschlichen Möglichkeiten gründende Moral zu vermitteln sucht – nimmt Charron aufgrund seiner fideistischen Position eine Trennung von Philosophie und Theologie vor, die ihm posthum den Ruf eines Atheisten einbringen wird.[9] Da er zu seiner Zeit (und in seiner Position als Mann der Kirche!) kein offenkundig atheistisches Werk schreiben konnte, mußte Charron – so die Argumentation seiner Gegner – positive

---

4   Cf. MONTAIGNE, *Les Essais, Edition de* P. VILLEY, 3 Bde., Paris ²1992, II, XII, p. 488.
5   Cf. MONTAIGNE, *Les Essais,* II, XII, p. 500.
6   J. CALVIN, *Institution,* III, 23, 8. – Sämtliche Verweise auf die „Institution" von Calvin beziehen sich auf J. CALVIN, *Institution de la religion chrestienne,* publiée par J.-D. BENOIT, 4 Bde., Paris 1957-1961.
7   Cf. MONTAIGNE, *Les Essais,* II, XII, p. 506.
8   P. CHARRON, *De la Sagesse,* in ders., *Toutes les oeuvres* (Paris: J. Villery, 1635), 2 Bde., Genf 1970, Bd. 1.
9   Über Charrons „De la Sagesse" cf. N. STRICKER, „Le sage de Charron: une réévaluation", in P.-F. MOREAU, *Le scepticisme au XVIe et au XVIIe siècle* (Le retour des philosophies antiques à l'Age classique, Bd. II), Paris 2001, pp. 164-173.

Aussagen über die Religion einfügen, nach deren Zerstörung er eigentlich trachtete.[10]

Die menschliche Weisheit besteht für Charron darin, sich die Unzulänglichkeit der rationalen Erkenntnis bewußt zu machen und sich mit Hilfe Gottes von den die Vernunft dominierenden Leidenschaften und Vorurteilen zu befreien.[11] Wie die Stoiker sieht Charron in den Leidenschaften eine krankhafte Veränderung des Verstandes und des Willens. Ein von den Leidenschaften befreiter Wille ist Voraussetzung für einen freien, das heißt nicht der *opinio* unterworfenen Geist. Die von Charron entworfene Anthropologie ist pessimistisch, da er das Elend, die Eitelkeit, die Schwäche und die Unbeständigkeit des Menschen herausstellt, dessen Seele zwar göttlich, aber mit einem Körper verbunden ist, den Charron abfällig mit einem Tier, ja sogar mit einem Misthaufen vergleicht[12].

Wie die alten Skeptiker verurteilt Charron die *opinio* und lobt die ἐποχή – die Urteilsenthaltung angesichts gleichwertiger Argumente – als Herrin des Denkens.[13] Aufgabe des Menschen ist es, sich seiner Schwächen bewußt zu werden und seine Fähigkeiten richtig einzuschätzen. Die Weisheit besteht für Charron daher nicht in der Anhäufung von Wissen[14], sondern in einer angemessenen Haltung dem Leben und dem Tod gegenüber.[15] Sie ist also vor allem moralischer Natur. Weisheit und Wissen behindern einander, da die eitle und künstliche Wissenschaft nicht die Leidenschaften maßregelt, sondern ihnen untertan ist.[16] Die Sinne täuschen den Verstand und etablieren keine Gewißheit.[17] Die Vernunft ist daher nicht fähig, die Wahrheit zu erkennen. In dieser Perspektive ist der Fideismus Charrons, der Weisheit und Wissenschaft im Widerspruch sieht, nicht nur als antischolastisch, sondern auch als wissenschaftsfeindlich

---

[10]   Einer der ersten, die Charron dies unterstellen, ist der Jesuit François Garasse (*La Doctrine curieuse des beaux-esprits de ce temps*, Paris 1624; *Somme théologique des véritez capitales de la religion chrestienne*, Paris 1625), gegen dessen diffamierende Äußerungen Duvergier de Hauranne, Abt von SAINT-CYRAN, *La Somme des fautes et faussetez capitales contenues en la Somme Théologique du père Francois Garasse de la Compagnie de Iesus*, 2 Bde., Paris 1626, Bd II, p. 432, die orthodoxe und augustinisch geprägte Grundlage der Lehre Charrons in Schutz nimmt.

[11]   Cf. P. CHARRON, *De la Sagesse*, in ders., *Toutes les oeuvres*, Bd. 1, Préface du Livre II, p. 2.

[12]   Cf. P. CHARRON, *De la Sagesse*, in ders., *Toutes les oeuvres*, Bd. 1, I, 2, p. 10.

[13]   Cf. P. CHARRON, *De la Sagesse*, in ders., *Toutes les oeuvres*, Bd. 1, III, 6, p. 65.

[14]   Cf. P. CHARRON, *De la Sagesse*, in ders., *Toutes les oeuvres*, Bd. 1, II, 3, p. 37: „Pour vivre content & heureux, il ne faut point estre sçavant".

[15]   Cf. P. CHARRON, *Petit Traicté de Sagesse*, in ders., *Toutes les oeuvres*, Bd. 1, I, 6, p. 201.

[16]   Cf. P. CHARRON, *De la Sagesse*, in ders., *Toutes les oeuvres*, Bd. 1, III, 14, p. 103.

[17]   Cf. P. CHARRON, *De la Sagesse*, in ders., *Toutes les oeuvres*, Bd. 1, I, 10, p. 38.

anzusehen. Die Wahrheit, so lautet Charrons fideistische Botschaft, hat ihren Sitz bei Gott und ist daher unerreichbar für die menschliche Vernunft, die auf der Ebene der Phänomene verharrt. Geboren, die Wahrheit zu suchen, wird der Mensch sie nie besitzen:

„(...) nous sommes naiz à quester la verité: la posseder appartient à une plus haute & grande puissance"[18].

Wie bereits der antike Skeptizismus wendet sich auch Charron gegen das Wahrheitskriterium des *consensus omnium*. Die Pluralität der Stimmen ist kein Kriterium für die Wahrheit einer Sache, zumal die Zahl der Narren die der Weisen bei weitem übersteigt.[19] Die Erkenntnis göttlicher und metaphysischer Dinge ist dem Menschen nur im Glauben möglich. Wahre Religion, die Charron von der positiven, durch die Gebräuche des Landes bestimmten streng unterscheidet, ist als Frömmigkeit oberste Pflicht des Menschen und gleichzeitig eine Gabe Gottes, die der Mensch durch Offenbarung und kirchliche Unterweisung erhält.[20] Sie hat nichts zu tun mit der natürlichen Religion, die Charron in seinem orthodoxen apologetischen Werk „Les Trois Veritez" als mangelhaft – da menschlichen Ursprungs – und blind der Offenbarung gegenüber bezeichnet.[21] Die Verweise auf die Notwendigkeit der Offenbarung und des Glaubens sind in diesem theologischen Werk natürlich weitaus expliziter. So wird hier das Elend des Menschen ausdrücklich mit dem Dogma der Erbsünde in Zusammenhang gebracht, das in dem philosophisch ausgerichteten Werk „De la Sagesse" nicht explizit genannt wird, zumal diese Schrift vielfach auf das frühere Werk „Les Trois Veritez" verweist.

Über die menschliche Weisheit, die Erkenntnis der Unzulänglichkeit und Verdorbenheit der Vernunft führt der Weg zur Religion, deren Dogmen der Mensch nach der Eliminierung seiner Vorurteile und Leidenschaften um so besser aufnehmen kann.[22]

---

18 P. CHARRON, *De la Sagesse*, in ders., *Toutes les oeuvres*, Bd. 1, I, 14, p. 55.
19 Cf. P. CHARRON, *De la Sagesse*, in ders., *Toutes les oeuvres*, Bd. 1, I, 14, p. 55f.
20 Cf. P. CHARRON, *De la Sagesse*, in ders., *Toutes les oeuvres*, Bd. 1, II, 5, p. 50, p. 60f.
21 Cf. P. CHARRON, *Les Trois Veritez*, in ders., *Toutes les oeuvres*, Bd. 2, II, 2, p. 71.
22 Cf. P. CHARRON, *Petit Traicté de Sagesse*, in ders., *Toutes les oeuvres*, Bd. 1, IV, 4, p. 225. – Nur in dem Sinn, daß die menschliche Weisheit den Glauben vorbereitet, läßt sich mit C. BELIN, *L'oeuvre de Pierre Charron (1541-1603). Littérature et théologie de Montaigne à Port-Royal*, Paris 1995, p. 33, behaupten: „Les Trois Véritez s'étaient donné comme objectif de répondre à la première injonction d'Augustin: ‚crede ut intelligas', la Sagesse vient s'occuper de la seconde: ‚intellige ut credas'".

Die wahre Religion lehrt den Menschen die Gründe für sein Elend und die wahre Gotteserkenntnis und Gottesgehorsam. Diese Gotteserkenntnis ist fideistisch gedacht: als Akt des Glaubens und nicht als Wissen.[23] Dieser Glaubensakt kann jedoch nur durch die Gnade erzeugt werden. Der verinnerlichte Skeptizismus hat jedoch eine glaubensbewahrende Funktion, da der weise gewordene Mensch niemals Häresien und Irrmeinungen zum Opfer fällt, sondern auf seiner Suche nach der Wahrheit Argumente und Gegenargumente untersucht und abwägt, ohne vorschnell ein dogmatisches Urteil zu fällen[24], und einzig die Autorität Gottes anerkennt, dessen Wort in Schrift und Kirche er ungeprüft und demütig glaubt.[25]

Charrons skeptische Argumentation mit ihrer Beschreibung der Dominanz der Vernunft durch Leidenschaften und Vorurteile und ihrer Täuschung durch die Sinne, wie auch seine fideistische Position dem Göttlichen und der Wahrheit gegenüber weisen die Vernunft als fehlerhaftes, wenig effizientes Mittel der Erkenntnis aus. In diesem Sinne ist das Denken Charrons als irrationaler Fideismus zu beschreiben, für den die einzigen Prinzipien, denen absolute Gewißheit zukommt, die von Gott geoffenbarten Wahrheiten sind. Die Offenbarung ist somit das Einzige, dem uneingeschränkte Zustimmung gebührt. Alles andere ist relativ und menschlich, das heißt fehlerhaft und unvollkommen. Die Vernunft des Menschen ist verdorben und zu keinen höheren Einsichten über Gott, Mensch und Welt fähig.

1.2. Rationaler Fideismus

Diese Form des Fideismus ist eine Weiterentwicklung der traditionellen Form des irrationalen Fideismus und trägt vor allem den Errungenschaften der Physik und der Mathematik Rechnung. Anders als der irrationale Fideismus entwertet der rationale Fideismus die Vernunft nicht gänzlich als Erkenntnismittel, sondern schreibt ihr einen eigenen Bereich zu: den der weltlichen Dinge, den sie jedoch verläßt, um im Dienste der Religion gegen den Aberglauben zu kämpfen.

Die Vernunft wird nicht, wie im irrationalen Fideismus, vom Glauben unterjocht, sondern unterwirft sich freiwillig dem Glauben. Es geht also dieser Unterwerfung nicht ein Verdikt des Glaubens voraus, sondern eine

---

[23]   Cf. P. CHARRON, *De la Sagesse*, in ders., *Toutes les oeuvres*, Bd. 1, II, 5, p. 61.
[24]   Cf. P. CHARRON, *De la Sagesse*, in ders., *Toutes les oeuvres*, Bd. 1, II, 2, p. 11.
[25]   Cf. P. CHARRON, *De la Sagesse*, in ders., *Toutes les oeuvres*, Bd. 1, II, 5, p. 63.

Selbsteinschätzung der sich ihrer Grenzen bewußten Vernunft. Die vom irrationalen Fideismus etablierte Opposition von Gottesgehorsam und Vernunft wird somit im rationalen Fideismus wieder aufgehoben. Auch hier wird die Unabhängigkeit des Glaubens von der Vernunft gewahrt, aber zusätzlich ein legitimer Gebrauch der Vernunft ermöglicht. Vernunft und Glaube sind im rationalen Fideismus zwei Mittel der Erkenntnis mit unterschiedlichen Territorien, wobei jedoch auch hier bei Widersprüchen immer dem Glauben, das heißt den Wahrheiten der Offenbarung, der Vorzug gegeben wird.

Ein Vertreter des rationalen Fideismus im 17. Jahrhundert ist der von Bayle sehr geschätzte Priester und Naturforscher Pierre Gassendi (1592-1655), der in seiner Zeit als einer der innovativsten Naturforscher angesehen wird und selbst Descartes an Bedeutung übertrifft.[26] Vor allem in seiner Korrespondenz erläutert er bezüglich des Wahrheitsproblems seine fideistische Sichtweise. Die Wahrheit, so schreibt er, wird nur von Gott mit Gewißheit gekannt – dennoch müsse man wenigstens nach dem Schatten der Wahrheit, der Wahrscheinlichkeit, suchen.[27] Der Fideismus Gassendis schreibt der Vernunft also nur die Möglichkeit einer probabilistischen Erkenntnis zu. Diese Erkenntnis bezieht sich dabei nur auf die Attribute der Substanzen, nicht auf ihre Essenz, die nur Gott kennt, der sie geschaffen hat.[28] Eine mehr als probabilistische Erkenntnis der intelligiblen Dinge wird vor allem durch die Irrtümer der Sinne verhindert, die der Verstand nicht berichtigen kann. So beherrscht die Relativität die Sinne, Wahrnehmungen und Urteile des Menschen, was eine sichere Erkenntnis der Wahrheit bisher unmöglich gemacht hat. Gassendi postuliert also nicht die Unmöglichkeit der Erkenntnis der Wahrheit durch die Vernunft, sondern bejaht ihre potentielle Fähigkeit, die Wahrheit zu erkennen und zu verstehen.

Einen wichtigen Aspekt im Denken Gassendis bildet seine Kritik am Kartesianismus, die ebenfalls auf seiner skeptischen und fideistischen Position aufbaut.[29] Gegen das kartesische Kriterium der Evidenz beruft sich Gassendi auf den vom Kartesianismus selbst etablierten Dualismus von Körper und Seele. Wegen der Einschränkung des Verstandes durch

---

[26] Cf. C. SENOFONTE, *Pierre Bayle, dal calvinismo all'illuminismo*, Neapel 1978, p. 101.
[27] P. GASSENDI, *Lettre à Jacques Golio 7/3/1630*, in ders., *Opera Omnia*, 6 Bde., Lyon 1658, Bd. 6, p. 32b.
[28] P. GASSENDI, *Lettre à Louis de Valois 28/6/1641*, in ders., *Opera Omnia*, Bd. 6, p. 110b.
[29] Diese Kritik findet sich vor allem in der *Disquisitio Metaphysica seu Dubitationes et Instantiae adversus Renati Cartesii Metaphysicam et Responsa*, in P. GASSENDI, *Opera Omnia*, Bd. 3.

seine Bindung an den Körper und wegen seiner Sinnesorientiertheit kann dieser nicht zwischen falschen und richtigen Prinzipien unterscheiden. So hält er die Ideen für evident, die sich ihm zuerst aufdrängen.[30] In seiner derzeitigen Lage ist es dem Menschen nur möglich, der Wahrscheinlichkeit zu folgen, und es scheint, als habe Gott dem Menschen nur die Fähigkeit gegeben, die Hülle der Dinge zu erkennen.[31] Gegen die kartesische Konzeption der eingeborenen Idee Gottes wendet Gassendi ein, der Mensch besitze keine adäquate Gottesidee, weil sein Verstand das Unendliche nicht begreifen und ihm nur die Vollkommenheit der von ihm geschätzten menschlichen Eigenschaften zuweisen kann.[32] Diese antimetaphysische Tendenz des rationalen Fideismus von Gassendi veranlaßt ihn, nur einen gültigen Gottesbeweis anzuerkennen, nämlich den von der Schrift bestätigten kosmologischen.[33]

Auch Gassendi erklärt seine bedingungslose Unterwerfung unter die Offenbarung und natürlich – als Katholik – unter die Autorität der Kirche.[34] Das vom Fideismus aufgenommene paulinische Postulat, den Verstand dem Gehorsam des Glaubens zu unterwerfen, „captivare Intellectum in obsequium Fidei"[35], hat für ihn oberste Priorität, wobei er jedoch betont, daß die Unterwerfung der Vernunft unter den Glauben eine ruhmreiche Tat ist. Die Mysterien des Glaubens sind zu glauben, auch wenn sie der Vernunft entgegengesetzt sind.[36] Hier hat die Vernunft keine Zuständigkeit. Gotteserkenntnis ist nur im Glauben möglich, ohne daß der Verstand dazu beitragen kann.

Andererseits wendet sich Gassendi jedoch strikt gegen ein Eindringen theologischer Fragen in das Gebiet der Philosophie zum Schaden der „vera Philosophia"[37] wobei er mit Bedauern feststellt, daß die meisten Philosophen gleichzeitig Theologen sind. Die Philosophie muß kritisch

---

[30]   Cf. P. GASSENDI, *Disquisitio*, in ders., *Opera Omnia*, Bd. 3, p. 280a.

[31]   Cf. P. GASSENDI, *Parhelia sive Soles quatuor spurii, qui circa verum apparuerunt Romae anno MDXXIX. Die Martij. Epistola*, in ders., *Opera Omnia*, Bd. 3, p. 653a.

[32]   Cf. P. GASSENDI, *Disquisitio*, in ders., *Opera Omnia*, Bd. 3, p. 323b.

[33]   Cf. P. GASSENDI, *Disquisitio*, in ders., *Opera Omnia*, Bd. 3, p. 329b.

[34]   Cf. P. GASSENDI, *Exercitationes paradoxicae adversus Aristoteleos*, in ders., *Opera Omnia*, Bd. 3, p. 101a-b.

[35]   P. GASSENDI, *Exercitationes paradoxicae adversus Aristoteleos*, in ders., *Opera Omnia*, Bd. 3, p. 112b. – Bei Paulus wird der Verstand dem Gehorsam Christi unterstellt: „in captivitatem redigentes omnem intellectum in obsequium Christi" (2 Kor 10,5).

[36]   Cf. P. GASSENDI, *Exercitationes paradoxicae adversus Aristoteleos*, in ders., *Opera Omnia*, Bd. 3, p. 172a.

[37]   P. GASSENDI, *Exercitationes paradoxicae adversus Aristoteleos*, in ders., *Opera Omnia*, Bd. 3, p. 108b.

und undogmatisch sein, während die Theologie dogmatische Aussagen treffen muß. Jegliche Interferenz zwischen diesen beiden Wissenschaften wird von ihm bemängelt. Heftig kritisiert er den Philosophen Robert Fludd, der auf die Schrift zurückgreift, um seine Thesen zur alchemistischen Physik zu legitimieren. Gassendi sieht in einer solchen Methode einen Mißbrauch der Schrift, da diese sich nicht auf die Physik, sondern auf das Heil des Menschen bezieht.[38] Widerspricht die Wissenschaft jedoch der Schrift, wie die von Gassendi in wissenschaftlicher Sicht befürwortete heliozentrische Theorie von Kopernikus dem biblischen Geozentrismus, so gilt hier der Vorrang der geoffenbarten Wahrheit vor der Vernunft, gestützt durch die Diversität der Theorien, die das kopernikanische System (zu jenen Zeiten) nicht unwiderlegbar erscheinen lassen.[39]

Anders als der irrationale Fideismus weist der rationale Fideismus von Gassendi der Vernunft Erkenntnisfähigkeit zu und gibt dem rationalen Wissen, insbesondere dem, welches sich auf Erfahrung und Beobachtung stützt, eine gewisse Rolle. Bei Gassendi führt der Versuch, eine rein wissenschaftliche, tendenziös materialistische Philosophie mit einer christlich motivierten, fideistisch geprägten Metaphysik in Einklang zu bringen, jedoch letztlich zu einer wenig systematischen Kompromißphilosophie.[40] Darin zeigt sich auch die Schwierigkeit, die mit der Grundtendenz des rationalen Fideismus verbunden ist, da er einerseits der Vernunft als legitimem Mittel der Erkenntnis der natürlichen Welt eine nicht unerhebliche Bedeutung beimißt, sich andererseits jedoch immer dem Postulat der Unantastbarkeit der Offenbarungswahrheiten verpflichtet weiß.

2. Vernunft und Glaube im Denken Bayles

Die Beschreibung des Fideismus Bayles erfordert zunächst eine Zuordnung der epistemologischen Kompetenzen von Glaube und Vernunft. Diese werden jeweils für sich dargestellt, um anschließend das Verhältnis beider zueinander definieren zu können.

---

[38]   P. GASSENDI, *Epistolica exercitatio in qua praecipua principia philosophiae Roberti Fluddi deteguntur, et ad recentes illius libros adversus patrem Marinum Mersennum scriptos respondetur*, in ders., *Opera Omnia*, Bd. 3, pp. 231b-232a.

[39]   P. GASSENDI, *Syntagma Philosophicum*, in ders., *Opera Omnia*, Bd. 1, p. 630a. – Cf. O. BLOCH, *La philosophie de Gassendi: nominalisme, matérialisme et métaphysique*, Den Haag 1971, pp. 326-332.

[40]   Cf. O. BLOCH, *La philosophie de Gassendi*, pp. XV-XVI.

2.1. Die Vernunft

Um die Mitte des 17. Jahrhunderts beginnt der Kartesianismus, in die protestantischen Akademien Einzug zu halten.[41] Bis zu diesem Zeitpunkt hat in diesen – vor allem formal und methodisch – der Aristotelismus die Alleinherrschaft.[42] An der Akademie von Genf lehrt seit 1661 der liberale Theologe Louis Tronchin (1629-1705), der sich gegen die scholastische Terminologie in der Theologie wendet und den Kartesianismus für vereinbar mit der reformierten Dogmatik hält.[43] Seine Absicht ist es, anhand der kartesischen Definition der Materie als Ausdehnung die Transsubstantiationslehre zu widerlegen.[44] Der Philosophieprofessor Jean-Robert Chouet (1642-1731), ein Neffe Tronchins, der ab 1669 in Genf lehrt, führt die kartesische Philosophie in seinen Physikvorlesungen mittels der scholastischen Terminologie ein.[45] Es gibt – das gilt es festzuhalten – doktrinäre Konflikte in Genf, als Bayle dort studiert, die 1675 zur „Formula Consensus Helvetica" führen.

Bayle – der in Genf bei Tronchin und Chouet studiert und danach im Briefwechsel mit ihnen steht – zollt bereits im „Système de Philosophie" (1675-1677) und in den „Thèses Philosophiques" (1680) der Methode und den Prinzipien des Kartesianismus, insbesondere seiner Theorie der klaren und eindeutigen Ideen, großen Respekt.[46] In einer „Disserta-

---

[41]   Cf. E. LABROUSSE, „Le paradoxe de l'érudit cartésien Pierre Bayle", in *Religion, érudition et critique à la fin du XVIIe siècle et au début du XVIIIe siècle*, p. 62: „(...) une fois accepté (comme s'il était neutre!) le cadre scolastique de l'enseignement traditionnel, sa remarquable souplesse dans le détail permettait de substituer une physique mécaniste à celle d'Aristote et d'adopter beaucoup des *conclusions* cartésiennes".

[42]   Cf. F. PUAUX, *Les précurseurs français de la tolérance au XVIIe siècle*, Paris 1881, Repr. Genf 1970, p. 117. – J.-P. PITTION, „Notre maître à tous: Aristote et la pensée réformée française au XVIIe siècle", in M. MAGDELAINE ET AL., *De l'humanisme aux Lumières. Bayle et le protestantisme. Mélanges en l'honneur d'Élisabeth Labrousse*, Oxford 1996, p. 433, bemerkt, daß die Autorität von Aristoteles sich vor allem daran erkennen läßt, daß alle überhaupt bekannten handschriftlichen oder gedruckten Vorlesungen in der Regel zahlreiche und präzise Verweise auf den griechischen Text seiner Werke und sogar wörtliche Zitate aus diesem enthalten.

[43]   Cf. J. SOLÉ, *Le débat entre protestants et catholiques français de 1598-1685*, 3 Bde., Paris 1985, Bd. 1, p. 128. – F. LAPLANCHE, *L'écriture, le sacré et l'histoire*, p. 571, weist ihm eine wesentliche Bedeutung im Übergang der Genfer Orthodoxie zur Religion der Aufklärung zu.

[44]   Cf. E. LABROUSSE, „Le paradoxe de l'érudit cartésien Pierre Bayle", in *Religion, érudition et critique à la fin du XVIIe siècle et au début du XVIIIe siècle*, p. 59.

[45]   Über den Kartesianismus von Chouet cf. M. HEYD, *Between Orthodoxy and the Enlightenment. Jean-Robert Chouet and the Introduction of Cartesian Science in the Academy of Geneva*, Den Haag/Boston/London/Jerusalem 1982.

[46]   Über den frühen Kartesianismus Bayles stellt E. LABROUSSE, *Pierre Bayle: hétérodoxie et rigorisme*, p. 39, fest: „(...) ses cours de Sedan en furent assez imprégnés

tion"[47] von 1680 verteidigt er die Kartesianer Clerselier, Rohault und Malebranche gegen den Jesuiten Le Valois, der unter dem Pseudonym De la Ville den Kartesianern vorwirft, sie würden mit ihrer Definition von Materie die calvinistische Auffassung des Abendmahls vertreten. Doch schon bald relativiert er die Bedeutung des Kartesianismus, der sich als „*une* philosophie moins fausse que les autres"[48] nunmehr einreiht in die Gesamtheit aller philosophischen Systeme, die sich nur in ihrem Wahrscheinlichkeitsgrad unterscheiden, da keines die Natur und das Übernatürliche bisher richtig und mit Gewißheit erkannt hat.

Die Philosophie kann keine einheitliche Sicht der Welt erlangen. Diese Unfähigkeit der Vernunft begründet Bayle mit der Unendlichkeit der Vollkommenheit und Weisheit Gottes, die verhindert, daß der Mensch Wesen und Handeln Gottes erfassen kann.[49] Sogar sich selbst vermag der Mensch nicht zu verstehen:

„Je ne sai si la Nature peut présenter un objet plus étrange, & plus dificile à démêler à la raison toute seule que ce que nous appellons un animal raisonnable."[50]

Bereits in seinem „Système de Philosophie" betont Bayle, daß seine Darstellung der Philosophie und ihrer Aufgaben eigentlich die eines Ideals ist, das von den tatsächlichen Unvollkommenheiten des Denkens abstrahiert und einen – rein theoretischen – vollkommenen Grad der Erkenntnisfähigkeit der Vernunft formuliert.[51]

Die Erscheinungen der natürlichen Welt kann der Mensch dennoch bis zu einem gewissen Grad vor allem mittels der neuen Physik erfassen und erklären. Die rationale Erkenntnis bezieht sich dabei auf die Gesetze beziehungsweise die Ordnung, die Gott unter den Körpern etabliert hat.[52] Diese Ordnung kann von der Vernunft erfaßt und beschrieben werden, ohne daß auf den in ihr handelnden Gott Bezug genommen werden müßte.[53] Für die Erklärung der Phänomene gilt für Bayle ausdrücklich die

---

pour qu'il se soit attiré, auprès de certains traditionalistes, une franche réputation de cartésien contre laquelle il fut amené à protester."

[47] Der volle Titel lautet: „*Dissertation où on défend contre les Péripatéticiens les raisons par lesquelles quelques Cartésiens ont prouvé que l'essence du corps consiste dans l'étenduë*", OD IV, pp. 109-132.

[48] E. LABROUSSE, *Pierre Bayle: hétérodoxie et rigorisme*, p. 149.

[49] Cf. *Critique Générale de l'Histoire du calvinisme de Mr. Maimbourg*, OD II, p. 128a.

[50] *Continuation des Pensées diverses*, OD III, p. 343a.

[51] Cf. *Système de Philosophie*, OD IV, p. 203.

[52] Cf. *Système de Philosophie*, OD IV, p. 269.

[53] Cf. *Dictionaire historique et critique*, art. Sennert, rem. F. – Die Verweise auf das „Dictionaire" richten sich nach der Ausgabe des *Dictionaire historique et critique, par Mr Pierre Bayle*, 4 Bde., Amsterdam/Leiden 1740.

scholastische Maxime: *Non est Philosophi recurrere ad Deum*[54]. Dennoch stellt auch er mit Bedauern fest:

„Il n'y a que très-peu de choses dont la Physique ait pu découvrir la vérité."[55]

Wie die Skeptiker und Fideisten vor ihm sieht auch Bayle den Gebrauch der Vernunft erschwert durch die auf sie wirkenden inneren und äußeren Beweggründe, durch Leidenschaften und Vorurteile, die ihr Urteil letztlich zu ihren Gunsten formen können. Die Herrschaft der Einbildung und der Leidenschaften über Körper und Seele wird von Bayle in der Tradition des Skeptizismus des 16. Jahrhunderts besonders betont. Eine Erklärung liefert für ihn allerdings allein das Christentum, das den Menschen als Sünder klassifiziert:

„Il nous apprend que depuis que le prémier homme fut déchu de son état d'innocence, tous ses descendants ont été assujettis à une telle corruption, qu'à moins qu'une grace surnaturelle ils sont nécessairement esclaves de l'iniquité (...). La Raison, la Philosophie, les idées de l'honnête, la connoissance du vrai intérêt de l'amour propre, tout cela est incapable de résister aux passions."[56]

Wenn die Idee des Stoizismus – der Mensch könne ohne Leidenschaften leben – für Bayle auch falsch ist, so gibt er diesem dennoch darin recht, daß die Voraussetzung für die Weisheit, für ein vernunftgemäßes Leben, eine möglichst geringe Beeinflussung durch die Leidenschaften ist.[57] Dies liegt für Bayle daran, daß das Urteil weniger ein Akt des Verstandes als vielmehr des Willens ist, der von den Leidenschaften verdorben wird. Die Zustimmung wird von ihm daher – in Übereinstimmung mit der kartesischen Position[58] – als eine aktive Fähigkeit der Seele charakterisiert, die sich abhebt von der rein passiven Erkenntnis.[59]

---

[54]   *Dictionaire historique et critique*, art. Anaxagoras, rem. R.
[55]   *Réponse aux questions d'un provincial*, OD III, p. 704b.
[56]   *Dictionaire historique et critique*, art. Helene, rem. Y. – E. LABROUSSE, *Pierre Bayle: hétérodoxie et rigorisme*, p. 80, besteht daher darauf, daß die Quellen Bayles hinsichtlich der Versklavung des Menschen durch die Leidenschaften vor allem in der christlichen Theologie, insbesondere im Augustinismus, zu suchen sind.
[57]   Cf. *Nouvelles Lettres critiques de l'Auteur de la Critique générale de l'Histoire du Calvinisme*, OD II, p. 328b; cf. *Dictionaire historique et critique*, art. Ovide, rem. H.
[58]   Cf. N. MALEBRANCHE, *De la recherche de la vérité*, Livre III, IIe partie, chapitre VII, I., in ders., *Oeuvres*, édition établie par G. RODIS-LEWIS avec la collaboration de G. MALBREIL, 2 Bde., Paris 1979 (Bd. 1) und 1992 (Bd. 2), Bd. 1, p. 347: „Car l'entendement est une faculté de l'âme purement passive; et l'activité ne se trouve que dans la volonté." – Cf. E. LABROUSSE, *Pierre Bayle: hétérodoxie et rigorisme*, p. 57.
[59]   Cf. *Thèses philosophiques*, OD IV, p. 133.

Die Beeinflussung der Vernunft durch innere und äußere Faktoren spielt auch bezüglich des Kriteriums der Evidenz eine große Rolle. Die Evidenz einer Sache liegt vor, wenn der Verstand sie von allen Seiten betrachtet hat und die Untersuchung dazu führt, daß der Wille den geistigen Vorstellungen seine Zustimmung geben muß.[60] Doch Bayle unterstreicht ganz im Gegenteil deutlich die Subjektivität des Urteils – eine Begründung erscheine gut oder schlecht, je nachdem, ob sie die Vorurteile und Neigungen bestätige:

„On prend donc quelquefois pour l'évidence (...) ce qui n'est pas l'évidence. Or le vrai moïen de discerner l'évidence légitime d'avec la fausse, c'est d'avoir agi en homme qui cherche la vérité sans prétendre l'avoir encore trouvée, & qui n'a choisi qu'après avoir discuté exactement, & sans aucune partialité, les raisons du pour & du contre jusqu'à la derniere replique."[61]

Selbst der Zeitpunkt der Beurteilung einer Sache kann – so argumentiert Bayle weiter gegen das Kriterium der Evidenz – durchaus von Bedeutung sein.[62] In seinen Ausführungen zur Relativität menschlichen Urteilens gibt er immer wieder seiner Vorliebe für Autoren wie Plinius und Montaigne Ausdruck, die die Schwächen des menschlichen Geistes hervorgehoben haben[63], und findet, vor allem im „Dictionaire", lobende Worte für den Fideisten Charron und die großen Figuren des antiken Skeptizismus: Pyrrho von Elis, Sextus Empiricus oder Carneades.[64] Die Evidenz bleibt jedoch für Bayle weiterhin das einzig gültige Wahrheitskriterium in der Philosophie[65], auch wenn sich dieses Kriterium vor allem hinsichtlich der christlichen Dogmen als unzutreffend erweist.

Die auf ihre Grenzen bedachte Vernunft ist auch ein adäquates Mittel gegen den dem wahren Glauben konträren Aberglauben – so Bayle in den „Pensées diverses", in denen er die positive Seite der zerstörerischen Kraft der Vernunft darstellt, mit der Irrtümer beseitigt werden, ohne daß, wegen der herrschenden Ungewißheit auf metaphysischem Gebiet, neue geschaffen werden können. Entsprechend der calvinistischen Position gegenüber der Astrologie[66] ist auch Bayles Urteil über diese Art von Aberglauben vernichtend:

---

[60] Cf. *Système de Philosophie*, OD IV, p. 515.
[61] *Continuation des Pensées diverses*, OD III, p. 217b.
[62] Cf. *Continuation des Pensées diverses*, OD III, p. 205b.
[63] Cf. *Continuation des Pensées diverses*, OD III, p. 193a.
[64] Cf. die diesen Denkern gewidmeten Artikel im *Dictionaire historique et critique*.
[65] Cf. *Nouvelles Lettres critiques de l'Auteur de la Critique Générale de l'Histoire du Calvinisme*, OD II, p. 244a.
[66] Cf. J. CALVIN, *Advertissement contre l'Astrologie qu'on appelle judiciaire*, in *Calvini Opera* VII (Corpus Reformatorum XXXV), pp. 509-542.

„(...) il n'y a jamais eu rien de plus impertinent, rien de plus chimérique que l'Astrologie, rien de plus ignominieux à la nature humaine"[67].

Den Glauben an die Kometen sieht Bayle im Menschen selbst verwurzelt, der unter dem Einfluß seiner Leidenschaften, seiner Angst und seiner Hoffnung diesen Aberglauben fabriziert hat. Die Geschichte hingegen zeigt ganz eindeutig:

„(...) qu'il est des malheurs sans Cometes, & des Cometes sans malheur"[68].

Daher läßt sich kein kausaler Zusammenhang zwischen den Kometen und menschlichem Unglück nachweisen. Neben der äußerst rationalen Kritik des Aberglaubens läßt dieses Werk auch eine skeptische Tendenz erkennen. Es sei richtiger, so betont Bayle, in den Dingen, in denen genauso viele Gründe für die eine wie für die andere Seite sprechen, sich des Urteils zu enthalten, anstatt einer Seite recht zu geben.[69] Die ἐποχή, die skeptische Urteilsenthaltung, wird als legitime Position kritischer Neutralität beziehungsweise objektiver Kritik herausgestellt. Die Philosophie ist für Bayle letztlich nur ein amüsantes „jeu d'esprit"[70], in dem er sich darin gefällt, die Schwächen der philosophischen Konstrukte offenzulegen, ohne sich definitiv für eine Richtung zu entscheiden. Sein Interesse gilt dabei vor allem den Themen der Metaphysik. Vielfach kommt auch seine Vorliebe für den Kartesianismus, insbesondere für den Okkasionalismus von Malebranche, zum Ausdruck. Aber auch dieser beantwortet nicht alle philosophischen und theologischen Fragen, wie noch zu sehen sein wird, so daß sich angesichts der Aporien der philosophischen Systeme eine antimetaphysische Tendenz Bayles manifestiert. Diese baut vor allem auf seiner destruktiv ausgerichteten kritischen Methode auf, bleibt aber in erster Linie motiviert durch seinen Skeptizismus und Fideismus.[71] Ange-

---

67 *Pensées diverses*, OD III, p. 17a. – Für B. TOCANNE, *L'idée de nature en France dans la seconde moitié du XVIIe siècle*, Paris 1978, p. 35, ist das Werk Bayles in der Tat „la dernière grande attaque menée contre l'astrologie", die an Vehemenz nicht mehr übertroffen wurde.

68 *Pensées diverses*, OD III, p. 32b.

69 Cf. *Pensées diverses*, OD III, p. 16a.

70 *La Cabale chimérique*, OD II, p. 656a. – Cf. E. LABROUSSE, *Pierre Bayle: hétérodoxie et rigorisme*, p. 257: „La réflexion métaphysique reste pour lui un divertissement, au sens pascalien du terme, ou plutôt elle est une activité cérébrale, un jeu dont il applique honnêtement les règles, mais qui ne revêt aucun sérieux existentiel."

71 Cf. L. BIANCHI, „Pierre Bayle face au meilleur des mondes", in A. HEINEKAMP/ A. ROBINET (Hrsg.), *Leibniz, le meilleur des mondes*, p. 129. – Über Bayles Skeptizismus urteilt E. LABROUSSE, *Pierre Bayle: hétérodoxie et rigorisme*, p. 151, dieser sei letztlich nur ein enttäuschter Rationalismus. Dies ist insofern richtig, als der Weg zum Skeptizismus über das Scheitern der Vernunft im Rationalismus geht.

sichts der vielen widersprüchlichen Systeme empfiehlt sich die Vernunft
als neutraler Betrachter oder als Widersacher, der die Schwächen und
Widersprüche aufdeckt. Vor allem auf dem Gebiet der Metaphysik zeigt
sich angesichts der dort herrschenden Ungewißheit der wahre Charakter
der Vernunft als unproduktives, ja geradezu destruktives Prinzip, das
vorgebliche Gewißheit zerstören muß, ohne neue schaffen zu können:

„(...) notre Raison n'est propre qu'à brouiller tout, & qu'à faire douter de tout. (...) C'est
une véritable Penelope, qui pendant la nuit défait la toile qu'elle avoit faite le jour."[72]

Unmißverständlich postuliert Bayle ebenfalls, die Vernunft könne die
Offenbarungswahrheiten nicht begreifen. Die Unzulänglichkeit der
Vernunft, Gott zu erkennen, ergibt sich vor allem aus Bayles skeptischer
Position, nach der das Göttliche von der Vernunft in seinem Wesen in
keiner Weise erfaßt werden kann. Die meisten Dogmen erweisen sich
gegenüber der Vernunft als unverständliche Mysterien, die den philosophischen Axiomen zum Teil diametral entgegengesetzt sind, wie das
Dogma der Trinität dem logischen Prinzip, *quae sunt eadem uni tertio, sunt
eadem inter se.*[73]

Widersprechen für evident gehaltene Aussagen der Vernunft einer
von der Schrift als wahr dargestellten Lehre, so darf man nicht mit der
Theorie der doppelten Wahrheit argumentieren, nach der es Dinge gibt,
die philosophisch falsch, aber theologisch wahr sind. Man muß anerkennen, daß das, was philosophisch falsch erschien, dennoch philosophisch
wahr ist:

„(...) prétendre qu'après même que la Révélation nous fait connoître qu'une doctrine est
véritable, elle continue d'être fausse en Philosophie, c'est s'abuser."[74]

Andererseits, so hebt Bayle an anderer Stelle hervor[75], ist die Existenz der
Mysterien ebenso evident wie die Maxime, daß es besser ist, dem Gött-
lichen als dem Menschlichen zu gehorchen. Hier ergibt sich nun die von
POPKIN[76] zu Recht gestellte Frage nach dem Sinn des Verweises auf die
Evidenz, die ja nicht mehr als bindendes Kriterium gewertet wird. Eine
mögliche Antwort liegt in der Feststellung der Diskrepanz zwischen der

---

Treffender wäre es jedoch, den Skeptizismus Bayles positiv als Überwindung des
Rationalismus zu charakterisieren.

[72] *Dictionaire historique et critique*, art. Bunel, rem. E.
[73] Cf. *Système de philosophie*, OD IV, p. 437.
[74] *Dictionaire historique et critique*, art. Luther, rem. KK.
[75] *Nouvelles de la République des Lettres*, septembre 1684, IX, OD I, p. 133b.
[76] R. H. POPKIN, „Pierre Bayle's Place in 17th Century Scepticism", in P. DIBON
(Hrsg.), *Pierre Bayle. Le philosophe de Rotterdam*, p. 12.

den Gottesgehorsam fordernden Maxime und ihrer gegenläufigen Praxis. Die Erfahrung zeigt, so Bayle, daß trotz erkannter Pflicht, der Stimme Gottes zu folgen, sogar die meisten Christen lieber den Menschen als Gott gehorchen.[77] Die Praxis zeigt den geringen Wert des Kriteriums der Evidenz: Selbst wenn die Vernunft die Evidenz einer Maxime erkennt, ergibt sich als Konsequenz nicht automatisch die Umsetzung dieser Maxime in die Praxis, da der Mensch lieber seinen Interessen folgt als seiner Vernunft.

2.2. Der Glaube

Während in der Philosophie angesichts gleichwertiger Argumente für und gegen ein bestimmtes philosophisches System nach Art der Skeptiker die ἐποχή, Urteilsenthaltung, geboten ist, betont Bayle ihre Illegitimität in religiösen Dingen.[78] Hier urteilt nicht der Verstand, sondern das Gewissen, das uns bestätigt, daß das, was wir glauben, gottgefällig ist. Der Ort der Gewißheit des Geglaubten liegt im Gewissen. Da der Glaube eine Zustimmung des Gewissens ist, ist es geradezu widersinnig, ihn auf rationale Evidenz gründen zu wollen. Es gilt das Kriterium der Überzeugung des Gewissens, das sowohl das Herz als auch den Willen des Menschen umfaßt. Der Begriff des Glaubens steht bei Bayle immer im Gegensatz zum Aberglauben. Bayle unterscheidet ausdrücklich zwischen historischem, totem Glauben – der Bejahung der Schrift aufgrund der Erziehung – und rechtfertigendem, lebendigem Glauben, im Sinne einer durch den Heiligen Geist zukommenden Gnade Gottes, der den Erwählten mit Gott als seinem höchsten Gut verbindet.[79] Nur der rechtfertigende Glaube gibt eine feste Gewißheit und bringt den Menschen dazu, die Offenbarungs-

---

[77] Cf. *Continuation des Pensées diverses*, OD III, p. 386b.
[78] Cf. *Nouvelles Lettres critiques de l'Auteur de la Critique générale de l'Histoire du Calvinisme*, OD II, p. 334b.
[79] Cf. *Nouvelles Lettres critiques de l'Auteur de la Critique générale de l'Histoire du Calvinisme*, OD II, p. 335b. – Die Definition von E. JEANMAIRE, *Essai sur la critique religieuse de Pierre Bayle*, p. 31, der Glaube sei für Bayle die Gesamtheit der offenbarten Dogmen, vernachlässigt völlig den im Protestantismus so wichtigen und von Bayle übernommenen Aspekt des Glaubens als Gnade und ist daher unzureichend. Unzutreffend ist auch die Sicht von M. PARADIS, „Les fondements de la tolérance universelle chez Bayle: La séparation de l'Eglise et de l'état", in E. GREFFIER/M. PARADIS, *The Notion of Tolerance and Human Rights. Essays in Honour of R. Klibanski*, Carleton 1991, p. 34, der Glaube sei für Bayle nur das Resultat der durch Erziehung vermittelten Vorurteile.

wahrheiten trotz ihrer Unverständlichkeit für die Vernunft zu akzeptieren.[80]

Das Fundament der Religion ist die Gewißheit: Ihr Ziel, ihre Wirkungen und Gebräuche fallen, sobald die feste Überzeugung ihrer Wahrheiten aus der Seele gelöscht wird.[81] Hier hat für Bayle weder der Skeptizismus Platz, noch ist dies überhaupt das Gebiet der Philosophie. Die durch den Glauben erwirkte Gewißheit ist nicht philosophisch demonstrierbar.[82] Nur so wird garantiert, daß auch die Einfältigen zu einer legitimen Gewißheit der himmlischen Wahrheit kommen können, die vollkommener und sicherer ist als die der Geometrie.[83] Auch die Souveränität Gottes als des höchsten Wesens wird durch diese Absage an die Vernunft betont: Der Mensch soll sich nicht anmaßen zu untersuchen, ob er glauben soll, was Gott zu glauben befiehlt.[84] Die Dogmen sind zu glauben, weil sie von Gott geoffenbarte Wahrheiten sind. Der blinde Glaube empfiehlt sich als die dem Christen angemessenste Haltung:

„ C'est à cet égard seulement que la foi est un bon acte de Religion, un acte méritoire, agréable à Dieu, un état d'Enfant de Dieu, & de Disciple de Jesus-Christ"[85].

2.3. Das fideistische Verhältnis von Glaube und Vernunft

Bayles Position hinsichtlich der Kompetenzen von Glaube und Vernunft ist im wesentlichen fideistisch. So formulieren zahlreiche Passagen in seinen Werken die Unzulänglichkeit der Vernunft für die Gotteserkenntnis, aber auch für die Erlangung von Gewißheit in anderen philosophischen Fragen. Die Philosophie ist nicht nur außerstande, die Wahrheit zu etablieren – sie attackiert sie sogar, weil sie keinerlei Gewißheit erlangen kann.[86] Sie kann nichts etablieren, selbst nicht die Gewißheit, daß man zweifeln muß. Indem die Vernunft ihre Unzulänglichkeit jedoch erkennt,

---

[80] Cf. J. CALVIN, *Institution*, I, 7, 4: „(...) combien que Dieu seul soit tesmoing suffisant de soy en sa parolle, toutesfois ceste parole n'obtiendra point foy aux coeurs des hommes, si elle n'y est séellée par le tesmoignage intérieur de l'Esprit".

[81] Cf. *Dictionaire historique et critique*, art. Pyrrhon, rem. B.

[82] Cf. J. CALVIN, *Institution*, III, 2, 14: „(...) les choses que nous entendons par foy nous sont absentes et cachées à nostre veue. Dont nous concluons que l'intelligence de la foy consiste plus en certitude qu'en appréhension".

[83] Cf. *Nouvelles Lettres Critiques de l'Auteur de la Critique Générale de l'Histoire du Calvinisme*, OD II, p. 334b.

[84] Cf. *Dictionaire historique et critique*, Bd. 4, IIIe Eclaircissement, p. 641.

[85] *Dictionaire historique et critique*, art. Dicearque, rem. M.

[86] Cf. *Dictionaire historique et critique*, art. Acosta, rem. G.

versteht sie selbst, daß sie ein Irrweg ist.[87] Auf der Suche nach seinem
Glück wendet sich der unglückliche und der Gewißheit beraubte Mensch
hin zu Gott. Die Unterwerfung unter die göttliche Autorität ist daher –
ganz im Sinne Gassendis – ein von der Vernunft selbst erbrachtes Opfer,
das nichts Unvernünftiges hat, zumal es – wie bereits erwähnt – in Bayles
Augen einer der evidentesten Maximen der Vernunft entspricht, lieber
Gott als den Menschen gehorchen zu wollen[88], auch wenn die Praxis eher
das Gegenteil zeigt.

Die Vollendung des skeptischen Prozesses vollzieht sich also letztlich
zugunsten des christlichen Glaubens. Die Niederlage der Vernunft in der
Philosophie – im Rationalismus und selbst im Skeptizismus – ist für Bayle
ein großer Schritt hin zur christlichen Religion, die vom Menschen verlangt, daß er von Gott die Erkenntnis dessen erwarte, was er zu glauben
und zu tun hat.[89] Aber sie ist eben nur eine Vorstufe auf dem Weg zum
Glauben, da sie selbst nicht den wahren Glauben erzeugt, sondern allein
die Bereitschaft, sich dem Wort Gottes unterzuordnen auf die Gnade
des rechtfertigenden Glaubens zu hoffen.[90] Erst durch diese ordnet sich
die Vernunft völlig unter und gehorcht dem Evangelium aus Liebe zu
Gott. Diese freiwillige Selbstaufgabe der Vernunft ist für Bayle gleichzeitig
ein religiöser Akt und, in ihrer vollendeten Form, der den Erwählten, den
Kindern Gottes, angemessene Zustand.[91]

Die Philosophie ist als Erklärungsmodus der Dogmen für nichtig
erklärt. Sie muß sich der Autorität Gottes beugen und sich angesichts der
Schrift geschlagen geben. Dies erfordert die Vernunft selbst. Kann das
von der Vernunft Etablierte mit den Glaubenswahrheiten in Einklang
gebracht werden, ist dies eine Genugtuung für den Glauben[92], der jedoch
nicht von der Vernunft in dieser Weise unterstützt werden muß – zumal
die Übereinstimmung oft nur zufälligen Charakter hat. Auch nützen dem
Glauben die Schwierigkeiten der Vernunft mit den ihr unverständlichen
Glaubenswahrheiten, da sie die Notwendigkeit der Unterwerfung der
Vernunft unter die göttliche Autorität verdeutlichen.[93]

Die Vernunft – so die „Pensées diverses" – kann und soll Aberglauben und Irrmeinungen bekämpfen; aber auch hier stößt sie auf Grenzen.

---

87   Cf. *Dictionaire historique et critique*, art. Pyrrhon, rem. C.
88   Cf. *Réponse aux questions d'un provincial*, OD III, p. 836b; cf. *Entretiens de Maxime
     et de Thémiste*, OD IV, p. 47a.
89   Cf. *Dictionaire historique et critique*, art. Pyrrhon, rem. C.
90   Cf. *Pensées diverses*, OD III, p. 265b.
91   Cf. *Continuation des Pensées diverses*, OD III, p. 389a.
92   Cf. *Continuation des Pensées diverses*, OD III, p. 265b.
93   Cf. *Réponse aux questions d'un provincial*, OD III, p. 763a.

Daher ist der gewichtigste Grund gegen den Kometenglauben ein theologischer: Die Kometen als göttliche Zeichen anzusehen bedeutet, Gott den Willen zuzuschreiben, die Idolatrie regieren zu lassen. Wenn die Kometen Unglück voraussagten, würde Gott in ihnen Wunder vollbringen, die die Idolatrie in der Welt verstärken.[94]

Eine rationale Betrachtung der Welt ist Pflicht, da sie hilft, die Natur zu demystifizieren und dem Aberglauben vorzubeugen:

„Car comme Plutarque l'a fort bien remarqué, au sujet de Périclès & d'Anaxagoras, la connoissance de la Nature nous délivre d'une superstition pleine de terreur panique, pour nous remplir d'une dévotion véritable & accompagnée de l'espérance du bien."[95]

Gegenüber der Welt ist eine rationale Betrachtung also durchaus angebracht – solange sie sich als *nuda cognitio corporis naturalis*[96] auf die Erklärung der Phänomene beschränkt und nicht versucht, die Handlungsweise Gottes in der Natur zu erläutern. In dieser Hinsicht nämlich ist die Natur die geheime göttliche Vorsehung, die der Vernunft verschlossen bleibt.[97] Eine rationalistische Sicht der natürlichen Welt steht jedoch nicht zuletzt im Sinne des französischen Protestantismus des 17. Jahrhunderts, der als wahre Wunder nur die in der Bibel beschriebenen anerkennt und nur die durch Christus und die Apostel vollbrachten als maßgeblich für den christlichen Glauben wertet.[98]

Auch gegen den Neoprophetismus, der sich – seit der Widerrufung des Edikts von Nantes und der anschließenden Verfolgung – in protestantischen Kreisen breitmacht, wendet sich Bayle, der Jurieus Prophezeiung bezüglich eines kurz bevorstehenden Anbruchs des Tausendjährigen Reiches sowie einer baldigen Wiederherstellung der reformierten Kirche Frankreichs scharf kritisiert.[99]

---

[94] Cf. *Pensées diverses*, OD III, p. 40a.

[95] *Pensées diverses*, OD III, p. 61a.

[96] *Système de Philosophie*, OD IV, p. 269.

[97] Cf. *Nouvelles Lettres critiques de l'Auteur de la Critique générale de l'Histoire du Calvinisme*, OD II, p. 331a.

[98] Cf. J. SOLE, „Religion et conception du monde dans le Dictionnaire de Bayle", *Bulletin de la Société de l'Histoire du Protestantisme* (1971), p. 579.

[99] Cf. *Dictionaire historique et critique*, art. Braunbom, rem. C. – J. SOLE, „Religion et conception du monde dans le Dictionnaire de Bayle", *Bulletin de la Société de l'Histoire du Protestantisme* 117 (1971), p. 555, hebt die Konformität dieser Verurteilung mit der orthodoxen calvinistischen Tradition vor der Verfolgung hervor; F. LAPLANCHE, „Tradition et modernité au XVIIe siècle. L'exégèse biblique des protestants français", *Annales de l'Ecole des Hautes Etudes en Sciences Sociales* mai-juin, n. 3 (1985), p. 476, macht die politische Theologie der Schule von Saumur zum wahren Ursprung der Ablehnung der protestantischen Elite gegenüber dem Neoprophetismus.

Bayles Mißtrauen gegenüber dem Übernatürlichen in all seinen angeblichen Erscheinungsformen (Astrologie, Magie, Neoprophetismus, Namensdeutung, Wahrsagerei, Traumdeutung)[100] beruht nicht zuletzt auf seiner Sorge um den richtigen Umgang mit der Offenbarung.[101] Daher ist der gewichtigste Grund gegen den Kometenglauben der, der sich auf die in der Bibel postulierte Exklusivität des wahren Gottes gründet. Der Aberglaube, dem selbst aufgeklärte Geister unterliegen, ist für Bayle erst in zweiter Reihe ein unsäglicher Verstoß gegen die Vernunft. Er ist vor allem ein nicht hinnehmbarer Widerspruch zum wahren – reformierten – Glauben.

Eine völlige Entwertung der Vernunft findet bei Bayle nicht statt, der sie vielmehr – vor allem hinsichtlich der moralischen Prinzipien – zum Objekt einer an alle Menschen gerichteten natürlichen Offenbarung macht.[102] Sie ist jedoch, allein auf sich gestellt, nie ein völlig zuverlässiger Führer, sondern bedarf eigentlich immer göttlicher Hilfe. Daraus ergibt sich die Richtigkeit der These von JAMES[103], daß eine Funktion der Offenbarung für Bayle nicht zuletzt in der Begrenzung und Überprüfung der Extravaganzen der Vernunft liegt.

Die Unverständlichkeit der göttlichen Mysterien – so Bayles Fazit über das Verhältnis von Theologie und Philosophie – schließt jeglichen philosophischen Diskurs aus, so daß die Christen und die Weisen der Welt, die Philosophen, eigentlich in diametralem Gegensatz zueinander stehen.[104] Diese Opposition ist jedoch – wie der Verweis auf 1 Kor 1,19-20 nahelegt – gottgewollt.[105] Die Welt weiß nichts von Gott, dessen Wesen und

---

[100] Cf. *Continuation des Pensées diverses*, OD III, p. 235b, pp. 251a-252b; cf. *Réponse aux questions d'un provincial*, p. 577b.

[101] Cf. J. SOLE, „Religion et conception du monde dans le Dictionnaire de Bayle", *Bulletin de la Société de l'Histoire du Protestantisme* 117 (1971), p. 549f. – Auch wenn die Kritik am Neoprophetismus durch Bayle vor allem rationalen Charakter hat, wie F. LAPLANCHE, *L'écriture, le sacré et l'histoire*, p. 671, betont, so scheint sie doch nicht zuletzt theologisch motiviert.

[102] *Commentaire Philosophique sur ces paroles de Jésus-Christ, contrains-les d'entrer*, OD II, p. 373a.

[103] E.D. JAMES, „Scepticism and Fideism in Bayle's Dictionnaire", *French Studies* vol. XVI, no. 4 (Oct. 1962), p. 308.

[104] Cf. *Dictionaire historique et critique*, Bd. 4, IIIe Eclaircissement, p. 642.

[105] Bayles Feststellung eines fundamentalen Gegensatzes zwischen Vernunft und Glaube wird von Leibniz vehement bestritten: „Allein wie die Vernunft sowohl als der Glaube eine Gabe Gottes ist; so würde Gott wider Gott streiten, wenn die Vernunft gegen den Glauben stritte" (G.W. LEIBNIZ, „Abhandlung von der Übereinstimmung des Glaubens mit der Vernunft", § 39, in ders., *Herrn Gottfried Wilhelms Freiherrn von Leibnitz Theodicee: das ist, Versuch von der Güte Gottes, Freiheit des Menschen, und vom Ursprunge des Bösen*, nach der 1744 erschienenen, mit Zusätzen und Anmerkungen von Johann Christoph Gottsched ergänzten, vierten

Absicht nur im Glauben und durch die Offenbarung begriffen werden. Der Vernunft übergeordnet, ist der Glaube durch die Attacken der Philosophen selbst nicht zu erschüttern, die als eitle Spitzfindigkeiten der durch die Sünde verdorbenen Vernunft entlarvt sind. Setzt sich die Vernunft absolut und werden die den philosophischen Prinzipien konträren Dogmen durch sie allein betrachtet, so führt dies für Bayle letztendlich zum Atheismus, da die alleingelassene Vernunft alles verwirft, was sie nicht erfassen und erklären kann.[106]

Hinsichtlich der Glaubenswahrheiten gibt es für Bayle also nur den vollkommenen, irrationalen Fideismus. Da er jedoch die Vernunft als Mittel der Erkenntnis nicht völlig entwertet, sondern ihr durchaus einen ihr eigenen Bereich zuspricht, nämlich den der sinnlichen Welt, ergibt sich letztlich eine strikte Trennung zwischen der – für die Vernunft bis zu einem gewissen Grad erkennbaren – natürlichen und der übernatürlichen – allein im Glauben erkennbaren – Welt.

3. Autorität und Wahrheit im Denken Bayles

3.1. Das Problem der Autorität

Das Autoritätsproblem spielt bei Bayle eine sehr große Rolle, zumal es ausschlaggebend ist für seine kurzzeitige Bekehrung zum Katholizismus.[107] Es wird ihn auch als wiederbekehrten Calvinisten nicht loslassen.

Daß die Autorität in religiösen Dingen die Schrift sei, ist natürlich an sich keine fideistische oder auch nur rein protestantische Forderung. Dieses Postulat erhält jedoch im Protestantismus kategorischen Charakter, indem er der Kirche und der Tradition die Autorität entzieht. Weil sich die Autorität einer als unfehlbar beschriebenen Kirche im Katholizismus in letzter Konsequenz auch auf die Autorität des göttlichen Wortes

---

Ausgabe herausgegeben, kommentiert und mit einem Anhang versehen von H. HORSTMANN, Berlin 1996, p. 83).

[106] Cf. *Dictionaire historique et critique*, art. Acosta, rem. G. – Anders steht es mit der Kritik an den Gottesbeweisen: Die Widerlegung gewisser Argumente für die Existenz Gottes führt nicht zum Atheismus.

[107] Cf. E. LABROUSSE, *Pierre Bayle: hétérodoxie et rigorisme*, p. 293: „En un sens, la conversion de Bayle au catholicisme peut se comprendre comme une tentative pour échapper à la problématique lancinante imposée à un calviniste français par le caractère minoritaire, et donc par l'autorité contestée, de ses traditions."

gründet, disqualifiziert sie sich als notwendiges Glaubenskriterium.[108]
Spürbar ist auch bei Bayle die aus der akademischen protestantischen
Polemik hervorgegangene rigorose Identifikation des Wortes Gottes mit
der Schrift.[109] Doch das protestantische Prinzip der *sola Scriptura* löst das
Autoritätsproblem, das mit dem der Wahrheit eng verbunden ist, nicht.
Das Wort Gottes läßt sich auf unterschiedliche Arten interpretieren. Wer
aber schafft den Maßstab für die Exegese?[110] Für den orthodoxen
Calvinisten ist es die durch die Gnade des Heiligen Geistes erwirkte
Gewißheit:

> „C'est donc une telle persuasion, laquelle ne requiert point de raisons, toutefois une
> telle cognoissance, laquelle est appuyée sur une très bonne raison, c'est assavoir d'autant
> que nostre esprit a plus certain et asseuré repos qu'en aucunes raisons, finalement c'est
> un tel sentiment qu'il ne se peut engendrer que de révélation céleste."[111]

Die Schrift ist die einzige Autorität in Glaubensdingen. Nicht ihr, sondern
den Exegeten gegenüber gilt es, eine „skeptische Distanz"[112] zu wahren,
da sie durch ihre unterschiedliche, jedoch dogmatische Auslegung die
Autorität der Schrift schwächen:

> „(...) on ne voit que des disputes entre les Théologiens. Les uns entendent d'une
> maniere les paroles de l'Ecriture (...), les autres d'une autre."[113]

Ein unsachgemäßes Verhalten der Schrift gegenüber wirft Bayle vor allem
der rationalistischen Theologie vor, die mit ihrem Versuch, Glaube und
Vernunft in Einklang zu bringen, einen beliebigen, willkürlichen Umgang
mit der Schrift propagiere – und eben nicht den notwendigen Gehorsam

---

[108] Cf. *Critique Générale de l'Histoire du calvinisme de Mr. Maimbourg*, OD II, pp. 120b-
       122a.
[109] Cf. F. LAPLANCHE, „Tradition et modernité au XVIIe siècle. L'exégèse biblique
       des protestants français", *Annales de l'Ecole des Hautes Etudes en Sciences Sociales*
       mai-juin, n. 3 (1985), p. 465.
[110] Diese Frage mußte sich der Protestantismus vom Katholizismus häufig stellen las-
       sen. So beschreibt François DE SALES, *Controverses*, in ders., *Oeuvres*, édition
       complète (...) publiée (...) par les soins des Religieuses de la Visitation du Premier
       Monastère, 27 Bde., Annecy 1892-1964, Bd. I, p. 73, die Situation des Protestanten
       angesichts der Interpretationsschwierigkeiten als unlösbares Dilemma: „Si doncques
       l'Eglise peut errer, o Calvin, o Luther, a qui auray je recours en mes difficultés? a
       l'Escriture, disent ilz: mais que feray je, pauvr'homme? car c'est sur l'Escriture
       mesmes ou j'ay difficulté: je ne suys pas en doute s'il faut adjouster foy à l'Escriture
       ou non, car qui ne scait que c'est la parole de vérité? ce qui me tient en peyne c'est
       l'intelligence de cest'Escriture."
[111] J. CALVIN, *Institution*, I, 7, 5.
[112] S. NEUMEISTER, „Pierre Bayle und der Mythos. Postmoderne Lektüre eines prote-
       stantischen Querdenkers", in ders. (Hrsg.), *Frühaufklärung*, p. 133.
[113] *Réponse aux questions d'un provincial*, OD III, p. 740a.

der Vernunft gegenüber der göttlichen Autorität.[114] Dennoch kann auch Bayle sich nicht ganz den Einflüssen der aufkommenden Textkritik entziehen. In den biblischen Artikeln seines „Dictionaire", die bis auf zwei („St Jean l'Evangéliste" und „Saducéens") den Figuren des Alten Testaments gewidmet sind, geht er auf viele verschiedene christliche und rabbinische Auslegungen ein, wobei er es sich nicht immer nehmen läßt, eigene Spekulationen – etwa über die verführerische Schönheit der betagten Sara (im gleichnamigen Artikel) – anzustellen. Manches ist schwer zu erklären – das leugnet Bayle nicht. Aber er betont auch, daß die göttlich inspirierten Schreiber weder Regeln der Philosophie folgten noch Erkenntnisse der Physik lehrten. Doch wird auch bei Bayle deutlich, daß die Fortschritte in den exegetischen Methoden durch Richard Simon und Cappel – der die Vokalzeichen und Akzente des hebräischen Textes als Spätschöpfungen der Masoreten ab dem 5. Jahrhundert erkannt hatte, dessen Ergebnisse aber 1675 in der *Formula consensus Helvetica* verurteilt wurden[115] – nicht ganz vereinbar sind mit einer streng orthodoxen Treue zum Wort.

Dennoch verlangt Bayle, daß die Autorität der Schrift als Offenbarung Gottes in Glaubensdingen als völlig souverän und unbestreitbar anerkannt werden muß, als einzig treue Bezeugung des Wortes Gottes, da die Exegese sonst zur „Dispute de Philosophes"[116] gerät. Weder Autorität noch Göttlichkeit der Schrift sind rational beweisbar. Es kann kein rationales Kriterium für die Gültigkeit der Glaubenswahrheiten gcbcn, da die Mysterien des Evangeliums übernatürlicher Natur sind. Die Autorität der Schrift rührt eben nicht von einer rationalen Begründbarkeit, sondern allein von der Überzeugung her, göttliche Offenbarung und daher glaubhaft zu sein.[117]

---

[114] Cf. *Réponse aux questions d'un provincial,* OD III, p. 765b.

[115] Eine kurze Darstellung des exegetischen Wirkens von Cappel findet sich in F. LAPLANCHE, „Tradition et modernité au XVIIe siècle. L'exégèse biblique des protestants français", *Annales de l'Ecole des Hautes Etudes en Sciences Sociales* mai-juin, n. 3 (1985), p. 467f.

[116] *Dictionaire historique et critique,* art. Socin (Fauste), in corp.

[117] Cf. F. LAPLANCHE, *L'écriture, le sacré et l'histoire,* p. 74: „L'identification de l'Ecriture à la Parole de Dieu lui ayant conféré le caractère d'être croyable par elle-même, αὐτοπίστος, il s'ensuit qu'il est inutile et même nuisible de vouloir confirmer son autorité; ce serait mettre des paroles d'homme à la place de la propre Parole de Dieu." – Es kann daher keine Rede davon sein, daß Bayle die Autorität der Schrift verwirft, wie M. PARADIS, „Les fondements de la tolérance universelle chez Bayle: La séparation de l'Eglise et de l'état", in E. GREFFIER/M. PARADIS, *The Notion of Tolerance and Human Rights,* p. 25, behauptet.

Die Tradition der Kirchenväter hat, entsprechend der protestantischen Auffassung, nur geringe Autorität.[118] So wendet sich Bayle gegen den vor allem im Katholizismus verbreiteten exzessiven und systematischen Gebrauch diverser Passagen bei Thomas von Aquin oder Augustinus als entscheidenden Beweis der Wahrheit theologischer Aussagen. Als Calvinist ist für ihn die Schrift die höchste und einzig unfehlbare Autorität, zumal die Kirchenväter sich in vielen Punkten widersprechen und der Verweis auf ihre Lehren somit einer gewissen Willkür unterliegt:

„On ne voit plus personne qui sache montrer le consentement unanime de tous les Peres, dans des points de controverse; chacun les ..ire de son côté; chacun se glorifie de leurs bonnes graces."[119]

Bayle stellt jedoch am Ende seiner Gegenüberstellung des protestantischen und katholischen Kriteriums in der „Continuation des Pensées diverses" fest, daß sich beide nur in der Theorie unterscheiden, da in der Praxis auch im Protestantismus die Beschlüsse der Synoden von den Gläubigen nicht in Frage gestellt werden.[120]

Doch der Streit zwischen Protestanten und Katholiken betrifft noch einen weiteren Aspekt. Gegen den Protestantismus erhebt der Katholizismus den Einwand, dieser verändere das, was seit Jahrhunderten von allen Christen aufgrund der Lehren der Kirchenväter beziehungsweise der Tradition geglaubt wurde. In der „Continuation des Pensées diverses" beruft sich Bayle daher nicht nur auf die unterschiedliche Interpretation der Kirchenväter, sondern auch auf den Mangel an Quellen aus den ersten drei Jahrhunderten des Christentums.[121] Vor allem aber betont er das protestantische Prinzip, demzufolge eine Tradition, wie alt und verbreitet sie sein möge, falsch ist, wenn sie nicht mit der Schrift konform ist. Daß die Zahl der Anhänger einer Lehre kein Kriterium für ihre Wahrheit ist, zeige auch die Erfahrung, daß sich der Glaube an allgemein verbreitete Irrtümer hartnäckig halte (wie zum Beispiel die Astrologie).[122] Das Argument der Tradition ist daher für Bayle kein Kriterium für Autorität.

---

[118]   Cf. R. VOELTZEL, *Vraie et fausse Eglise selon les théologiens protestants du XVIIe siècle*, p. 128; cf. J. SOLE, „Religion et méthode critique dans le ‚Dictionnaire' de Bayle", in *Religion, érudition et critique à la fin du XVIIe siècle et au début du XVIIIe siècle*, Paris 1968, p. 75: „Insister sur leurs erreurs sans nier leurs mérites était de tradition dans la polémique protestante pour mieux faire ressortir, contre les catholiques, la pureté sans égale de l'Ecriture."

[119]   *Nouvelles de la République des Lettres*, septembre 1685, OD I, p. 374a.

[120]   Cf. *Continuation des Pensées diverses*, OD III, p. 218a.

[121]   Cf. *Continuation des Pensées diverses*, OD III, pp. 218b-219a.

[122]   Cf. *Continuation des Pensées diverses*, OD III, p. 242b.

Die Frage der Autorität, so muß gefolgert werden, wird bei Bayle mehr problematisiert als gelöst. Obwohl Klarheit darüber herrscht, was die jeweilige Autorität in philosophischen und theologischen Fragen darstellt, wird diese in ihrem konkreten Bezug zur Unvollkommenheit und Fehlerhaftigkeit der menschlichen Natur mit einem Mangel an sicherer Gewißheit in Verbindung gebracht. Dies hat natürlich Folgen für das Problem der Wahrheit, das heißt ihrer sicheren Erkenntnis auf philosophischem und theologischem Gebiet.

3.2. Das Wahrheitsproblem

Hinsichtlich der Wahrheit philosophischer Aussagen und Erkenntnis gilt für Bayle zunächst das kartesische Kriterium der von der Vernunft erkannten Evidenz und Eindeutigkeit, dessen Nutzen er jedoch bald einschränkt. Aufgrund der Autorität der Schrift – aber auch im Falle der Entdeckung neuer (empirisch belegbarer) Tatsachen[123] – ist die Wahrheit der gewissesten philosophischen Axiome immer mit der Möglichkeit ihrer Entwertung verbunden.

Dennoch ist mit dem Primat der Glaubenswahrheiten, vor denen die Vernunft kapitulieren muß, und der Ablehnung der Lehre der doppelten Wahrheit, die in den Augen Bayles zur Degenerierung der Wahrheit zu einem veränderlichen Begriff führt[124], das Wahrheitsproblem nicht gelöst. Bei der Frage nach dem Fundament der theologischen Wahrheiten gibt es zwar eine klare Antwort, nämlich daß die theologischen sich ausschließlich auf die Autorität des unendlichen Wesens, das weder täuschen noch getäuscht werden kann[125], das heißt auf die Schrift, gründen, anders als

---

[123] Cf. *Continuation des Pensées diverses*, OD III, p. 196b.

[124] Cf. *Dictionaire historique et critique*, art. Hoffman, rem. C: „Si donc la même proposition étoit vraie & fausse, selon qu'on la considéreroit ou en Théologien ou en Philosophe, il s'ensuivroit nécessairement que nous ne connoîtrions pas la verité en elle-même, & qu'elle ne consisteroit que dans un rapport muable aux dispositions de notre esprit".

[125] Cf. *Réponse aux questions d'un provincial*, OD III, p. 761b: „Nos véritez théologiques ont pour fondement l'autoïté (*sic!*) de l'Etre infini qui ne peut tromper, ni être trompé"; cf. R. DESCARTES, *Responsio ad secundas objectiones* V, in ders., *Oeuvres*, hrsg. von Ch. ADAM und P. TANNERY, 12 Bde., Paris 1897-1910, Bd. VII, p. 148. – F. LAPLANCHE, *L'écriture, le sacré et l'histoire*, p. 719, betont den Einfluß des kartesischen *Deus verax* auf die Theologie des 18. Jahrhunderts und die konservative Theologie des 19. Jahrhunderts, die in dem Gehorsam gegenüber dem weder täuschenden noch zu täuschenden Gott „la voie d'accès essentielle à la foi" sehen.

das göttliche Wesen kann der Mensch aber hinsichtlich der Wahrheit irren.

Tatsächlich macht Bayle hinsichtlich der Wahrheit eine bedeutsame Unterscheidung.[126] Als ewige und unveränderliche hat sie ihren Sitz im göttlichen Geist. Im menschlichen Verstand gesellen sich zur Wahrheit jedoch Lüge und Irrtum in einem solchen Maße, daß es scheint, als strebe der Mensch von Natur aus eher zum Falschen als zum Wahren.[127]

So findet die von Bayle vertretene fideistische Position ihre Legitimität in der ontologischen Unterscheidung zwischen Göttlichem und Menschlichem, die den Erkenntnisanspruch des Menschen hinsichtlich der Wahrheit annulliert. Hatte Descartes die Wahrhaftigkeit Gottes positiv zur Voraussetzung einer für jegliche Wissenschaft nötigen Objektivität gemacht[128], so liegt der Akzent Bayles gerade nicht auf einer positiven Legitimierung wissenschaftlicher Erkenntnis.

Mit dem Verweis auf die Verdorbenheit der menschlichen Natur ist auch das Wahrheitskriterium des *consensus omnium* unzulässig, da es, wie auch im Falle des Heidentums, eher dem Irrtum als der Wahrheit dient. Anders als die Wahrheit ist der Irrtum multiplizierbar, da er sich auf immer neue Autoritäten stützt. Das Kriterium des *consensus omnium* ist höchstens von politischem Wert:

„(...) si vous exceptez les choses qui concernent le gouvernement, vous trouverez que rien n'oblige à se soumettre à l'autorité du grand nombre, & qu'on doit prendre l'autre parti dans des matieres historiques, ou philosophiques, si la raison le demande, & dans les matieres de religion, si la conscience le veut."[129]

Eine allgemeine Zustimmung konstatiert Bayle in der Tat sonst nur in bezug auf gewisse metaphysische, arithmetische oder moralische Axiome. Diese sind jedoch nicht evident und wahr, weil viele Menschen sie bejahen, sondern sie werden von vielen bejaht, weil sie wahr sind.[130] Auch an dieser Stelle entspricht der Verweis auf die Evidenz nicht etwa einem inkonsequenten Klammern an einen letzten Rest von Gewißheit: Das

---

126 Cf. *Réponse aux questions d'un provincial*, OD III, p. 704a.
127 Cf. *Réponse aux questions d'un provincial*, OD III, p. 708b: „Il semble même que notre ame soit naturellement mieux proportionnée au mensonge qu'à la vérité." – Cf. J. CALVIN, *Institution*, II, 2, 12: „Car l'entendement humain, à cause de sa rudesse, ne peut tenir certaine voye pour chercher la vérité, mais extravague en divers erreurs et, comme un aveugle qui tastonne en ténèbres, se heurte çà et là, iusques à s'esgarer du tout".
128 Cf. G. PAGANINI, *Analisi della fede e critica della ragione nella filosofia di Pierre Bayle*, p. 99.
129 *Continuation des Pensées diverses*, OD III, p. 195a.
130 Cf. *Continuation des Pensées diverses*, OD III, p. 237b.

Wahrheitsproblem ist für Bayle letztlich eng mit dem Begriff des Göttlichen verbunden – und die Wahrheit bleibt, obwohl für den Menschen bis zu einem gewissen Grad erfaßbar, in vielen Belangen ohne die Hilfe Gottes unerkennbar.

4. Möglichkeiten einer fideistischen Theologie

Der im 16. und 17. Jahrhundert zu Ehren gekommene Fideismus löst insbesondere im französischen Katholizismus zwiespältige Reaktionen aus. Einerseits wird er im Zuge der Gegenreformation als Argument gegen das protestantische Prinzip der *sola Scriptura* verwendet, andererseits sieht es die katholische Theologie nicht gern, wenn in ihren Kreisen fideistisch argumentiert wird. Die strikte Trennung von Philosophie und Theologie wird von der eher rationalistisch orientierten katholischen Theologie abgelehnt und häufig als atheistischer Ansatz verschrien. Das skeptisch und fideistisch geprägte Werk des Theologen Pierre Charron, „De la Sagesse“, wird daher von der Sorbonne 1603 verurteilt und 1605 auf den Index gesetzt.

Eine solche Trennung kann für die Theologie jedoch auch nützlich sein. In diesem Sinne bedeutet für Pierre Charron, aus Menschen Akademiker und Skeptiker zu machen, sie auf die Gewißheit des Glaubens vorzubereiten.[131] Auch Bayles Kritik der philosophischen Systeme ist, wie gezeigt, mit einer religiösen Motivation verbunden. Indem Ohnmacht und Eitelkeit der philosophischen Vernunft verdeutlicht werden, wird der Mensch auf die Offenbarung als einzig wahre Erkenntnisquelle verwiesen.[132] Mehr noch als Charron unterstreicht Bayle jedoch, daß der Erweis der Unzulänglichkeit der Philosophie in Glaubensdingen selbst nicht glaubenstiftend ist.

Christliche Theologie kann für den Fideisten nicht philosophisch sein. Die Quelle ihres Wissens um die göttlichen und menschlichen Dinge ist, wie Bayle auch in seinem „Système de Philosophie“ betont[133], die

---

[131] Cf. P. CHARRON, *Petit Traicté de Sagesse*, in ders., *Toutes les Oeuvres*, Bd. 1, IV, 4, p. 225.

[132] Cf. *Dictionaire historique et critique*, Bd. 4, IIIe Eclaircissement, p. 646: „Ceux qui n'ont jamais assisté aux grands combats de la Raison et de la Foi, et qui ignorent la force des objections philosophiques, ignorent une bonne partie de l'obligation qu'ils ont à Dieu, et de la méthode de triompher de toutes les tentations de la raison incrédule et orgueilleuse“.

[133] Cf. *Système de Philosophie*, OD IV, p. 201f.

Offenbarung. Der Mensch muß notwendig wählen zwischen Philosophie und Evangelium:

„(...) si vous ne voulez rien croire que ce qui est évident et conforme aux notions communes, prenez la Philosophie et quittez le Christianisme; si vous voulez croire les Mystères incompréhensibles de la Religion, prenez le Christianisme et quittez la Philosophie, car de posséder ensemble l'évidence & l'incompréhensibilité, c'est ce qui ne se peut"[134].

Die Notwendigkeit zu wählen ergibt sich aus der strikten Trennung zwischen der natürlichen sinnlichen Welt und der übernatürlichen Welt des Glaubens, die jeglichen Kompromiß scholastischer Prägung verhindert. Philosophie und Theologie sind für Bayle zwei völlig verschiedene Disziplinen, deren Grenzen zugunsten der Theologie geregelt sind.[135]

Diese Trennung bedeutet jedoch auch für die Theologie eine Einschränkung ihres Territoriums und der ihr zur Verfügung stehenden Mittel. Kann und soll der Glaubensinhalt rational nicht erklärt werden, ergibt sich die Frage, inwieweit die Theologie über ein strikt an die Offenbarung gebundenes Reden von Gott hinaus überhaupt eine selbständig reflektierende Darlegung theologischer Inhalte sein kann. Ist eine Theologie, die sich nur auf den Glauben stützt – wie SENOFONTE[136] behauptet –, gar zum Sterben verurteilt, weil sie sich der Vernunft immer mehr entfremdet? Einen Anhaltspunkt bieten Bayles Vorüberlegungen zur Rezension der 1685 in Amsterdam erschienenen „Religio Rationalis" des Sozinianers Wiszowaty:

„La matiere dont il traite est d'une telle nature, qu'il n'est pas aisé d'y trouver un juste milieu, & cependant il faut éviter les deux extrêmitez opposées. Si la raison est entierement excluë de l'examen des points de Théologie, l'on tombe dans des difficultez inexplicables. Si l'on soûmet à l'examen de la raison tous les Mysteres que Dieu nous a révelez, l'on court risque de les expliquer autrement que Dieu ne veut."[137]

Bayle wendet sich also, ganz im Sinne Pascals[138], sowohl gegen eine Absage an die Vernunft in der Theologie als auch gegen eine rationalistische Theologie. Während die rationalistische Theologie den wahren Gott verfehlt, indem sie sich zu sehr vor dem Thron der menschlichen Vernunft

---

134 *Dictionaire historique et critique*, Bd. 4, IIIe Eclaircissement, p. 644.
135 Cf. *Dictionaire historique et critique*, art. Aristote, rem. X.
136 C. SENOFONTE, *Pierre Bayle, dal calvinismo all'illuminismo*, p. 118.
137 *Nouvelles de la République des Lettres*, septembre 1684, IX, OD I, p. 132a.
138 Cf. PASCAL, *Pensées*, hrsg. von Ch.-M. DES GRANGES, Paris 1961, fr. 253: „Deux excès: exclure la raison, n'admettre que la raison" ; cf. fr. 269: „Soumission et usage de la raison, en quoi consiste le vrai christianisme."

verbeugt[139], macht ein absoluter Fideismus, der nur mit der Maxime „Gottes Wege sind nicht unsere Wege" operiert, letztendlich auch die göttliche Offenbarung zu einer zweifelhaften Sache.[140] Das absolut Unbegreifbare läßt sich weder aussagen noch verehren:

„(...) l'homme doit glorifier son créateur par ses paroles aussi bien que par ses pensées: & il ne sert rien d'alléguer (...) que l'on s'expose à parler de Dieu autrement qu'il ne faut, quand on se hazarde d'en parler; car cela prouveroit trop, & devroit porter à ne penser jamais à l'Etre incompréhensible"[141].

Die Vernunft etabliert die Inevidenz der Glaubensmysterien und entzieht sie so legitim, da nachvollziehbar, ihrer eigenen Jurisdiktion. Es ist vernünftig und notwendig, die Unvernünftigkeit des Glaubensinhaltes darzustellen. Mit dieser Rechtfertigung verteidigt und würdigt Bayle auch den Fideismus Charrons, indem er den Unterschied betont, der hinsichtlich der Dogmen zwischen dem durch die Gnade Geglaubten und dem durch die Vernunft Suggerierten besteht:

„(...) on seroit très-injuste de blâmer un homme qui déclareroit que les plus forts Argumens qui le convainquent de l'immortalité de l'ame sont ceux qu'il tire de la parole de Dieu."[142]

Theologische Aussagen über ein Dogma können und müssen geprüft und kritisiert werden, vor allem wenn sie auf rationalen Schlüssen beruhen, ohne daß damit das Dogma selbst in Frage stünde:

„Rien n'empêche qu'un homme très-orthodoxe n'appellât chimeres les pensées qu'un autre auroit touchant l'immortalité de l'ame. Il n'appelleroit pas ainsi le dogme même de l'immortalité, mais les raisons absurdes sur quoi on l'appuieroit, & les conséquences extravagantes qu'on en tireroit."[143]

Es gilt also, zwischen Intention und Argumentation zu unterscheiden.[144]

---

[139] Cf. *Commentaire Philosophique*, OD II, p. 368a.

[140] Cf. *Commentaire Philosophique*, OD II, p. 397b.

[141] *Dictionaire historique et critique*, art. Sadeur, rem. C.

[142] *Dictionaire historique et critique*, art. Charron, rem. O.

[143] *Dictionaire historique et critique*, art. Luther, rem. E.

[144] In den *Entretiens de Maxime et de Thémiste*, OD IV, p. 42b, nimmt Bayle diese Unterscheidung für sich persönlich in Anspruch: „Il faut en user ainsi envers Mr Bayle: il pousse vivement une objection, il la fait même briller, si l'on veut, mais ce n'est pas un signe qu'il condamne le dogme qu'elle combat". – Zu Recht sieht L. BIANCHI, „Pierre Bayle interprete di Charron", in *La saggezza moderna. Temi e problemi dell'opera di Pierre Charron*, a cura di V. DINI e D. TARANTO, Neapel/Rom 1987, p. 302, daher in der Verteidigung Charrons durchaus eine Art Selbstverteidigung Bayles.

Das bereits von Gassendi so geschätzte Prinzip der *libertas philosophandi*
hat auch in der Theologie Bayles einen bestimmten Wert: Allein eine freie,
unparteiische Philosophie sei in der Lage, sowohl philosophischen als
auch falschen theologischen Dogmatismus zu bekämpfen, ohne selbst ihre
Grenzen zu überschreiten.[145] Aufgabe der von Bayle befürworteten fideistischen Theologie ist es, die in der Heiligen Schrift enthaltene Botschaft
zu erläutern, ohne sie im geringsten zu verändern. Sie muß den Versuch
unternehmen, die Botschaft verständlich zu machen, ohne sie dem Prinzip
der rationalen Verständlichkeit zu unterwerfen.[146] Die Entrationalisierung
hat zum Ziel, die christliche Botschaft allen Menschen zugänglich zu
machen – gemäß dem universellen, nicht auf den Intellekt spekulierenden
Anspruch der göttlichen Offenbarung – und sie vor atheistisch-rationali-
stischen Attacken zu schützen.[147] Die Aufgabe der fideistischen Theologie
ist also in diesem Sinne zugleich apologetischer Natur. Die Unfaßbarkeit
der Glaubenswahrheiten ist für Bayle – wie bereits JEANMAIRE[148] betont –
in der Tat der einzig mögliche Ausgangspunkt einer guten Apologetik. So
gelte es, den übernatürlichen Charakter des Christentums zu betonen,
dessen Prinzipien auf die göttliche Autorität zurückgehen, welche uns vor
Mysterien stelle, die nicht zu verstehen, sondern in Demut zu glauben
seien:

„Quoi! vous voudriez que sur les mysteres qui surpassent la Raison, les Réponses d'un
Théologien fussent aussi claire, que les Objections d'un Philosophe? De cela même
qu'un dogme est mystérieux, & très-peu compréhensible à la foiblesse de l'entendement
humain, il résulte nécessairement que notre Raison le combattra par des Argumens très-
forts, & qu'elle ne pourra trouver d'autre bonne solution que l'autorité de Dieu."[149]

---

[145] Hinsichtlich des Philosophiebegriffs bei Bayle erkennt C. SENOFONTE, *Pierre Bayle,
dal calvinismo all'illuminismo*, p. 102, sogar eine klare Dependenz von Gassendi. –
Die Einschränkung des Wahrheitsanspruches der Philosophie ist jedoch weitaus
stärker bei Bayle als im probabilistischen Denken Gassendis. Dieser Einschränkung trägt A. CAZES, *Pierre Bayle: sa vie, ses idées, son influence, son oeuvre*, p. 49,
nicht Rechnung, wenn er in Bayle allein den Befreier der Vernunft feiert: „Ce sera
son éternel honneur d'avoir voulu désarmer le dogmatisme des théologiens qui
prétendaient tyranniser la raison".
[146] In diesem Sinne bestätigt G. PAGANINI, *Analisi della fede e critica della ragione nella
filosofia di Pierre Bayle*, p. 132, zu Recht eine „negazione della teologia come
scienza" bei Bayle.
[147] Eigentlich, so mokiert sich Bayle im *Dictionaire historique et critique*, art. Socin, rem.
H, sei die Unverständlichkeit der Mysterien der Religion nie ein Problem für das
Volk, sondern ermüde nur den Theologieprofessor. Dieser laufe, weil er sich mehr
an die Vernunft als an den Glauben halte, auch eher als die Gläubigen Gefahr, zum
religiösen Zweifler zu werden.
[148] E. JEANMAIRE, *Essai sur la critique religieuse de Pierre Bayle*, p. 40.
[149] *Dictionaire historique et critique*, art. Charron, rem. P.

Fideistische Theologie ist für Bayle letztlich die angemessenste Art, von Gott zu reden. Ihre Eigentümlichkeit ist es, die Verehrungswürdigkeit Gottes darzustellen, ohne sich ihn wirklich erklären zu können, und ihre Aufgabe besteht darin, alle Lehrinhalte auf ihre absolute Konformität mit der Schrift hin zu untersuchen – wie bereits Calvin bestätigt[150]. Die „Orthodoxie Théologique"[151] gründet daher für Bayle allein auf dem Rückgriff auf die Schrift.

Fideistische Theologie ist auch eine äußerst kritische Form theologischer Rede, da sie alle dogmatischen Versuche von Theologie, die über die Schrift hinauszielen, als Anmaßung der menschlichen Vernunft entlarvt. In ihrem Inhalt streng auf das Göttliche bezogen und nur in dieser Hinsicht dogmatisch, bewegt sie sich auch immer im ideengeschichtlichen, menschlichen Kontext, dessen Relativität neben der Absolutheit des Göttlichen eines ihrer wesentlichen Themen konstituiert.

5. Der Fideismus Bayles: Erkenntnislehre, Hüter der Geheimnisse des Glaubens oder versteckter Atheismus?

Funktion und Ziel der fideistischen Position Bayles sind in der Forschung, aber auch bereits von den Zeitgenossen Bayles[152], unterschiedlich bewertet worden. Einerseits wird sein Fideismus als ehrliches Streben angesehen, die religiösen Wahrheiten zu bewahren[153], andererseits hält sich

---

[150] Cf. J. CALVIN, *Institution*, IV, 8, 8: „(...) nous ne devons point tenir en l'Eglise pour parolle de Dieu, sinon ce qui est contenu en la Loy et aux Prophètes, puis après aux écrits de l'Apostre, et (...) il n'y a nulle autre façon de bien et deuement enseigner en l'Eglise, que de rapporter toute doctrine à ceste reigle".

[151] *Dictionaire historique et critique*, art. Dicearque, rem. M.

[152] Cf. F. R. J. KNETSCH, „Pierre Bayle", in M. GRESCHAT (Hrsg.), *Gestalten der Kirchengeschichte*, 12 Bde., Stuttgart 1981-1986, Bd. 8: Die Aufklärung (1983), p. 169: „Es ist deutlich, daß sich die Rationalisten, ob sie nun Scholastiker oder Aufgeklärte waren, mit diesem Abbau ihrer Systeme zugunsten des nicht ableitbaren Glaubens nicht zufrieden geben konnten und daher Bayle zu den Atheisten rechneten." – Diesen Aspekt betont auch W.H. BARBER, „Pierre Bayle: Faith and Reason", in W. MOORE/R. SUTHERLAND/E. STARKIE, *The French Mind: Studies in Honour of G. Rudler*, p. 119, der Bayle selbst wegen seiner außergewöhnlichen kritischen Gabe eine natürliche Neigung zum Rationalismus zuschreibt, die dieser letztlich bezwingt.

[153] Cf. T. PENELHUM, *God and Skepticism*, Dordrecht 1983, p. 26, p. 29, p. 33; cf. U. FRANKE, „Mundus optimus – eine hermeneutische Kategorie. Leibniz' Verteidigung der Sache Gottes gegen Pierre Bayle", in A. HEINEKAMP/A. ROBINET (Hrsg.), *Leibniz, le meilleur des mondes*, Stuttgart 1992, p. 156; cf. J. KILCULLEN,

hartnäckig der Argwohn, es handle sich doch um die in seiner Zeit vor
allem von rationalistischen Theologen, aber auch von Jurieu unterstellte
Kaschierung einer atheistischen Überzeugung.[154] Diese entspreche „einer
perfiden Unterwanderungsstrategie des Glaubens"[155], deren Heimlichkeit
gerne mit dem historischen Kontext erklärt wird.[156] Wo BRUSH[157] und
PUAUX[158] die weitreichende Pressefreiheit im damaligen Holland betonen,
unterscheidet WALKER[159] zwischen der großen religiösen Toleranz *de facto*
und der geringen *de jure*. Sicherlich ist die Meinungsfreiheit in Holland
nicht uneingeschränkt, aber eben doch eine größere als in den anderen
europäischen Ländern.[160] Bayle selbst relativiert die in Holland
herrschende Freiheit, indem er insbesondere auf den schädlichen Einfluß

„Bayle on the Rights of Conscience", in ders., *Sincerity and Truth. Essays on Arnauld, Bayle and Toleration*, Oxford 1988, p. 102, n. 206. – E. LABROUSSE, *Pierre Bayle: hétérodoxie et rigorisme*, p. 415, spricht sich nicht kategorisch für die Aufrichtigkeit seines Fideismus aus, sieht aber gerade in dessen verdrossenem und mürrischem Tonfall einen Hinweis auf seine Authentizität.

[154] Cf. P. JURIEU, *Le Philosophe de Roterdam* (sic!) *accusé, atteint et convaincu*, Amsterdam 1706, p. 14f. – Cf. J. DELVOLVE, *Religion, critique et philosophie chez Pierre Bayle*, p. 211; cf. T.G. BUCHER, „Zwischen Atheismus und Toleranz. Zur historischen Wirkung von Pierre Bayle (1647-1706)", *Philosophisches Jahrbuch* (1985), p. 359f, cf. p. 366f.

[155] L. KREIMENDAHL, „Das Theodizeeproblem und Bayles fideistischer Lösungsversuch", in R.H. POPKIN/A. VANDERJAGT (Hrsg.), *Scepticism and Irreligion in the Seventeenth and Eighteenth Centuries*, p. 272f, der diesen Schluß immerhin als Möglichkeit gelten läßt. – Eindeutiger urteilt D.P. WALKER, *The Decline of Hell. Seventeenth-Century Discussions of Eternal Torment*, p. 187: „Although some recent scholars wish to take Bayle as a sincere Calvinist, it seems to me quite evident that his Calvinism is a mask behind which one can clearly see the face."

[156] Cf. G. MORI, „L',athée spéculatif' selon Bayle: permanence et développements d'une idée", in M. MAGDELAINE ET AL., *De l'Humanisme aux Lumières, Bayle et le protestantisme*, Oxford 1996, p. 604: „(...) persécuté dans son pays natal et dans celui qui l'avait accueilli, Bayle n'avait que trop de raisons de cacher sa véritable position *philosophique*". Mori, der sich auf Leo Strauss' „Persecution and the art of writing" (1941) stützt, will zeigen, daß Bayles wenige kühne Äußerungen ein Zeichen dafür sind, daß er das orthodoxe Denken ablehnt, das heißt seine eigene Position zwischen den Zeilen gelesen werden muß (cf. G. MORI, *Bayle philosophe*, pp. 13-53). – Cf. J.-P. CAVAILLE, „L'art d'écrire des philosophes", *Critique* 631 (Dez. 1999), p. 959-980, der Bayles Denken als Denken des Dilemmas zwischen Atheismus und Fideismus betrachtet. Standpunkte, die den Fideismus Bayles und Charrons ernst nehmen, bezeichnet er polemisch als „interprétation dévote" (www.ehess.fr/centres/grihl/DebatCritique/LibrePensee/Libertinage14.htm).

[157] C.B. BRUSH, *Montaigne and Bayle. Variations on the Theme of Skepticism*, p. 284f, p. 323f.

[158] F. PUAUX, *Les précurseurs français de la tolérance au XVIIe siècle*, p. 106f.

[159] D.P. WALKER, *The Decline of Hell*, p. 187.

[160] Cf. Y. BIZEUL, „Pierre Bayle – Vordenker des modernen Toleranzbegriffs", in H.J. WENDEL/W. BERNARD/Y. BIZEUL, *Toleranz im Wandel*, p. 77.

einzelner Persönlichkeiten verweist.[161] So verliert er nicht nur 1693 durch seinen Streit mit Jurieu und auf Wunsch der holländischen reformierten Kirche seine Stellung als Philosophieprofessor an der Schola illustris von Rotterdam, sondern sieht sich einige Jahre später auch seitens der wallonischen Kirche gezwungen, seine allzu kritischen Artikel in der zweiten Ausgabe zu korrigieren beziehungsweise ihnen einige „Eclaircissements" hinzuzufügen.[162]

Häufig wird die Frage nach der Aufrichtigkeit von Bayles fideistischen Äußerungen auch als unlösbar bezeichnet.[163] So wird der Fideismus jedoch zum unerklärlichen Beiwerk eines Denkens, das im ganzen gar nicht erfaßt werden kann.

Eine wichtige Rolle bei der Beurteilung des Fideismus Bayles spielt die Frage nach der skeptischen und rationalistischen Prägung seines Denkens. Die Autoren, die Bayle als den großen Skeptiker darstellen und ihn zugleich als versteckten Atheisten charakterisieren, verknüpfen zwei ganz unterschiedliche Haltungen gegenüber dem Religiösen. Der wahren skeptischen Position entspricht es, wie aus dem grundlegenden Werk von Sextus Empiricus, den „Hypotyposen", hervorgeht, dem Göttlichen gegenüber keine dogmatische Haltung einzunehmen, sondern sich an die Praxis zu halten, das heißt die Existenz der Götter zu bejahen und sie als Vorsehung zu verehren. Grund dieser Haltung ist die Unmöglichkeit, Gott eine Substanz und einen Ort zuzuweisen oder aber die göttliche Existenz zu verneinen. Ein Skeptiker alter Prägung kann daher kein überzeugter Atheist sein. Wie der Freigeist und *nouveau sceptique* La Mothe le Vayer sieht ihn jedoch Bayle selbst aufgrund seines zweiflerischen und rein äußerlichen Bekenntnis zur Religion eindeutig als verloren an.[164]

---

[161] Cf. *Dictionaire historique et critique*, art. Blondel, rem. K.
[162] Cf. C. B. BRUSH, *Montaigne and Bayle. Variations on the Theme of Skepticism*, p. 247.
[163] Cf. J.-M. GROS, „Sens et limites de la théorie de la tolérance chez Bayle", in O. ABEL/P.-F. MOREAU (Hrsg.), *Pierre Bayle: la foi dans le doute*, Genf 1995, p. 85f; cf. R. WHELAN, „The Wisdom of Simonides: Bayle and La Mothe le Vayer", in R. H. POPKIN/A. VANDERJAGT (Hrsg.), *Scepticism and Irreligion in the Seventeenth and Eighteenth Centuries*, p. 231ff, die die Unlösbarkeit in Zusammenhang setzt mit der Schwierigkeit, fideistische Denker allgemein zu beurteilen. – Natürlich sind die Gründe einer sich auf den Glauben berufenden Position nicht an rationalen Maßstäben festzumachen – das liegt in ihrer antirationalen Natur. Verzichtet man jedoch auf die Beurteilung der Absicht beziehungsweise des Ziels der fideistischen Argumentation, so bleiben Ziel und Funktion seines Fideismus weitgehend ungeklärt.
[164] Cf. *Dictionaire historique et critique*, art. Pyrrhon, rem. C.

Bayles eigener Skeptizismus wird vor allem greifbar in seiner Kritik der Philosophie. Gleich dem Skeptiker auf seiner Suche nach der Wahrheit und dem Seelenfrieden, der Ataraxie, fühlt er sich verpflichtet, allen dogmatischen Haltungen ihre mangelnde Berechtigung zu zeigen und ihnen mit ihren eigenen Waffen, mittels rationaler Argumente, ihre Widersprüchlichkeiten und fehlende Logik vor Augen zu führen. Der Skeptizismus ist daher grundlegend für das epistemologische Denken Bayles. Auf theologischem Gebiet verliert er jedoch an Bedeutung:

„La Religion ne souffre pas l'Esprit Académicien; elle veut qu'on nie, ou que l'on affirme."[165]

Zwar dient die skeptische Argumentation der Darstellung der Unzulänglichkeit der Vernunft und damit der Entwertung der Philosophie als rationalen, die Wahrheit etablierenden Diskurses über das Göttliche; aber der Skeptizismus stößt hier auf eine ganz andere Dimension, die des Glaubens, und damit auf eine von ihm nicht gekannte Instanz bezüglich der Erkenntnis der Wahrheit. An die Stelle der Ungewißheit der Vernunft setzt nun der hier in den Vordergrund tretende Fideismus die Gewißheit des Glaubens. Man könnte von einem epistemologischen Sprung sprechen, denn die religiös motivierte Schaffung einer neuen Instanz, der des Glaubens, ergibt sich nicht als logisch erkennbare Folge der Niederlage der Vernunft. Der Fideismus tritt auf als epistemologisches Denken, beruft sich dabei jedoch auf die Dimension des Göttlichen, dessen Beschreibung und Erfassung ihm in Form der Offenbarung vorgegeben sind. Er ist daher keine reine, freie Form erkenntnistheoretischen Denkens, sondern die Darstellung einer Erkenntnistheorie, die auf der Erkenntnis des göttlichen Charakters der Offenbarung aufbaut und diese als das, was nicht hinterfragt und bewiesen werden kann, voraussetzt.

Hinsichtlich der Charakterisierung der fideistischen Position Bayles verweist, neben anderen, BARBER[166] auf die Verbundenheit Bayles mit dem Fideismus von Montaigne und Charron. Diese Tradition ist in bezug auf die Bewertung der Dogmen und der Gotteserkenntnis sicherlich von großer Bedeutung. Anzumerken ist jedoch vor allem, daß Bayles Fideismus weitaus weniger wissenschaftsfeindlich ist als der Charrons und sich vor allem in seiner Betrachtung der natürlichen Welt eher dem rationalen

---

[165] *Dictionaire historique et critique*, art. Chrysippe, rem. G.
[166] W.H. BARBER, „Pierre Bayle: Faith and Reason", in W. MOORE/R. SUTHERLAND, *The French Mind. Studies in Honour of Gustave Rudler*, pp. 109-125, p. 124. – C. B. BRUSH, *Montaigne and Bayle. Variations on the Theme of Skepticism*, pp. 329-331, unterscheidet zwischen einem optimistischen Fideismus, wie ihn Montaigne vertritt, und dem pessimistischen Fideismus Bayles.

Fideismus Gassendis annähert. Die Vernunft als Erkenntnismittel wird von Bayle nicht völlig entwertet, sondern kann einen gewissen Bereich der Welt erfassen, vor allem durch Beobachtung und Erfassung von Gesetzmäßigkeiten.[167] Bayle schränkt jedoch ein, daß sie immer göttlicher Unterstützung bedarf:

„(...) il n'y a personne, qui, en se servant de la Raison, n'ait besoin de l'assistance de Dieu"[168].

Diese Notwendigkeit der Unterstützung der Vernunft durch die Gnade Gottes ist angesichts der negativen Bewertung der Vernunft und ihres angemessenen und rechten Gebrauchs ein allen positiven Aussagen über sie implizites Postulat. Die Behauptung, Bayle vertrete zweifellos eine Souveränität der Vernunft, wird seinem Denken nicht gerecht.[169]

Die Verbindung von Fideismus und einer vor allem kritischen Vernunft im Denken Bayles ist nicht erst von der Forschung als problematisch erkannt worden.[170] Schule gemacht hat vor allem das berühmte Zitat von Leibniz im Vorwort seiner „Théodicée":

„(...) Hr. Bayle befiehlt der Vernunft zu schweigen, nachdem er sie nur allzuviel reden lassen"[171].

---

167 P. VERNIERE, *Spinoza et la pensée française avant la Révolution. Première Partie: XVIIe siècle*, Paris: 1954, p. 304, betont zu Recht, daß sich Bayle gegen jegliche Konstruktion einer „doctrine rationnelle du monde" verwahrt.

168 *Dictionaire historique et critique*, art. Acosta, rem. G.

169 J. BOISSET, „Pierre Bayle et l'enseignement de Calvin", *Baroque* 7 (1974), p. 100: „Il n'en reste pas moins que, pour Bayle, la Raison est souveraine: aucun doute, à cet égard n'est possible." Eine solche rationalistische Sicht Bayles bestreitet auch S. NEUMEISTER, „Pierre Bayle und der Mythos. Postmoderne Lektüre eines protestantischen Querdenkers", in ders. (Hrsg.), *Frühaufklärung*, p. 137: „(...) ein Dogma der Vernunft will Bayle trotz Descartes nicht fixieren."

170 Cf. R. H. POPKIN, „Pierre Bayle's Place in 17th Century Scepticism", in P. DIBON (Hrsg.), *Pierre Bayle. Le philosophe de Rotterdam*, p. 12.

171 G. W. LEIBNIZ, Vorrede des Verfassers, in ders., *Herrn Gottfried Wilhelms Freiherrn von Leibnitz Theodicee: das ist, Versuch von der Güte Gottes, Freiheit des Menschen, und vom Ursprunge des Bösen*, nach der 1744 erschienenen, mit Zusätzen und Anmerkungen von Johann Christoph Gottsched ergänzten, vierten Ausgabe herausgegeben, kommentiert und mit einem Anhang versehen von H. HORSTMANN, p. 51. – Ein Kuriosum ist die wohl auf einem Versehen beruhende Variante, die S. L. JENKINSON, „Bayle and Leibniz: Two Paradigms of Tolerance and Some Reflections on Goodness without God", in J. C. LAURSEN, *Religious Toleration. The Variety of Rites from Cyrus to Defoe*, New York 1999, p. 173, cf. p. 180, mit dem Verweis auf die Ausgabe von G. W. LEIBNIZ, *Theodicy. Essays on the Goodness of God, the Freedom of Man, and the Origin of Evil*, ed. with an introduction by A. FARRER, La Salle ²1985, p. 63, gibt: „Mr. Bayle wishes to silence religion after having made it speak too loud".

So konstatiert BORNHAUSEN[172] hinsichtlich der Wahrheitserkenntnis eine Verschiebung des Akzentes von der Offenbarung auf die Vernunft, einhergehend mit einer – obwohl in diesem Ausmaß nicht beabsichtigten – schweren Schwächung der Offenbarung durch rationale Kritik. DEL-VOLVE[173] sieht in der kritischen und positiven Vernunft Bayles den Grund, warum seine orthodoxen Bekenntnisse zur Religion religions-feindliche Prinzipien erkennen lassen. Angesichts der religiösen Moti-vation der Kritik rationalistisch argumentierender Theologie und der Betonung der absoluten Autorität der Offenbarung und ihrer Souveränität gegenüber der Vernunft ist jedoch festzuhalten, daß der von Bayle entworfene Antagonismus von Vernunft und Glaube eine christlich-philosophische Antwort auf Einwände rationalistischer Religionskritiker zwar unmöglich macht, Bayles erklärtes Ziel jedoch nicht die Schwächung der Glaubensaussagen sein kann.[174] Es geht ihm vielmehr um ihre Sicherstellung vor der Vernunft, die, auf sich gestellt, in der religiösen Sphäre mehr Schaden als Gutes anrichtet. Auch wenn die Gewißheit der Glaubenswahrheiten eine moralische ist, die sich von der der evidenten Ideen unterscheidet, so ist diese für ihn doch ungleich größer. Das, was die Glaubenswahrheiten letztendlich vor der Vernunft schützt, ist ihre von der Vernunft selbst festgestellte Inevidenz. Dies ist bezüglich der Vernunft der Erkenntniswert der Schrift. Für den Fideisten Bayle gilt daher die Folgerung: Es gibt keinen Glauben, der besser auf der Vernunft aufgebaut ist, als den, der auf ihren Trümmern aufgebaut wird.[175] Auf dieser Aussage basiert seine fideistische Theologie, und von diesem Anspruch wird sie geleitet. Bayles Absicht ist die Bewahrung einer christ-lichen Tradition, in der Rationalismus (bezogen auf die Welt) und Fideis-mus (bezogen auf das Übernatürliche) miteinander versöhnt sind, ohne daß eine erzwungene Synthese beabsichtigt wird. Die Unantastbarkeit der geoffenbarten Wahrheiten tritt bei Bayle als religiös motiviertes Prinzip auf, während die Vernunft neben der Beschreibung der natürlichen Welt

---

[172] K. BORNHAUSEN, „Das religiöse Problem während der französischen Vorrevolu-tion bei Bayle, Voltaire, Rousseau", *Historische Zeitschrift*, 3. Folge, 9. Band (1910), pp. 496-504.

[173] J. DELVOLVE, *Religion, critique et philosophie positive chez Pierre Bayle*, p. 140.

[174] Dies wird auch deutlich in dem Lob Bayles für Pascal, dem er bescheinigt, sein Leben lang genau zwischen den Rechten des Glaubens und denen der Vernunft unterschieden zu haben (cf. *Dictionaire historique et critique*, art. Pascal, in corp. und rem. B). Diese Affinität der Bayleschen Position zu dem ebenfalls von Pascal vertretenen Gegensatz zwischen Glaube und Vernunft bestätigt M. KRUSE, *Das Pascal-Bild in der französischen Literatur*, Hamburg 1955, p. 26, ohne Bayle jedoch eine eindeutig religiöse Motivation zuzuerkennen.

[175] Cf. *Réponse aux Questions d'un Provincial*, OD III, p. 836b.

die Aufgabe hat, den Irr- und Aberglauben zu zerstören. Hinsichtlich der Verbindung von rationalem und irrationalem Fideismus im Denken Bayles gilt also das, was SOLE[176] in seinem Artikel als kuriose, aber nicht konträre, sondern beiden Formen zuträgliche Koexistenz beschrieben hat, gründend auf der Tradition des französischen Calvinismus des 17. Jahrhunderts, die in seinen Augen falschen Dogmen und Lehren (wie die Transsubstantiation oder die Idolatrie) sowohl mit rationalen Argumenten als auch unter Berufung auf die Schrift zu bekämpfen, die für ihn wahren Dogmen (wie die Trinität) jedoch rein fideistisch, das heißt als unantastbare Mysterien, zu verteidigen.

Bayle versteckten Atheismus zu unterstellen entspricht angesichts der religiösen Motivation, die sein Denken beherrscht, einer völligen Mißachtung oder einer rein oberflächlichen Betrachtung seiner fideistischen Theologie, die sich wie ein roter Faden durch sein ganzes Werk zieht.[177] Diese fideistische Theologie warnt vor der Gefahr des Atheismus, die sich aus der rationalen Betrachtung Gottes ergibt. Wenn Bayle, wie in den „Pensées diverses", eine Darstellung des spekulativen Atheismus gibt, in der dieser positiver gezeichnet ist als der Irrglaube, so liegt das unter anderem daran, daß er ihn für ein weitaus geringeres Problem hält als die dem Menschen von Natur aus mehr gelegene Idolatrie.[178] So beklagt er den Mißbrauch dieses Begriffes, den viele seiner Zeitgenossen auf Menschen anwenden, die in Wirklichkeit keine Atheisten sind, sondern allenfalls – und dazu ließe sich Bayle selbst rechnen – ihre Einwände mit zu viel Verve vorgetragen haben.[179] Auch jene trifft die Anschuldigung zu

---

[176] J. SOLE, „Religion et conception du monde dans le Dictionnaire de Bayle", *Bulletin de la Société de l'Histoire du Protestantisme* 117 (1971), p. 566, p. 572.

[177] Ähnlich urteilt P. RETAT, „Libertinage et hétérodoxie: Pierre Bayle", *XVIIe Siècle* 127 (1980), p. 206, der den Fideismus Bayles allerdings als Bestandteil seiner kritischen Vorgehensweise sieht, die darauf ausgelegt ist, dogmatische Bestrebungen zu verurteilen, um der Toleranz heterodoxen Meinungen gegenüber Platz zu machen. – Auch C. SENOFONTE, *Pierre Bayle, dal calvinismo all'illuminismo*, p. 116f, charakterisiert die Tendenz, in Bayle einen „scettico demolitore delle certezze cristiane" zu sehen, als Trugschluß, wenngleich er den Glauben nicht als integratives Element des Bayleschen Denkens begreift.

[178] Cf. *Addition aux Pensées diverses*, OD III, p. 171b. – E. LABROUSSE, *Pierre Bayle: hétérodoxie et rigorisme*, p. 196, urteilt daher letztlich zugunsten der Orthodoxie Bayles: „Nul besoin de sonder ici des arrière-pensées retorses: tout invite à prendre Bayle au mot et à lui attribuer une vibrante horreur pour l'idolâtrie papiste, et *a fortiori* païenne".

[179] Cf. *Continuation des Pensées diverses*, OD III, pp. 237b-238a. – Cf. H.-M. BARTH, *Atheismus und Orthodoxie. Analysen und Modelle christlicher Apologetik im 17. Jahrhundert* (Forschungen zur systematischen und ökumenischen Theologie 26), Göttingen 1971, p. 70: „Im Kampf der konfessionellen Gruppen des 16. und 17. Jahrhunderts konnte beinahe jeder jeden als Atheisten bezeichnen, faßte man den

Unrecht, die aus einer fideistischen Haltung heraus ihre Bejahung
beschränken auf die Grundlehren der Schrift und die „grandes & (...)
sublimes véritez d'une solide Métaphysique"[180].

Begriff nur genügend weit; von einem bestimmten Punkt an ließ sich jede Häresie
als Irrtum in der Gotteslehre ausgeben."
[180] *Dictionaire historique et critique*, art. Hobbes, rem. M.

Kapitel III

Die Dekonstruktion der rationalistischen Theologie

Versteht man den Rationalismus als eine Denkweise, die keine höhere Instanz kennt als die Vernunft[1], so ergibt sich die grundlegende Frage, inwiefern Theologie, die an die Autorität einer bestimmten Vorlage der Gottesrede geknüpft ist, die sie auszulegen und zu rechtfertigen sucht, überhaupt rationalistisch sein kann. Eine rationalistische Vorgehensweise erfordert, daß das in der Theologie Vorausgesetzte – Existenz und Wesen der Gottheit – von der Vernunft etabliert wird. Rationalistische Theologie hingegen ist ein Bestreben, der bereits als wahr gesetzten Theologie einen philosophischen Anspruch zu verleihen. Eine solche Verbindung von dogmatischer Theologie und Philosophie hält WEISCHEDEL jedoch für unphilosophisch:

„Die Philosophische Theologie im Raum des Christentums steht ständig in der Gefahr, vom Glauben überwältigt zu werden."[2]

Die rationalistische Theologie des 17. Jahrhunderts setzt sich zum Ziel, den Widerspruch zwischen Offenbarung und Vernunft zugunsten einer „vernünftigen" Offenbarung so weit wie möglich zu eliminieren. Sie hat „keinen Selbstzweck, sondern steht im Dienst am Wort"[3], auch wenn sie die wörtliche Bedeutung der Schrift zugunsten eines besseren Verständnisses oft in Frage stellt, die Auslegung der Schrift also zum Teil den philosophischen Prinzipien unterordnet. Die Vertreter rationalistischer Theologie, die mit Bayle in direkter Auseinandersetzung stehen, sind keine

---

[1]   Cf. den Artikel „Rationalismus", in *Philosophisches Wörterbuch*, hrsg. von G. SCHISCHKOFF, Stuttgart 171965, p. 490, col. 1.

[2]   W. WEISCHEDEL, *Der Gott der Philosophen*, 2 Bde., München 1979, Bd. 1, p. 118. – Eine Interferenz des Glaubens hält E. JÜNGEL, *Gott als Geheimnis der Welt*, Tübingen 61992, p. 206, hingegen für notwendig: „Indem das Denken sich auf den Glauben einläßt, wird es aber auch verstehen, daß Gott ohne den Glauben nicht gedacht werden kann."

[3]   E. JÜNGEL, *Gott als Geheimnis der Welt*, Tübingen 61992, p. XVIII.

Sozinianer, die alle christlichen Dogmen ablehnen, die der Vernunft konträr sind (zum Beispiel das der Trinität). Die Bemühungen der zu Zeiten Bayles als „les rationaux" bezeichneten protestantischen Theologen[4], ein Höchstmaß an Konformität zwischen Offenbarung und Vernunft zu erlangen, ohne christliche Lehren preiszugeben, stoßen jedoch vor allem in Holland auf große Ablehnung.[5]

Es ist offensichtlich, daß Bayle aufgrund seiner fideistischen Position – mit der er sich selbst auf einer Linie mit den „Théologiens non Rationaux"[6] (sprich: der Orthodoxie) sieht – diese Art von Theologie ablehnen muß, auch wenn er ihren Vertretern nicht von vornherein eine schlechte Absicht unterstellt.[7]

1. King und die Theodizeefrage

Die Auseinandersetzung Bayles mit dem 1702 erschienenen Werk „De origine mali" des Erzbischofs von Dublin, William King (1650-1729), im zweiten Teil der „Réponse aux questions d'un provincial" bietet eine von der Forschung häufig nicht genügend beachtete Analyse der Theodizeeproblematik[8], die trotz des engen Bezuges zum System Kings – wie Bayle

---

[4]   Gegen C. B. BRUSH, *Montaigne and Bayle. Variations on the Theme of Skepticism*, p. 315, der die „rationaux" als eine „school of Protestant theologians" bezeichnet, ist mit S. BROGI, *Teologia senza verità*, p. 16f, auf die konfessionelle und philosophische Uneinheitlichkeit dieser Gruppe hinzuweisen.

[5]   Der *Quatrième Article de la Déclaration des Etats de Hollande* (zitiert nach P. JURIEU, *La Religion du Latitudinaire*, Rotterdam 1696, p. 382) erklärt die rationalistische Theologie 1694 zu einem gefährlichen und verbotenen Unterfangen: „En quatriéme lieu, sur tout les professeurs & Lecteurs en Théologie s'abstiendront de produire quoy que ce soit dans leurs écrits & dans leurs leçons, & disputes publiques ou particulieres qui donne lieu aux Etudiants d'expliquer les Mysteres de la foi Chrêtienne selon les regles & selon la méthode de la Philosophie. (...) par de telles maximes la Religion Chrêtienne seroit en grand péril de faire naufrage dans peu de temps, & les Eglises tomberoient dans la derniere confusion & désordre."

[6]   *Réponse aux questions d'un provincial*, OD III, p. 1070b.

[7]   Cf. *Réponse aux questions d'un provincial*, OD III, p. 766a.

[8]   Die Theodizeefrage ist ein in der Bayleforschung vielfach untersuchtes Thema. Die in den Vordergrund gestellten Schriften Bayles sind insbesondere die Kapitel „Pauliciens", „Manichéens" und „Marcionites" des „Dictionaire historique et critique", deren enorme Bedeutung für die Sicht Bayles in dieser Frage unbestreitbar ist. Es ist jedoch bedauerlich, daß die hier behandelte und für seine theologische Position sehr aufschlußreiche Kritik an King in der Forschung wenig Beachtung findet.

selbst konstatiert[9] – eine Art *refutatio* der wichtigsten traditionellen und auch zeitgenössischen Ansätze zur Lösung der Theodizeefrage darstellt.

Das Werk Kings war Bayle nicht im Originaltext bekannt, sondern in erster Linie in Form einer in den „Nouvelles de la République des Lettres" im Mai 1703 erschienenen Rezension von Jacques Bernard – einem Verfechter der rationalistischen Theologie und wichtigen Kontrahenten Bayles. Diese Rezension enthält jedoch viele übersetzte Zitate aus dem Originalwerk, auf die Bayle in seiner Kritik ausdrücklich Bezug nimmt. Dies und die Bedeutung der kritischen Auseinandersetzung Bayles für seine eigene theologische Position machen die indirekte Bezeugung der Gedanken Kings in der „Réponse aux questions d'un provincial" zu einem höchst aufschlußreichen und wichtigen Zeugen der Dekonstruktion der rationalistischen Theologie im Werk Bayles.

Bayle selbst geht es, wie er angesichts des von Bernard geäußerten Vorwurfs hinsichtlich der Unkenntnis des Originalwerks schreibt[10], nicht um eine Kritik des anglikanischen Bischofs, sondern nur um die in der Rezension Bernards dargestellte Lehre. Nicht die Person, sondern die Sache steht für Bayle im Licht der Kritik. Bei der Auseinandersetzung mit King handelt es sich in erster Linie um die Kritik einer rationalistischen Position, die, als Irrweg bloßgestellt, nicht einen bestimmten Theologen, sondern eine theologische Denkform demontiert, nämlich die der rationalistischen Theologie, die den Versuch der Versöhnung der Glaubensmysterien mit der Vernunft unternimmt.

1.1. Das Böse und die Schöpfung

Die Frage nach dem Ursprung des Bösen ist für King und Bayle gleichermaßen eng verbunden mit dem Ursprung der Dinge an sich, das heißt im christlichen Kontext mit der Schöpfung. Die Existenz des Bösen in einer von einem guten Gott geschaffenen Welt bietet die Schwierigkeit *par excellence*, die sich der Vernunft in der Theodizeefrage entgegenstellt. Sie beginnt daher ihre Untersuchung des Grundes des Bösen mit der Frage nach dem Grund und Sinn der Schöpfung.

Ausgehend von dem theologischen Prinzip, daß das Handeln Gottes immer zielgerichtet ist, sieht King in der Ausübung der Macht Gottes und der Übermittlung seiner Güte das Ziel der Schöpfung. Dieser Gedanke

---

[9]   Cf. *Réponse aux questions d'un provincial*, OD III, p. 794b.
[10]   Cf. *Réponse aux questions d'un provincial*, OD III, p. 1061a.

Kings ist nicht neu, wie Bayle hervorhebt[11], sondern findet sich bereits bei Arnauld, der ihn gegen Malebranche vertritt. Auch King wendet sich also gegen die auf der Schrift beruhende Auffassung der Schöpfung der Welt zur Ehre und zum Ruhm Gottes. Der Ruhm Gottes ist nicht Selbstzweck, sondern das Resultat aller Werke Gottes. Die Ruhmtheorie widerspricht, wie Bayle bereitwillig zugibt[12], den evidenten Begriffen der Vernunft, die in dem Begriff der Vollkommenheit Gottes auch den seiner unveränderlichen Glückseligkeit und Ehre findet. Der Grund der Schöpfung ist daher das Übermaß an göttlicher Güte; ihr Ziel ist es, den des Glücks fähigen Kreaturen Gutes zu tun. Dies sind, wie Bayle betont, zunächst die Schlüsse der von den evidenten Begriffen der Güte und der Vollkommenheit des höchsten Wesens geleiteten Vernunft, die auf ihre Konformität mit den Offenbarungswahrheiten zu überprüfen sind. Hier gilt also für Bayle wieder die Rückkoppelung der Wahrheit der Vernunftschlüsse an die Autorität der Schrift, ohne die ein Fürwahrhalten nicht legitim wäre. Da an dieser Stelle jedoch weder eine Überprüfung noch eine Widerlegung stattfindet, kann man auf Bayles stillschweigende, jedoch völlig undogmatische Akzeptanz dieser theologischen These schließen. Kritisch hingegen sieht er die Darstellung von Güte und Macht als einander gleichwertige Motive. Für ihn ist es eine Funktion der Macht, Güte zu übermitteln. Die Macht steht somit ganz im Dienst der Güte, des wichtigsten Attributes Gottes. Kings Verständnis der Übermittlung der göttlichen Güte impliziert für Bayle die Übermittlung der göttlichen Eigenschaft der Güte an den Menschen, damit er gut sei, also die Fähigkeit habe, seinen Nächsten zu lieben und ihm zu dienen. Ist das menschliche Glück jedoch tatsächlich das von Gott erstrebte Ziel der Schöpfung, so befindet sich die Vernunft, wie Bayle abschließend betont[13], angesichts der Sünde vor der Schwierigkeit, dieses Ziel mit der Erfahrung des alltäglichen Hasses, aber auch mit Gottes Macht und Weisheit zu vereinbaren.

Die erste Art des Bösen, die für King in der unterschiedlichen Vollkommenheit des Seienden liegt, stellt im Grunde genommen keine Form des *malum* dar, da das Universum auf Ungleiches angewiesen ist.[14] Die Frage des *unde malum* bezieht sich daher nur auf das physisch und moralisch Böse. Kings Antwort auf die Frage, warum Gott das Übel in der Welt zuläßt, ist eindeutig: Gott will und kann das Übel nicht aufheben. Er begründet dies – nach Bayles Interpretation – mit der „universalité des

---

[11]   Cf. *Réponse aux questions d'un provincial*, OD III, p. 681b.
[12]   Cf. *Réponse aux questions d'un provincial*, OD III, p. 651a.
[13]   Cf. *Réponse aux questions d'un provincial*, OD III, p. 652b.
[14]   Cf. *Réponse aux questions d'un provincial*, OD III, p. 653a.

choses"[15]. Ein Blick in das Werk Kings zeigt jedoch eine andere Begründung. King stellt fest, daß die Welt nicht besser sein könnte, als sie ist, und kommt zu dem Schluß, „that no Evil in it could be avoided, which would not occasion a greater by its absence"[16]. Die Wahl des Bösen als des kleinsten Übels steht hier also nicht so sehr in Zusammenhang mit der Universalität der Dinge, mit einer notwendigen Erschaffung alles Möglichen[17], wie Bayle, vielleicht fehlgeleitet durch eine unpräzise Wiedergabe in der Rezension, mißinterpretiert, sondern mit ihrer besten Erscheinungsform, ähnlich der Vorstellung der besten aller Welten bei Leibniz.[18]

Auf dieser optimistischen Sicht gründet auch die Feststellung einer größeren Präsenz des Guten, die auch Leibniz postuliert[19] und die King mit dem Überlebenswillen empirisch untermauern will. Dies weist Bayle zurück: Der Überlebenswille resultiert nicht aus einer Feststellung des Guten auf Erden, sondern nur aus einer unvernünftigen Angst vor dem Tod, einer „crainte (...) machinale"[20]. Doch King minimiert nicht nur die Präsenz des physisch Bösen, er etabliert sogar seine Notwendigkeit, indem er es im Wesen der Materie verankert. In seiner optimistischen Sicht wird der Schmerz zu einer natürlichen Notwendigkeit, die die Unterscheidung zwischen Nützlichem und Unnützem, Gefährlichem ermöglicht. Schmerz und Leid – so kontert Baye – erscheinen der Vernunft jedoch so willkürlich, daß ihr die Seele wie das Spielzeug einer feindlichen Macht

---

15   *Réponse aux questions d'un provincial*, OD III, p. 674b.
16   W. KING, *An Essay on the Origin of Evil*, in *The Collected Works of Edmund Law*, edited and introduced by V. NUOVO, 5 Bde., Bristol 1997, Bd. 1, p. 197, cf. p. 95.
17   Cf. *Réponse aux questions d'un provincial*, OD III, p. 675a.
18   Cf. B. COTTRET, „L'essai sur l'origine du mal de William King. Vers une définition de l'optimisme", *XVIIIe Siècle* 18 (1986), p. 301. – Leibniz selbst nennt das Werk Kings „ein sehr sinnreiches Buch", moniert jedoch wie Bayle die Darstellung der göttlichen und der menschlichen Freiheit (G. W. LEIBNIZ, „Des Versuchs von der Güte Gottes, von der Freiheit des Menschen, und vom Ursprunge des Bösen: Zweiter Teil", § 239, in ders., *Herrn Gottfried Wilhelms Freiherrn von Leibnitz Theodicee: das ist, Versuch von der Güte Gottes, Freiheit des Menschen, und vom Ursprunge des Bösen*, nach der 1744 erschienenen, mit Zusätzen und Anmerkungen von Johann Christoph Gottsched ergänzten, vierten Ausgabe herausgegeben, kommentiert und mit einem Anhang versehen von H. HORSTMANN, p. 253).
19   Cf. G. W. LEIBNIZ, „Des Versuchs von der Güte Gottes, von der Freiheit des Menschen, und vom Ursprunge des Bösen: Zweiter Teil", § 148, in ders., *Herrn Gottfried Wilhelms Freiherrn von Leibnitz Theodicee: das ist, Versuch von der Güte Gottes, Freiheit des Menschen, und vom Ursprunge des Bösen*, nach der 1744 erschienenen, mit Zusätzen und Anmerkungen von Johann Christoph Gottsched ergänzten, vierten Ausgabe herausgegeben, kommentiert und mit einem Anhang versehen von H. HORSTMANN, p. 200.
20   *Réponse aux questions d'un provincial*, OD III, p. 653b.

vorkommt.[21] Eine einzige gute Ursache hätte, so der dualistische Einwand angesichts der Vermischung von Gutem und Bösen, seine Geschöpfe nur mit Angenehmem ausgestattet.[22] In theologischer Perspektive verweist Bayle gegen Kings Notwendigkeit des physisch Bösen zudem auf den Stand der Unschuld, in dem es das physisch Böse trotz der Körperlichkeit Adams nicht gab.[23] Auch die ewige Glückseligkeit des Paradieses wird angesichts der Notwendigkeit von Schmerz und Leid in Frage gestellt. Eine notwendige Verbindung der Materie mit dem physisch Bösen, wie King sie postuliert, läßt der Gnade Gottes keinen wirklichen Raum und verhindert jegliche Erlösung.[24] Die Empfindung von Schmerz ist nicht notwendiger Bestandteil der Essenz des Menschen, sondern akzidentiell und einer willkürlichen Verfügung Gottes zuzuschreiben. Nur die Fähigkeit dazu liegt in der Essenz des Menschen, wie auch seine Fähigkeit zu denken als Essenz der Seele nicht einen bestimmten notwendigen Gedanken bedingt. Die Notwendigkeit des physisch Bösen ist nicht nur theologisch unhaltbar – sie ist in einem von einer einzigen guten Ursache geschaffenen System unbegreiflich, so daß die Vernunft angesichts der Existenz und Willkürlichkeit des physisch Bösen Macht und Güte des ersten Prinzips in Frage stellen muß.

1.2. Das moralisch Böse und die Freiheitsproblematik

Der Ursprung des moralisch Bösen ist traditionell eng verbunden mit dem Begriff der Freiheit. In seiner Definition des freien Willens, den King ganz traditionell zur Erklärung des moralisch Bösen heranzieht, liegt für Bayle die Innovation Kings. Nicht wie im Protestantismus als Abwesenheit von Zwang, sondern als eine subjektiv und objektiv (von der Vernunft, den anderen Fähigkeiten, Leidenschaften und Eigenschaften des Handelnden, aber auch von den Objekten des Willens) unabhängige Kraft zu wählen – so definiert King die wahre Freiheit, durch die das Gewählte erst seine moralische Bestimmung erhält. Als Verfechter der calvinistischen Definition der Freiheit kritisiert Bayle diese Beschreibung der Freiheit natürlich scharf und macht ihren Widerspruch zur alltäglichen Erfahrung der Wahl

---

21   Cf. *Réponse aux questions d'un provincial*, OD III, p. 655a.
22   Cf. *Dictionaire historique et critique*, art. Manichéens, rem. D: „La souveraine bonté peut-elle produire une créature malheureuse? La souveraine puissance, jointe à une bonté infinie, ne comblera-t-elle pas de biens son ouvrage, & n'éloignera-t-elle point tout ce qui le pourrait offenser ou chagriner?"
23   Cf. *Réponse aux questions d'un provincial*, OD III, p. 658a.
24   Cf. *Réponse aux questions d'un provincial*, OD III, p. 1065b.

einer Sache nach dem Urteil der Vernunft geltend – eine Kritik, die Leibniz aufnehmen wird.[25]

Kings Theorie der Umwandlung der vor der Wahl indifferenten Gegenstände in gute oder schlechte beruht auf der Annahme einer großen Überzeugungskraft des Willens, der das Urteil des Verstandes formt und nicht selten gegen die Vernunft und Triebe wählt, wobei er die Vernunft als Richter und Ratgeber neben sich duldet.[26] Der Mensch wählt die Dinge nicht, weil sie ihm gefallen, sondern sie gefallen ihm, weil er sie gewählt hat.[27] Die von Gott dem Menschen gegebene Freiheit, unabhängig zu wählen, ist die Quelle der Glückseligkeit; sie führt jedoch ins Unglück, wenn der Mensch schlecht wählt, das heißt nach Unmöglichem, Widersprüchlichem, Gottlosem, ihm oder seinem Mitmenschen Schädlichem strebt.[28] Kings Verständnis menschlicher Freiheit setzt Bayle die calvinistische Gnadenlehre entgegen, nach der die göttliche Gnade gute Werke erst ermöglicht. Dem Beweis des freien Willens aus dem Gefühl der Freiheit heraus[29] entgegnet er, daß der menschliche Wille nicht erkennen kann, ob seine Taten frei oder fremdbestimmt sind. Das Gefühl der Seele bezüglich ihrer Freiheit ist trügerisch. Das als Beweis des freien Willens angeführte Gefühl der Selbstbestimmtheit ist also möglicherweise eine Illusion, da sich der Mensch hinsichtlich seiner Fähigkeiten und Selbstgesteuertheit häufig täuscht, und taugt daher nicht als sicherer Beweis. Aber auch die christliche Konzeption des Paradieses macht Kings Freiheit problematisch.[30] Mit dem Eintritt in das Paradies ist die Seele nicht mehr indifferent gegenüber Gutem und Bösem: Sie ist zwar frei, kann sich aber nur für das Gute entscheiden. Nach King wäre dies jedoch keine wahre

---

25 Cf. *Réponse aux questions d'un provincial*, OD III, p. 677b. – Cf. G. W. LEIBNIZ, „Anmerkungen über das Buch Von dem Ursprunge des Bösen, das kürzlich in Engelland heraus gekommen", § 2, in ders., *Herrn Gottfried Wilhelms Freiherrn von Leibnitz Theodicee: das ist, Versuch von der Güte Gottes, Freiheit des Menschen, und vom Ursprunge des Bösen,* nach der 1744 erschienenen, mit Zusätzen und Anmerkungen von Johann Christoph Gottsched ergänzten, vierten Ausgabe herausgegeben, kommentiert und mit einem Anhang versehen von H. HORSTMANN, p. 388: „Allein in der Natur wird man niemals eine Wahl antreffen, zu der man nicht durch eine vorhergegangene Vorstellung des Guten oder Bösen, durch Neigungen oder Vernunftgründe, bewogen und angetrieben worden".
26 Cf. W. KING, *An Essay on the Origin of Evil*, in *The Collected Works of Edmund Law*, edited and introduced by V. NUOVO, Bd. 2, pp. 307-310, p. 320.
27 Cf. W. KING, *An Essay on the Origin of Evil*, in *The Collected Works of Edmund Law*, edited and introduced by V. NUOVO, Bd. 2, p. 322.
28 Cf. W. KING, *An Essay on the Origin of Evil*, in *The Collected Works of Edmund Law*, edited and introduced by V. NUOVO, Bd. 2, pp. 329-331.
29 Cf. W. KING, *An Essay on the Origin of Evil*, in *The Collected Works of Edmund Law*, edited and introduced by V. NUOVO, Bd. 2, p. 287.
30 Cf. *Réponse aux questions d'un provincial*, OD III, p. 662a.

Freiheit und der menschlichen Glückseligkeit eher hinderlich. So gerät er in Widerspruch mit der christlichen Lehre selbst.[31]

Auch steht diese unabhängige Freiheit in einem Widerspruch zu den göttlichen Gesetzen, insbesondere den dem Menschen eingegebenen Ideen des Guten.[32] Durch moralische Einwirkung hingegen, das heißt durch die Eingabe der eindeutigen und wahren Idee, daß es besser ist, Gott zu gehorchen als dem Geschöpf, wäre Adam sowohl vor der schlechten Wahl als auch vor dem Mißfallen einer Fremdbestimmung bewahrt worden.[33] Ein Gefühl völliger Freiheit auf seiten Adams ist ohnehin ausgeschlossen, da eine angedrohte Strafe den Willen, wie die Erfahrung zeigt, enorm beeinflußt.[34] Aber auch seine durch das Versprechen der Schlange geweckte Hoffnung eines höheren Erkenntnisgrades muß seinen Willen bestimmt haben. Die von King entworfene Freiheit ist weder uneingeschränkt noch glückstiftend für den Menschen, da sie ihn zu einer schlechten Wahl führte.[35]

Während für King die Aufgabe des Verstandes in der reinen Darstellung der Möglichkeit und Unmöglichkeit der vor ihrer Wahl indifferenten Dinge liegt, ordnet Bayle der Vernunft zu, dem Willen das Gute zu zeigen, um ihn dazu zu bewegen. Eine von der Vernunft und der eindeutig erkannten Eigenschaft der Objekte unabhängige Freiheit macht ihn zum undisziplinierbarsten aller Geschöpfe:

„(...) vous lui éclairerez, vous lui convaincrez l'esprit, & néanmoins sa volonté fera la fiere, & demeurera immobile comme un rocher"[36].

Diese Verstocktheit des Willens kann für Bayle jedoch nicht das reichste Geschenk Gottes an den Menschen und Mittel zu seinem Glück sein. Interessant ist in diesem Zusammenhang Bayles Entwurf einer fiktiven Anrede Gottes an die ersten Menschen[37] zur Verdeutlichung der Absurdi-

---

31 Cf. D. P. WALKER, *The Decline of Hell*, p. 31: „Having abandoned the orthodox morally static afterlife, and believing in utter freedom of will, King is left with the blessèd constantly liable to sin".

32 Cf. *Réponse aux questions d'un provincial*, OD III, p. 678a.

33 Cf. *Réponse aux questions d'un provincial*, OD III, p. 661b.

34 Cf. *Réponse aux questions d'un provincial*, OD III, p. 678a-b.

35 Cf. *Réponse aux questions d'un provincial*, OD III, p. 679b, wo Bayle die Unvernünftigkeit einer solchen Freiheit veranschaulicht: „(...) *je connois clairement que ce sont des biens pour moi, j'ai toutes les lumières nécessaires sur ce point-là; cependant je ne veux point les aimer, je veux les hair, mon parti est pris, je l'exécute; ce n'est pas qu'aucune raison m'y engage, mais il me plaît d'en user ainsi.*"

36 *Réponse aux questions d'un provincial*, OD III, p. 679b.

37 *Réponse aux questions d'un provincial*, OD III, p. 680b.

tät der von King entworfenen Freiheit, den Leibniz in der „Theodicee"
ausführlich zitiert:

„Ich habe euch die Erkenntnis und das Vermögen gegeben, von Sachen zu urteilen,
und euren Willen nach Gefallen einzurichten; ich will euch sagen, wie ihr euch
aufführen sollet: allein der freie Wille, den ich euch mitgeteilet habe, ist von solcher
Art, daß ihr mir (...) so wohl gehorchen als ungehorsam sein könnet. Man wird euch in
Versuchung führen: werdet ihr eure Freiheit wohl gebrauchen, so werdet ihr glücklich
sein; werdet ihr sie aber übel gebrauchen, so werdet ihr unglücklich sein. Ihr möget bei
euch selbst zu rate gehen, ob ihr von mir als eine neue Gnade bitten wollet, daß ich
euch entweder erlauben solle, eure Freiheit zu mißbrauchen, wenn ihr euch dazu
entschließen werdet, oder daß ich euch daran hindern solle. Bedenket es wohl, ich gebe
euch 24 Stunden Bedenkzeit."[38]

Nach King hätten die ersten Menschen um die Gnade bitten müssen,
niemals in ihrer Freiheit gestört zu werden. Bayle zeigt vielmehr, daß das
wahre Glück des Menschen darin besteht, nicht mehr von der Tugend ab-
weichen zu können – ein Wunsch, der, wie er betont[39], nicht nur in vielen
Predigten, sondern auch in der Moralphilosophie vielfach zum Ausdruck
komme.

1.3. Gott und Sünde

Es entspricht Kings Verständnis von Freiheit, daß auch Gott die Dinge
unabhängig von ihren Eigenschaften wählt und sie durch diese Wahl erst
gut werden. Das Gutsein der Dinge hängt somit allein von der Wahl
Gottes ab, da dieser sonst nicht frei, sondern notwendig und durch die
Eigenschaften der Dinge determiniert gehandelt hätte. King besteht auf
der völligen Indifferenz des göttlichen Willens.[40] Daraus ergibt sich jedoch
– wie Bayle hervorhebt –, daß die Moral veränderlich ist, da Gott willkürlich Lasterhaftigkeit oder Tugend zum Gebot erheben kann. Gott wäre
demnach freier Urheber der moralischen Gesetze. Die göttliche Freiheit
nach King trifft nicht nur bei Bayle, sondern auch bei Leibniz auf Kritik:

---

[38] G. W. LEIBNIZ, „Des Versuchs von der Güte Gottes, von der Freiheit des Men-
schen, und vom Ursprunge des Bösen: Dritter Teil", § 315, in ders., *Herrn Gottfried
Wilhelms Freiherrn von Leibnitz Theodicee: das ist, Versuch von der Güte Gottes,
Freiheit des Menschen, und vom Ursprunge des Bösen*, nach der 1744 erschienenen, mit
Zusätzen und Anmerkungen von Johann Christoph Gottsched ergänzten, vierten
Ausgabe herausgegeben, kommentiert und mit einem Anhang versehen von H.
HORSTMANN, p. 290.
[39] Cf. *Réponse aux questions d'un provincial*, OD III, p. 682b.
[40] Cf. W. KING, *An Essay on the Origin of Evil*, in *The Collected Works of Edmund
Law*, edited and introduced by V. NUOVO, Bd. 2, p. 252.

„(...) die unbestimmte Gleichgültigkeit ist eine Chimäre. Die göttliche Wahl kann (...) von nichts anders, als von den stärksten Vernunftsgründen, gelenket werden."[41]

Auch die Theologie lehrt, daß es eine Eigenschaft der göttlichen Vollkommenheit ist, das Gute nicht hassen und das Böse nicht lieben zu können. Als Unvorsichtigkeit bezeichnet Bayle daher die Aussage, Gott könne sündigen, wenngleich nur *in actu primo*, von seiner Macht her, nicht aber *in actu secundo*, seines rechten Willens wegen.[42] Eine so begriffene göttliche Freiheit ist keine, da der potenziell freie Einsatz der göttlichen Macht *de facto* beschränkt wird durch die Notwendigkeit des rechten Willens Gottes. Konsequenz der Lehre Kings, der den Mißbrauch der Allmacht durch die anderen Attribute verhindert sieht[43], ist, daß Gott nichts notwendig liebt. Eine absolute Indifferenz bezüglich Gott anzunehmen heißt für Bayle letztlich, die göttlichen Attribute allesamt in Frage zu stellen.[44] Das höchste Wesen wäre nicht mehr notwendig gut, gerecht, weise etc., sondern eine aufgrund seiner absoluten Freiheit unberechenbare und unbestimmbare Größe.

Schafft Gott die Welt aus Güte, wie King betont, so muß er dem Menschen, wenn die Freiheit die Quelle seines Glücks ist, eine Freiheit geben, die mit dem konstanten Entschluß der guten Wahl verbunden ist, da die Freiheit ohne diesen kein sicherer Weg zum Glück ist.[45] Die Theorie der Schöpfung aus Güte und der Freiheit als Quelle menschlichen Glücks bedingt für die Vernunft also geradezu die Forderung nach der Überwachung des Gebrauchs der Freiheit durch Gott. Eine Verhinderung des Mißbrauchs der geschenkten Freiheit hätte auch gegen Adams Willen geschehen müssen. Gott hätte den freien Willen Adams aber durchaus beeinflussen können, ohne ihn zu vernichten. Die Betonung Kings, daß Adams Mißbrauch der Freiheit, nicht notwendig, sondern nur eine reine Möglichkeit darstellt, trägt dem Vorwissen Gottes nicht Rechnung, der – in orthodoxer Ansicht – auch die reine Möglichkeit voraussieht.[46]

---

41   G. W. LEIBNIZ, „Des Versuchs von der Güte Gottes, von der Freiheit des Menschen, und vom Ursprunge des Bösen: Dritter Teil", § 318, in ders., *Herrn Gottfried Wilhelms Freiherrn von Leibnitz Theodicee: das ist, Versuch von der Güte Gottes, Freiheit des Menschen, und vom Ursprunge des Bösen*, nach der 1744 erschienenen, mit Zusätzen und Anmerkungen von Johann Christoph Gottsched ergänzten, vierten Ausgabe herausgegeben, kommentiert und mit einem Anhang versehen von H. HORSTMANN, p. 291.
42   Cf. *Réponse aux questions d'un provincial*, OD III, pp. 676b-677a.
43   Cf. W. KING, *An Essay on the Origin of Evil*, in *The Collected Works of Edmund Law*, edited and introduced by V. NUOVO, Bd. 2, p. 351.
44   Cf. *Réponse aux questions d'un provincial*, OD III, p. 677a.
45   Cf. *Réponse aux questions d'un provincial*, OD III, p. 662a.
46   Cf. *Réponse aux questions d'un provincial*, OD III, p. 664a.

Der Widerspruch zur Güte Gottes ist für Bayle auch nicht dahingehend zu lösen, daß die göttliche Güte äquivok interpretiert wird. Die Eigenschaften der Güte sind die gleichen für Gott und Geschöpf. Der Wille, Gutes zu tun, ist nicht vom Begriff der Güte allgemein zu trennen. Dieser auf das Gute bedachte Wille kann nicht in der Gabe eines möglicherweise zum Mißbrauch führenden Geschenkes liegen. Demnach erscheint es unvereinbar mit der göttlichen Güte, eine Freiheit zu geben, die bei – vermeidbarem – Mißbrauch zur Verdammung fast aller Menschen führt.[47]

Kings Ansicht nach sprechen drei Gründe gegen das Verhindern des Mißbrauchs der menschlichen Freiheit. Die erste Möglichkeit, diesen zu verhindern, wäre der göttliche Verzicht auf die Erschaffung freier Wesen, was bedeuten würde, daß die Welt „a mere *Machine*"[48], eine durch Handlungsunfähigkeit und Passivität gekennzeichnete Schöpfung gewesen wäre, an der sich Gott nicht hätte erfreuen können. Wie Gott sich angesichts der Möglichkeit, kein Geschöpf oder nur ein unvollkommenes in einer von Unvollkommenheit und notwendigem physisch Bösen geprägten Schöpfung zu schaffen, für das letztere entschieden hat, so entschied er sich aus Güte für das freie Geschöpf mit der Fähigkeit zu sündigen. Demgegenüber wendet Bayle ein, daß es genügt hätte, zum Guten entschlossene Seelen zu schaffen, wie die der Heiligen des Paradieses und der guten Engel, an denen Gott ohnehin die meiste Freude hat. Seine Freude an den sündigen Menschen hingegen besteht darin, daß sie durch seine Gnade zum Guten bewegt werden können. Den Gehorsam des Universums dem Gesetz Gottes gegenüber mit dem Begriff der Maschine abzuwerten ist für Bayle nicht hinnehmbar:

„L'Univers ne seroit-il qu'une machine, si l'obeïssance aux loix de Dieu y regnoit partout, comme elle regne dans le Paradis?"[49]

---

[47] Cf. *Réponse aux questions d'un provincial*, OD III, p. 671a. – King versucht, die Opposition zwischen den ewigen Höllenqualen der Verdammten und der unendlichen Güte Gottes zu mildern, indem er behauptet, die Verdammten würden ihren Zustand, der den Guten zudem vielleicht eine Lehre sei, einem Nichtsein vorziehen. Bayles sehr polemisch gefaßte Kritik an dieser These hält fest, daß – abgesehen davon, daß es keine Notwendigkeit darstellt, die ewige Unglückseligkeit der Verdammten zur Lehrstunde der Guten zu machen – es offensichtlich ist, daß eine unglückselige Unsterblichkeit kein vorteilhafter Zustand ist: „C'est donc, ce me semble, un mauvais moïen de faire goûter à notre raison l'éternité des supplices infernaux, que de dire qu'il vaut mieux être malheureux que de ne pas exister" (*Réponse aux questions d'un provincial*, OD III, p. 673b).

[48] W. KING, *An Essay on the Origin of Evil*, in *The Collected Works of Edmund Law*, edited and introduced by V. NUOVO, Bd. 2, p. 340.

[49] *Réponse aux questions d'un provincial*, OD III, p. 664a.

Die zweite Möglichkeit der Verhinderung des Mißbrauchs der Freiheit
wäre für King der Einsatz der göttlichen Allmacht, den er jedoch als zu
groß ablehnt. Bayles Kritik beruft sich – neben der Güte – auf das Attribut der unendlichen Allmacht Gottes, die es verbietet, von einem großen
Kraftaufwand zu sprechen.[50] Zudem vergleicht er den Willen mit einer
zwischen Gut und Böse pendelnden Waage, der Gott ohne großen
Aufwand eine bestimmte Neigung geben könne. Dem Einwand Kings,
ein machtvolles Eingreifen Gottes lasse die Weisheit Gottes nicht zum
Zuge kommen, erwidert Bayle, die Vernunft könne nicht verstehen, daß
Gott, um seinen Attributen mehr Wirkung zu verschaffen, seine Kreaturen eine für sie verhängnisvolle schlechte Wahl treffen läßt.[51] Dies ist
mit seiner Güte unvereinbar und behauptet eine Notwendigkeit der
Sünde, die wiederum der Freiheit des Willens, aber auch der Konzeption
des Paradieses widerspricht.

Die dritte Möglichkeit, den Mißbrauch zu verhindern, wäre für King
die Versetzung des Menschen an einen Ort, an dem es für ihn keine
Gelegenheiten gäbe, schlecht zu wählen. Dies ist nicht möglich, da die
Guten auf der Erde auf das Paradies vorbereitet werden sollen und in
diesem Fall die Erde den unvernünftigen Tieren überlassen würde.[52]
Dagegen argumentiert Bayle, daß Gott den Menschen in jedem Teil der
Welt hätte glücklich machen können, zumal King behauptet, Gottes Wahl
mache die Gegenstände erst gut. So wäre doch alles, was Gott veranlaßt
hätte, gut und nützlich geworden.[53]

Alle Einwände Kings, so betont Bayle, werden durch den Aspekt der
Gnade Gottes entkräftet, die den guten Gebrauch der Freiheit garantieren
kann.[54] Eine Modifikation der Seele hätte bewirkt, daß der menschliche
Wille mit dem Gefühl der Zufriedenheit und der Kenntnis der Pflicht des
Gehorsams verbunden worden wäre, eine Übereinstimmung, die Gott
leichter der Seele zukommen lassen könne, als der Mensch es vermöge,
einen Brief zu versiegeln. Bayle verweist daher immer wieder auf den
Unterschied zwischen einer Ursache, die Böses nicht verhindert, weil sie
es nicht kann, und einer, die das Böse nicht verhindert, obwohl sie es

---

50   Cf. *Réponse aux questions d'un provincial*, OD III, p. 665a.
51   Cf. *Réponse aux questions d'un provincial*, OD III, pp. 666b-667a.
52   Kings Darstellung in seinem Werk bietet in der Tat eine sehr schwache Argumen-
      tation, da er überhaupt nicht auf die Möglichkeit eines anderen Orts der Existenz
      eingeht: cf. W. KING, *An Essay on the Origin of Evil*, in *The Collected Works of
      Edmund Law*, edited and introduced by V. NUOVO, Bd. 2, pp. 394-398.
53   Cf. *Réponse aux questions d'un provincial*, OD III, p. 668a.
54   Cf. *Réponse aux questions d'un provincial*, OD III, p. 682b.

kann.[55] Für die orthodoxe Theologie war es jedoch Gott an sich ein Leichtes, den Menschen im Stand der Unschuld zu bewahren.

2. Bernard: Gotteserkenntnis und Moral

Im rationalistischen Theologen Jacques Bernard (1658-1718) findet Bayle einen Gegner, den es nicht nur zu kritisieren gilt, sondern dessen Attacken gegen das eigene Denken immer wieder abgewehrt werden müssen. Viele Aspekte bestimmen die Auseinandersetzung Bayles mit Bernard: von der Theodizeefrage, die ganz im Zeichen von Bayles Kritik an King steht, bis zum Nutzen der Religion für die Gesellschaft. Gemeinsames Thema der hier behandelten Schwerpunkte der Auseinandersetzung – der *consensus omnium* als Wahrheitskriterium und der Vergleich von Heidentum und Atheismus – ist jedoch immer wieder die Gotteserkenntnis und, zu dieser in enger Beziehung stehend, die Moral.[56]

2.1. Der Beweis der Existenz Gottes anhand des Kriteriums der allgemeinen Zustimmung

Im zweiten Teil der „Réponse aux questions d'un provincial" findet sich eine Widerlegung Bernards, der den Versuch unternimmt, den *consensus omnium* als Wahrheitskriterium zu erweisen.[57] Daß der *consensus omnium* ein sicheres Zeichen der Wahrheit ist, ist natürlich keine neue Behauptung, wie auch Bayle weiß, der in der „Continuation des Pensées diverses" die klassische Diskussion dieses Kriteriums zwischen Velleius und Cotta im ersten Buch des „De natura deorum" von Cicero ausführlich kommentiert.[58] Um die Argumentation Bayles besser zu verstehen, empfiehlt es sich zunächst, das Kriterium als solches, das heißt losgelöst vom Beweis der Existenz Gottes, zu betrachten.

---

[55] Cf. *Réponse aux questions d'un provincial*, OD III, p. 654a.
[56] Nach P. RETAT, *Le Dictionnaire de Bayle et la lutte philosophique au XVIIIe siècle*, p. 19, liegt für Bernard in der moralischen Dimension der Schwerpunkt der Auseinandersetzung: „Bernard est l'interprète de tout un courant de théologie morale qui trouvait en Bayle son pire ennemi."
[57] Cf. J. BERNARD, [Rezension der] „Continuation des Pensées diverses", in ders., *Nouvelles de la République des Lettres*, février 1705, pp. 123-153.
[58] Cf. *Continuation des Pensées diverses*, OD III, pp. 195b-200a, passim.

Gegen die zur Maxime erhobene These Bernards, man dürfe das, was allgemein anerkannt sei, nicht wegen möglicher Einwände und bestehender Schwierigkeiten ohne weiteres aufgeben[59], verteidigt Bayle die Legitimität einer gegen das allgemein Anerkannte gerichteten Kritik. Der *consensus* bezieht sich nicht auf eine universell anzutreffende Idee, die sich auf Evidenz berufen könnte, sondern auf eine auf Vorurteilen gründende *opinio*. Die Irrtümer, die sich in jedem Volk der Erde finden lassen und bei einigen sogar identisch sind, sind eher ein Argument dafür, daß alle Völker hinsichtlich der Wahrheit irren. Eine von allen Völkern anerkannte Sache könnte sich auf drei Faktoren zurückführen lassen. Zunächst könnte man sagen, daß das universell Geglaubte mit der menschlichen Seele so eng verknüpft ist, daß der Mensch hier nur die Wahrheit sehen kann und sich nicht durch Ignoranz und Leichtgläubigkeit in seiner Sicht der Wahrheit ablenken läßt. Dies hält Bayle jedoch wegen der Dominanz jener Motive und der Anfälligkeit des Menschen für den Irrtum für unwahrscheinlich. Die zweite Möglichkeit – das universell Geglaubte als eingeborene Idee darzustellen – sieht er angesichts des Disputes um die Theorie der eingeborenen Ideen ebenso mit großen, letztlich unlösbaren Schwierigkeiten verbunden.[60] Bliebe noch die Möglichkeit, die gemeinsame Meinung aller Völker als Stimme der Natur zu sehen. Die menschliche Natur als Brunnen der Wahrheit zu sehen ist für Bayle jedoch inakzeptabel. Die Natur ist, so erklärt er[61], dermaßen verdorben und Quelle so vieler Laster und Irrtümer, daß es wahrscheinlicher ist, daß aus ihr etwas Falsches und Schlechtes komme. Es gilt also nicht allein festzustellen, ob das Geglaubte der Stimme der Natur entspricht. Sonst wäre alles, was sich auf die Natur des Menschen zurückführen lasse, wahr und gut. Dies wird theologisch jedoch durch die Erbsünde widerlegt. Auch verweist Bayle auf die Schwierigkeit zu erkennen, ob die menschlichen Urteile der Natur oder der Erziehung entspringen. Eine solche Untersuchung der Herkunft hält er jedoch nicht für durchführbar, da der Mensch von Geburt an so durch die Erziehung geprägt ist, daß eine klare Trennung zwischen natürlichen und übernommenen Ideen nicht möglich ist.

Im ersten Buch von Ciceros „De natura deorum" behauptet Velleius, daß es in der Seele des Menschen eine natürliche Gottesidee geben müsse,

---

59 Cf. *Réponse aux questions d'un provincial*, OD III, p. 691b.
60 In einem Brief an Coste, den französischen Übersetzer Lockes, lobt er die Argumentation Lockes im „Essay Concerning Human Understanding" gegen die Theorie der *ideae innatae*. Locke habe diese Theorie siegreich widerlegt: „(...) il faut donner à son combat la gloire du *debellatum est*" (*Lettre à Mr. Coste* [27/12/1703], OD IV, p. 834b).
61 *Réponse aux questions d'un provincial*, OD III, p. 692b, cf. p. 713b.

da alle Menschen eine Vorstellung von Gott hätten. Der *consensus omnium* ist daher ein Zeichen der Wahrheit und beweist die göttliche Existenz:

„(...) de quo autem omnium natura consentit, id verum necesse est; esse igitur deos confitendum est"[62].

Auch Bernard erhebt die Existenz Gottes zum universell Geglaubten und will so ihre Wahrheit beweisen. Wie Cotta gegen Velleius stellt Bayle hingegen die Faktizität des universellen Gottesglaubens in Frage und beruft sich auf Berichte über atheistische Völker und die Existenz noch unbekannter Nationen. Die Reiseberichte, denen zufolge es atheistische Völker geben solle, hält Bernard für unglaubwürdig.[63] Ebenso erkennt er die Möglichkeit unbekannter Völker nicht als Argument an, denn diese „n'est fondée que sur un *peut-être*, auquel on peut opposer d'autres *peut-être*, qui ne seront pas moins aparens."[64] Gegenüber dieser Ablehnung entfaltet Bayle seine skeptische Position: Die widersprüchlichen Meinungen der Schriftsteller zeigen nur das Problem auf, das heißt die fehlende Evidenz der Universalität des Gottesglaubens.[65] Interessant ist in diesem Zusammenhang aber besonders Bayles Unterscheidung zwischen den essentiellen Attributen des Menschen (Zahl seiner körperlichen Organe etc.) und seinen akzidentiellen, zu denen er auch Religion, Wissenschaften und Gebräuche zählt.[66] Eine Betrachtung der Religion als akzidentielles Merkmal scheint jedoch im Widerspruch zum Denken Calvins zu stehen, der ebenfalls eine natürliche Gottesidee vertritt.[67] Die Annahme der Universalität eines akzidentiellen Attributs, in diesem Falle der Religion,

---

[62] CICERO, *De natura deorum*, I, 44.

[63] Cf. J. BERNARD, [Rezension der] „Continuation des Pensées diverses", in ders., *Nouvelles de la République des Lettres*, février 1705, p. 133f. – H.-M. BARTH, *Atheismus und Orthodoxie*, p. 188, betont, daß häufig mit Skepsis auf die Reiseberichte reagiert wurde: „Die Theologen brachten der mehrfach verbürgten Auffassung Ciceros mehr Vertrauen entgegen als irgendwelchen schwer zu überprüfenden Abenteurergeschichten"; S. BROGI, *Teologia senza verità*, p. 79, n. 4, weist darauf hin, daß Bayles Annahme areligiöser Völker später selbst vom aufgeklärten Atheismus verneint wurde.

[64] J. BERNARD, [Rezension der] „Continuation des Pensées diverses", in ders., *Nouvelles de la République des Lettres*, février 1705, p. 132.

[65] Cf. *Réponse aux questions d'un provincial*, OD III, p. 695a-b. Bayle hält Bernard auch die Position des Repräsentanten der calvinistischen Orthodoxie im Exil, Pierre Jurieu, entgegen, der ebenfalls behauptet, es gebe Völker, die kein Gottesgefühl hätten. – Eine Auflistung der Berichte, auf die sich Bayle beruft, findet sich bei E. LABROUSSE, *Pierre Bayle: hétérodoxie et rigorisme*, p. 16f, n. 60.

[66] Cf. *Réponse aux questions d'un provincial*, OD III, p. 693b.

[67] Cf. J. CALVIN, *Institution*, I, 3: „Que la cognoissance de Dieu est naturellement enracinée en l'esprit des hommes".

besitzt für Bayle nur eine probabilistische Gewißheit und keinen absoluten Wahrheitsanspruch.[68]

Bernard will sogar den möglicherweise atheistischen Völkern eine Art stillschweigende Zustimmung zur Gottesidee zuweisen. Die Bejahung der Existenz Gottes ist, in Form eines „sentiment confus d'un souverain Etre"[69], bei allen Völkern gegeben, so daß der Unterschied zwischen Gläubigen und jenen negativen Atheisten nur darin besteht, daß letztere sich ihrer nicht bewußt sind. Diese Argumentation ist für Bayle jedoch auch wieder nur probabilistisch und daher für Bernards auf dem Wahrheitskriterium aufbauende Beweisführung unzulässig.[70] Die Tatsache, daß die ungläubigen Heiden die ihnen gezeigte wahre Idee Gottes nicht so bereitwillig annahmen wie die Irrtümer der Idolatrie, widerspricht ebenfalls der von Bernard formulierten Konformität dieser Idee mit der menschlichen Natur.

Ein Argument für die menschliche Komponente des Gottesglaubens sieht Bayle in der Tatsache, daß in der Antike Menschen zu Göttern erhoben wurden.[71] Offensichtlich suggeriert Bayle an dieser Stelle eine euhemeristische Deutung der Religion als Produkt poetischer Fiktion und politischer Taktik.[72] Entsprechend der Aussage Charrons, daß es nichts noch so Ungeheuerliches gebe, das nicht schon vergöttlicht worden sei[73], stellt Bayle fest:

„Il n'y a point d'extravagances, point d'horreurs que l'on n'ait persuadées à l'homme sur le chapitre de la Divinité."[74]

---

[68] Cf. *Réponse aux questions d'un provincial*, OD III, pp. 694a-694b.

[69] J. BERNARD, [Rezension der] „Continuation des Pensées diverses", in ders., *Nouvelles de la République des Lettres*, février 1705, p. 134.

[70] Cf. *Réponse aux questions d'un provincial*, OD III, p. 725b.

[71] Cf. *Réponse aux questions d'un provincial*, OD III, p. 700a-b.

[72] Cf. G. SCHNEIDER, *Der Libertin. Zur Geistes- und Sozialgeschichte des Bürgertums im 16. und 17. Jahrhundert*, Stuttgart 1970, p. 101. – Eine euhemeristische Deutung des Polytheismus findet sich bei Laktanz, auf den Bayle in seiner Darstellung verweist (cf. *Réponse aux questions d'un provincial*, OD III, p. 700b). In seiner Schrift „De ira Dei" (LAKTANZ, *De ira Dei liber/ Vom Zorne Gottes* [Texte zur Forschung 4], eingeleitet, herausgegeben, übertragen und erläutert von H. KRAFT und A. WLOSOK, Darmstadt ³1974) führt er den Polytheismus darauf zurück, daß die ersten königlichen Herrscher und Herrscherinnen aufgrund ihrer Wohltaten nach ihrem Tod vergöttlicht wurden. Laktanz (*De ira Dei*, 11, 7-9) stützt sich dabei nicht nur – wie Bayle (cf. *Réponse aux questions d'un provincial*, OD III, p. 700b) – auf Ciceros „De natura deorum", sondern beruft sich explizit auf Euhemeros.

[73] P. CHARRON, *De la Sagesse*, in ders., *Toutes les oeuvres*, Bd. 1, II, 5, p. 52.

[74] *Réponse aux questions d'un provincial*, OD III, p. 725b.

Die Vervielfältigung der Götter und die Vergöttlichung von Menschen im Polytheismus beruhen auf der Eitelkeit der Völker, die damit ihren Nationalstolz und ihre Legitimität zum Ausdruck bringen wollten.[75] Sie entspricht dem schwachen menschlichen Geist und, gemäß der augustinischen Prägung des Menschenverständnisses Bayles, der Verdorbenheit des menschlichen Herzens. Den genauen Ursprung der falschen Religionen zu klären ist jedoch eigentlich unerheblich. Nur die wahre Religion ist Gottes Wort:

„Je vous conseille de laisser dire tout ce qu'on voudra touchant l'origine des fausses religions car pourvû qu'on n'attaque point cette vérité essentielle, que c'est Dieu qui a enseigné aux hommes la religion véritable, que vous importe que l'on attribuë ou aux hommes, ou au Démon l'établissement de l'Idolatrie?"[76]

Die Ausgestaltung dieser Vorstellungen zur Religion und ihre Verbreitung geschieht unter dem Zeichen menschlicher Autorität, die sich die Neigung des Menschen zunutze macht, den sein Leben bestimmenden Abläufen eine Ursache zuzuordnen, die er zu beeinflussen wünscht.[77] Die Veranlagung zur Religiosität mag somit im menschlichen Wesen verwurzelt sein – ihre Ausprägung, Form und Übermittlung der Religion jedoch zeigen ihren akzidentiellen Charakter.

Da Bernard, wie Bayle, die Theorie der eingeborenen Ideen als problematisch erachtet, gibt er eine offenbarungsgeschichtliche Erklärung der Universalität des Gottesglaubens, indem er die Tradierung der Gottesidee mit der Offenbarung Gottes an den ersten Menschen beginnen läßt.[78] Hierbei beruft sich Bernard, wie Bayle zu Recht kritisiert[79], eben nicht auf die Stimme der Natur, die er im Zusammenhang mit dem Kriterium der allgemeinen Zustimmung zum Zeichen der Wahrheit erhoben hat, sondern explizit auf den offenbarungsgeschichtlichen Hintergrund, der jedoch nur für den von der Offenbarung Überzeugten eine Autorität darstellt.[80] Eine Berufung auf die Offenbarung, die den Gottesglauben als Wahrheit uneingeschränkt bezeugt, macht das Kriterium der Zustimmung aller

---

[75] Cf. *Réponse aux questions d'un provincial*, OD III, p. 700b.
[76] *Continuation des Pensées diverses*, OD III, p. 293b.
[77] Cf. *Réponse aux questions d'un provincial*, OD III, p. 726a.
[78] Cf. J. BERNARD, [Rezension der] „Continuation des Pensées diverses", in ders., *Nouvelles de la République des Lettres*, février 1705, p. 138.
[79] Cf. *Réponse aux questions d'un provincial*, OD III, p. 707a-b.
[80] S. BROGI, *Teologia senza verità*, p. 80f, betont zu Recht, daß es sich bei Bernard um eine strikt an die Heilige Schrift gebundene Konzeption natürlicher Religion handelt.

Völker überflüssig. Bayle nennt diese Berufung daher auch eine Einsicht Bernards in die Schwäche des Kriteriums.[81]

Die Annahme einer durch Instruktion erworbenen Gottesidee ist für Bayle mit weniger Problemen behaftet als die Theorie einer universellen Gottesidee, die eine Vergöttlichung von Menschen zuläßt. Ein von der wahren Gottesidee durchdrungener Mensch kann keinen Jupiter verehren, während Völker, denen der Begriff der Gottheit nichts bedeutet, zur Verehrung aller möglichen Götzen gebracht werden können.[82] Der Übergang vom Atheismus zum Gottesglauben ist für Bayle also möglich — nicht aber der von der wahren Gottesidee zum falschen Glauben. Der Atheist riskiert nichts bei der Annahme einer Religion, wie bereits der „pari", die Wette von Pascal[83], so anschaulich demonstriert. Zudem, so betont Bayle, sei auch die Moral der heidnischen Religion keine den Menschen einschränkende gewesen. Dies mache den Übergang um so leichter, angenehmer und kürzer. Bernard hingegen behauptet, der Polytheismus sei wegen der Universalität der Gottesidee im Grunde genommen ein Monotheismus.[84] Die Theorie der Tradierung eines Urmonotheismus, einer *prisca theologia*, erlaubt es ihm dabei, auf die Zuhilfenahme der Theorie der eingeborenen Ideen zu verzichten.[85] Bayle, für den das Heidentum den totalen Umsturz der wahren Gottesidee repräsentiert, betont die Ungeheuerlichkeit, den Polytheismus als reine Veränderung der wahren Gottesidee darzustellen.

In der Bestreitung eines Monotheismus der antiken Philosophen zeigt sich deutlich der Gottesbegriff Bayles, der auf die Unteilbarkeit der göttlichen Substanz abzielt. Es gibt keinen Unterschied zwischen Gottsein und göttlicher Substanz. Wäre Gott eine Zusammensetzung aus Materie und Form, so wäre jedes seiner Teile eine modifizierte Materie der Form Gottes, das heißt ein Gott. Bernard hingegen verteidigt die These, nach der ein einfaches Wesen mit einer Essenz *in indivisibili* aus verschiedenen Wesen zusammengesetzt sein kann.[86] Diese Einheit ist für Bayle jedoch oberflächlich und kann dem göttlichen Wesen aufgrund der strengen Unteilbarkeit seiner Essenz nicht zukommen.[87] Die Einheit des höchsten

---

81   Cf. *Réponse aux questions d'un provincial*, OD III, p. 707b.
82   Cf. *Réponse aux questions d'un provincial*, OD III, p. 701b.
83   Cf. PASCAL, *Pensées*, éd. par Ch.-M. DES GRANGES, Paris 1961, fr. 233.
84   Cf. J. BERNARD, [Rezension der] „Continuation des Pensées diverses", in ders., *Nouvelles de la République des Lettres*, février 1705, p. 144: „Les Polythéistes, en établissant plusieurs Dieux en établissent un".
85   Cf. S. BROGI, *Teologia senza verità*, pp. 123-125.
86   Cf. J. BERNARD, [Rezension der] „Continuation des Pensées diverses", in ders., *Nouvelles de la République des Lettres*, février 1705, p. 153.
87   Cf. *Réponse aux questions d'un provincial*, OD III, p. 724a.

Wesens ist real und formal, während der Gott der Philosophen außer auf der begrifflichen Ebene keine wahre Einheit besitzt.[88]

Die Berufung auf den Konsens der Völker bestätigt nicht die Existenz des einen Gottes, sondern vielmehr die der heidnischen Götter. Anhand eines „petit Roman"[89] über eine zu Zeiten Augustinus' versuchte Bekehrung der dem Atheismus geneigten Freidenker, der „esprits forts", verdeutlicht die Konsequenzen einer auf das Kriterium der allgemeinen Zustimmung gestützten Argumentation. Bedrängt, die von allen Völkern bejahte göttliche Existenz anzuerkennen, verweisen die Freigeister auf die zu klärende polytheistische oder monotheistische Bestimmung des Begriffs, die eine Umsetzung in religiöse Praxis erst ermöglicht. Gelten die von Bernard etablierten Kriterien, kann ihre Bekehrung nur zum Heidentum erfolgen.

Bernard, der darauf besteht, daß das Dogma der Existenz Gottes immer bejaht wurde[90], müßte beweisen, daß dieses durchweg getrennt war von der Vorstellung vieler Götter und Idole. Der Glaube an die Idole und der an die göttliche Existenz sind untrennbar im heidnischen Denken. Die Bejahung der Existenz Gottes ist folglich mehrheitlich ein Credo des Polytheismus und daher – für den Christen – der wahren Idee Gottes nicht gleichzusetzen. Daß die von Adam übermittelte Idee des Schöpfergottes, die jüdisch-christliche, die richtige ist, kann außerhalb der Offenbarung nicht bewiesen werden. Diese desavouiert jedoch, als Wahrheit angenommen, die Gottesidee fast aller Völker und entwertet somit das Kriterium der allgemeinen Zustimmung. Die Schrift lehrt außerdem – gegen den *consensus omnium* –, daß außer einem kleinen Volk der Rest der Erde dem falschen Glauben, der Idolatrie, anhing.

2.2. Der verkannte Gott: Heidentum und Atheismus

Über die Falschheit des heidnischen und des atheistischen Gottesbildes besteht natürlich Einigkeit zwischen dem rationalistischen Theologen Bernard und dem Fideisten Bayle. Doch bereits auf begrifflicher und inhaltlicher Bestimmung scheiden sich ihre Geister, wie auch hinsichtlich der Aussage, welches Gottesbild gegenüber Gott und in moralischer Hinsicht verwerflicher ist.

---

[88] Cf. *Réponse aux questions d'un provincial*, OD III, pp. 724a-b.
[89] *Réponse aux questions d'un provincial*, OD III, pp. 719b-720b.
[90] Cf. J. BERNARD, [Rezension der] „Continuation des Pensées diverses", in ders., *Nouvelles de la République des Lettres*, février 1705, p. 142.

Bernards Ablehnung eines philosophischen Atheismus beruht auf seiner Auffassung der Religion als dem Menschen wesentliches Merkmal, das ihn von den Tieren unterscheidet. Bayle hingegen verweist auf die intensive Debatte über den spekulativen Atheismus, den nicht nur die Existenz atheistischer Philosophen in anderen Kulturkreisen (zum Beispiel China), sondern auch der in Italien erstarkende Libertinismus belege.[91] So stellt bereits die Infragestellung des Gottesglaubens einen Atheismus dar. Protagoras, der seine Ignoranz hinsichtlich der Existenz oder Nichtexistenz der Götter ausdrückt[92], erscheint Bayle dabei exemplarisch für den zweifelnden Atheisten des christlichen Abendlandes und das Problem der Evidenz der Existenz Gottes.[93] Der Atheismus – so lautet Bayles wesentliche und moderne These – entspringt nicht notwendig einer Perversion des Gewissens und der Moral.[94]

Auch das Heidentum bezeichnet Bayle in orthodoxer Tradition als einen Atheismus, der mit seinem auf falschen Attributen beruhenden Gottesbild die Grundlagen der Religion unterhöhlt.[95] Es ist für ihn eine nur auf Fabeln beruhende Religion ohne jegliche metaphysische und moralische Prinzipien.[96] Zwar haben Mono- und Polytheismus ein gemeinsames Attribut, nämlich den Glauben an die Existenz einer göttlichen Natur; doch stellen sie diametral entgegengesetzte Haltungen dar.[97] Der Glaube an eine Vielfalt von Göttern und der an die Existenz der göttlichen Natur sind in der Seele des Heiden untrennbar, ihr Unterschied also rein formaler Art.[98] Während Bernard auch beim Heiden eine Art Gottesgehorsam anerkennt[99], sieht Bayle diesen als zweifachen Rebellen,

---

[91]   Cf. *Réponse aux questions d'un provincial*, OD III, pp. 925a-933b.
[92]   Cf. die Protagoras zugeschriebene Aussage in CICERO, *De natura deorum*, I, 63: „(...) de divis neque, ut sint, neque, ut non sint, habeo dicere".
[93]   Cf. *Réponse aux questions d'un provincial*, OD III, p. 933a.
[94]   G. MORI, „L',athée spéculatif' selon Bayle: permanence et développements d'une idée", in M. MAGDELAINE ET AL., *De l'Humanisme aux Lumières. Bayle et le protestantisme*, p. 595, sieht in Bayle den Pionier bezüglich der Anerkennung eines philosophischen Atheismus, während F. BRAHAMI, *Le travail du scepticisme*, p. 101, drei Vorläufer Bayles erkennt: Bacon, Charron und La Mothe le Vayer. – Bayle selbst weiß, daß er mit dieser Anerkennung in Widerspruch zur traditionellen calvinistischen Orthodoxie gerät: „La plûpart même de nos Théologiens soutiennent qu'il n'y a jamais eu d'Athées de spéculation, mais seulement de pratique" (*Addition aux Pensées diverses*, OD III, p. 170a).
[95]   Cf. *Réponse aux questions d'un provincial*, OD III, p. 933b.
[96]   Cf. *Réponse aux questions d'un provincial*, OD III, p. 925a.
[97]   Cf. *Réponse aux questions d'un provincial*, OD III, p. 959b.
[98]   Cf. *Réponse aux questions d'un provincial*, OD III, p. 960a.
[99]   Cf. J. BERNARD, [Fortsetzung der Rezension der] „Continuation des Pensées diverses", in ders., *Nouvelles de la République des Lettres*, mars 1705, p. 303.

der, wie der Atheist, seinem rechtmäßigen Herrscher nicht gehorcht, aber
zudem einem unrechtmäßigen huldigt.[100]

Moral – darum geht es Bayle – war im Heidentum nicht Gegenstand
der Religion, sondern allein der Philosophie.[101] Aber die Moralphilosophie
war auf einige gebildete Kreise beschränkt und klammerte den göttlichen
Begriff aus.[102] Die heidnische Theologie wiederum lehrte keine Moral,
wenngleich sie auch nicht explizit gebot zu sündigen. Sie lehrte jedoch ein
Götterbild, aus dem sich die Legitimität schlechter Handlungen ableiten
ließ. Für Bernard hingegen ist Religion als solche untrennbar mit Tugendliebe verbunden, so daß auch im Heidentum durch die Präsenz eines wenn
auch falschen Gottesglaubens, der aber noch den Funken der Religion an
sich enthält, eine gewisse Moralität vermittelt wurde.[103] Der Grund dafür
ist, daß die Unterscheidung zwischen gut und böse auf dem Wesen des
wahren Gottes gründet, dessen Idee, wenngleich verzerrt, auch in den
falschen Religionen enthalten ist.[104] Die guten Taten der Heiden sind daher
letztlich auf wahre Gottesfurcht zurückzuführen, die gleichsam in die
Furcht vor der Strafe der falschen Götter eingebunden ist. Dies ist für
Bayle jedoch eine theologisch äußerst bedenkliche Meinung, da sie in seinen
Augen den Pelagianismus propagiert, nach dem der Mensch aus eigener
Kraft heraus der Sünde widerstehen und gut werden kann.[105] Die heidnische Theologie ist sittlichem Verhalten sogar hinderlich, weil sie implizit
die Verbrechen rechtfertigt, indem sie zur Verehrung verbrecherischer
Götter aufruft.[106] Ermutigt jedoch die Religion zu Laster und Verbrechen,
so ist der Atheismus in moralischer Hinsicht weniger schädlich.[107]
Bernards Unterscheidung der Idolatrie als einerseits der Sünde nicht
hinderlichen Irrglaubens und andererseits die wahre Gottesidee enthalten-
den Gottesglaubens, der vom Bösen abhält und das Gute fördert, ist für
Bayle nicht aufrechtzuerhalten, da es das für den Paganismus spezifische

---

100 Cf. *Réponse aux questions d'un provincial*, OD III, p. 925b.
101 Cf. *Réponse aux questions d'un provincial*, OD III, p. 923a.
102 Cf. *Réponse aux questions d'un provincial*, OD III, p. 924a.
103 Cf. J. BERNARD, [Fortsetzung der Rezension der] „Continuation des Pensées
     diverses", in ders., *Nouvelles de la République des Lettres*, mars 1705, p. 316.
104 Bernards These einer Verzerrung der wahren Gottesidee kann sich auf Calvin
     berufen, der ebenfalls ein natürliches Gottesbild im Menschen annimmt, das sich
     sogar in der Idolatrie manifestiert (cf. J. CALVIN, *Institution*, I, 3, 1). Hier weicht
     Bayle ganz klar vom Denken des Reformators ab.
105 Cf. *Réponse aux questions d'un provincial*, OD III, p. 944b, cf. p. 967b.
106 Cf. *Réponse aux questions d'un provincial*, OD III, pp. 950b-951b, cf. p. 960b.
107 Cf. S. BROGI, *Teologia senza verità*, p. 110f: „Lungi dall'essere il frutto dell'immora-
     lità, l'ateismo speculativo comporta un elemento ascetico, un atteggiamento radi-
     calmente disinteressato, chi è de tutto ignoto alle coorti dei devoti e degli ortodossi
     delle diverse confessioni."

Attribut ist – die Verehrung mehrerer verbrecherischer Götter –, das seine
Wirkung auf moralischem Gebiet bestimmt[108], was der in seinem Denken
vollzogenen Abkoppelung der Moral von der Religion ein um so größeres
Gewicht verleiht.

2.3. Erkenntnis und Moral

Moral als Gebiet der Philosophie und nicht der Religion – so lautet Bayles
Fazit im Vergleich zwischen Heidentum und Atheismus. Der Glaube an
die Existenz der Gottheit vermittelt nicht als solcher moralische Maßstä-
be, schon gar nicht in Form der Idolatrie, dem größten Übel auf Erden.[109]
    Daß die Erkenntnis des wahren Gottes den Heiden, wenn nicht
unmöglich, so doch äußerst schwierig war, ist ein weiteres Thema der
Auseinandersetzung mit Bernard. Die Existenz Gottes, der Vernunft
durchaus zugänglich, ist für Bayle keine, wie Bernard behauptet, den
ersten Prinzipien an Evidenz gleichwertige Wahrheit, das heißt von ihrem
Wesen her erkennbar und unnötig zu beweisen.[110] Bernard vertritt den
Standpunkt, daß die Erkenntnis des einen wahren Schöpfergottes den
Heiden möglich war – und zwar ohne Heilige Schrift und göttliche
Gnade.[111] Er beruft sich dabei auf Paulus[112], der von den Heiden sagt, sie
hätten Gott nicht verehrt, obwohl sie ihn erkannten. Bayle hingegen zeigt
auf, daß es das wesentliche Problem der Vernunft ist, Gott als Schöpfer
der Materie zu erkennen. Wenn die Philosophen Gott eine Mitwirkung
bei der Anordnung des Universums zugestanden, dann als Bearbeiter
einer durch sich selbst ewig bestehenden ungeformten Materie. So ist die
Erkenntnis, die Paulus den Heiden zugesteht, auch nicht die des
immateriellen Schöpfergottes, sondern die Feststellung der Existenz des
Göttlichen, über das sie so wenig wußten, daß sie sich, nach den Worten
des Apostels, in ihren eitlen Überlegungen verfingen und sich ihr erkennt-
nisloses Herz mit Finsternis füllte, so daß Paulus sie in 1 Thess 4,5 und
Gal 4,8 als Atheisten bezeichnet.[113]
    Wie die Argumentation gegen Bernard zeigt, ist Bayle Gegner der von
Bernard befürworteten klaren Konformität der wahren Gottesidee mit

---

108   Cf. *Réponse aux questions d'un provincial*, OD III, p. 960a-960b.
109   Cf. *Réponse aux questions d'un provincial*, OD III, p. 919b.
110   Cf. *Réponse aux questions d'un provincial*, OD III, p. 935b.
111   Cf. J. BERNARD, [Fortsetzung der Rezension der] „Continuation des Pensées
       diverses", in ders., *Nouvelles de la République des Lettres*, mars 1705, p. 305f.
112   Röm 1,21.
113   Cf. *Réponse aux questions d'un provincial*, OD III, p. 935a.

den Grundvorstellungen der menschlichen Vernunft. Für Bernard gibt es
dank dieser Konformität keine Widersprüche zwischen den Wahrheiten
der Vernunft und denen des Glaubens, auch wenn ihr Bindeglied nicht
ohne weiteres von der Vernunft erkannt wird.[114] Er vertritt sogar die
äußerst rationalistische These, daß eine den evidenten Axiomen der
Vernunft entgegengesetzte Religion abgelehnt werden müßte, weil sich
diese Axiome auf die Unveränderlichkeit des Wesens Gottes gründen und
eine ihnen konträre Idee somit auch zum Wesen Gottes im Widerspruch
stünde.[115] Bayle verweist jedoch in diesem Zusammenhang auf den theologischen Begriff der Trinität, der ja dem philosophischen Axiom *quae
sunt idem uni tertio, sunt idem inter se* entgegengesetzt ist.[116] Um die Wahrheit der religiösen Dogmen zu wahren, müßte Bernard annehmen, daß
dieser Widerspruch nicht dem Wesen nach besteht, sondern nur aufgrund
der fehlenden Erkenntnis ihrer Konformität. Dieser Verweis auf die
Unzulänglichkeit der Vernunft ließe sich jedoch für alle den philosophischen Axiomen konträren Lehren anführen und dient in dieser Hinsicht
eher der fideistischen Position. Bayle betont daher die Schwierigkeit der
Vernunft, diese Konformität zu erkennen und zu verteidigen. Bernard,
der sich auf den Standpunkt der Theologen stellt, die die christliche
Religion als das Vernünftigste überhaupt sehen, polemisiert jedoch, Bayle
suggeriere mit der Kluft zwischen Vernunft und Glauben, um ein wirklich
guter Christ zu sein, müsse man wirklich einfältig sein: Je weniger Vernunft,
desto mehr Glauben.[117] Dieser Polemik gegenüber verweist Bayle auf die
doppelte Bedeutung des Begriffs des Vernünftigsten in bezug auf die
christliche Religion. Bedeutet das Vernünftigste den besten Gebrauch, den
man von seiner Vernunft machen kann, so ist dies auch der fideistische
Standpunkt Bayles. Will man jedoch behaupten, daß die christliche Religion sich von allen Systemen am besten mit den Ideen der Philosophie
verträgt, so gerät man in unlösbare Schwierigkeiten, die Beschlüsse der
Synode von Dordrecht beziehungsweise die Glaubensartikel der reformierten Theologie, Trinität, Erbsünde, absolute Prädestination etc. als mit
den philosophischen Ideen konform auszuweisen. Aber nicht Dummheit,
sondern freiwillige Unterwerfung der Vernunft, unterstützt durch die
Gnade und überzeugt von den ihr unbegreifbaren Dogmen, fordert die

---

[114] Cf. J. BERNARD, [Rezension der] „Réponse aux questions d'un provincial, Tome
Troisième", in ders., *Nouvelles de la République des Lettres*, février 1706, p. 167.
[115] Cf. J. BERNARD, [Rezension der] „Réponse aux questions d'un provincial, Tome
Troisième", in ders., *Nouvelles de la République des Lettres*, février 1706, p. 173f.
[116] *Réponse aux questions d'un provincial*, OD III, p. 1075a.
[117] Cf. J. BERNARD, [Rezension der] „Réponse aux questions d'un provincial, Tome
Troisième", in ders., *Nouvelles de la République des Lettres*, février 1706, p. 168f.

christliche Lehre für Bayle, der, entsprechend der orthodoxen Tradition des Verbots der Beurteilung Gottes durch die menschliche Vernunft, in dieser Überhöhung und Unverständlichkeit auch ihren himmlischen Charakter sieht.[118]

Ein letzter Streitpunkt ist Bernards These, die Religion – in welcher Form auch immer – sei besser geeignet als der Atheismus, den Staat vor Unruhen zu bewahren. Dies ist für Bayle jedoch nicht ersichtlich. Aus der politischen Überzeugung, die Religion sei besser als der Atheismus, lasse sich nicht auf die Nützlichkeit jedweder Religion für den Staat schließen.[119] Wichtig ist in diesem Zusammenhang Bayles Religionsverständnis. Wie der Begriff der Gottheit erscheint ihm auch der Begriff „Religion" als zu vager Terminus mit einer – zu seiner Zeit – allgemein positiven Konnotation.[120] Dialektisch betrachtet ist die Religion an sich weder gut noch schlecht, weder wahr noch falsch. Es gilt vielmehr, das Wesen einer positiven Religion zu untersuchen, um über ihre Wahrheit oder Falschheit Aussagen zu treffen. Dabei muß geklärt werden, ob die Idee der Gottheit so gelehrt wird, wie es ihr angemessen ist. Gibt die religiöse Lehre der Gottheit oder den Göttern sowohl große Vollkommenheit als auch große Unvollkommenheit oder schreibt sie ihnen enorme Rachsucht gegen kleine Vergehen und schnelle Besänftigung durch eine laxe Bußpraxis zu, so ergibt sich daraus ein Widerspruch, der auch für die Moral der Gläubigen von hoher Bedeutung ist. Bayle zeigt dabei auf, daß die Nützlichkeit einer Religion auch von ihrer Haltung gegenüber der staatlichen Autorität und dem Gehorsam der Untertanen und ihrer Toleranz gegenüber den anderen Religionen abhängt, da der Religionshaß der fanatischste und grausamste ist.[121] Ein weiteres Argument betrifft die christliche Religion. Eine Gesellschaft von wahren Christen kann sich ohne die Hilfe Gottes nicht halten, da sie, bedacht auf Frömmigkeit und den Verzicht auf irdische Güter, sich nicht gegen einen Feind wehren und ihrem Staat in keiner Weise zu Reichtum und Macht verhelfen würde.[122] Für einen auf

---

[118] Cf. *Réponse aux questions d'un provincial*, OD III, pp. 1073b-1074a.
[119] Cf. *Réponse aux questions d'un provincial*, OD III, p. 947b.
[120] Cf. *Réponse aux questions d'un provincial*, OD III, p. 948b.
[121] Cf. *Réponse aux questions d'un provincial*, OD III, p. 950, p. 952a-b.
[122] Cf. *Réponse aux questions d'un provincial*, OD III, pp. 972a-973b, p. 976b. – F. LA-PLANCHE, „Tradition et modernité au XVIIe siècle. L'exégèse biblique des protestants français", *Annales de l'Ecole des Hautes Etudes en Sciences Sociales* mai-juin, n. 3 (1985), p. 480, weist darauf hin, daß vor Bayle bereits der liberale calvinistische Theologe Amyraut, die Galionsfigur der Schule von Saumur, betont, daß sich die Politik nicht gänzlich den Maximen des Evangeliums unterordnen kann: „Cette prise de conscience, encore accentuée chez Bayle, irréalise à jamais l'espérance d'une cité pleinement chrétienne, comme la Genève désirée par Calvin".

seinen Erhalt und Reichtum bedachten Staat ist es jedoch von Vorteil, nicht nur der Tugend, sondern vor allem auch den Leidenschaften des Menschen eine gewisse Entfaltung zuzugestehen.[123] Dennoch betont Bayle, daß die Befolgung der christlichen Lehre für den Staat in einem Punkte gut ist, da sie weder Revolutionen noch Machtmißbrauch, sondern Untergebenheit und Geduld propagiert.[124]

Die Moral, die Bayle der heidnischen Religion verweigert, beruht für ihn – gemäß seinem moralischen Rationalismus – auf der Vernunft und ist daher auch den Atheisten zugänglich:

„(...) les idées de la Religion naturelle, les idées de l'honnêteté, les impressions de la Raison, en un mot les lumières de la Conscience, peuvent subsister dans l'esprit de l'homme, après même que les idées de l'existence de Dieu, & la foi d'une vie à venir, en ont été effacées"[125].

Selbst die Christen, in deren Lehre die Verzeihung eine sehr große Bedeutung hat, opfern entgegen ihren religiösen Dogmen dem Idol der Ehre – auch dies ein Indiz für die unterschiedliche Herkunft moralischer und religiöser Vorstellungen.[126]

Nach Bayles Definition bezeichnet natürliche Religion nur eine von der Vernunft erfaßte gewisse Anzahl moralischer Maximen. Der Streit zwischen Bayle und Bernard ist daher nicht nur charakteristisch für die sich Ende des 17. Jahrhunderts manifestierende Tendenz, außerbiblische Religionen entweder als sündige Idolatrie oder Verzerrung der wahren Gottesidee zu betrachten, sondern zugleich Spiegel der von Bayle durchgeführten Loslösung der Moral von der Religion. Die natürliche Religion, die auf die im Geist vorhandenen moralischen Maximen begründet ist, hat der positiven Religion des Heidentums, die mit ihrer Verehrung verbrecherischer Götter die Moral untergrub, widerstanden. Die Tugendliebe auf den Glauben an die Götter des Heidentums zurückzuführen, wie Bernard dies tut, ist für Bayle eine Absurdität, verlangt doch die Vernunft selbst die Imitation der göttlichen Taten. Die Tugend fußt auf einem anderen Prinzip als dem der Idolatrie – das heißt nicht auf dem Bestreben, es den Götter gleichzutun oder einer göttlichen Bestrafung zu entgehen, sondern auf der Konformität der Tugend mit der *recta ratio*.[127] Die

---

[123] Cf. *Continuation des Pensées diverses*, OD III, p. 361a: Ist das Ziel die Stärkung des Staates, „(...) laissez les maximes du Christianisme pour theme aux prédicateurs (...) ramenez la pratique sous les loix de la Nature".

[124] Cf. *Réponse aux questions d'un provincial*, OD III, p. 974a; cf. *Continuation des Pensées diverses*, OD III, p. 360a-b.

[125] *Dictionaire historique et critique*, art. Knuzen, rem. B.

[126] Cf. *Réponse aux questions d'un provincial*, OD III, p. 964b, pp. 965b-966a.

[127] Cf. *Continuation des Pensées diverses*, OD III, p. 317b.

Trennung zwischen Moral und Religion ist für Bayle offensichtlich. Es ist daher nicht die Gotteserkenntnis, die zur Unterscheidung von Gut und Böse führt, wie Bernard behauptet, sondern eine autonome Erkenntnis der Vernunft, die auf der Konformität der Tugend mit ihren Begriffen beruht, unabhängig von der Bejahung und Verneinung der Existenz Gottes.[128]

3. Jean Le Clerc: Gottes Handeln in der Schöpfung

Die Auseinandersetzung zwischen Bayle und dem arminianischen Philosophieprofessor Jean Le Clerc (1657-1736)[129], die mit der Kritik Le Clercs an den dualistischen Einwänden der ersten Ausgabe des „Dictionaire" beginnt, erreicht in den letzten Lebensjahren Bayles ihren Höhepunkt. 1706, kurz vor seinem Tod, klagt Bayle in der „Réponse pour Mr. Bayle à Mr. Le Clerc" über die heftigen Beschuldigungen Le Clercs, der doch selber im Verdacht steht, als Arminianer dem der Orthodoxie verhaßten Sozinianismus mehr als nahezustehen.[130] Der Hauptvorwurf Le Clercs lautet, Bayle habe regelrecht nach Einwänden gegen die christliche Lehre gesucht, die christlichen Theologen beleidigt und die Dogmen als der

---

[128] Cf. *Réponse aux questions d'un provincial*, OD III, p. 984a-b.

[129] Le Clerc war Professor für Philosophie, Artes Liberales, Hebräisch (später auch Kirchengeschichte) am Seminar der Remonstranten in Amsterdam, zugleich ein geschätzter Journalist, Übersetzer und Herausgeber von Erasmus und Locke. – Zum exegetischen Wirken Le Clercs cf. H. Graf REVENTLOW, „Bibelexegese als Aufklärung. Die Bibel im Denken des Johannes Clericus (1657-1736)", in H. Graf REVENTLOW/W. SPARN/J. WOODBRIDGE (Hrsg.), *Historische Kritik und biblischer Kanon in der deutschen Aufklärung*, Wiesbaden 1988, pp. 1-19.

[130] Cf. *Réponse pour Mr. Bayle à Mr. Le Clerc*, OD III, p. 990b. Bayle selbst qualifiziert in der *Lettre à Mr. Lenfant* (6/7/1685), OD IV, p. 619b, den Arminianismus abfällig als Auffangbecken für alle Atheisten, Deisten und Sozinianer Europas. – Lehrreich hinsichtlich des Unterschieds zwischen Arminianern und Sozinianern ist die Beschreibung von C. SENOFONTE, *Pierre Bayle, dal calvinismo all'illuminismo*, p. 73. – Die Anhänger der Lehre von Arminius (1603 bis 1609 Theologieprofessor in Leiden) sprachen sich 1610 mit der „Remonstranz" öffentlich gegen die calvinistische Prädestinationslehre aus und wurden auf der Synode von Dordrecht (1618-1619) verurteilt. Die Canones von Dordrecht sind zu Bayles Zeit grundlegend für die Definition calvinistischer Orthodoxie. Daß die arminianische Position mit der Zeit extremer und heterodoxer wurde, führt B. G. ARMSTRONG, *Calvinism and the Amyraut Heresy: Protestant Scholasticism and Humanism in Seventeenth-Century France*, Madison/Milwaukee/London 1969, p. 133, auf die äußerst rigide Haltung der holländischen Orthodoxie zurück.

Vernunft konträr und untergeordnet dargestellt.[131] Er selbst erweist sich als Verfechter des rationalen Charakters vieler Dogmen, wobei er jedoch eine Autonomie der rationalen Argumentation ablehnt.[132]

Zwei wesentliche Punkte bestimmen die Auseinandersetzung. Einerseits ist es die Theodizeeproblematik, in der sich Le Clerc als entschiedener Verteidiger des freien Willens erweist, zum anderen geht es um die vom englischen Philosophen Ralph Cudworth (1617-1688) in seinem Werk „The true intellectual system of the universe" entworfene und von Le Clerc kolportierte Theorie der plastischen Natur, die einen Versuch darstellt, Christentum und Wissenschaft miteinander zu versöhnen.

3.1. Theodizee und Erlösung

Wie Bayle verneint auch Le Clerc, daß das Theodizeeproblem durch die christlichen Entwürfe gelöst worden ist. Das Hauptproblem der Theodizee sieht er in der christlichen Konzeption der Hölle. In seinen „Parrhasiana" von 1699 behauptet er daher, im Origenismus mit seiner Verneinung der Ewigkeit der Höllenqualen eine zwar falsche und von ihm nicht geteilte, den manichäistischen Einwänden jedoch trotzende Hypothese zu erkennen:

---

[131]   Cf. J. LE CLERC, *Remarques sur la Réponse pour Mr. Bayle au sujet du III et X Article de la Bibliothèque choisie*, in ders., *Bibliothèque choisie*, Amsterdam 1703-1713, Bd. 10 (1706), p. 377f. An anderer Stelle qualifiziert Le Clerc die Philosophie Bayles als minderwertig: „Toutes les lumieres philosophiques de Mr. *Bayle* consistoient en quelque peu de Péripatetisme, qu'il avoit appris des Jesuites de Toulouse, & un peu de Cartesianisme, qu'il n'avoit jamais approfondi. Il avoit l'esprit si fort rempli de ce peu de choses, & si distrait par des recherches de nulle importance, que rien de philosophique n'y pouvoit plus entrer" (J. LE CLERC, *Remarques sur l'Essai concernant l'Entendement de Mr. Locke. Sa défense contre Mr. Bayle*, in ders., *Bibliothèque choisie*, Bd. 12 [1707], p. 106). – Dem widerspricht die Einschätzung von R. L. COLIE, *Light and Enlightenment. A Study of the Cambridge Platonists and the Dutch Arminians*, Cambridge 1957, p. 34, die die intellektuelle Überlegenheit Bayles hervorhebt. Zu einem ausgewogenen Urteil kommt die Bayle-Expertin E. LABROUSSE, *Pierre Bayle, Du Pays de Foix à la cité d'Erasme*, p. 262: „Avec l'Arminien Jean Le Clerc, Bayle avait trouvé un adversaire intellectuellement digne de lui".

[132]   Cf. J. LE CLERC, *Entretiens sur diverses matieres de Théologie*, Amsterdam 1685, p. 207: „(...) la Metaphysique Moderne, aussi bien que celle des Scolastiques, n'est bonne qu'à troubler l'Esprit, & à corrompre même la Theologie"; cf. p. 234: „Dieu ne nous a pas donné une intelligence pour comprendre parfaitement toute la nature, tous les rapports, toutes les modifications des êtres dont nous avons quelque connoissance, puisque cela est absument (sic!) impossible. (...) Nous comprendrons aisément tout ce qui nous peut être utile & salutaire, & tout ce qui a un rapport necessaire avec cette connoissance. Mais lors que nous voulons passer au delà de ces bornes, nous ne trouvons qu'incertitude, que difficultez, que tenebres, qu'abîmes dans le fonds desquels nous ne saurions pénétrer".

„(...) qui a dit aux Manichéens, que le Suprême Législateur de l'Univers n'a pas le droit
de relâcher les peines, dont il menace les méchans, quand il le trouvera à propos?"[133]

Le Clercs kritisches Vorgehen, als vorgeblicher Origenist zu argumentieren[134], wird von Bayle verteidigt, der ja selbst die Position einer Irrlehre,
nämlich den Dualismus, benutzt, um die Schwierigkeit der Theodizeefrage
für die christliche Theologie zu demonstrieren.[135] Ohne weiteres gibt Bayle
zu, daß der Origenismus von allen christlichen Lehren am besten die Einwände der Dualisten bekämpfen kann[136], ohne jedoch die Theodizeefrage
wirklich zu lösen. Die origenistische These kann mit Transformation der
Hölle in ein Purgatorium von unbestimmter, aber endlicher Dauer die
göttliche Güte der Vernunft nicht eindeutig beweisen, da sie, in Le Clercs
Interpretation, ausdrücklich auf eine Eventualität verweist. Theologisch
gesehen, erweist sich diese im Licht der Offenbarung zudem als falsch.
Die Nachteile des Origenismus liegen somit in seiner fehlenden Konformität mit der Schrift.[137] Aus diesem Grund besitzt er weder theologische
Legitimität noch apologetische Bedeutung, selbst wenn er die Einwände
der Dualisten in gewisser Weise am hartnäckigsten bekämpft.[138] Le Clerc,
der die Ewigkeit der Höllenqualen ohnehin als eine unwesentliche christliche Wahrheit auffaßt, sieht jedoch gerade in dem häretischen Charakter
dieser Lehre eine Stärkung der Apologetik. Wenn sogar diese abwegige
Hypothese die Einwände der Dualisten schwächen kann:

„(...) que ne feroient pas ceux, qui raisonneroient infiniment mieux, que les Disciples
d'*Origene*?"[139]

---

[133]   J. LE CLERC, *Parrhasiana ou Pensées diverses sur des matieres de critique, d'histoire, de
morale et de politique. Avec la Défense de divers ouvrages de Mr. L.C. par Theodore
Parrhase*, Amsterdam 1699, 2 Bde., ²1701, Bd. 1, p. 313. – S. BROGI, *Teologia senza
verità*, p. 188, n. 4, betont, daß der Verweis auf Origenes häufig ist in der arminianischen Literatur.

[134]   J. LE CLERC, *Parrhasiana*, Bd. I, p. 305: „Je déclare que je ne veux ni approuver, ni
défendre tout ce qu'il a dit, ni tout ce que je vai faire dire à un de ses disciples. Je
ne m'interesse nullement dans sa réputation, ni dans ses dogmes, & je n'empêche
pas qu'on n'en pense ce qu'on voudra. Il ne s'agit pas ici de satisfaire personne là-
dessus, mais seulement de fermer la bouche aux Manichéens, en faisant parler un
Origeniste."

[135]   Cf. *Entretiens de Maxime et de Thémiste*, OD IV, p. 12b.

[136]   Cf. *Réponse aux questions d'un provincial*, OD III, p. 864a.

[137]   Cf. *Réponse pour Mr. Bayle à Mr. Le Clerc*, OD III, p. 994b.

[138]   Cf. *Réponse pour Mr. Bayle à Mr. Le Clerc*, OD III, p. 998b, cf. p. 1007a.

[139]   J. LE CLERC, *Parrhasiana*, Bd. 1, p. 305; cf. J. LE CLERC, *Défense de la Bonté & de la
Sainteté Divine, contre les objections de Mr. Bayle*, in ders., *Bibliothèque choisie*, Bd. 9
(1706), p. 148: „C'est là ce que j'appellois raisonner infiniment mieux qu'*Origene*,
parce qu'*Origene* assure ce qu'il ne sait point comme s'il le savoit, & qu'il mêle à la
doctrine Evangelique mille pensées de *Platon*, qui, pour n'en rien dire de pire, sont

Die große Stärke des Origenismus liegt für Le Clerc in seiner Rettung der Güte Gottes. Seine Forderung, daß Gottes Verhalten mit den Begriffen der Vernunft konform sein muß, läßt ihn sowohl gegen eine wörtliche Bibelauslegung als auch gegen die fideistische Position argumentieren. Es ist besser, der origenistischen Häresie anzuhängen als anzunehmen, daß die Offenbarung den Begriffen der Vernunft über Güte und Gerechtigkeit Gottes widerspricht, aber dennoch wörtlich zu nehmen ist:

„Car pour croire ces deux choses à la fois, il faut être fou, & non pas humble; & c'est faire un tort infini à la Divinité, que de la faire malfaisante & injuste, ou, pour mieux parler, la nier tout à fait; car un Dieu mauvais & injuste n'est pas un Dieu."[140]

Die Begriffe der Güte und Tugend – so Bayle – sprechen aber ebenfalls gegen die origenistische These.[141] Auch der Origenismus kann nicht erklären, warum Gott es erlaubte, daß der Mensch von seiner Pflicht, ihm zu gehorchen, überhaupt abließ. In der real gewordenen Wendung des Guten zum Bösen liegt das eigentliche Problem, da ein gnadenhaftes Entgegenwirken Gottes das Böse ohne Beschneidung des freien Willens verhindert hätte.[142] In der Diskussion mit dem Dualismus steht daher nicht die Gerechtigkeit Gottes bei der Verteilung von Vollkommenheiten auf dem Spiel, sondern die Güte Gottes. Diese kann der Origenist mit seiner Berufung auf die für den Menschen wählbare Belohnung und Bestrafung, die Gott mit dem Gebrauch der menschlichen Freiheit verbunden hat, nicht retten. Gottes Vorwissen um den Mißbrauch der Freiheit hätte ihn ein anderes, wirksameres Mittel wählen lassen müssen.[143]

Le Clerc versucht, wie King, eine Notwendigkeit des Bösen zu konstruieren, indem er das Böse mit der Unvollkommenheit der menschlichen Natur in Beziehung bringt.[144] Bayle widersetzt sich dem Schluß der Notwendigkeit der Sünde aus der menschlichen Fähigkeit zu sündigen heraus und betont erneut die göttliche Freiheit, die Sünde zu verhindern.[145] Die theologische Sorge um die Freiheit Gottes ist deutlich erkennbar in

---

sans fondement: comme, la préexistence des Ames, leurs pechez dans une vie précedente, & leur chute dans les corps &c."

140 J. LE CLERC, [Rezension der] „Conformité de la foi avec la raison" [von Jaquelot], in ders., *Bibliothèque choisie*, Bd. 6 (1705), p. 421.

141 Cf. *Réponse aux questions d'un provincial*, OD III, pp. 865a-865b.

142 Cf. *Réponse aux questions d'un provincial*, OD III, p. 866b.

143 Cf. *Réponse aux questions d'un provincial*, OD III, p. 867a; cf. *Entretiens de Maxime et de Thémiste*, OD IV, pp. 23b-24a.

144 Cf. J. LE CLERC, [Rezension der] „Works of the most Reverend Dr. John Tillotson", in ders., *Bibliothèque choisie*, Bd. 7 (1705), p. 339.

145 Cf. *Réponse aux questions d'un provincial*, OD III, p. 867a; cf. *Réponse pour Mr. Bayle à Mr. Le Clerc*, OD III, p. 998b.

seiner entschiedenen Zurückweisung des von Le Clerc in der Tradition der auf dem freien Willen begründeten Theodizeeversuche hervorgebrachten Arguments, Gott hätte die Sünde nicht verhindern können, ohne dem Menschen seinen freien Willen zu nehmen.[146] Der freie Wille ist für Le Clerc dabei wichtiger Bestandteil der Schöpfung, die ohne freie Wesen nicht die unendliche Macht Gottes manifestieren würde:

> „Si Dieu n'avoit fait aucune Créature Libre, ç'auroit été une espece particuliere d'Etre très-remarquable, qu'il n'auroit pas produite & sa Puissance n'auroit pas si fort paru. Car enfin plus grande est la varieté des Etres, plus la Puissance, qui les a produite (sic!), paroît grande & étendue."[147]

In Opposition zum Calvinismus, der die Unmöglichkeit einer aus eigener Kraft erbrachten Wendung des Menschen zum Guten nach dem Sündenfall bekräftigt, sieht Le Clerc die Verdammung nur als Folge der fehlenden Bereitschaft des Menschen, von der Sünde abzulassen und sie zu bereuen.[148] Eine nicht auf der Sünde, sondern auf reiner Reuelosigkeit gründende Verdammung ist für den Calvinisten Bayle natürlich theologisch unhaltbar. Abgesehen von dieser theologischen Konsequenz weist das System Le Clercs, auch wenn es den Menschen durch die *libertas indifferentiae* für seine Verdammung ausdrücklich verantwortlich zeichnet, Gott als den Urheber der Sünde aus, da er den Menschen nicht von vornherein der Möglichkeit zu sündigen entzogen hat, sondern diese erlaubt und in gewisser Weise den Menschen zur Sünde geschaffen hat.[149] Selbst wenn der Mensch die Fähigkeit hätte, von der Sünde abzulassen, so spräche seine fehlende Bereitschaft dazu gegen die Güte Gottes, der es ein Leichtes wäre, den Menschen in dieser Hinsicht zu beeinflussen. Zu sagen, daß Gott nicht verpflichtet ist, mittels einer den menschlichen Willen beeinflussenden, aber nicht beschneidenden Gnade für den richtigen Gebrauch der menschlichen Freiheit zu sorgen:

> „Ce seroit prétendre que Dieu n'est obligé d'agir entant que bon"[150].

---

[146] Cf. J. LE CLERC, *Défense de la Bonté & de la Sainteté Divine, contre les objections de Mr. Bayle*, in ders., *Bibliothèque choisie*, Bd. 9 (1706), p. 132; cf. *Réponse pour Mr. Bayle à Mr. Le Clerc*, OD III, p. 1006b.

[147] J. LE CLERC, *Remarques sur les Entretiens posthumes de Mr. Bayle, contre la Bibliothèque Choisie*, in ders., *Bibliothèque choisie*, Bd. 12 (1707), p. 340.

[148] Cf. J. LE CLERC, [Rezension der] „Works of the most Reverend Dr. John Tillotson", in ders., *Bibliothèque choisie*, Bd. 7 (1705), p. 341.

[149] Cf. *Réponse aux questions d'un provincial*, OD III, p. 867b.

[150] *Réponse aux questions d'un provincial*, OD III, p. 868b.

So ist die göttliche Güte für Bayle nur mit der fideistischen Argumentation zu verteidigen, welche die dem Menschen unbegreifliche Konformität des Handelns Gottes mit seiner höchsten Vernunft anerkennt. Das Attribut der vollkommenen Güte schließt jeglichen Grad der entgegengesetzten Eigenschaft aus, so daß in einer philosophischen Betrachtung die Güte Gottes mit den Höllenqualen grundsätzlich unvereinbar ist:

> „On a donc beau dire que les peines des damnez aiant duré un certain tems, qui sera fort court en comparaison de l'éternité, seront suivies d'un bonheur qui ne finira jamais; cela ne laisse pas de paroître d'autant plus incompatible avec la bonté de Dieu, que c'est une bonté infinie & souverainement parfaite, qui ne peut souffrir la moindre diminution, ni la moindre interruption sans cesser d'être parfaite"[151].

Güte und Heiligkeit des Schöpfers, so die Vernunft, sollten ausschlaggebendes Motiv für eine Verhinderung der Realität der Sünde sein. Aus der Erklärungsnot des Origenisten schließt Bayle nun wieder gegen Le Clerc auf die für ihn einzig mögliche Entgegnung auf die dualistischen Einwände, die darin besteht, die göttlichen Tugenden als nicht beurteilbar von den menschlichen Begriffen der Tugend abzuheben.[152] Diese Unbeurteilbarkeit Gottes ist auch Botschaft des von Bayle zitierten Psalms 92.[153] Die Konformität der Handlungsweise Gottes mit seinen Attributen ist nicht Gegenstand der Offenbarung – weder der natürlichen noch der übernatürlichen.[154] Es entspricht daher Gottes Willen und Wesen, sich der Reichweite des menschlichen Geistes zu entrücken.

Grundlegende Bedeutung für die Beantwortung der Theodizeefrage hat also auch hier die Frage nach der Möglichkeit rationaler Gotteserkenntnis. Um seine fideistische Position zu stützen und ihren orthodoxen Charakter hervorzuheben, verweist Bayle auf die Aussagen des Apostels Paulus (1 Kor 13,9-10) über die Unzulänglichkeit der irdischen Gotteserkenntnis – aber auch auf die protestantische Tradition, hier auf Martin Luthers Schrift „De servo arbitrio", in der der Reformator die Unbeurteilbarkeit des Handelns Gottes für die Vernunft, insbesondere was seine Gerechtigkeit betrifft, postuliert.

Le Clerc hingegen verteidigt die Konformität von Vernunft und Offenbarung:

> „La Raison & la Révelation sont, pour ainsi dire, deux Filles du Ciel, qui ne se querellent jamais l'une l'autre; & si l'on voit, comme il semble, le contraire, dans la

---

151 *Dictionaire historique et critique*, art. Origene, rem. E.
152 Cf. *Réponse aux questions d'un provincial*, OD III, p. 871a; cf. *Réponse pour Mr. Bayle à Mr. Le Clerc*, OD III, p. 997b.
153 Cf. *Entretiens de Maxime et de Thémiste*, OD IV, pp. 26a-b.
154 Cf. *Réponse pour Mr. Bayle à Mr. Le Clerc*, OD III, p. 997b.

Théologie Scholastique, c'est que ce qu'on y nomme Raison ou Révélation ne sont souvent que des phantômes, qu'on a substituez en leur place; comme ceux qui sont capables de consulter l'Ecriture Sainte & de raisonner, avec quelque justesse, le reconnoissent facilement."[155]

Le Clerc rechtfertigt so die Möglichkeit, die Güte und Heiligkeit Gottes von der Vernunft beurteilen zu lassen, indem er die Notwendigkeit der Konformität des Verhaltens Gottes mit den menschlichen Begriffen der Güte und Gerechtigkeit postuliert.[156]

Bayle sieht sich in der Auseinandersetzung mit Le Clerc mehrfach genötigt, seine Darstellung der Überzeugungskraft der dualistischen Einwände zu verteidigen. In der „Réponse pour Mr. Bayle à Mr. Le Clerc" faßt er in drei Punkten zusammen, welches die Prinzipien seiner Lehre sind. So nennt er als erstes die Erkenntnis der Einheit und höchsten Vollkommenheit des ersten Prinzips durch die Vernunft und die Offenbarung. Das zweite Prinzip betrifft die von der Mehrzahl der reformierten Theologen anerkannte Unmöglichkeit, mittels der Philosophie die Konformität des physisch und moralisch Bösen mit den göttlichen Attributen einwandfrei zu etablieren. Dadurch kommt es aber zu einem Erklärungsnotstand gegenüber den dualistischen Einwänden. Die Konformität besteht somit als etwas Notwendiges, aber nicht von der Vernunft Erkennbares.[157] Hier beruft sich Bayle auch auf den Jansenisten Pierre Nicole, der insbesondere die Erbsünde und die Ewigkeit der Höllenqualen als Triumph der Autorität Gottes über die menschliche Vernunft bezeichnet habe.[158] Das dritte Prinzip beinhaltet den fideistischen, aber, wie Bayle betont[159], generell für den Protestantismus geltenden Appell, trotz aller Schwierigkeiten der Vernunft an die erkannte Einheit und Vollkommenheit zu glauben, wie es ja auch der 8. Artikel der „Confession de foy" von 1559 hinsichtlich der Mysterien nahelegt.[160]

---

[155]   J. LE CLERC, *Parrhasiana*, Bd. 1, p. 357f.

[156]   Cf. J. LE CLERC, *Remarques sur la Réponse pour Mr. Bayle au sujet du III et X Article de la Bibliothèque Choisie*, in ders., *Bibliothèque choisie*, Bd. 10 (1706), p. 398f: „Il ne faut pas dire que ce qui est injuste, selon les idées humaines, ne l'est pas, selon les divines; car cela supposé, vous ne pouvez pas dire un mot des Vertus, ou des perfections morales de la Divinité, puis que vous ne savez ce que c'est."

[157]   Cf. *Réponse pour Mr. Bayle à Mr. Le Clerc*, OD III, p. 998a; cf. *Entretiens de Maxime et de Thémiste*, OD IV, p. 19b.

[158]   Cf. *Entretiens de Maxime et de Thémiste*, OD IV, p. 16a, p. 20a.

[159]   Cf. *Réponse pour Mr. Bayle à Mr. Le Clerc*, OD III, p. 994a.

[160]   Cf. *Entretiens de Maxime et de Thémiste*, OD IV, pp. 6b-7a. – *Confession de foy*, in *Bekenntnisschriften und Kirchenordnungen der nach Gottes Wort reformierten Kirche*, hrsg. von W. NIESEL, Zollikon-Zürich 3. Auflage [um 1947], p. 68: „Et ainsi en confessant, que rien ne se fait sans la providence de Dieu, nous adorons en humilité les secrets qui nous sont cachés, sans nous enquérir par dessus nostre mesure

So sind die Schwierigkeiten der Theologie mit den dualistischen Einwänden nicht zuletzt als eine Erniedrigung der Vernunft zu sehen, die angesichts des Göttlichen verstummen muß.[161] Der Maßstab, den die Vernunft an das menschliche Verhalten anlegt, ist nicht der, an dem Gott gemessen werden kann. Dieser ist um so unzutreffender, als in Gott die Attribute der Gerechtigkeit, Güte etc. nicht als von seinem Wesen unterschiedene Eigenschaften begriffen werden können, sondern Gott selbst sind, weshalb die Idee, die sich der Mensch von diesen macht, niemals pertinent sein kann.[162] Aufgrund ihrer Äquivozität sind diese Begriffe von vornherein illusorisch und falsch. Diese Absage an die Vernunft gilt jedoch nicht nur bezüglich des Verhaltens Gottes, sondern, wie Bayle ausdrücklich betont[163], gegenüber allen evidenten Ideen, die sich im Widerspruch zur Schrift befinden. Grundlage des Glaubens ist die Offenbarung, nicht die Begriffe der Vernunft – so lautet die Absage des Fideisten Bayle an jegliche Form natürlicher Theologie.

Ein anderer, die Vernunft nicht ausschließender, sondern fordernder Glaubensbegriff bestimmt das Denken Le Clercs:

„La Foi, (...) n'étant nullement une créance aveugle, consiste premiérement à se rendre à de bonnes preuves, c'est-à-dire, aussi fortes que la nature des choses, dont il s'agit, le peut permettre.“[164]

Eine Schutzfunktion des Fideismus ist für Le Clerc daher nicht erkennbar. So sieht er in der Verdeutlichung der Kluft zwischen den Ideen der Vernunft und der göttlichen Handlungsweise letztendlich einen versteckten Atheismus.[165] Für Le Clerc weist die Aussage Bayles – Gott die Urheber-

---

(Rom. 9, 19 et 20 et 11, 33): mais plustost appliquons à nostre usage ce qui nous est monstré en l'Escriture saincte, pour estre en repos et seureté“.

161 Cf. *Entretiens de Maxime et de Thémiste*, OD IV, p. 8a. – Cf. *Dictionaire historique et critique*, art. Pyrrhon, rem. C.

162 Cf. *Entretiens de Maxime et de Thémiste*, OD IV, p. 21b.

163 Cf. *Entretiens de Maxime et de Thémiste*, OD IV, p. 23a.

164 J. LE CLERC, *De l'incredulité, Où l'on examine Les Motifs & les Raisons génerales qui portent les Incredules à rejetter la Religion Chrétienne*, Amsterdam 1696, p. 131.

165 Cf. J. LE CLERC, *Remarques sur la Réponse pour Mr. Bayle au sujet du III et X Article de la Bibliotheque Choisie*, in ders., *Bibliothèque choisie*, Bd. 10 (1706), p. 367f. Ein ähnlicher Vorwurf findet sich auch bei A. MONOD, *De Pascal à Chateaubriand. Les défenseurs français du Christianisme de 1670 à 1802*, p. 160, der Bayles Einsatz des Fideismus gegen die rationalistische Theologie höhnisch darstellt als „tactique d'un homme de cabinet qui n'a aucun goût pour l'héroïsme et qui trouvait plus sûr de fusiller ses adversaires à l'abri des canons du synode de Dordrecht.“ – Als völlig unzureichend muß man werten, was R. L. COLIE, *Light and Enlightenment*, p. 115, über Le Clercs Verhältnis zum Fideismus äußert: „Le Clerc was a fideist (...) – he was, after all, a Christian priest (...)“.

schaft an der Sünde zuzuschreiben führe letztendlich zum Atheismus –
angesichts der These, daß alle christlichen Theologien letztendlich Gott
zur Ursache der Sünde machen, auf Bayles eigene atheistische Intention
hin, zumal dieser, wie auch später Gottsched moniert[166], kein besseres
System entwerfe.[167] Gegen diese Deformierung seiner Argumentation
wehrt sich Bayle natürlich entschieden. In der Tat erscheint der dualistisch
argumentierenden Vernunft Gott als Urheber der Sünde; sie erfaßt aber
eben auch – nicht nur durch die Offenbarung, sondern aus der als evident
erkannten göttlichen Vollkommenheit –, daß Gott eine Urheberschaft der
Sünde als vollkommenem Wesen nicht zukommen kann. Daher erkennt
sie, daß sie irrt und die Konformität der Attribute Gottes mit seinem
Verhalten als unbegreifbar hinnehmen muß.[168] Wiederholt verweist Bayle
auf die Unterstützung seiner Argumentation durch die reformierte
Theologie, die mehrheitlich die Begriffe der Vernunft als Glaubensprinzip
ablehnt und – anders als die rationalistische Theologie, die die Wider-
sprüche der Vernunft verschleiert – die Schwierigkeiten der evidenten
Ideen für die Mysterien eingesteht.[169] Als rationalistischer Theologe macht
Le Clerc natürlich gerade diese fideistische Sicht der Gotteserkenntnis
Bayle zum Vorwurf, obwohl er selbst einräumt, daß die Vernunft keine

---

[166] Anmerkung von J. C. GOTTSCHED, in G. W. LEIBNIZ, *Herrn Gottfried Wilhelms
Freiherrn von Leibnitz Theodicee: das ist, Versuch von der Güte Gottes, Freiheit des
Menschen, und vom Ursprunge des Bösen*, nach der 1744 erschienenen, mit Zusätzen
und Anmerkungen von Johann Christoph Gottsched ergänzten, vierten Ausgabe
herausgegeben, kommentiert und mit einem Anhang versehen von H. HORST-
MANN, p. 83, n. 15: „Dies ist aber insgemein der Fehler des Hrn. Bayle, daß er alle
Schwierigkeiten bis aufs höchste treibt, hernach aber seinen Leser verläßt, und ihm
nicht die geringste Spur zeigt, wie er sich aus diesem Labyrinthe zurecht finden
soll.“

[167] Cf. J. LE CLERC, *Remarques sur la Réponse pour Mr. Bayle au sujet du III et X Article
de la Bibliotheque Choisie*, in ders., *Bibliothèque choisie*, Bd. 10 (1706), p. 372f. –
Nicht als Duell von Systemen, sondern als eine Art Kriegskunst charakterisiert
Bayle hingegen die philosophische Auseinandersetzung, in der das Sichern von
Vorteilen und die Benachteiligung des Gegners durch den Angriff auf seinen
größten Schwachpunkt im Vordergrund steht (cf. *Réponse aux questions d'un provincial*, OD III, p. 1063a). So nimmt er in seinem kritischen Vorgehen nicht ein System, sondern verschiedene, höchst unterschiedliche Positionen für sich in Anspruch. Die Behauptung von G. MORI, „Interpréter la philosophie de Bayle“, in H.
BOST/P. DE ROBERT (Hrsg.), *Pierre Bayle, citoyen du monde*, p. 317, Bayle begreife
die Philosophie als Kampf zwischen verschiedenen Denksystemen, in dem es darum
ginge zu zeigen, welches die Welt besser erkläre, ist daher nicht ganz korrekt und
soll dazu dienen, die Baylesche Philosophie insgesamt als kritischen Atheismus
auszuweisen, dessen System die Welt in den Augen Bayles am besten erkläre.

[168] Cf. *Entretiens de Maxime et de Thémiste*, OD IV, p. 11b, p. 20b.

[169] Cf. *Entretiens de Maxime et de Thémiste*, OD IV, p. 15b, cf. p. 19a-b.

vollständige Idee des göttlichen Wesens liefern kann.[170] Für ihn gilt dennoch als logischer Schluß aus der Einräumung evidenter Schwierigkeiten gegen die Mysterien die Feststellung ihrer Falschheit, da man nicht gegen die Evidenz glauben kann:

„Il vaut mieux être à cet égard Origeniste qu'incredule; c'est à dire, rejetter les Peines éternelles, par respect pour la Justice & pour la Bonté de Dieu & obeïr d'ailleurs à l'Evangile; que de rejetter toute la Révelation, en s'imaginant qu'elle contient quelque chose de contraire à l'idée qu'elle nous donne elle même de Dieu, & qui est conforme aux lumieres de la Nature."[171]

Die von Le Clerc verlangte Beurteilbarkeit des Verhaltens Gottes anhand der menschlichen Begriffe der Tugend, der Gerechtigkeit und Güte liefert jedoch, in den Augen Bayles, letztlich die Existenz Gottes selbst den Angriffen der Atheisten aus.[172]

3.2. Der Streit über die plastische Natur

Der zweite Streitpunkt zwischen Le Clerc und Bayle betrifft in gewisser Weise den Aspekt der göttlichen Weisheit. Die Theorie des englischen Philosophen und Begründers der Cambridger Schule[173], Ralph Cudworth, die das kartesische Dogma der direkten Erzeugung der Tiere durch Gott in Frage stellt und erkenntnislose immaterielle Substanzen, die plastischen Naturen, für diese verantwortlich macht, ist für Le Clerc die beste Antwort auf alle atheistischen Attacken gegen die christliche Schöpfungslehre.[174] Eine auf der Darstellung der Lehre Cudworths in mehreren Bänden

---

[170] Cf. J. LE CLERC, *Réponse aux Objections des Athées, contre l'Idée que nous avons de Dieu, avec des preuves de son Existence, tirées de la Section I. du Chapitre V. du Systeme Intellectuel de Mr. Cudworth*, in ders., *Bibliothèque choisie*, Bd. 5 (1705), p. 98: „(...) nous nous formons l'idée de Dieu *à posteriori*, sur les idées que nous avons des proprietez, ou des perfections des créatures; de qui nous retranchons tout ce qui peut y avoir de défauts, & à qui nous ajoûtons tout d'un coup le plus haut degré de perfection, qu'il soit possible."

[171] J. LE CLERC, [Rezension der] „Works of the most Reverend Dr. John Tillotson", in ders., *Bibliothèque choisie*, Bd. 7 (1705), p. 325.

[172] Cf. *Entretiens de Maxime et de Thémiste*, OD IV, pp. 24b-25b.

[173] Über die Cambridger Schule cf. E. CASSIRER, *Die platonische Renaissance in England und die Schule von Cambridge*, Leipzig/Berlin 1932.

[174] M. SINA, „Origenismo e anti-agostinismo in Jean Le Clerc diffusore della cultura inglese", in M. L. BALDI (Hrsg.), *„Mind Senior to the World". Stoicismo e origenismo nella filosofia platonica del Seicento inglese*, Milano 1996, p. 308, bemerkt, daß andere Thesen Cudworths bei Le Clerc auf Ablehnung stoßen, so die Erkenntnis des Unendlichen, die eingeborenen Ideen, die ewigen Wahrheiten und die apriorischen Beweise der Existenz Gottes. – Eine genauere Untersuchung der Rezeption der

von Le Clercs „Bibliothèque choisie" (1703-1706) gründende Kritik in der „Continuation des Pensées diverses", in der Bayle den Nachteil einer solchen These bezüglich der Bekämpfung atheistischer Systeme nachweist, ist Auslöser einer hitzigen Debatte.

Im Zentrum der Kritik Bayles steht zunächst die These Stratons, der in der Natur die aus sich selbst heraus existierende aktive und notwendige Ursache aller Wesen erkennt. Er nimmt an, daß die Materie, die keine Erkenntnis besitzt, blind, aber wirksam natürlichen Gesetzen folgt und sich so selbst ordnet. Metaphysisch gesehen „l'endroit le plus foible de l'Atheïsme"[175], bietet sie eine Erklärung der biologischen Abläufe in der Natur, der einzig der kartesische Spiritualismus – in Form eines strikten Okkasionalismus – mit der Verneinung wirksamer sekundärer Ursachen die Stirn bieten kann. Bekennt man die Wirksamkeit sekundärer Ursachen, so gerät man in die Schwierigkeit zu erklären, warum Gott notwendig ist.[176]

Cudworth versteht seine plastische Natur als Theorie, die das Handeln Gottes in der Schöpfung (im Sinne der Vorsehung) wahrt, ohne ihm, wie im Okkasionalismus, eine ständige Ausübung kleinster Abläufe zuzumuten:

„(...) Unless there be such a thing admitted as a Plastick Nature, that acts ἕνεκα τοῦ, *for the sake of something,* and *in order to Ends,* Regularly, Artificially and Methodically, it seems that one or other of these Two Things must be concluded, That Either in the Efformation and Organization of the Bodies of Animals, as well as the other Phenomena, every thing comes to pass *Fortuitously,* and happens to be as it is, without the Guidance and Direction of any *Mind* or *Understanding*; Or else, that God himself doth

---

Ideen Cudworths im Werk von Le Clerc ist dennoch sicherlich lohnend, zumal der Aufsatz von J.-L. BRETEAU, „Origène était-il pour Cudworth le modèle du philosophe chrétien?", in M. L. BALDI (Hrsg.), *„Mind Senior to the World",* pp. 127-147, der sich unter anderem mit dem Aspekt des freien Willens bei Origenes und Cudworth befaßt, eine mögliche Verbindung von Le Clerc und Cudworth via Origenes in der Theodizeefrage vermuten läßt.

175   *Continuation des Pensées diverses,* OD III, p. 340a. – In einem Brief an Des Maizeaux gesteht Bayle jedoch, er sehe nicht, was man den stratonischen Einwänden gegen die Existenz Gottes siegreich entgegensetzen könne (*Lettre à Des Maizeaux* [3/7/1705], OD IV, p. 855b).

176   Cf. *Mémoire communiqué par Mr. Bayle pour servir de réponse à ce qui le peut intéresser dans un Ouvrage imprimé à Paris sur la distinction du bien & du mal, & au IV. article du 5. tome de la Bibliotheque choisie,* OD IV, p. 183a. – Cf. N. MALEBRANCHE, *De la recherche de la vérité,* Livre VI, IIe partie, chapitre III, in ders., *Oeuvres,* édition établie par G. RODIS-LEWIS avec la collaboration de G. MALBREIL, p. 647: „Il n'y a point de forces, de puissances, de causes véritables dans le monde matériel et sensible; et il n'y faut point admettre de formes, de facultés, et de qualités réelles pour produire des effets que les corps ne produisent point, et pour partager avec Dieu la force et la puissance qui lui sont essentielles."

all *Immediately*, and as it were with his own Hands, Form the Body of every Gnat and Fly, Insect and Mite, as of other Animals in Generations"[177].

Die plastische Natur ist keine Fähigkeit des Körpers, sondern immaterielle Substanz wie die aristotelische *forma substantialis*, kein passives Instrument, sondern ein von Gott angeleitetes, selbständig wirkendes Werkzeug.[178] Nach dem Prinzip, daß ohne Erkenntnis keine Ordnung möglich ist, gibt Gott – als erste Ursache – der plastischen Natur die Fähigkeit, durch Anordnung der Partikel der Materie einen geordneten Körper zu formen.

Während Le Clerc Cudworths These – daß die plastische Natur wirkt, ohne ihre Ziele zu kennen, und zwar unter der Anleitung einer höheren Intelligenz, die in ihren Ablauf eingreifen kann, ohne daß der Mensch diese Intervention erklären könne – bejaht[179], ist es Bayles Ansicht nach unmöglich, daß die plastische Natur ein Tier formen kann, ohne zu wissen, was dafür nötig ist und wie es seine Bestandteile arrangieren soll.[180] Es nützt in Bayles Augen nichts, einer unwissenden Substanz eine Fähigkeit zu geben, die ebenfalls ohne Erkenntnis bleibt. Cudworth, der diesen Einwand vorausgesehen hat, verweist auf die Präsenz von „*Habits*"[181] und

---

177 R. CUDWORTH, *The Digression concerning the Plastick Life of Nature, or an Artificial, Orderly and Methodical Nature* (Auszug aus „The True Intellectual System of the Universe" [1678], Book I, ch. III, Sect. XXXVII, §§ 2-16, 19-26), in C. A. PATRIDES, *The Cambridge Platonists*, Cambridge ²1980, p. 288, § 2.

178 W. B. HUNTER Jr., „The Seventeenth Century Doctrine of Plastic Nature", *Harvard Theological Review* 43 (1950), p. 199, betont die Verwandtschaft der plastischen Natur mit den λόγοι σπερματικοί oder *rationes seminales* der Stoiker und Neoplatoniker. – In der Tat verweist Cudworth in seiner Darstellung der plastischen Natur mehrfach auf Plotin (R. CUDWORTH, *The Digression concerning the Plastick Life of Nature, or an Artificial, Orderly and Methodical Nature*, in C. A. PATRIDES, *The Cambridge Platonists*, p. 295f, § 6; p. 301, § 9; p. 303f, §§ 11, 12; p. 306, § 13; p. 308f, §§ 15, 16; p. 311, § 19; p. 313, § 21.

179 Cf. J. LE CLERC, *Eclaircissement de la doctrine de Mrs. Cudworth & Grew, touchant la Nature Plastique & le Monde Vital, à l'occasion de quelques endroits de l'Ouvrage de Mr. Bayle, intitulé, Continuation des pensées diverses sur les Cometes*, in ders., *Bibliothèque choisie*, Bd. 5 (1705), p. 292; cf. J. LE CLERC, *Remarques sur le premier principe de la fécondité des Plantes et des Animaux, où l'on fait voir que la supposition des Natures Plastiques, ou Formatrices, sert à en rendre une raison très-probable*, in ders., *Bibliothèque choisie*, Bd. 7 (1705), p. 282f.

180 Cf. *Réponse aux questions d'un provincial*, OD III, p. 883a-883b. – Eine ähnliche Kritik findet sich in N. MALEBRANCHE, *De la recherche de la vérité*, Livre VI, IIe partie, chapitre III, in ders., *Oeuvres*, édition établie par G. RODIS-LEWIS avec la collaboration de G. MALBREIL, Bd. 1, p. 644: „Mais qui pourra croire que ce qui fait des ouvrages, où il paraît une sagesse qui passe celle des philosophes, les fasse sans intelligence?"

181 R. CUDWORTH, *The Digression concerning the Plastick Life of Nature, or an Artificial, Orderly and Methodical Nature*, in C. A. PATRIDES, *The Cambridge Platonists*, p. 305, § 13.

„*Natural Instincts*"[182] bei Menschen beziehungsweise Tieren, um seine Argumentation, daß die plastische Natur zielgerichtet und doch ohne Erkenntnis handeln kann, zu untermauern. Gott muß der plastischen Natur, um sie anzuleiten, eine Idee dessen geben, was sie zu tun hat – so das Postulat Bayles. Ist eine körperlose Substanz ohne Erkenntnis dafür verantwortlich, Tierkörper zu formen, so könnte dies auch – vielleicht sogar noch eher – eine Eigenschaft der Materie sein.[183] Die Annahme einer intelligenten Ursache ist somit nur dann sinnvoll, wenn diese auch gleichzeitig mit der Fähigkeit das notwendige Wissen vermittelt, das heißt eine Idee dessen, was wie erzeugt werden soll, oder wenn sie einzig wirksame Ursache ist. Dies verneint Cudworth, der allerdings die Notwendigkeit einer vernunftbegabten ersten Ursache bejaht:

„If there be Φύσις, then there must be, Νοῦς"[184].

Der stratonische Einwand bleibt jedoch für Bayle bestehen, ja, er wird sogar begünstigt, da keine notwendige Verbindung zwischen der Erzeugung und dem Wissen um die Erzeugung angenommen wird und die Existenz Gottes somit überflüssig wird. Die Annahme einer notwendigen Verbindung zwischen der Fähigkeit eines Geschöpfs und dem Wissen um ihre Wirkung kommt, wie Bayle betont, nicht einer Einschränkung der Allmacht Gottes gleich.[185] Das „Dictionaire" bietet sogar eine eigene Theorie, die die Ausbildung von Lebewesen der Vorsehung untergeordneten Geistwesen zuschreibt, die im Unterschied zur plastischen Natur Erkenntnis besitzen.[186]

Laut Cudworth handelt die plastische Natur „according to *Laws* and *Commands*, prescribed to it by a *Perfect Intellect*, and imprest upon it"[187]. Soll die plastische Natur in ihrem Handeln den Befehlen Gottes gehorchen – so der Einwand Bayles –, so muß sie zumindest diese erkennen

---

182 R. CUDWORTH, *The Digression concerning the Plastick Life of Nature, or an Artificial, Orderly and Methodical Nature*, in C. A. PATRIDES, *The Cambridge Platonists*, p. 307, § 14.

183 Cf. *Mémoire communiqué par Mr. Bayle pour servir de réponse à ce qui le peut intéresser dans un Ouvrage imprimé à Paris sur la distinction du bien & du mal, & au IV. article du 5. tome de la Bibliotheque choisie*, OD IV, p. 183b.

184 R. CUDWORTH, *The Digression concerning the Plastick Life of Nature, or an Artificial, Orderly and Methodical Nature*, in C. A. PATRIDES, *The Cambridge Platonists*, p. 323, § 26.

185 Cf. *Réponse aux questions d'un provincial*, OD III, p. 884b.

186 Cf. *Dictionaire historique et critique*, art. Sennert, rem. C.

187 R. CUDWORTH, *The Digression concerning the Plastick Life of Nature, or an Artificial, Orderly and Methodical Nature*, in C. A. PATRIDES, *The Cambridge Platonists*, p. 322, § 26.

können. Als erkenntnislose Ursache ist sie dazu jedoch nicht in der Lage. Erkennt sie diese also nicht, so ist sie nicht aktiv, sondern passives Instrument Gottes und gleicht denen, derer sich Gott in der Schrift bedient, um Wunder zu bewirken[188], und hebt sich nur gering ab von der okkasionalistischen Auffassung Gottes als unmittelbaren Urhebers. In diesem Fall ist Cudworths plastische Natur jedoch völlig überflüssig und kommt, angesichts der Vielzahl der Lebewesen, einer unnötigen Verviel-fachung des Seienden gleich – da Gott ja, im Sinne der kartesischen Hypothese, ihr direkter Urheber sein könnte.[189] So ist es die kartesische These der direkten Erzeugung der Lebewesen und der Vollstreckung der in der Natur waltenden Gesetze durch Gott, die der göttlichen Weisheit in den Augen Bayles mehr Rechnung trägt.[190]

4. Jaquelot und das Verhältnis von Glaube und Vernunft

Der vielleicht größte Gegner Bayles unter den rationalistischen Theologen ist der Pastor Isaac Jaquelot (1647-1708), der Bayle zu dessen Lebzeiten zwei seiner Werke widmet: die „Conformité de la Foi avec la Raison; ou défense de la Religion contre les principales difficultez répanduës dans le Dictionaire historique et critique de Mr. Bayle" (1705) und das „Examen de la Théologie de Mr. Bayle" (1706).[191]

Auch in der Auseinandersetzung mit Jaquelot geht es um die Frage der menschlichen Freiheit und das Theodizeeproblem, verbunden mit der übergeordneten Frage nach der Erkenntnisfähigkeit der Vernunft.

4.1. Das Verhältnis von Glaube und Vernunft

Die Kritik Bayles beginnt zunächst mit einem Lob: Die „Conformité de la Foi avec la Raison" enthält einige gute Stellen, an denen Jaquelot die Unkörperlichkeit und Unsterblichkeit der Seele darlegt und die Über-einstimmung der Existenz Gottes sowie einiger Offenbarungswahrheiten

---

[188] Cf. *Réponse aux questions d'un provincial*, OD III, p. 885a; cf. *Réponse pour Mr. Bayle à Mr. Le Clerc*, OD III, p. 995b.
[189] Cf. *Réponse aux questions d'un provincial*, OD III, p. 890b.
[190] Cf. *Continuation des Pensées diverses*, OD III, p. 341b.
[191] Nach Bayles Tod erscheint noch I. JAQUELOT, *Réponse aux Entretiens, composez par Mr. Bayle, contre la Conformité de La Foi avec la Raison, et l'Examen de sa Théologie*, Amsterdam 1707.

mit der philosophischen Vernunft aufzeigt.[192] Stein des Anstoßes ist jedoch die völlige Versöhnung zwischen Vernunft- und Glaubenswahrheiten, die Jaquelot in seinen Werken erreicht haben will und die Bayle eindeutig als „chose impracticable"[193] bezeichnet. Daß alles Vergangene, Gegenwärtige und Zukünftige mit der höchsten Vollkommenheit Gottes konform ist, ist für Bayle theologisch und philosophisch unbestreitbar, sowohl durch die Schrift als auch durch die Vernunft bewiesen. Die rationalistische Theologie entspricht jedoch letztlich einem gutgemeinten, aber irrigen Versöhnungsversuch, da sie von einer falschen Prämisse ausgeht, nämlich der Festigung des Glaubens durch die Demonstration seiner rationalen Unangreifbarkeit. In der Tat stellt Jaquelot fest, daß die Mysterien in keiner Weise der Vernunft konträr sind:

„(...) la Religion Chrétienne dans ses plus grands Mystéres, qui sont en trés-petit nombre, n'a rien qui soit manifestement contraire à la Raison."[194]

Er erkennt jedoch an, daß es in der christlichen Religion Dinge gibt, die über der Vernunft stehen, die also nicht gänzlich von ihr begriffen werden, ohne jedoch im Widerspruch zu ihr zu stehen:

„(...) encore qu'il y ait dans la Religion des choses au dessus de la Raison, ces mêmes choses néanmoins n'y sont pas contraires. *Etre au dessus de la Raison*, c'est lorsqu'un objet ne peut être compris par la Raison dans toute son étendue: *être contraire à la Raison*, c'est renfermer une contradiction formelle, ou *être combattu invinciblement par des maximes évidentes*."[195]

Einen echten Gegensatz zwischen Glaube und Vernunft anzunehmen bedeutet für Jaquelot daher, die Wahrheit der Religion in Frage zu stellen. Gegen diesen Vorwurf verwahrt sich Bayle unter Berufung auf die Orthodoxie.[196] Seine fideistische Theologie postuliert bezüglich der Mysterien ja nur das, was auch die Mehrzahl der Theologen bestätigt, nämlich ihre Unbegreiflichkeit. Aus dieser ergibt sich das Eingeständnis der Unmöglichkeit, die Konformität zwischen Glauben und Vernunft zu demonstrieren.[197]

---

192   Cf. *Réponse aux questions d'un provincial*, OD III, p. 761a.
193   *Réponse aux questions d'un provincial*, OD III, p. 761b.
194   I. JAQUELOT, *Conformité de la Foi avec la Raison*, Amsterdam 1705, p. 111.
195   I. JAQUELOT, *Examen de la Théologie de Mr. Bayle, Répandue dans son Dictionnaire Critique, dans ses Pensées sur les Comètes, & dans ses Réponses à un Provincial; où l'on defend la Conformité de la Foi avec la Raison, contre sa Réponse*, Amsterdam 1706, p. 294.
196   Cf. *Entretiens de Maxime et de Thémiste*, OD IV, p. 90b, p. 54a.
197   Cf. *Réponse aux questions d'un provincial*, OD III, p. 835b.

Jaquelot selbst muß hinsichtlich der Trinität bekennen, daß die menschliche Vernunft nicht die einzige Wahrheitsregel sein darf, da sie dieses Mysterium nicht gänzlich erklären kann.[198] Dennoch versucht er, anhand einer Umdeutung des Begriffs der Person, die er als Handlungsprinzip definiert, das Problem einer philosophischen Erklärung der Trinität zu lösen.[199] Mit dieser Umdeutung stößt er bei Bayle jedoch auf berechtigte Kritik, da auch der Begriff des Handlungsprinzips den der Substanz impliziert und somit das Problem nicht behebt.[200]

Jaquelot hingegen wirft Bayle vor, seine fideistische Position entspreche im Grunde der von ihm verworfenen Lehre der doppelten Wahrheit.[201] Einen solchen Widerspruch innerhalb seiner Lehre bestreitet Bayle, der noch einmal seine Stellung zur Theorie der doppelten Wahrheit erläutert[202]: Eine theologisch wahre, das heißt dem Sinn der Schrift folgende Lehre kann nicht philosophisch falsch sein. Wenn es um die Wahrheit geht, irrt allein die philosophische Vernunft, die eine trügerische Evidenz der philosophischen Aussage vorspiegelt. Die Theologie muß von der Vernunft Abstand nehmen, wenn gewisse philosophische Maximen zu den Offenbarungswahrheiten in Widerspruch stehen, sie soll jedoch keineswegs auf die Vernunft verzichten, denn das würde zur Verneinung aller Maximen führen.[203]

Wichtig im Zusammenhang mit der Debatte um die Konformität der Glaubenswahrheiten mit der Vernunft ist, wie Bayle wiederholt betont[204], die Bedeutung des Begriffes der Vernunft selbst. Nicht die Vernunft allgemein, in ihrer Gesamtheit, wie sie im göttlichen Geist enthalten ist, steht in Widerspruch zu den Mysterien – allein die menschliche Vernunft

---

[198] Cf. I. JAQUELOT, *Conformité de la Foi avec la Raison*, p. 109. – S. BROGI, *Teologia senza verità*, p. 47, bekräftigt, daß sowohl Jaquelot als auch Le Clerc angesichts der Schwierigkeiten mit der Trinität in Versuchung gerieten, diese zu verneinen.

[199] Cf. I. JAQUELOT, *Examen de la théologie de Mr. Bayle*, p. 422.

[200] Cf. *Entretiens de Maxime et de Thémiste*, OD IV, p. 92a.

[201] Cf. I. JAQUELOT, *Réponse aux Entretiens*, p. 218f: „Mr. *Bayle* enseigne formellement que ce qui peut être contraire à la Raison de l'homme, peut être conforme à la Raison divine. Il nie cependant en termes exprès, que ce qui est faux en Philosophie puisse être vrai en Théologie. N'a-t-on pas grande raison de lui demander qu'il s'accorde avec lui-même?"

[202] Cf. *Entretiens de Maxime et de Thémiste*, OD IV, p. 91a. – S. BROGI, *Teologia senza verità*, p. 65, n. 161, nennt Bayles Antwort nicht sehr überzeugend. Demgegenüber gilt es jedoch festzuhalten, daß es nach der fideistischen Meinung, die Bayle vertritt, unerheblich ist, wie eine Sache im Lichte der Philosophie erscheint – ausschlaggebend ist allein die Aussage der Schrift beziehungsweise das auf ihr beruhende Urteil.

[203] Cf. *Entretiens de Maxime et de Thémiste*, OD IV, p. 45a.

[204] Cf. *Réponse aux questions d'un provincial*, OD III, p. 770a; cf. *Entretiens de Maxime et de Thémiste*, OD IV, p. 44b.

stimmt nicht mit ihnen überein.[205] Anders sieht dies Jaquelot, der einen radikalen Gegensatz zwischen menschlicher und göttlicher Vernunft verneint.[206] Er macht die Vernunft ausdrücklich zu einem Prinzip der Religion, ohne das die Heilswahrheiten nicht begriffen werden können:

„(...) la Religion subsiste sur ces deux principes, sur les Lumieres naturelles & sur la Révélation. Et comme la Révélation a été donnée à l'homme, pour l'instruire des véritez salutaires, il faut qu'il se serve de sa Raison pour les connoître, puis qu'il n'a point d'autre faculté, ni d'autre moyen pour les appercevoir. La grace peut éclairer, aider, fortifier la Raison: mais elle ne sçauroit la détruire, sans renverser le prémier principe, & le fondement de toutes les connoissances humaines. Or Dieu ne peut être contraire à soi-même. Il nous a donné la Raison, pour prémier guide & pour Directeur: cet Etre tout parfait est trop sage & trop uniforme dans sa conduite, pour se contredire lui même & pour détruire ce qu'il a fait."[207]

Bayle hingegen argumentiert skeptisch: Gewisse Schlüsse der philosophischen Vernunft stellen sich der Wahrheit der Mysterien entgegen, während andere ihre Wahrheit unterstreichen. Diese starke Fluktuation innerhalb der Grenzen der Vernunft zeigt ihren opportunistischen Charakter – sie ist das Arsenal, aus dem jeder die für ihn günstigsten Argumente schöpft.[208]

Hinsichtlich eines Beweises der Konformität von Glaube und Vernunft ergibt sich die Forderung einer eindeutigen Versöhnung der Totalität der Glaubenswahrheiten mit der Gesamtheit der philosophischen Maximen, einschließlich derer, die in bezug auf die Mysterien Schwierigkeiten bereiten. Die rationalistische Theologie kann sich nicht damit begnügen, die Vereinbarkeit oder sogar Günstigkeit einiger philosophischer Maximen hinsichtlich des Glaubens aufzuzeigen: Sie muß auch die

---

[205] Cf. *Réponse aux questions d'un provincial*, OD III, p. 833a-b.
[206] Cf. I. JAQUELOT, *Examen de la Théologie de Mr. Bayle*, p. 420: „(...) la portion d'intelligence & de Raison que Dieu nous a donnée, toute petite qu'elle est, ne sçauroit être contraire à la Raison Souveraine." – Diese Sicht findet sich auch bei G.W. LEIBNIZ, „Abhandlung von der Übereinstimmung des Glaubens mit der Vernunft", § 61, in ders., *Herrn Gottfried Wilhelms Freiherrn von Leibnitz Theodicee: das ist, Versuch von der Güte Gottes, Freiheit des Menschen, und vom Ursprunge des Bösen*, nach der 1744 erschienenen, mit Zusätzen und Anmerkungen von Johann Christoph Gottsched ergänzten, vierten Ausgabe herausgegeben, kommentiert und mit einem Anhang versehen von H. HORSTMANN, p. 92: „Allein gleich wie dieser Teil der Vernunft, den wir besitzen, eine Gabe Gottes ist (...): also stimmet derselbe ohne Zweifel mit dem Ganzen überein, und ist von derjenigen Vernunft, die in Gott ist, (...) wie das Endliche von dem Unendlichen unterschieden. Also können die Geheimnisse wohl darüber, aber nicht darwider sein."
[207] I. JAQUELOT, *Examen de la Théologie de Mr. Bayle*, p. 152f.
[208] Cf. *Réponse aux questions d'un provincial*, OD III, p. 770b, cf. p. 778b, wo Bayle sie sogar als öffentlichen Markt bezeichnet, auf dem jede Sekte ihre Besorgungen macht.

Einwände gegen diesen siegreich widerlegen.[209] Dazu ist sie aber nicht in der Lage.[210] Aufgrund der Unzulänglichkeit der menschlichen Vernunft, die Übereinstimmung der Glaubenswahrheiten mit der ewigen Wahrheit, der höchsten Vernunft, zu erkennen, gelingt es ihr nicht, die theologischen Wahrheiten mit den philosophischen Prinzipien zu versöhnen.

Auch Jaquelot gibt letztlich zu, daß ein allumfassender Beweis der Konformität zwischen Philosophie und Glauben nicht möglich ist. Er definiert daher in seinem zweiten Werk gegen Bayle die Konformität des Glaubens und der Vernunft als reine Absage an den Vernunftverzicht als Voraussetzung des Glaubens.[211] Bayle deutet daher in den „Entretiens de Maxime et de Thémiste" den Titel des ersten Werkes Jaquelots polemisch um:

> „(...) il faudroit y faire ce changement, Conformité imparfaite de la Foi avec quelques-unes des maximes de la Raison, ou dispute contre Mr. Bayle, à qui l'on avouë que les maximes philosophiques qu'il à crû irréconciliables avec nos systêmes de Théologie le sont effectivement."[212]

Bayle hingegen muß sich von Jaquelot den Vorwurf gefallen lassen, er fordere, daß die Religion immer – bei der geringsten Schwierigkeit – vor der Vernunft den Rückzug antreten müsse.[213] Bayle, der dem Streit mit Jaquelot mithin den Rang eines Mißverständnisses beimißt, betont die Übereinstimmung zwischen der rationalistischen Theologie und ihren Gegnern in der Aussage, daß die Religion sich nur hinsichtlich einiger Mysterien, wie der Trinität und der Prädestination, aus dem Dialog mit der Vernunft zurückziehen müsse.[214] Die Unverständlichkeit eines Dogmas und die Unlösbarkeit der Einwände sind kein legitimer Grund, dieses

---

[209]   Cf. *Réponse aux questions d'un provincial*, OD III, pp. 770b-771a.

[210]   Diese Unmöglichkeit, sich gegen die Einwände zu verteidigen, wird von Leibniz vehement bestritten: „(...) es ist für denjenigen, der das Geheimnis verteidiget, schon genug, wenn er die Möglichkeit behaupten kann, ohne sich über die Wahrscheinlichkeit einzulassen. Denn hierinnen ist man ja (...) eins, daß die Geheimnisse wider die Wahrscheinlichkeit sind" (G. W. LEIBNIZ, „Abhandlung von der Übereinstimmung des Glaubens mit der Vernunft", § 79, in ders., *Herrn Gottfried Wilhelms Freiherrn von Leibnitz Theodicee: das ist, Versuch von der Güte Gottes, Freiheit des Menschen, und vom Ursprunge des Bösen*, nach der 1744 erschienenen, mit Zusätzen und Anmerkungen von Johann Christoph Gottsched ergänzten, vierten Ausgabe herausgegeben, kommentiert und mit einem Anhang versehen von H. HORSTMANN, p. 101).

[211]   Cf. I. JAQUELOT, *Examen de la Théologie de Mr. Bayle*, p. 287.

[212]   *Entretiens de Maxime et de Thémiste*, OD IV, p. 52b.

[213]   Cf. I. JAQUELOT, *Examen de la Théologie de Mr. Bayle*, p. 287.

[214]   Cf. *Entretiens de Maxime et de Thémiste*, OD IV, p. 44b, p. 45b, p. 47a; cf. *Réponse aux questions d'un provincial*, OD III, p. 771a-b.

zu verwerfen.[215] Dennoch ist der Unterschied zwischen Bayle und Jaquelot eklatant: Gestützt auf die zum orthodoxen Prinzip seiner Theologie erklärte Forderung, die Vernunft müsse sich den Offenbarungswahrheiten unterordnen, auch wenn deren Schwierigkeiten nicht gelöst werden können, hält er die gegen die Dogmen vorgebrachten Einwände für ungefährlich, während Jaquelot in ihnen durchaus eine Gefahr für den Glauben erkennt. Für Bayle hingegen geht die Gefahr von der Anmaßung der rationalistischen Theologie aus, sich auf einen Streit einzulassen, den auch Jurieu als Verblendung charakterisiert, da er aufgrund der Unfähigkeit der Vernunft, in bezug auf die Dogmen das Wahre vom Falschen zu unterscheiden, nicht zu gewinnen sei.[216] Hier gilt für Bayle, untermauert von der skeptischen Einsicht in die destruktive Kraft der Vernunft[217], uneingeschränkt die Autorität der Schrift, die die Dogmen als faktische, das heißt eben nicht spekulative Wahrheiten vertritt. Daher darf in einer apologetischen Orientierung nicht die Wahrheit der Dogmen zur Debatte stehen, sondern höchstens die Autorität der Schrift als auf göttlicher Inspiration beruhender Führer.[218] Oberstes Ziel bleibt dabei die Demonstration der Ohnmacht der widersprüchlichen Vernunft, die, entmachtet, selbst nach einem anderen Führer verlangt.[219]

Hier zeigt sich deutlich das unterschiedliche Glaubensverständnis, das den Ausführungen Jaquelots und Bayles zugrunde liegt. Anders als Jaquelot, der aufgrund seiner Auffassung der Religion als „le propre sentiment de la droite Raison, éclairée & soûtenuë de l'autorité de Dieu"[220], einen von der Vernunft unterstützten Glauben postuliert und den reinen Offenbarungsglauben als minderwertig ansieht, ist für Bayle der rein auf die

---

[215] Cf. *Entretiens de Maxime et de Thémiste*, OD IV, p. 47b. – E. JEANMAIRE, *Essai sur la critique religieuse de Pierre Bayle*, p. 89, behauptet daher zu Unrecht, das Dogma der Trinität scheine Bayle ein Greuel gewesen zu sein, so daß er ein größerer Freund der Sozinianer gewesen sei, als er zeigen wolle.

[216] Cf. P. JURIEU, *La Religion du Latitudinaire*, p. 383f: „A quel point d'aveuglement faut-il être monté pour dire que devant ce tribunal de la raison nous gagnerons nôtre cause, sur la Trinité, sur l'Incarnation, sur la satisfaction, sur le peché du premier homme, sur l'éternité des peines, sur la resurrection des corps?"

[217] Cf. *Entretiens de Maxime et de Thémiste*, OD IV, p. 42a.

[218] Cf. *Réponse aux questions d'un provincial*, OD III, p. 778a-b: „(...) admettez vous la Sainte Ecriture? S'ils répondent qu'ils l'admettent, il n'y a plus de dispute (...). Mais si l'on répond à Mr. Jaquelot que l'on ne croit pas la Révélation, il devroit peut-être (...) s'appliquer uniquement à prouver à ces gens-là l'inspiration de l'Ecriture." – Daß ein solcher Beweis jedoch nicht möglich ist, hat – wie H.-M. BARTH, *Atheismus und Orthodoxie*, p. 301, bestätigt – bereits Vorstius in seinem „Tractatus" von 1610 beklagt.

[219] Cf. *Entretiens de Maxime et de Thémiste*, OD IV, p. 44b, p. 47a.

[220] I. JAQUELOT, *Conformité de la Foi avec la Raison*, p. 111.

Schrift begründete Glaube der wahre christliche Glaube, wie ihn Joh 20,29 und Augustinus nahelegen.[221] Doch auch dieser Glaube, der die Wahrheit der Mysterien trotz ihres augenscheinlichen Widerspruchs zur Vernunft anerkennt, beruht insofern auf der Vernunft, als er dem als vernünftig erkannten und somit philosophisch legitimierten Gottesgehorsam den Vorzug gibt.[222] Von einem Verzicht auf die Vernunft kann für Bayle daher gar nicht die Rede sein, da ja auch der Glaube insofern vernunftgeleitet ist, als er die Maxime der Vernunft, nach welcher Gott wahrhaftiger ist als der Mensch und die Stimme Gottes gehorsamswürdiger als die philosophischen Maximen, zur eigenen erhebt.[223]

Ein weiterer Streitpunkt zwischen Jaquelot und Bayle betrifft die moralische Dimension. Trotz des hohen Stellenwerts der Vernunft innerhalb der rationalistischen Theologie vermeidet diese – wie die Debatte über den Atheismus mit Bernard bereits gezeigt hat – aus theologischen Gründen eine Loskoppelung der Moral von der Religion. Auch Jaquelot knüpft daran an und nennt als Ursache des Verfalls der Sitten die mangelhafte Unterweisung in den Wahrheiten der christlichen Religion.[224] In seiner Antwort auf Jaquelot betont Bayle die Determinierung der menschlichen Taten durch die dem Menschen von Natur aus gegebenen Motive des Stolzes und der Rachsucht, die von der Erziehung noch gefördert werden.[225] Obwohl der religiöse Unterricht sehr gepflegt werde und der Glaube an die Religion durchaus stark sei, ließen sich die Menschen in der Praxis eher von den Maximen der Ehre und des Wohlstands leiten, obwohl sie wissen, daß sie gegen ihr Gewissen und den Willen Gottes handeln. Das beweist jedoch, so Bayle, daß die Religion weder den Verfall der Sitten aufhält noch für die Tugend verantwortlich ist. Sie kann letztere zwar unterstützen, indem sie tugendhaftes Verhalten und die Notwendigkeit guter Werke propagiert[226], doch entspricht sie in diesen Dingen lediglich den moralischen Prinzipien der Vernunft.

---

[221]   Cf. *Réponse aux questions d'un provincial*, OD III, pp. 836b-837b. – Über die Bedeutung von Joh 20,29 gibt es Differenzen zwischen Jaquelot und Bayle, der diese Stelle als Aufruf zur Unterordnung der Vernunft unter den Glauben versteht.

[222]   Cf. *Entretiens de Maxime et de Thémiste*, OD IV, p. 44b.

[223]   Cf. *Entretiens de Maxime et de Thémiste*, OD IV, pp. 49b-50a.

[224]   Cf. I. JAQUELOT, *Conformité de la Foi avec la Raison*, préface.

[225]   Cf. *Réponse aux questions d'un provincial*, OD III, p. 1053a-b.

[226]   Cf. *Réponse aux questions d'un provincial*, OD III, p. 1058b.

4.2. Die Theodizeeproblematik

Der größte Teil der Kritik an Jaquelot betrifft die Theodizeefrage. Menschliche Freiheit und Konformität der Sünde mit den göttlichen Attributen bilden den Hauptpunkt der Auseinandersetzung. Die Möglichkeit des Begreifens und der Verteidigung der Übereinstimmung der göttlichen Attribute mit dem System der Prädestination steht dabei zur Debatte und nicht etwa, wie Jaquelot suggeriert, die tatsächliche Konformität der göttlichen Attribute mit dem Vergangenen, Gegenwärtigen und Zukünftigen. So betont Bayle auch gegen Jaquelot mehrfach, daß seine Position bezüglich der Unmöglichkeit einer Versöhnung der Vernunft mit dem Sündenfall und seinen Folgen durch den freien Willen orthodox ist.[227]

Auch Jaquelot definiert die menschliche Freiheit, anders als die orthodoxe calvinistische Lehre, als Macht des Menschen über seine Handlungen, die es ihm ermöglicht, gemäß seinem Willen zu handeln.[228] Der Mensch kann den Mißbrauch seiner Freiheit nicht seinem Schöpfer anlasten, da er ihm alle Möglichkeiten gegeben hat, selbstverantwortlich und gut zu handeln.[229] Im klaren Bewußtsein seiner Freiheit, so Jaquelots These, erkennt der Mensch seinen freien Willen, der ihm für das Böse, das er tut, die Verantwortung zuspricht.[230] Um seine Behauptung zu untermauern, etabliert Jaquelot eine Analogie mit dem kartesischen *cogito ergo sum*: Wie das Begreifen der eigenen Existenz im Denken liegt, obwohl diese Existenz nicht vom Menschen verursacht ist, so läßt sich der freie Wille aus dem Gefühl der Eigenverantwortlichkeit beweisen, obwohl der Mensch nicht nur in seiner Existenz, sondern auch in seinem Handeln von Gott abhängig ist.[231]

---

[227] Cf. *Réponse aux questions d'un provincial*, OD III, p. 796a. In den *Entretiens de Maxime et de Thémiste*, OD IV, pp. 38b-39a, stellt Bayle die in seinem „Dictionaire" hinsichtlich der Schwierigkeiten der Theodizeefrage vorgebrachten Argumente ganz in die Tradition Jurieus, der bereits in seinem „Jugement sur les méthodes relâchées d'expliquer la grâce" (1686) – entsprechend der protestantischen Lehrmeinung – die Unlösbarkeit der Einwände und die Ohnmacht der Vernunft auf diesem Gebiet formuliert. – Die Argumente Jurieus beurteilt Jaquelot jedoch nachsichtiger als die Bayles, da Jurieu, anders als Bayle, diese guten Glaubens, und ohne die Fundamente der Religion anzugreifen, vortrage (cf. I. JAQUELOT, *Examen de la théologie de Mr. Bayle*, p. 66f). E. LABROUSSE, *Pierre Bayle, Du Pays de Foix à la cité d'Erasme*, p. 259, merkt jedoch an, daß es natürlich weitaus ungefährlicher war, den Fideismus Bayles zu attackieren als den des anerkannten Theologen Jurieu.
[228] Cf. I. JAQUELOT, *Conformité de la Foi avec la Raison*, p. 143.
[229] Cf. I. JAQUELOT, *Conformité de la Foi avec la Raison*, p. 185.
[230] Cf. I. JAQUELOT, *Conformité de la Foi avec la Raison*, p. 155.
[231] Cf. I. JAQUELOT, *Conformité de la Foi avec la Raison*, p. 234.

Jaquelots Definition des freien Willens gegenüber betont Bayle erneut den Einfluß äußerer und innerer Faktoren (sinnliche Wahrnehmung, Empfindungen der Seele, Einbildung, Erinnerung etc.) auf die Willensbildung.[232] In dieser Beeinflussung des Menschen durch Leidenschaften, die ihn gegen seine Vernunft und sein Gewissen handeln lassen, möchte Jaquelot jedoch sogar einen zusätzlichen Beweis der menschlichen Freiheit erkennen, da diese in der Lage ist, den Leidenschaften Widerstand zu leisten.[233] Die Leidenschaften sind für Bayle jedoch so stark, daß sie nur noch zwingenderen Gründen, zum Beispiel der Furcht vor Strafe, weichen.[234] Jaquelots Analogie zwischen dem kartesischen Existenzbeweis und dem des freien Willens ist abzulehnen, ein *cogito* der Freiheit schlichtweg falsch. Die Autonomie menschlichen Handelns aus dem Bewußtsein der Selbstbestimmtheit zu schließen ist nicht möglich. Die Eigenständigkeit des Willens beziehungsweise die Erfassung des Menschen als wirksame Ursache seiner Willensbewegungen kann nicht zu einer absoluten philosophischen Gewißheit werden.[235] Das Gefühl, ohne Zwang, freiwillig und bewußt zu handeln, hätte der Mensch auch, wenn Gott selbst, wie der Okkasionalismus annimmt, die Gedanken der menschlichen Seele erzeugte, so daß dies kein Beweis dafür ist, daß die Seele die wirksame Ursache der Willensbewegungen ist.[236] Es geht Bayle, wie er ausdrücklich betont[237], nicht darum, den freien Willen völlig zu verwerfen. Der Wille ist eine natürliche Fähigkeit des Menschen und sogar eine Art Vollkommenheit – nach einigen Theologen, darunter auch Jaquelot, frei, nach anderen, wie Luther und Calvin, unfrei, für die Mehrheit wirksame Ursache der Bewegung, für die Kartesianer hingegen nicht.[238] Die unterschiedlichen Auffassungen des Menschen als passives beziehungsweise als mit aktiven Fähigkeiten ausgestattetes Wesen zeigen die Komplexität des Aspekts des menschlichen Willens, was ebenfalls Jaquelots Behauptung eines freien Willens aus dem menschlichen Bewußtsein heraus widerspricht.

In seiner Antwort auf Bayles Kritik in der „Réponse aux questions d'un provincial", dem „Examen de la théologie de Mr. Bayle", wartet Jaquelot mit den üblichen Vorwürfen der Gegner Bayles auf: Bayle leugne jegliche menschliche Freiheit und mache den unendlich guten Gott, der mit der Realität des Bösen und den ewigen Qualen im Jenseits unvereinbar

---

[232] Cf. *Réponse aux questions d'un provincial*, OD III, p. 781a, cf. p. 786b.

[233] Cf. I. JAQUELOT, *Conformité de la Foi Avec la Raison*, p. 156.

[234] Cf. *Réponse aux questions d'un provincial*, OD III, pp. 784b-785a.

[235] Cf. *Réponse aux questions d'un provincial*, OD III, p. 785b.

[236] Cf. *Réponse aux questions d'un provincial*, OD III, p. 791a.

[237] Cf. *Réponse aux questions d'un provincial*, OD III, p. 781a-b.

[238] Cf. *Réponse aux questions d'un provincial*, OD III, p. 781b.

sei, zum Urheber des Bösen und den Menschen zu einem rein passiven Instrument.[239] Bayle, der die Urheberschaft Gottes hinsichtlich des Bösen stets verneint, sieht, ganz im Gegenteil, den einzig überzeugenden Grund für die menschliche Freiheit in der Realität des Bösen im und für den Menschen. Der Mensch kann nur unglücklich sein, weil er sündigt und weil Gott gerecht und gut ist.[240] Diese Übereinstimmung zwischen der menschlichen Freiheit einerseits und den göttlichen Dekreten und der Bestimmung des Menschen als Geschöpf andererseits der Vernunft erkennbar zu machen, darin liegt die für Bayle unlösbare Schwierigkeit der Theodizeefrage. Eigentlich ist es unbegreiflich, daß ein geschaffenes Wesen zum Handlungs-, Bewegungs- und Schöpfungsprinzip werden kann[241], wie es Jaquelot nahelegt.[242] Was für Bayle erschwerend hinzukommt, ist die Tatsache, daß die Seele als wirksame Ursache wissen müßte, wie sie die Willensbewegungen hervorbringt. Das weiß sie genauso wenig, wie sie behaupten kann, als geschaffenes Prinzip aktive Ursache ihrer Ideen zu sein.

Auch ergeben sich Fragen hinsichtlich der Bewertung der Glückseligkeit der Erlösten und der Engel und der Bedeutung des Todes Christi, da in Jaquelots System der Mißbrauch der Freiheit als ein kleineres Übel angesehen wird als die Unfreiheit der Kreatur. Für Jaquelot, der in dem freien Willen die Essenz der intelligenten Wesen sieht, besteht der freie Wille in der Glückseligkeit weiter, nur daß er immer zum Guten gelenkt ist.[243] Darin unterscheidet er sich, wie Bayle ausdrücklich hervorhebt, nicht grundsätzlich von der orthodoxen Meinung, nach der die Erlösten zwar den freien Willen besitzen, diesen aber nicht entgegen ihrer Determinierung durch Gott einsetzen können. Diese Freiheit könnte für Bayle identisch sein im Diesseits und im Jenseits, als eine von Gott, etwa durch die Gabe von Einsicht, gelenkte Freiheit, die jegliche Sünde verhindern würde.[244] Eine uneingeschränkte Freiheit des Menschen, wie sie Jaquelot propagiert, kann nicht dem Willen Gottes entsprechen, der ja mit der Verheißung des Paradieses und der drohenden Hölle der menschlichen Freiheit ihren Spielraum zeigt. Wenn jedoch, nach der orthodoxen reformierten Lehre, der Mensch nicht immer die Sünde vermeiden kann, da es ihm unmöglich ist, das göttliche Gesetz vollkommen zu befolgen, so bedeutet das, daß der Mensch auch notwendig sündigt. Jaquelot, der zwar

239 Cf. I. JAQUELOT, *Examen de la théologie de Mr. Bayle*, p. 417, p. 305.
240 Cf. *Entretiens de Maxime et de Thémiste*, OD IV, pp. 43b-44a, cf. p. 53b.
241 Cf. *Réponse aux questions d'un provincial*, OD III, p. 787a.
242 Cf. I. JAQUELOT, *Conformité de la Foi avec la Raison*, p. 254f.
243 Cf. I. JAQUELOT, *Conformité de la Foi avec la Raison*, p. 230.
244 Cf. *Réponse aux questions d'un provincial*, OD III, pp. 799b-800a.

die Unvermeidbarkeit der Sünde nicht bestreitet, ihren notwendigen Charakter jedoch verwirft und nur der Freiheit, das Böse oder das Gute zu tun, moralische Qualitäten zuweist, gerät folglich durch seine Theorie in einen Konflikt mit der calvinistischen Lehre, den er selbst jedoch nur als „dispute de mots"[245] qualifiziert.

Jaquelot versucht zu zeigen, daß die Vernunft in der Lage ist, anhand des freien Willens die Probleme der christlichen Lehre mit der Philosophie zu lösen. Dieser Versuch ist für Bayle jedoch apologetisch gesehen äußerst bedenklich. Während das Postulat der Unfähigkeit der Vernunft, das Verhalten Gottes zu begreifen, jedem rational argumentierenden Gegner den Wind aus den Segeln nimmt, setzt sich eine rationalistische Theologie des Bösen, die den Bezug Gottes zur Sünde explizieren will, diesen Attacken direkt aus, mit dem Ergebnis, daß angesichts der Unschlagbarkeit der Einwände dennoch ein Rückzug auf die theologisch legitimierte Position der Unzulänglichkeit der Vernunft stattfinden muß.[246] In diesem Sinne erfährt diese Art der Theologie eine Niederlage und muß sich letztlich geschlagen geben, während eine fideistische Theologie von den Attacken nicht berührt wird.

Unabhängig davon, wie die menschliche Freiheit gedacht wird – ob als Abwesenheit von Zwang oder von jeglicher Notwendigkeit –, ist die Konformität der göttlichen Attribute mit der Sünde des Menschen mit ihrer Hilfe schwer zu erweisen.[247] Dies zeigt Bayle anhand einer Gegenüberstellung der in sieben Thesen gefaßten theologischen Lehre bezüglich der Sünde mit den neunzehn philosophischen Maximen, die es für ihn mit dieser in Einklang zu bringen gilt.[248] Diese Gegenüberstellung ist ein wichtiger Punkt in der Auseinandersetzung mit Jaquelot, da sie zum Ziel hat, die Unvereinbarkeit der theologischen Sicht mit der philosophischen zu demonstrieren. Leider geht Jaquelot auf die Herausforderung Bayles, die Übereinstimmung der theologischen Lehre mit den neunzehn philosophischen Maximen zu demonstrieren, nicht ein, sondern erklärt letztere schlichtweg für falsche Maximen, die man in dieser Frage nicht gebrauchen sollte.[249] Es lohnt sich jedoch, der Darstellung Bayles den ausführlichen Kommentar in der „Theodicee" Leibniz' gegenüberzu-

---

[245] I. JAQUELOT, *Examen de la théologie de Mr. Bayle*, p. 374; cf. *Réponse aux questions d'un provincial*, OD III, p. 816a.

[246] Cf. *Réponse aux questions d'un provincial*, OD III, p. 779a.

[247] Cf. *Réponse aux questions d'un provincial*, OD III, p. 791b.

[248] Cf. *Réponse aux questions d'un provincial*, OD III, pp. 796a-798b.

[249] Cf. I. JAQUELOT, *Examen de la théologie de Mr. Bayle*, p. 317.

stellen[250] – zumal Leibniz selbst eine Ähnlichkeit zwischen seiner Meinung und der Jaquelots postuliert[251].

Die erste These der theologischen Lehre ist – wie auch Leibniz hervorhebt – zugleich philosophischer Natur. Sie etabliert zunächst die göttlichen Attribute der Güte, Weisheit, Heiligkeit und Macht und schließt aus der Ewigkeit und Vollkommenheit des höchsten Wesens auf die Unverlierbarkeit und Unveränderlichkeit seiner ewig gleichbleibenden Herrlichkeit und Glückseligkeit. In der zweiten These wird die Vollkommenheit Gottes um den Aspekt seiner schöpferischen Freiheit ergänzt. Diese Freiheit verbindet Leibniz mit der moralischen Notwendigkeit der Wahl des *optimum*. Die dritte These mißt der frei geschaffenen menschlichen Natur den freien Willen zu, der laut Offenbarung in der Möglichkeit des Gehorsams und des Ungehorsams gegenüber dem Schöpfer besteht, wobei letzteres, das Essen der verbotenen Frucht, eine Strafe impliziert. Die vierte These resümiert aus Sicht der Offenbarung den Vollzug des Ungehorsams und die Vollstreckung der Strafe, die in einem mühseligen Leben, Tod, ewiger Verdammnis und einem schier unwiderstehlichen Hang zur Sünde besteht. Leibniz merkt dazu an:

„[Bayle] redet hier so, als wenn die erbliche Verderbnis durch göttlichen Befehl und durch eine Wirkung Gottes in die Seele des ersten Menschen wäre geleget worden."[252]

In der fünften These wird, aus calvinistischer Perspektive, das System der Prädestination entwickelt, nach dem Gott aufgrund seiner unendlichen

---

250 Cf. G. W. LEIBNIZ, „Des Versuchs von der Güte Gottes, von der Freiheit des Menschen, und vom Ursprunge des Bösen: Zweiter Teil", §§ 108-134, in ders., *Herrn Gottfried Wilhelms Freiherrn von Leibnitz Theodicee: das ist, Versuch von der Güte Gottes, Freiheit des Menschen, und vom Ursprunge des Bösen*, nach der 1744 erschienenen, mit Zusätzen und Anmerkungen von Johann Christoph Gottsched ergänzten, vierten Ausgabe herausgegeben, kommentiert und mit einem Anhang versehen von H. HORSTMANN, pp. 165-190.

251 Cf. G. W. LEIBNIZ, „Des Versuchs von der Güte Gottes, von der Freiheit des Menschen, und vom Ursprunge des Bösen: Zweiter Teil", § 160, in ders., *Herrn Gottfried Wilhelms Freiherrn von Leibnitz Theodicee: das ist, Versuch von der Güte Gottes, Freiheit des Menschen, und vom Ursprunge des Bösen*, nach der 1744 erschienenen, mit Zusätzen und Anmerkungen von Johann Christoph Gottsched ergänzten, vierten Ausgabe herausgegeben, kommentiert und mit einem Anhang versehen von H. HORSTMANN, p. 206.

252 G. W. Leibniz, „Des Versuchs von der Güte Gottes, von der Freiheit des Menschen, und vom Ursprunge des Bösen: Zweiter Teil", § 112, in ders., *Herrn Gottfried Wilhelms Freiherrn von Leibnitz Theodicee: das ist, Versuch von der Güte Gottes, Freiheit des Menschen, und vom Ursprunge des Bösen*, nach der 1744 erschienenen, mit Zusätzen und Anmerkungen von Johann Christoph Gottsched ergänzten, vierten Ausgabe herausgegeben, kommentiert und mit einem Anhang versehen von H. HORSTMANN, p. 168.

Barmherzigkeit eine kleine Anzahl Menschen vor der Verdammung rettet, indem er ihnen hilft, trotz ihres diesseitigen Ausgeliefertseins an Sünde und Elend die unendliche Glückseligkeit des Paradieses zu erlangen.

Die letzten beiden Thesen fassen in ihrem Kern die offensichtliche Problematik der Theodizeefrage zusammen. Die sechste These etabliert – in philosophischer, aber auch theologisch-dogmatischer Sicht – die unendliche Allwissenheit Gottes und seine Anordnung aller Dinge, aus denen sich die Konformität aller Geschehnisse mit seinem Willen ableitet, auch mit der ihm verhaßten Sünde. Leibniz fügt dieser These den Verweis auf die unumgänglichen Gründe für die Zulassung der Sünde zu. Die siebte problematisiert den Aspekt der göttlichen Gnade, indem sie dogmatisch formuliert, daß Gott den Menschen Gnaden zukommen läßt, die sie nutzen sollen, die sie aber, wie er weiß, nicht nutzen werden und können – ein Umstand, den Leibniz mit dem Verweis auf den vorhergehenden Willen Gottes erklärt, „dessen Vollziehung im allgemeinen Entwurfe der Dinge nicht allemal statt finden kann"[253]. Diese letzte These Bayles erscheint in der Tat theologisch etwas suspekt, da sie Gott eine aufgrund seiner Vollkommenheit unmögliche Tendenz zum Täuschen, beziehungsweise eine unreflektierte Gnadenverteilung unterstellt, und spiegelt unerlaubterweise und ganz gegen Bayles Anspruch der reinen Darstellung der theologischen Lehre bereits ein Einbrechen der radikalen Vernunft in das Gebiet des Glaubens wider.

Der theologischen Lehre folgen die philosophischen Maximen, mit denen laut Bayle die theologische Lehre in Einklang gebracht werden muß.[254] Die erste der neunzehn Maximen ist eine philosophische Revision

---

[253] G. W. LEIBNIZ, „Des Versuchs von der Güte Gottes, von der Freiheit des Menschen, und vom Ursprunge des Bösen: Zweiter Teil", § 115, in ders., *Herrn Gottfried Wilhelms Freiherrn von Leibnitz Theodicee: das ist, Versuch von der Güte Gottes, Freiheit des Menschen, und vom Ursprunge des Bösen*, nach der 1744 erschienenen, mit Zusätzen und Anmerkungen von Johann Christoph Gottsched ergänzten, vierten Ausgabe herausgegeben, kommentiert und mit einem Anhang versehen von H. HORSTMANN, p. 170. – Leibniz' These, daß Gott *antecedenter* das Gute will, aber aufgrund seiner Weisheit *consequenter* das Beste erwählt, faßt D. NORTON, „Leibniz and Bayle: Manicheism and Dialectic", *Journal of the History of Philosophy* 2 (1964), p. 31, als einen in Gott stattfindenden Konflikt zwischen zwei Prinzipien auf, dessen Resultat das Böse ist: Sein System sei daher „in all essentials Manicheism". Eine dualistische Interpretation der „Theodicee" Leibniz' ist sicherlich außergewöhnlich, aber nicht sehr überzeugend, da Leibniz sich ganz eindeutig auf die klar erkennbare Einheit Gottes beruft und die Konformität der Weisheit und der Güte Gottes etabliert, die zur Zulassung des Bösen führt.

[254] Feuerbach ist voll des Lobes für die philosophischen Maximen Bayles: „Man kann nichts Gründlicheres, nichts Schlagenderes, nichts Unüberwindlicheres – von dem Standpunkt aus auf welchem Bayle stand und stehen *mußte*, um seine Gegner zu schlagen – gegen das Dogma vom Sündenfall – das Grundübel, aber Grundprinzip

der ersten theologischen These und betont noch mehr als jene den Aspekt der unendlichen Güte Gottes, die hier als Grund der Schöpfung dargestellt wird. Sie ist eigentlich weniger von philosophischem als von theologischem Gehalt, da sie die Schöpfung als Tatsache voraussetzt, und stößt bei Leibniz auf absolute Zustimmung, wenngleich er wiederum die Wahl des Besten aus Gründen der göttlichen Weisheit betont. Die nächsten drei Maximen befassen sich ebenfalls mit dem Aspekt der göttlichen Güte, die, aufgrund ihrer Unendlichkeit, als etwas Unfaßbares, als Grund der Schöpfung, aber auch als Übermittlung des Guten an den Menschen aufgefaßt wird, aus der sich als notwendige Forderung die Abwendung des Bösen ergibt.[255] Leibniz wendet hier ein, daß Bayle zu anthropozentrisch argumentiere, also nicht die Großartigkeit des gesamten Universums im Blick behält:

„Sollte er wohl deswegen sein Gebäude verderben? sollte deswegen nicht so viel Schönheit, Vollkommenheit, und Vernunft in der Welt sein; weil es Leute gibt, die die Vernunft mißbrauchen?"[256]

Daß ursprünglich Gutes, in schädigender Absicht eingesetzt, nicht mehr gut ist und den Geber als böswillig charakterisiert, ist Inhalt der fünften bis siebten Maxime, die nunmehr eher allgemeinphilosophisch formuliert sind. Wiederum verweist Leibniz auf die notwendige Sicht des Ganzen, aus der ersichtlich wird, daß Gott, indem er allgemein das Beste, also das, „was seine Weisheit und Gütigkeit zusammen anordnen"[257], wählt, für die Zulassung des Bösen nicht haftbar gemacht werden kann. In der achten

---

der Orthodoxie – und die damit zusammenhängenden Vorstellungen und Dogmen vorbringen" (L. FEUERBACH, *Pierre Bayle. Ein Beitrag zur Geschichte der Philosophie und Menschheit* [*Gesammelte Werke*, hrsg. von W. SCHUFFENHAUER, Bd. 4], p. 117).

[255] In den *Entretiens de Maxime et de Thémiste*, OD IV, p. 56a, betont Bayle den abstrakten Charakter der Idee der Güte, die sich nicht auf einen Aspekt festlegen läßt, sondern bezüglich Gottes in ihrer Essenz vorhanden sein muß.

[256] G. W. LEIBNIZ, „Des Versuchs von der Güte Gottes, von der Freiheit des Menschen, und vom Ursprunge des Bösen: Zweiter Teil", § 119, in ders., *Herrn Gottfried Wilhelms Freiherrn von Leibnitz Theodicee: das ist, Versuch von der Güte Gottes, Freiheit des Menschen, und vom Ursprunge des Bösen*, nach der 1744 erschienenen, mit Zusätzen und Anmerkungen von Johann Christoph Gottsched ergänzten, vierten Ausgabe herausgegeben, kommentiert und mit einem Anhang versehen von H. HORSTMANN, p. 175.

[257] G.W. LEIBNIZ, Des Versuchs von der Güte Gottes, von der Freiheit des Menschen, und vom Ursprunge des Bösen: Zweiter Teil, § 120, in ders., *Herrn Gottfried Wilhelms Freiherrn von Leibnitz Theodicee: das ist, Versuch von der Güte Gottes, Freiheit des Menschen, und vom Ursprunge des Bösen*, nach der 1744 erschienenen, mit Zusätzen und Anmerkungen von Johann Christoph Gottsched ergänzten, vierten Ausgabe herausgegeben, kommentiert und mit einem Anhang versehen von H. HORSTMANN, p. 177.

bis vierzehnten Maxime wird anhand von Gegensätzen argumentiert: Ruhm und Liebe zeigen sich in der reinen Erhaltung des Guten, der Ordnung und Tugend oder in ihrer Überwachung, während Gleichgültigkeit gegenüber Unordnung und Laster auf mangelnde Liebe und Güte zurückzuführen sind. Daher lautet das philosophische Fazit der vierzehnten Maxime: Eine Erlaubnis des Bösen darf es nur geben, wenn aus seiner Abwendung ein größeres und unausweichliches Übel entstünde. Auf dieser Maxime beruhen in der Tat sowohl Kings als auch Jaquelots Theodizeeversuche. Noch positiver charakterisiert Leibniz die Zulassung des Bösen als das Resultat einer moralischen Notwendigkeit, die er „eine glückselige"[258] nennt. Die fünfzehnte Maxime formuliert die unendlichen Beeinflussungsmöglichkeiten des allmächtigen Schöpferprinzips hinsichtlich des Geschaffenen und verwirft, angesichts der Allmacht dieses Prinzips, die Legitimität einer Vermischung von Gutem und Bösen sowie die Möglichkeit eines durch die Abwendung eines Übels entstehenden anderen Übels moralischer oder physischer Art. Hatte die allgemeinphilosophische vierzehnte Maxime die Systeme Kings und Jaquelots noch gestützt, so finden sie in der fünfzehnten ihren Anspruch, das Allgemeinphilosophische auf die Theorie eines Schöpfungsprinzips zu übertragen, annulliert. In den nächsten beiden Maximen – die Leibniz durchaus billigt – wird dargelegt, daß Ursächlichkeit im Sinne der Verantwortung unabhängig ist von den Arten der Verursachung (moralische oder physische Einwirkung beziehungsweise Zuhilfenahme einer notwendigen oder freien und nur in gewissen Momenten determinierten Zweitursache). Die achtzehnte Maxime ist als Pendant zur theologischen Lehre der Prädestination anzusehen und beanstandet angesichts der Verdammung einer großen schuldigen Mehrzahl die mangelnde Güte einer Begnadigung der ebenso schuldigen Minderzahl. Leibniz hingegen verweist hier auf die Hilfen, die Gott dem Menschen zur Erlangung des Guten gibt. Die neunzehnte Maxime geht auf die siebte These der theologischen Lehre ein, deren Ungeheuerlichkeit für die Vernunft sie in einem Vergleich mit der Verantwortung eines Arztes gegenüber seinen Kranken noch einmal veranschaulicht – für Leibniz ein Vergleich, der wie alle Gleichnisse Bayles seinem unendlichen Gegenstand völlig unangemessen ist.

---

[258] G. W. LEIBNIZ, „Des Versuchs von der Güte Gottes, von der Freiheit des Menschen, und vom Ursprunge des Bösen: Zweiter Teil", § 128, in ders., *Herrn Gottfried Wilhelms Freiherrn von Leibnitz Theodicee: das ist, Versuch von der Güte Gottes, Freiheit des Menschen, und vom Ursprunge des Bösen*, nach der 1744 erschienenen, mit Zusätzen und Anmerkungen von Johann Christoph Gottsched ergänzten, vierten Ausgabe herausgegeben, kommentiert und mit einem Anhang versehen von H. HORSTMANN, p. 185.

Daß Jaquelot die seinem System förderliche vierzehnte Maxime ebenso von vornherein verwirft wie alle anderen, zeigt, daß ihm die Entwertung der vierzehnten durch die fünfzehnte Maxime durchaus Probleme macht. Insofern kommt seine Verweigerung einem Offenbarungseid gleich, wie Bayle triumphierend hervorhebt.[259] Bayle selbst sieht die neunzehn Maximen als unüberwindbare Hindernisse für jegliche Art von Theologie, selbst für eine, die nicht alle sieben Punkte der theologischen Lehre bejaht.[260]

Dennoch gibt sich Jaquelot nicht geschlagen, sondern entwirft seinerseits fünf philosophische Maximen, die die Versöhnung von Theologie und Philosophie demonstrieren sollen.[261] In diesen etabliert er die göttliche Vollkommenheit, die verhindert, daß der Mensch alle Pläne und Taten Gottes durchschaut und der Vorsehung Regeln vorschreiben kann, die Suche nach Gott als Pflicht des Menschen auf Erden mit dem Ziel der Erlösung, die Ruhmtheorie und die Unveränderlichkeit der göttlichen Gesetze. Das erste Prinzip, das die Unbeurteilbarkeit Gottes postuliert, erkennt Bayle uneingeschränkt an. Aus der göttlichen Vollkommenheit ergibt sich jedoch auch, daß Gott nicht gegen sein Wesen handeln kann, eine unschuldige Kreatur nicht ewigen Qualen aussetzen oder Falsches offenbaren kann, sondern unendlich gut und tugendliebend ist und dies seine Kreaturen spüren lassen muß. Als Anhänger der von Bayle auch in den „Entretiens de Maxime et de Thémiste" heftig kritisierten Ruhmtheorie[262] betont Jaquelot neben der Vollkommenheit Gottes die Bedeutung vernunftbegabter freier Wesen in der Schöpfung, derentwegen Gott, ohne gegen seine Weisheit und Güte zu verstoßen, die Sünde erlaubt habe.[263] Aber, so wendet Bayle ein, ebenso, wie es der Natur Gottes widerstrebt, Sünde zu erzeugen, muß es ihr widerstreben, Kreaturen zu schaffen, die in den von ihm frei gewählten Umständen unausweichlich sündigen. Die Übermittlung der Güte ist für Bayle eines der wesentlichen Charakteristika Gottes, während Jaquelot aus der Vollkommenheit eher eine unvermittelbare Angelegenheit macht.[264] Auch die von Jaquelot als das Ziel Gottes ausgemachte Suche des Menschen nach Gott ist, wie die Erfahrung einer

---

[259] Cf. *Entretiens de Maxime et de Thémiste*, OD IV, p. 51a. An dieser Stelle betont Bayle polemisch ebenfalls seinen Triumph über Le Clerc, den er gezwungen habe, sich mit seiner Demonstration der Vorzüge eines verfemten Origenismus gleichsam selbst zu isolieren.

[260] Cf. *Entretiens de Maxime et de Thémiste*, OD IV, p. 52a.

[261] Cf. I. JAQUELOT, *Examen de la théologie de Mr. Bayle*, pp. 312-317.

[262] Cf. *Entretiens de Maxime et de Thémiste*, OD IV, pp. 57b-58a.

[263] Cf. I. JAQUELOT, *Examen de la théologie de Mr. Bayle*, p. 314.

[264] Cf. *Entretiens de Maxime et de Thémiste*, OD IV, p. 56b. – In der Tat findet sich das Attribut der Güte bei Jaquelot erst an dritter Stelle: cf. I. JAQUELOT, *Examen de la théologie de Mr. Bayle*, p. 326.

gottlosen beziehungsweise falschen Götterbildern huldigenden Welt zeigt, schwer aufrechtzuerhalten.[265] Vehement verwirft Bayle die Verbindung, die Jaquelot zwischen der Suche Gottes und der menschlichen Freiheit als Voraussetzung für diese etabliert[266]. Einer zum guten Gebrauch der Freiheit angeleiteten Seele wäre auf der Suche nach Gott mehr Erfolg beschieden als einer, die zahlreiche falsche Entscheidungen treffen kann.[267] Auch theologisch ist Jaquelots These anfechtbar, bekennt man in calvinistischer und augustinischer Tradition die wirksame Gnade Gottes, die unfehlbar gute Taten erzeugt und deren Fehlen die Notwendigkeit bösen Handelns bedeutet, oder sogar nur eine der einzelnen Seele angepaßte *gratia congrua*, durch die der freie Wille ohne Zwang zum Guten bewogen wird.[268] Eine Lenkung durch die göttliche Gnade im Sinne einer Aufklärung des Menschen über seine wahren Interessen gilt auch bei Jaquelot nicht als Beschneidung der menschlichen Freiheit. Er erkennt durchaus an, daß Gott, im Vorwissen um den Gebrauch der Freiheit und als Herr über die Umstände, die Freiheit durch eine den Willen zum Guten bewegende Gnade lenken kann, ohne ihre Rechte zu verletzen und ohne Urheber der Sünde zu sein.[269] Daraus folgt jedoch ein Erklärungsnotstand hinsichtlich der Frage, warum Gott diese Gnade nicht Adam und Eva zugeteilt hat, was die Sünde verhindert hätte.[270]

Hinsichtlich der Prädestination behauptet Jaquelot – anders als die calvinistische Orthodoxie mit ihrem Dogma der absoluten göttlichen Dekrete – ein dieser vorausgehendes Vorwissen Gottes um die Taten des freien Willens. So vernichteten die göttlichen Dekrete nicht die menschliche Freiheit, da Gott aufgrund seines Wissens um die Veranlagung des menschlichen Herzens die zukünftige Wahl des Menschen kennen würde. Die Vereinbarung der menschlichen Freiheit mit dem Vorwissen Gottes ist der Vernunft jedoch unbegreiflich.[271] In diesem Punkt zieht sich also auch Jaquelot nach seiner aufwendigen Argumentation auf den Standpunkt des Fideismus zurück, um so eine Opposition zwischen den Ideen der Vernunft und dem Verhalten Gottes zu verhindern. Bayle attackiert natürlich diesen Schwachpunkt der rationalistischen Theologie, indem er den Widerspruch zwischen dem göttlichen Vorwissen und der mensch-

---

[265] Cf. *Entretiens de Maxime et de Thémiste*, OD IV, p. 59a.
[266] Cf. I. JAQUELOT, *Examen de la théologie de Mr. Bayle*, p. 325f: „(...) Dieu nous laisse entrevoir quelques raisons, de cette permission, quand il nous apprend qu'il a créé les hommes sur la terre, afin qu'ils le recherchassent dans ses Ouvrages".
[267] Cf. *Entretiens de Maxime et de Thémiste*, OD IV, p. 60b.
[268] Cf. *Entretiens de Maxime et de Thémiste*, OD IV, p. 78b.
[269] Cf. I. JAQUELOT, *Conformité de la Foi avec la Raison*, p. 320.
[270] Cf. *Entretiens de Maxime et de Thémiste*, OD IV, p. 86a.
[271] Cf. I. JAQUELOT, *Conformité de la Foi avec la Raison*, p. 251.

lichen Freiheit aufdeckt. Auch philosophisch gesehen kann das Vorwissen
Gottes nicht unzutreffend sein, so daß der Mensch gar nicht in der Lage
ist, das Gegenteil dessen, was er tut, zu wählen. Alles geschieht also nach
dem Willen Gottes, der in der Lage gewesen wäre, Umstände zu schaffen,
in denen Adam sich anders verhalten hätte.[272] Jaquelot selbst betont ja in
orthodoxer Manier, daß Gott alles gemäß seinem Willen und durch seine
Weisheit zu lenken vermag. Jaquelots menschliche Freiheit ist auch aufgrund der von ihm anerkannten göttlichen Lenkung nur ein „fantôme"[273].
Eigentlich scheint es sogar, so Bayle, daß Adam gar nicht die Freiheit
besaß zu gehorchen[274], Gott aber dennoch mit der Androhung der Strafe
wollte, daß er sich für frei hielt. Trifft alles gemäß dem Vorwissen und
dem Willen Gottes notwendig ein, so handelt auch der Mensch nicht
unabhängig von Gott. Indem aber Gott die Sünde erlauben wollte, hat er
alles zum Ungehorsam des Menschen hingeleitet.[275]

Wie King erkennt Jaquelot den Grund für die Erlaubnis der Sünde in
den schlimmeren Konsequenzen ihrer Verhinderung. So ist der Gott
Jaquelots für Bayle letztlich ein monströser Gott, der sich eher seinem
Wissen und Können verpflichtet fühlt, lieber die Mehrzahl der Menschen
verdammt und die Sünde in Kauf nimmt, als es – wie Bayle so anschaulich
schreibt – zu erlauben, daß sich einige Atome schneller oder langsamer
bewegen als von den allgemeinen Gesetzen vorgegeben.[276] Gott hätte,
ohne ein einziges Atom zu stören, verhindern können, daß das Böse
jemals reizvoll für den Menschen sein würde. Angesichts des Sündenfalls
und der menschlichen Freiheit ergeben sich für die Vernunft im System
Jaquelots letztlich unlösbare Schwierigkeiten, die wiederum auf das
fideistische Bekenntnis der Ohnmacht und Unterordnung der Vernunft
als legitime Position verweisen.[277]

Jaquelot hingegen wirft Bayle eine auf die Menschen beschränkte
Sicht, eine anthropomorphe Konzeption Gottes und letztlich eine kühne
Gotteskritik vor. Seine Vorwürfe gründen sich – wie die von Leibniz –
dabei auf Bayles Vergleiche, aber auch auf seine starke Betonung der Güte
Gottes, die nahelegt, der Mensch sei das einzige Ziel Gottes und der
Schöpfung:

---

272 Cf. *Réponse aux questions d'un provincial*, OD III, p. 793b, p. 802a-b.
273 *Réponse aux questions d'un provincial*, OD III, p. 854b.
274 Cf. *Réponse aux questions d'un provincial*, OD III, p. 852b; cf. *Entretiens de Maxime et de Thémiste*, OD IV, p. 87a.
275 Cf. *Entretiens de Maxime et de Thémiste*, OD IV, p. 84b.
276 Cf. *Entretiens de Maxime et de Thémiste*, OD IV, p. 62b.
277 Cf. *Entretiens de Maxime et de Thémiste*, OD IV, pp. 55b-56b, p. 63b.

„(...) comme dans le dessein de la Création, la manifestation de sa puissance & de sa sagesse précedoient celle de sa bonté, Mr. *Bayle* se trompe fort, quand il s'arrête uniquement à considerer la seule bonté de Dieu, comme si l'homme avoit été le seul objet de Dieu & de la Création."[278]

Bayles Vergleiche sind jedoch nicht theologisch, sondern werden immer aus philosophischer Sicht geführt, um zu demonstrieren, daß Jaquelots Versuch der Versöhnung der theologischen Thesen mit den philosophischen Maximen nicht gelingt. Seine Betonung der göttlichen Güte disqualifiziert die anderen Attribute nicht, sondern legt den Schluß nahe, daß alle göttlichen Attribute, vor allem aber das der Güte, dem Mißbrauch der menschlichen Freiheit widersprechen.

Selbst die von Jaquelot befürwortete Lehre, die Gott zwei verschiedene Willen zumißt und der auch Leibniz folgen wird, kann die Theodizeefrage nicht lösen. Indem er zwischen einem Gott als höchstem Regenten des Universums zukommenden verborgenen Willen, der Erwählung und Verdammung der Menschen bestimmt, und einem geoffenbarten unterscheidet, der ihn in seiner Funktion als höchster Gesetzgeber auszeichnet und der die Rettung aller Menschen beabsichtigt, suggeriert Jaquelot, die durch das Gesetz verbotene Sünde könne mit dem Zustimmen des verborgenen Willens erklärt werden. Jaquelots Unterscheidung zwischen einem unwirksamen, moralischen Willen Gottes und einem wirksamen, physischen, der sich in den absoluten Dekreten ausdrückt und gegen den nichts eintreffen kann[279], ist jedoch in den Augen Bayles nutzlos. Wenn es dem Menschen nicht möglich war, entgegen dem verborgenen Willen Gottes – selbst wenn sich dieser nicht, wie Jaquelot behauptet, in einem absoluten Dekret manifestiert – nicht zu sündigen, so ermöglicht dies auch der geoffenbarte Wille Gottes nicht, der hier dem verborgenen diametral entgegengesetzt ist. Der Theorie des freien Willens nutzt diese Unterscheidung nicht, die für Bayle ohnehin nicht philosophischer, das heißt nachvollziehbarer, sondern theologisch-dogmatischer Natur ist und daher nicht zum Erweis der Konformität der theologischen Lehre mit den philosophischen Maximen beiträgt.[280]

Die von jeglicher Religion angenommenen göttlichen „volontez particulieres"[281], das heißt die Willensakte Gottes, durch die er von seinen Gesetzen unabhängig handelt, werden von Jaquelot in seinem System, das, wie das malebranchistische, nur auf den in den allgemeinen Gesetzen manifestierten göttlichen Willen zielt, völlig ausgeklammert. Eine solche

278 I. JAQUELOT, *Examen de la Théologie de Mr. Bayle*, p. 326.
279 Cf. I. JAQUELOT, *Examen de la théologie de Mr. Bayle*, p. 390.
280 Cf. *Réponse aux questions d'un provincial*, OD III, p. 821a.
281 *Entretiens de Maxime et de Thémiste*, OD IV, p. 68a.

„volonté particulière" liegt aber in den Augen Bayles auch der Erschaffung des Gartens Eden als Ort der ersten Menschen und dem ihnen vorgeschriebenen Gesetz zugrunde, da diese nicht im Zusammenhang mit den allgemeinen Gesetzen des Universums stehen.[282]

Angesichts der ultimativen Bestrafung, der Ewigkeit der Höllenqualen der Verdammten, die Jaquelot selbst als eine die menschliche Einbildungskraft erschreckende Vorstellung charakterisiert, zugleich aber mit dem Verweis auf die göttliche Weisheit rechtfertigt, faßt Bayle erneut die damit verbundene Problematik des freien Willens zusammen. Eine philosophische Sichtweise würde für den Verzicht der Erschaffung freier Kreaturen oder für die Verhinderung des Mißbrauchs des freien Willens plädieren.[283] Jaquelots Behauptung, ohne die Ewigkeit der Höllenqualen seien weder der freie Wille noch die Tugend etwas wert oder überhaupt erkennbar, wird mit dem Hinweis auf die Enormität des menschlichen Leids auf Erden, das durch den Zustand der ewig Verdammten keine Linderung erfahre, als Rechtfertigung disqualifiziert.[284]

Jaquelot nennt die Sünde im „Examen" etwas, das Gott nicht gewollt, sondern nur erlaubt habe. Wie jedoch ist dies mit der allwissenden Vorsehung in Einklang zu bringen, zumal Gott mit der Schaffung allgemeiner Gesetze auch deren Konsequenzen wahrnimmt und gutheißt und die Umstände der Sünde auf eine „volonté particulière" Gottes zurückzuführen sind? Eine Antwort bleibt Jaquelot schuldig. Will Gott seiner Weisheit wegen nicht auf die strikte Einhaltung der allgemeinen Gesetze verzichten, so bleibt die Sünde Adams als etwas notwendig in Kauf Genommenes mit dem göttlichen Interesse an seiner Weisheit verbunden:

„(...) car s'il n'eût point péché, il eût renversé le plan que Dieu s'étoit fait nécessairement"[285].

Die Ruhmtheorie, auf die sich Jaquelots Apologie der Sünde in der „Conformité" gründet, bleibt wesentliches Element seines Systems:

„(...) Dieu aiant voulu se servir dans la construction de l'Univers de presque toutes les combinaisons possibles; celle d'une liberté capable de faire le bien & le mal est échue à nôtre Terre"[286].

---

282 *Entretiens de Maxime et de Thémiste*, OD IV, p. 75a.
283 Cf. *Réponse aux questions d'un provincial*, OD III, p. 829a-b.
284 Cf. *Entretiens de Maxime et de Thémiste*, OD IV, p. 99b.
285 *Réponse aux questions d'un provincial*, OD III, p. 811b.
286 I. JAQUELOT, *Examen de la Théologie de Mr. Bayle*, p. 462.

Auch mit der reinen Erlaubnis der Sünde geht ihre volle Konformität mit dem göttlichen Willen einher. Es erscheint Bayle daher so, als wäre der allein auf seine Macht und Weisheit besonnene Gott Jaquelots entweder ohnmächtig der Sünde gegenüber oder dem Menschen feindlich gesonnen[287]. Jaquelot kann den von ihm beabsichtigten Erweis der Konformität des göttlichen Verhaltens mit den Begriffen der Vernunft nicht erbringen, so daß auch er letztlich mit der Herrlichkeit und Weisheit Gottes und der Ignoranz der menschlichen Vernunft argumentiert.[288] Somit verliert seine Argumentation ihren philosophischen Anspruch. Kritisch, das heißt allein mit der Vernunft betrachtet, erweist sich Jaquelots Begründung des Bösen als mangelhaft und führt eigentlich zu dem Schluß, den alle Theodizeeversuche letztlich unbeabsichtigt suggerieren: daß Gott die Sünde als solche zum Zwecke seines Ruhmes und seiner Weisheit gewollt hat, Adam also zur Sünde determiniert war.[289]

5. Zusammenfassung

Kernstück der Auseinandersetzung Bayles mit der rationalistischen Theologie ist die Kritik der theologischen Vernunft. Anders als die rationalistische Theologie postuliert Bayle die Unfähigkeit der Vernunft, die religiösen Wahrheiten zu verteidigen. Am ohnmächtigsten erweist sie sich in der Theodizeefrage. Der Versuch, Gott moralisch zu rechtfertigen, mißlingt allen christlichen Theologien. Einziger Ausweg bleibt der blinde Glaube oder der Atheismus.

Im Gegensatz zu den rationalistischen Theologen verneint Bayle entschieden die Konformität der philosophischen Vernunft mit den Dogmen der Offenbarung. Der Glaube entzieht sich der Vernunft, die seine Inhalte nicht nachvollziehen kann.[290] Die Evidenz, auch für ihn Zeichen

---

287 Cf. *Entretiens de Maxime et de Thémiste*, OD IV, pp. 70b-73b, p. 79a.

288 Cf. I. JAQUELOT, *Conformité de la Foi avec la Raison*, p. 245, der die Vernunft bezüglich ihrer Beurteilung des göttlichen Verhaltens mit einem Kind vergleicht, das sich über einen Mathematiker lustig macht, weil es seine geometrischen Zeichnungen nicht begreift.

289 Cf. *Réponse aux questions d'un provincial*, OD III, pp. 815a-816b. – Cf. S. BROGI, *Teologia senza verità*, p. 324: „(...) muovendosi tra lo Scilla dell'immoralità di Dio e il Cariddi della sua impotenza, la teodicea di Jaquelot (come tante altre) finisce per incorrere, secondo Bayle, in entrambi i pericoli che si sforza di evitare."

290 S. BROGI, *Teologia senza verità*, p. 27, n. 9, kritisiert zu Recht die Behauptung von R. WHELAN, „The Wisdom of Simonides: Bayle and La Mothe Le Vayer", in R. H. POPKIN/A. VANDERJAGT (Hrsg.), *Scepticism and Irreligion in the Seventeenth and*

philosophischer Wahrheit, erweist sich als problematisch bezüglich der Wahrheit der theologischen Dogmen, wie zum Beispiel dem der Trinität. Während die allein auf sich gestellte Vernunft nur zu einem äußerst abstrakten, leeren Gottesbegriff oder gar zur Verneinung eines in die Welt eingreifenden Gottes führt, sieht Bayle im auf die Offenbarung gerichteten Glauben das probate Mittel der Gotteserkenntnis. Der himmlische Charakter der Offenbarungswahrheiten drückt sich für ihn nicht zuletzt darin aus, daß sie der Vernunft übergeordnet, *supra rationem*, sind. Ordnet sich die Vernunft nicht freiwillig dem Glauben unter, so müssen ihr diese Wahrheiten *contra rationem*, also nicht hinnehmbar, erscheinen. Somit besteht der beste Gebrauch der Vernunft, die vernünftigste Tat des *lumen naturale*, in ihrer freiwilligen Unterwerfung unter das Licht des Glaubens, dessen Wahrheiten sie nicht erreichen kann. Dieser Opposition stellt sich – neben anderen rationalistischen Theologen[291] – Leibniz entgegen, der zwar die Beweisbarkeit der Wahrheiten des Glaubens, die *supra rationem* sind, verneint, zugleich aber bestreitet, daß sie den Vernunftwahrheiten widersprechen und die Einwände der Vernunft gegen den Glauben unauflöslich sind.[292]

Auch in der Kritik Bernards erscheint der einzige Weg einer durch den Glauben erleuchteten Vernunft der des Fideismus, der den Anspruch

---

Eighteenth Centuries, p. 246, n. 72, nach der Bayle die Vernunft nicht „inoperative in the act of faith" mache. In einem späteren Urteil relativiert Whelan selbst die Rolle der Vernunft, indem sie Bayles Interpretation des Glaubens eher als moralischen Akt des Willens denn als rationalen Akt beschreibt (R. WHELAN, „Les Réformateurs radicaux dans le *Dictionnaire* de Bayle: analyse d'une attitude ambivalente", in G. GROS, *La Bible et ses raisons: diffusion et distorsions du discours religieux [XIVe-XVIIe siècle]*, Saint-Etienne 1996, p. 264).

[291] Cf. A. GAUDIN, *La distinction et la nature du bien et du mal. Traité où l'on combat les sentiments de Montagne et de Charron et ceux de M. Bayle, et Le Livre de Saint Augustin de la nature du bien contre les manichéens*, Paris 1704, Repr. Genf 1970, p. 107: „Il est en effet bien different de dire qu'une chose est contradictoire & opposée au jugement, ou de dire qu'elle surpasse nôtre raison; le peché d'origine est dans ce dernier cas."

[292] Cf. G.W. LEIBNIZ, „Abhandlung von der Übereinstimmung des Glaubens mit der Vernunft", § 5, in ders., *Herrn Gottfried Wilhelms Freiherrn von Leibnitz Theodicee: das ist, Versuch von der Güte Gottes, Freiheit des Menschen, und vom Ursprunge des Bösen*, nach der 1744 erschienenen, mit Zusätzen und Anmerkungen von Johann Christoph Gottsched ergänzten, vierten Ausgabe herausgegeben, kommentiert und mit einem Anhang versehen von H. HORSTMANN, p. 64; cf. C. FRÉMONT, „La triple vérité", *Revue des sciences philosophiques et théologiques* 76 (1992), p. 49: „La stratégie leibnitienne, face à Bayle et Jaquelot qui demandent le maximum (l'accord positif), calcule le minimum exigible pour que la raison ne soit pas contrainte d'infirmer les vérités de foi. La rationalité minimale suppose, non l'établissement positif de celles-ci, mais seulement la preuve de la non-pertinence des objections philosophiques".

der Vernunft, die Glaubenswahrheiten mit ihren Begriffen zu vereinbaren, als eitle Tat einer sich absolut setzenden Vernunft demontiert. Die Realität des Atheismus und die Kennzeichnung des Polytheismus als der wahren Gottesidee völlig entgegengesetzte Position widerlegen den von Bernard geführten Beweis der Existenz Gottes mittels des Kriteriums des *consensus omnium*. Die Wahrheit ist nicht an die von Bernard als Wahrheitskriterien ausgewiesenen Umstände der Anhängerzahl, Dauer und Verbreitung, aber auch nicht an die im Sinne des Augustinismus als verdorben und irregeleitet erkannte Natur gekoppelt. Die Religion als akzidentielles Merkmal des Menschen erfährt eine große Beeinflussung durch menschliche Autorität und Erziehung und unterliegt somit dem Einfluß des die menschliche Natur beherrschenden Irrtums.

Das Ziel der rationalistischen Theologie, die Konformität des Glaubens mit der Vernunft zu beweisen, schlägt fehl. Zu manifest sind die Widersprüche, in die sie sich verstrickt.[293] BROGI qualifiziert die Position der „rationaux" daher folgerichtig als „equivoca e compromissoria"[294], da sie nicht imstande sind, eine konsequent rationalistische Richtung zu verfolgen. Dies gilt besonders bezüglich des Mysteriums der Trinität. An ihrer Weigerung, das Mysterium als irrational, das heißt gegen die Vernunft, zu begreifen, können sie nicht konsequent festhalten, ohne die Berufung auf die Erkenntnisfähigkeit der menschlichen Vernunft zu schmälern. Die Offenbarung „ne dit rien de contraire aux véritez éternelles"[295], aber die Konformität der für die Vernunft erkennbaren Wahrheiten mit denen, die ihr verborgen bleiben, ist, wie selbst einige rationalistische Theologen eingestehen, nicht erfaßbar.

Die rationalistische Theologie behält es sich vor, unbequeme philosophische Maximen zu verwerfen, während sie sich andere zu eigen macht und auf ihnen beharrt. Dieses Verfahren beruht auf Willkür, da es auf einer auf den eigenen Vorteil bedachten Regel gründet, die sich weder ganz an der Vollkommenheit des höchsten Wesens noch an den Begriffen der Vernunft orientiert[296]. So verbreitet die rationalistische Theologie letztendlich einen Dogmatismus, der die Bezeichnung als Philosophie nicht

---

[293] Cf. S. BROGI, *Teologia senza verità*, p. 258: „Lungi dall'offrirci una pluralità di interpretazioni tutte adeguate della condotta divina, il dibattito teologica rivela una assoluta incapacità di ricostruire in maniera non contradittoria l'agire di un Dio infinitamente buono, saggio, giusto, potente".

[294] S. BROGI, *Teologia senza verità*, p. 47.

[295] E. SAURIN, *Défense de la véritable doctrine de l'Église Réformée (...) contre le livre de Mr. Jurieu intitulé Défense de la doctrine universelle de l'Eglise*, Utrecht 1697, p. 164.

[296] Cf. *Entretiens de Maxime et de Thémiste*, OD IV, pp. 79b-80a.

verdient, als Theologie jedoch der Vernunft zu viel Tribut zollt und die Offenbarungsinhalte dadurch nicht angemessen zu stützen vermag.

Auch in der Theodizeeproblematik erweist sich Bayle als strikter Gegner rationalistischer Theologie. Gottes Handeln, sein Heilsplan und die Herkunft des Bösen sind *supra rationem*, von der Vernunft nicht erklärbar. Ohne die Hilfe der Offenbarung kann die Antwort der Vernunft auf die Herkunft des Bösen nur in einer Verneinung göttlicher Macht oder in der dualistischen Annahme eines guten und eines bösen Prinzips liegen. Alle Theodizeeversuche führen letzten Endes zur Unentschuldbarkeit Gottes als Urheber der Sünde. Auch in der Theodizeefrage gilt daher das fideistische Postulat der Unterwerfung der Vernunft unter die Offenbarung. Die rationalistische Theologie sieht sich sogar selbst mitunter gezwungen, sich in der Theodizeefrage auf die Unermeßlichkeit Gottes zu berufen, die es verbietet, seinen Attributen entsprechende menschliche Begriffe entgegenzustellen. Bayle sieht in den Antworten der rationalistischen Theologen keine Rettung des Attributs der göttlichen Güte, das in seiner Unterordnung unter das der Weisheit wirkungslos wird. Es entspricht nicht der göttlichen Güte, erst nach erlittenem Leid tätig zu werden, und selbst ein Standpunkt, der sich auf das malebranchistische Postulat der Einfachheit des von Gott errichteten Systems und die seiner Weisheit konformste Handlungsweise beruft, wird der Unendlichkeit der göttlichen Attribute nicht gerecht.[297] Das physisch Böse steht ja nicht für sich allein, sondern in Verbindung mit dem moralisch Bösen. Diese Verbindung macht die Schuldfrage Gottes um so penibler, da Gott die Gesetze, die die Verbindung von Materie und Geist hinsichtlich der Modifikationen der Organe und der Seele regeln und somit für die Gefühle von Neid und Schmerz verantwortlich sind, willkürlich geschaffen hat.[298] Nicht, daß Bayle – wie Jaquelot es ihm vorwirft[299] – von Gott etablierte Gesetze, nach denen er handelt, verneint – allein eine absolute Gebundenheit Gottes an die Gesetze wird von ihm verworfen. Eine Berufung auf die universelle Geltung der Gesetze hilft nicht, die Theodizeefrage zu lösen, da sie Gott immer noch den Spielraum lassen, die Sünde durch moralische Beeinflussung zu verhindern und das physisch Böse dadurch vom Menschen abzuwenden. So enthalte die widersprüchliche Lehre Jaquelots letztendlich sogar „ce monstrueux & abominable blaspheme"[300], das besagt: Wenn die Menschen weise wären, wäre Gott nicht weise.

---

[297]   Cf. *Réponse aux questions d'un provincial*, OD III, p. 825b-826a.
[298]   Cf. *Entretiens de Maxime et de Thémiste*, OD IV, pp. 95b-96b.
[299]   Cf. I. JAQUELOT, *Examen de la théologie de Mr. Bayle*, p. 330.
[300]   *Entretiens de Maxime et de Thémiste*, OD IV, p. 92b.

Die Erniedrigung und Zurechtweisung der Vernunft geschieht zunächst mit ihren eigenen Waffen.[301] So bedient sich auch Bayles Kritik der rationalistischen Theologie Kings äußerst rationaler Argumente und verweist häufig auf die Widersprüche zu den eindeutigen Ideen der Vernunft, etwa hinsichtlich des höchsten vollkommenen Wesens und des Begriffs des Guten. Die Vernunft muß selbst erkennen, daß für sie die Wahrheit und das Handeln Gottes etwas Verborgenes bleiben.

In dem von den rationalistischen Theologen ganz traditionell gewählten Vermittler zwischen Glaube und Vernunft, dem freien Willen, der dem Menschen von Gott als seine größte Vollkommenheit verliehen wurde, erkennt Bayle den einzig möglichen, wenngleich nicht mit Erfolg beschiedenen Weg.[302] Wie Malebranche geht auch Jaquelot dabei von einer der Herrlichkeit Gottes dienenden Schöpfung aus und verbindet den Aspekt der göttlichen Herrlichkeit mit dem der Freiheit des menschlichen Willens. Die Herrlichkeit Gottes erfordert zu ihrem Ruhm die Freiheit der menschlichen Wesen, auch wenn diese mißbraucht werden kann; dennoch darf Gott nicht als Urheber der Sünde angesehen werden, für die allein der Mensch verantwortlich ist. In diesem Sinne trägt der Mensch jedoch, unabhängig vom guten oder schlechten Gebrauch der Freiheit, als freie Kreatur mit all seinem Wirken zur Herrlichkeit Gottes bei. Gott nimmt Sünde und Leid der Welt aus Liebe zu seiner Weisheit, die sich in den allgemeinen Gesetzen des Universums ausdrückt, in Kauf. So wird die Sünde wiederum ausdrücklich in Zusammenhang gebracht mit der göttlichen Weisheit und erhält sogar den Rang einer Notwendigkeit. Diese These, vorgebracht als eine Art Apologie der Sünde, deren Nutzen für Mensch und Gott beschrieben wird, ist für Bayle theologisch und philosophisch höchst bedenklich und schwer mit der theologischen Lehre und den philosophischen Maximen zu vereinen. Der notwendige Einsatz des Lasters zur Manifestation der Herrlichkeit Gottes spricht nicht nur gegen die göttliche Freiheit, sondern auch gegen seine Güte.

Der Mensch muß frei sein, aber Gott braucht die vom Menschen frei wählbare Sünde. Somit kann der Mensch nicht wirklich frei sein, um Gottes Plan nicht zu stören. Dieser Schluß ist natürlich polemisch und nicht ganz einwandfrei, da Bayle ja selbst nicht von einem Umkehrschluß des philosophischen Axioms *ab actu ad potentiam valet consequentia* ausgeht: das heißt selbst wenn die Möglichkeit der Freiheit notwendig ist, muß es

---

[301] Dies ist in der Tat die Eigenart des Fideismus Bayles, die ihn erst – wie L. KREIMENDAHL, „Das Theodizeeproblem und Bayles fideistischer Lösungsversuch", in R. H. POPKIN/A. VANDERJAGT (Hrsg.), *Scepticism and Irreligion in the Seventeenth and Eighteenth Centuries*, p. 268, betont – „philosophisch interessant werden läßt".

[302] Cf. *Réponse aux questions d'un provincial*, OD III, p. 798b.

nicht notwendig zur Ausführung des Bösen kommen.[303] Dennoch ist Bayles Perspektive insgesamt richtig, da Jaquelot in der Tat den göttlichen Ruhm auch in seiner Herrschaft über die Unordnung sieht und die Sünde als einen notwendigen Teil des Ganzen, als kleinen Nachteil der glorreichen Schöpfung, charakterisiert. Das verhinderbare, da von Gott vorhergesehene Böse wird erlaubt und zeichnet somit in philosophischer und, weil die Erlaubnis aufgrund des Vorwissens Gottes einem Dekret der Sünde gleichkommt, auch in theologischer Sicht Gott als verantwortlich. Dies ist nicht einfach mit dem Hinweis auf den Ruhm Gottes zu rechtfertigen. Selbst wenn die Ruhmtheorie richtig wäre, wäre es dem Ruhm Gottes eher zuträglich, die Tugend und Ordnung unter den Menschen zu bewahren, als durch seine Herrschaft über die Unordnung und das Laster und die Erlösung einer Minderheit seine Herrlichkeit demonstrieren zu wollen.[304] Auch hier stellt Bayle den von Jaquelot zugunsten der Weisheit zurückgesetzten Begriff der Güte, den Bayle als den philosophisch wichtigsten und eindeutigsten wertet[305], in den Vordergrund. Auch hier zeigt die rationalistische Theologie ihre Uneinheitlichkeit: Während Jaquelot die Ruhmtheorie propagiert, zeigt sich vor allem King als Gegner derselben und ist in diesem Punkt Bayle vergleichbar. [306]

Für Bayle, der die Immoralität der heidnischen Gottesbilder anprangert, empfiehlt sich eine areligiöse Vernunft gegenüber einer Gott ungemäßen Religiosität. So entzieht Bayle dem Glauben an die Existenz des Göttlichen seine moralische Dimension. In seiner Begründung der Moral auf die Vernunft hat Bayle die Gefahr erkannt, die von der Verbindung moralischer Werte mit der Religion ausgeht. Das von der Religion – in Berufung auf das Göttliche – Propagierte besitzt große Macht, wie die Grausamkeit des Religionshasses verdeutlicht, und kann je nach ihren Vorstellungen über die Gottheit die Moral selbst gefährden. Doch nicht nur die Toleranz bewegt Bayle dazu, Moral und Religion als zwei unterschiedliche Inhalte zu entwirren – auch das Zugeständnis einer Moralität an eine falsche Religion im Sinne von Bernard ist theologisch bedenklich, propagiert eine solche Sicht doch den Pelagianismus, indem sie ein Gutwerden des Menschen und seine Erlösung ohne die wirksame Gnade in Aussicht stellt. Die Trennung von Moral und Religion, die

---

303   Cf. *Réponse aux questions d'un provincial*, OD III, p. 804b.
304   Cf. *Réponse aux questions d'un provincial*, OD III, p. 809b.
305   Cf. *Réponse aux questions d'un provincial*, OD III, p. 812a.
306   S. BROGI, *Teologia senza verità*, p. 244, n. 167, hebt Le Clercs Ablehnung gegenüber dieser Theorie hervor und behauptet, daß Bayle aus dessen „Entretiens sur diverses matieres de théologie" (1685) viele Argumente gegen die Ruhmtheorie geschöpft habe.

insbesondere in der Auseinandersetzung mit Bernard über den Vergleich von Atheismus und Heidentum erkennbar wird, besitzt daher nicht zuletzt auch eine soteriologische Dimension.

Kapitel IV

Aspekte der Theologie Bayles

Nach der Darstellung der Kritik Bayles an der rationalistischen Theologie soll nun versucht werden, die ihm eigentümliche Theologie anhand mehrerer wichtiger Themenkomplexe genauer zu bestimmen. Es ist jedoch klar, daß aufgrund der Beziehungen der Themen untereinander eine ganz klare Trennung nicht immer möglich ist. Dennoch soll die Gliederung in verschiedene Aspekte helfen, die dem Werk Bayles implizite Theologie besser greifbar zu machen.

1. Der Gottesbegriff

Der Gottesbegriff ist sowohl Gegenstand der Philosophie als auch der Theologie. In der Tat wird er in den Werken Bayles philosophisch und theologisch diskutiert. Aufgrund des über aller Interpretation stehenden fideistischen Prinzips der Unterordnung rationaler Erkenntnis unter die Schrift müßten die Aussagen über den Gottesbegriff ungleich, das heißt zum Vorteil der Theologie, bewertet sein. Wie sich die philosophischen Schlüsse zu den theologischen verhalten, wird – neben der Untersuchung und Darstellung des Gottesbegriffs bei Bayle – in diesem Kapitel zu klären sein.

1.1. Existenz

In der „Addition aux Pensées diverses" erklärt Bayle die Existenz eines unendlich vollkommenen Gottes zum Prinzip und zur Grundlage der „Pensées diverses".[1] Bereits dieses wichtige frühe Werk definiert sich

---

[1]   Cf. *Addition aux Pensées diverses*, OD III, p. 168.

somit ausdrücklich über die theologische, da nicht hinterfragte Voraussetzung der Existenz Gottes. Nichtsdestotrotz wird die theologische Prämisse „Gott ist" im Werk Bayles vielfach problematisiert, wie die Beschäftigung mit dem spekulativen Atheismus, die Darstellung der Überzeugungskraft des Manichäismus und der stratonischen Einwände und nicht zuletzt die Auseinandersetzung mit dem Kriterium des *consensus omnium* beweisen.

Diese Problematisierung manifestiert jedoch nicht etwa eine „Versuchung"[2] Bayles durch den Atheismus, sondern verdeutlicht die Legitimität der philosophischen Betrachtung der Existenz Gottes. Daß Gott ist, kann von der menschlichen Vernunft demonstriert und aus diesem Grund auch hinterfragt werden. Früh kritisiert Bayle daher die ausschließliche Gründung der Erkenntnis der Existenz Gottes auf die Schrift. Das Wissen um die Existenz Gottes geht dem der Offenbarung, der erst als Wort (des als existierend anerkannten) Gottes Glauben geschenkt wird, voraus und beruht daher auf der Vernunft:

„Il y a de l'imprudence, pour ne rien dire de plus, à témoigner avec certaines personnes qu'on ne croiroit point qu'il y a un Dieu, si on ne l'avoit appris de l'Ecriture Sainte. Car si nous ajoûtons foi à l'Écriture Sainte, c'est parce que nous croions qu'elle est la parole de Dieu. Or avant de croire qu'une chose est la parole de Dieu, il faut croire qu'il y a un Dieu (...). La connoissance de l'existence divine précéde donc la connoissance de cette révélation, & est supposée par elle, d'où il s'ensuit qu'elle vient de la lumiere naturelle."[3]

Es ist das Prinzip, nach welchem nichts Unvollkommenes durch sich selbst existieren kann, das den Weg zur Religion weist. Doch auch dieser Weg, so betont Bayle, ist nur durch die Gnade Gottes erkennbar.[4]

Bayle stellt also fest, daß die Vernunft die Existenz Gottes als *causa prima* beweisen kann. Ausgehend von dem Prinzip, daß nichts Unvollkommenes aus sich selbst heraus existiert, gelangt die Vernunft zur Existenz der *causa prima*. Descartes' Beweis der Existenz Gottes durch die Idee des

---

[2]   E. LABROUSSE, „Pierre Bayle", in J.-P. SCHWOBINGER (Hrsg.), *Grundriß der Geschichte der Philosophie: Die Philosophie des 17. Jahrhunderts*, Bd. 2: *Frankreich und Niederlande*, p. 1040. – Zu einem ähnlichen Urteil kommen auch C. SENOFONTE, *Pierre Bayle, dal calvinismo all'illuminismo*, p. 220, und C.B. BRUSH, *Montaigne and Bayle. Variations on the Theme of Skepticism*, p. 324f, der den Zeitpunkt, zu dem Bayle seinen Glauben verloren haben könnte, zwischen 1685 und 1696 ausmacht, aber – nach der Erläuterung möglicher Motive und Indizien – dennoch zu dem Schluß kommt (p. 326): „His faith seems to have been strong enough to withstand those doubts – and that means very strong".

[3]   *Thèses philosophiques*, OD IV, p. 143.

[4]   Cf. *Continuation des Pensées diverses*, OD III, p. 333b.

höchsten Wesens in der menschlichen Seele ist „excellent"[5], aber für viele nicht einsichtig. Es ist die Sichtbarkeit der Existenz Gottes in den Werken der Schöpfung und dem Gang der Welt, die eine völlige Auslöschung der Gottesidee verhindert.[6] Der kosmologische Gottesbeweis ist für Bayle daher der unproblematischste – obwohl auch er hinsichtlich der Theodizeefrage, die ganz existentiell die Lage des Menschen berührt, nicht unumstößlich ist.[7] Sichert dieser Beweis überhaupt auf eindeutige Weise die Existenz des christlichen Gottes? Die Erkenntnis der Existenz Gottes ist einfach, wenn man darin nur eine erste notwendige Ursache erkennt.[8] Dieser Auffassung können sich selbst die Atheisten anschließen. Verehrung Gottes ist nur dort möglich, wo ein handelnder Gott angenommen wird.[9] Es gilt also, das Wesen Gottes als handelndes Wesen zu bestimmen.

Hier muß erneut an die Debatte mit Bernard über das Kriterium des *consensus omnium* erinnert werden, in der sich Bayle nicht nur gegen dieses angebliche Wahrheitskriterium, sondern auch gegen die eingeborene oder natürlich vermittelte Gottesidee aussprach. So stellt Bayle ja in der „Continuation des Pensées diverses" einen maßgeblichen Anteil der Erziehung bei der Weitergabe einer Religion fest.[10] Die Existenz Gottes selbst könnte demnach ein erlerntes Faktum und eben nicht – oder nicht primär – eine der Natur inhärente Idee sein.[11] Aufgrund des maßgeblichen Anteils der Erziehung am menschlichen Denken ist es jedoch geradezu unmöglich, die „Natürlichkeit" einer Idee zu beweisen. Selbst wenn es sich um eine natürliche Idee handeln würde, wäre damit noch nicht die Wahrheit

---

5   *Thèses Philosophiques*, OD IV, p. 143. – An anderer Stelle behauptet Bayle jedoch, daß eine Widerlegung des kartesischen Gottesbeweises, der von der Idee des höchsten Wesens in der menschlichen Seele auf dessen Existenz schließt, sogar den „hominibus illiteratis" möglich ist, weil sie eigentlich auf bloßer Einbildungskraft beruht (cf. *Objectiones in Libros quatuor de Deo, anima et malo*, OD IV, p. 147a).

6   Cf. *Addition aux Pensées diverses*, OD III, p. 170.

7   Cf. F. SCHALK, *Studien zur französischen Aufklärung*, Frankfurt am Main ²1977, p. 304: „Die drei Gottesbeweise Descartes' – die Kant auf den letzten, den ontologischen, zurückführt und als Überschreitungen des menschlichen endlichen Verstandes beschrieben hat – erschienen Bayle so problematisch, daß er auf den physikotheologischen Gottesbeweis der Scholastik zurückgreift."

8   Cf. *Continuation des Pensées diverses*, OD III, p. 213b, p. 330a.

9   Diese Notwendigkeit betont auch J. CALVIN, *Institution*, I, 2, 2: „(...) de quoy servira-il de cognoistre un Dieu avec lequel nous n'ayons que faire? Plustost la cognoissance que nous avons de luy doit en premier lieu nous instruire à le craindre et révérer: puis nous enseigner et conduire à chercher de luy tous biens, et luy en rendre la louange".

10   Cf. *Continuation des Pensées diverses*, OD III, p. 208a.

11   Cf. *Continuation des Pensées diverses*, OD III, p. 209a.

dieser Idee bewiesen.[12] Eine Wahrhaftigkeit der „Stimme der Natur" zu postulieren bedeutet nicht nur, den Irrtum, dem das menschliche Denken verhaftet ist, zu legitimieren; diese These ist – wegen des Dogmas der Erbsünde – auch theologisch nicht haltbar.

Trotz der Schwierigkeit der Vernunft, die religiösen Dinge vorurteilsfrei zu betrachten[13], ist für Bayle die Existenz Gottes durchaus erkennbar[14], aber – wie die Existenz eines philosophischen Atheismus beweist – ohne die Evidenz eines mathematischen Axioms. Sie kann in der Natur erkannt und durch die Erkenntnis der Notwendigkeit einer *causa prima* demonstriert werden.[15] Indem Bayle die göttliche Existenz nicht zu den die Vernunft übersteigenden Dingen, den ἄδηλα, beziehungsweise – theologisch formuliert – zu den Mysterien zählt, rechtfertigt er in gewisser Weise die Konstruktion einer nachvollziehbaren, da auf einen Schluß der Vernunft gründenden Theologie. Zumindest in ihrem Ausgangspunkt ist die Theologie also rational. In diesem Punkte steht es ihr folglich zu – zum Beispiel in einer apologetischen Orientierung –, auf die Philosophie zu verweisen. Überwiegen jedoch in der philosophischen Auseinandersetzung die Einwände gegen die Existenz Gottes, so bleibt als unumstößliche Autorität der Rekurs auf die Schrift. Die philosophische Behandlung der Existenz Gottes erhält so einen Sinn, ohne jedoch wirklich maßgeblich zu sein – weder für die Begründung und Gestaltung der Theologie noch für die Beweisbarkeit der göttlichen Existenz.[16]

1.2. Das Wesen Gottes

Für Bayle ist die Existenz Gottes keine unentscheidbare Angelegenheit, sondern eine Erkenntnis der Vernunft.[17] Wie die Skeptiker betont auch Bayle allerdings die Schwierigkeit der Wesensbeschreibung Gottes. Auch

---

12   Cf. *Continuation des Pensées diverses*, OD III, p. 221a.
13   Cf. *Réponse aux questions d'un provincial*, OD III, p. 919a.
14   Cf. *Continuation des Pensées diverses*, OD III, p. 236a.
15   Cf. *Continuation des Pensées diverses*, OD III, p. 328b: „C'est un grand défaut d'esprit de n'avoir pas reconnu dans les ouvrages de la Nature un Dieu souverainement parfait." – In den *Nouvelles Lettres critiques sur l'histoire du Calvinisme*, OD II, p. 274b, postuliert er zudem die Möglichkeit einer soliden Demonstration der Existenz Gottes anhand dieses Enthymems: „*Les hommes aiment leurs enfants d'un amour qui n'est point fondé sur leur Raison. Donc il y a un Dieu.*"
16   Anders ist dies bei Malebranche, der die Gewißheit des Glaubens abhängig macht vom Wissen der Vernunft um die Existenz Gottes (cf. N. MALEBRANCHE, *De la recherche de la vérité*, Livre IV, chapitre VI, II, in ders., *Oeuvres*, édition établie par G. RODIS-LEWIS avec la collaboration de G. MALBREIL, Bd. 1, p. 421).
17   *Thèses philosophiques*, OD IV, p. 143.

für ihn gehört die Gottheit in dieser Hinsicht zu den versteckten Dingen (ἄδηλα), die für die Vernunft nicht klar erkennbar sind. Die Schwierigkeit, Gottes Wesen philosophisch und theologisch angemessen zu bestimmen, ist eines der Hauptthemen Bayles. Es ist der menschlichen Vernunft nicht völlig klar, woher sie genau weiß, daß Gott existiert; sie kann auch nicht erklären, warum er so ist, wie er ist. Der Grund dafür liegt in der Aseität Gottes, dessen Wesen nicht nach einer Idee, einem Vorbild oder einem Entwurf geschaffen ist:

> „Il faut s'arrêter nécessairement à une nature dont l'essence n'a été réglée par aucune cause exemplaire qui fut dans un autre entendement ou dans le sien propre (...). Nous voilà donc obligez aussi bien que Straton à nous arrêter à la nature même du premier être, sans pouvoir chercher la raison de ses attributs dans un ordre ou dans un plan antérieur."[18]

Dies ist aber keine Unterwerfung Gottes unter eine von ihm unterschiedene Natur der Dinge[19], sondern die Markierung der Grenzen der menschlichen Vernunft. Gott ist nicht Urheber seiner Essenz. So wie er notwendig existiert, ist er auch notwendig, was er ist – allmächtig, allwissend etc.:

> „L'être nécessaire & éternel n'a pas une volonté antécedemment à ses autres attributs: il a tout aussitôt la puissance, l'entendement & la sagesse que les actes de vouloir."[20]

Diese Notwendigkeit kann nicht hinterfragt werden, da das göttliche Wesen von keiner anderen Ursache oder Voraussetzung abhängt. Die Schwierigkeit der Gotteserkenntnis steht damit in direktem Zusammenhang mit der Unendlichkeit der zu bestimmenden Natur.[21] Hier zeigt sich wieder die fideistische Kluft zwischen Unendlichem und Endlichem, aufgrund derer die größten Denker – so stellt Bayle fest – bei der Beschreibung Gottes versagen.

Doch nicht nur die Vernunft trifft hier auf ihre Grenzen: Auch das religiöse Gefühl, häufig getarnt als angebliche Evidenz, garantiert nicht die Wahrheit der Gottesidee. Hinge die inhaltliche Füllung der Gottesidee von den „preuves de sentiment"[22] ab, so gäbe es so viele Götter wie

18 *Continuation des Pensées diverses*, OD III, p. 342a.
19 Cf. G. MORI, „Bayle et Malebranche", in ders., *Bayle philosophe*, pp. 141-145, der darin eine Gleichwertigkeit der stratonischen und malebranchistischen Argumente, wenn nicht gar einen Vorteil für den Stratonismus sehen will.
20 *Continuation des Pensées diverses*, OD III, p. 335a.
21 Cf. *Continuation des Pensées diverses*, OD III, p. 214b: „Il ne peut point être facile à l'homme de connoître clairement ce qui convient, ou ce qui ne convient pas à une nature infinie."
22 *Continuation des Pensées diverses*, OD III, p. 214b.

positive Religionen. Es ist Bayle wichtig zu zeigen, daß der Gottesglaube nur moralische Gewißheit besitzt und seinen Sitz im individuellen Gewissen hat. Die Gottesidee ist keine evidente Idee. Die religiöse Überzeugung kann daher nicht beanspruchen, ihre Lehren über die Gottheit seien evident.[23]

Trotz ihrer Schwierigkeiten bezüglich der Beschreibung Gottes ist die Vernunft durchaus in der Lage, gewisse Irrwege zu erkennen, wie sie auch die Notwendigkeit mancher Attribute zu postulieren vermag. Ein wichtiges Moment bildet dabei die Frage nach der Einheit oder Zusammensetzung der göttlichen Natur. Von großer Wichtigkeit ist für Bayle die Bewahrung der realen und formalen Einheit des Göttlichen, die sich in der Unteilbarkeit seiner Substanz ausdrückt und jede Zusammensetzung ablehnt. Die Konzeption Gottes als *anima mundi*, bereits von Augustinus verworfen[24], ist auch für Bayle eine ungeheuerliche Vorstellung, die er sowohl bei den antiken Philosophen, aber auch bei Spinoza kritisiert. Alles, was in Gott ist, ist wirklich Gott.[25] Einen solchen Pantheismus hatte Gassendi im Denken Fludds konstatiert und kritisiert – eine Kritik, auf die Bayle gegenüber Spinoza zurückgreift.[26] Die Substanz Spinozas ist nicht eins, sondern ein Kollektivwesen, ein *ens per aggregationem*:

„Il est impossible que l'Univers soit une substance unique; car tout ce qui est étendu a nécessairement des parties, & tout ce qui a des parties est composé"[27].

---

[23]   W. E. REX, „Bayle, Jurieu and the Politics of Philosophy. A Reply to Professor Popkin", in T.M. LENNON ET AL., *Problems of Cartesianism*, Montreal 1982, p. 87, hebt die Intention dieser Aussage hervor: Da keine Religion die Evidenz ihrer Lehren beweisen kann, hat auch keine das Recht, eine andere zu verfolgen. Bayles Argumentation stützt sich dabei – wie G. PAGANINI, *Analisi della fede e critica della ragione nella filosofia di Pierre Bayle*, pp. 92-95, deutlich hervorhebt – auf skeptisches beziehungsweise äußerst fideistisches Gedankengut: zum einen, vor allem bezüglich der fehlenden Evidenz und Universalität der Gottesidee, auf La Mothe le Vayers „Dialogue sur le Subject de la Divinité", zum anderen auch auf die Werke Charrons, den Bayle unter anderem im *Dictionaire historique et critique*, art. Simonide, rem. G zitiert, um die menschliche Komponente der Religion und die Relativität der Gottesidee hervorzuheben.

[24]   Cf. AUGUSTINUS, *De civitate Dei*, IV 12, in *Corpus Christianorum Series Latina* XLVII, p. 110.

[25]   Cf. *Continuation des Pensées diverses*, OD III, p. 287a.

[26]   Cf. *Dictionaire historique et critique*, art. Spinoza, rem. A. – J.-C. DARMON, „Gassendi contre Spinoza selon Bayle: ricochets de la critique de l'âme du monde", *Archives de philosophie* 57 (1994), pp. 523-540, demonstriert jedoch in seinem Artikel, daß Bayle von Gassendi und dessen Schüler Bernier lediglich ein kritisches Potential übernimmt, da Gassendis Ausführungen zur Weltseele einer anderen Orientierung folgen, nämlich die Vorteile seiner Reinterpretation des Atomismus herauszustellen und die Rolle der menschlichen Einbildung zu ergründen.

[27]   *Dictionaire historique et critique*, art. Spinoza, rem. N.

Dies ist auch der Einwand gegen das System Spinozas, das zwar die Unteilbarkeit und Einheit der Substanz postuliert[28], sich aber – so Bayles vernichtendes Urteil – in Widersprüche verstrickt, indem es der einzigen unendlichen Substanz unendlich viele endliche *modi* beimißt:[29]

„Qu'il évite tant qu'il voudra le nom de partie; qu'il substitue tant qu'il voudra celui de modalité ou de modification; que fait cela à l'affaire? (...) L'idée de la matiere demeure toujours celle d'un Etre composé, celle d'un amas de plusieurs substances."[30]

Spinozas System ist daher atheistisch; er selbst der erste systematische Atheist („le prémier qui ait réduit en Systême l'Athéisme"[31]). Anders als Spinoza betont der kartesische Gottesbegriff die Einheit und Unteilbarkeit der göttlichen Substanz und liefert somit die philosophisch einzig richtige Beschreibung Gottes.[32]

Die göttliche Einheit wird nur bejaht, wenn man eine einfache, von Materie und Gestalt der Welt unterschiedene und alle Dinge erschaffende Intelligenz anerkennt.[33] Daher kritisiert Bayle auch die platonische Konzeption eines Demiurgen, der nach dem Vorbild der Idee des Guten aus der ungeformten Materie die Welt formte.[34] Bayle, der den Mangel an eindeutigen Aussagen bezüglich der Gottheit im Werk Platons beklagt[35],

---

28 B. SPINOZA, *Die Ethik des Spinoza im Urtexte*, hrsg. und mit einer Einleitung (...) versehen von H. GINSBERG, Leipzig 1875, I, Propositio 13.
29 Viele Autoren beklagen, wie G. MORI, „Bayle et Spinoza", in ders., *Bayle philosophe*, p. 157, Bayles oberflächliche und verzerrende Lektüre Spinozas, die aber gleichzeitig auch die des gesamten 17. Jahrhunderts ist. – J. SOLE, „Religion et conception du monde dans le Dictionnaire de Bayle", *Bulletin de la Société de l'Histoire du Protestantisme Français* 117 (1971), p. 565, sieht eine regelrechte „obsession antispinoziste" im Werk Bayles, die ihn dazu veranlaßt, andere philosophische Systeme milder zu beurteilen. Es kann jedoch keine Rede davon sein, daß, wie P. VERNIERE, *Spinoza et la pensée française avant la Révolution. Première Partie: XVIIe siècle*, p. 178, vermutet, die Kritik an Spinoza für Bayle eine willkommene Gelegenheit bot, von den eigenen Kühnheiten abzulenken.
30 *Dictionaire historique et critique*, art. Spinoza, rem. N.
31 *Dictionaire historique et critique*, art. Spinoza, rem. A. – Dieser Vorwurf gegen Spinoza ist nicht neu – er wurde im 17. Jahrhundert mehrfach postuliert, unter anderem in Poirets „Cogitationes rationales de Deo, anima et malo" (1673; 2. Auflage 1685) und Kortholts „De tribus impostoribus" (1680) (cf. H.-M. BARTH, *Atheismus und Orthodoxie*, p. 233).
32 Cf. *Dictionaire historique et critique*, art. Spinoza, rem. N.
33 Cf. *Continuation des Pensées diverses*, OD III, p. 286a-b.
34 Über den Unterschied zwischen dem christlichen Schöpfergott und Platons Demiurgen cf. H. HOFMEISTER, *Philosophisch denken*, Göttingen 1991, p. 67: „Der Weltbildner, jener Demiurg, der den KOSMOS aus einem Urstoff der Idee des Guten nachbildete, ist nicht ein über den Wassern schwebender Gott, der am Anfang schuf, sondern der NOUS, die Vernunft, die die Seinsweise des Guten hat".
35 Cf. *Continuation des Pensées diverses*, OD III, p. 335a.

charakterisiert die ungeformte Materie, die der Demiurg zur Weltbildung benutzt, als „substance que Dieu poussa hors de son sein"[36]. Als Emanation der göttlichen Substanz und dritte Gottheit ist die Welt dem Wesen nach erst recht nicht von dem ersten Prinzip zu unterscheiden.

Einheit und Immaterialität sind für die Vernunft erkennbare Attribute Gottes, die eines Beweises durch die Schrift nicht bedürfen.[37] Der Polytheismus ist daher nicht nur eine Sünde gegen den wahren Gott, sondern auch gegen die Vernunft.[38] Die Vernunft verfällt einem weiteren Irrtum, wenn sie materielle Gottheiten annimmt und es ihr nicht gelingt, folgerichtig von der göttlichen Vollkommenheit auf die Immaterialität zu schließen.

Doch woher weiß ich von seiner Vollkommenheit und Unendlichkeit? In der „Continuation des Pensées diverses" nimmt Bayle ausdrücklich Bezug auf Descartes:

„(...) il me sufit de savoir a posteriori pour le moins que Dieu possède toutes sortes de perfections. Je le sai comme Mr. Descartes par l'idée de l'être souverainement parfait laquelle je sens dans mon ame."[39]

Doch spricht sich Bayle nicht wiederholt (zum Beispiel gegen Bernard) gegen die *ideae innatae* aus? Hier gilt es in der Tat zu unterscheiden. Es ist keine *idea innata*, die Bayle hier annimmt. Für ihn gilt das Prinzip der göttlichen Kausalität[40], nach dem der Seele alle Ideen von Gott eingegeben werden. Er ist gleichermaßen Ursache der Ideen und Urheber der Bewegung der Körper.[41] Es ist nicht die Behauptung, daß die Seele von sich aus

---

[36] *Continuation des Pensées diverses*, OD III, p. 289a. – Bayle stützt seine Interpretation auf das 1700 veröffentlichte Werk „Le Platonisme devoilé. Ou Essai touchant le Verbe Platonicien" von Jacques Souverain, das ohne Angabe des Autors und unter Angabe eines fiktiven Verlegers („A Cologne: chez Pierre Marteau") erschien (cf. S. MATTON, „Quelques figures de l'antiplatonisme de la Renaissance à l'Age Classique", in *Contre Platon. I: Le platonisme dévoilé*, textes réunis par M. DIXSAUT, Paris 1993, p. 410).

[37] Cf. *Dictionaire historique et critique*, art. Manichéens, rem. D: „Les idées les plus sûres et les plus claires de l'ordre nous apprennent qu'un être qui existe par lui-même, qui est nécessaire, qui est éternel doit être unique, infini, tout puissant et doué de toutes sortes de perfections".

[38] Cf. *Dictionaire historique et critique*, art. Xénocrate, rem. I.

[39] *Continuation des Pensées diverses*, OD III, p. 342a.

[40] Cf. A. ROBINET, „L'aphilosophie de P. Bayle devant les philosophies de Malebranche et de Leibniz", in P. DIBON (Hrsg.), *Pierre Bayle. Le philosophe de Rotterdam*, p. 52.

[41] Cf. *Continuation des Pensées diverses*, OD III, p. 342a-b: „Je suis persuadé que, comme il n'y a que Dieu qui puisse mouvoir les corps, il n'y a que Dieu qui puisse communiquer les idées à notre ame. Elle n'en est point la cause, elle ne sait de quelle manière elles s'excitent; elle en voudroit qu'elle n'a pas; elle en a qu'elle ne voudroit

nicht die Idee Gottes hervorbringen kann, die Bayle in Widerspruch zu Descartes geraten läßt, sondern ein strikter Okkasionalismus, der jegliche Selbsttätigkeit der Seele bezüglich der Ideen verneint, jedoch ohne, wie Malebranche, zu postulieren, daß wir die Ideen in Gott schauen.[42]

Daß die Einheit Gottes keine absolut evidente, eingeborene Idee ist, verdeutlicht Bayle anhand eines Beispiels, das wiederum den maßgeblichen Anteil der Erziehung geltend macht:

„(...) je suis sûr que les enfans des Chretiens recevroient sans aucune difficulté l'opinion que chaque riviere, & chaque montagne sont des Dieux, si on le leur assûroit à l'age de 5. ou 6. Ans. Ils ne s'apercevroient point qu'ils ont l'idée de l'unité de Dieu imprimée dans le coeur."[43]

Dieses Beispiel macht deutlich, daß die Gottesidee eher durch Erziehung als durch Reflexion erworben wird, und relativiert die strikte okkasiona-listische Position, da in skeptischer Tradition die Prägung des Menschen durch Vorurteile und Gebräuche betont wird. Diese äußeren, aber auch die inneren Faktoren wie Temperament und Leidenschaften bestimmen die Vorstellungswelt des Menschen. Wie kann aber Gott alleinige Ursache der Ideen der menschlichen Seele sein, wenn andere Faktoren ihre Hervorbringung beeinflussen? Eine Lösung dieses Konfliktes zwischen den beiden das Denken Bayles stark bestimmenden Tendenzen gibt Bayle nicht. Festzuhalten ist jedoch, daß ein auf die Spitze getriebener Okkasio-nalismus theologisch nicht unbedenklich ist, weil er jegliche Autonomie des Menschen, auch im Hinblick auf die Sünde, in Frage stellen muß.

Hinsichtlich des Gottesbegriffs – vor allem in bezug auf Einheit und Vollkommenheit des höchsten Wesens – bestätigt Bayle ausdrücklich die Unterstützung der Theologie durch eine von vorgefertigten Meinungen und Leidenschaften freimachende Philosophie. Aus den klar erkennbaren Attributen, vor allem dem der Vollkommenheit, ergibt sich für ihn die Notwendigkeit der Konformität der von der Theologie formulierten Attribute Gottes mit den wichtigsten Attributen der philosophisch ange-

---

n'avoir point; si elle les tiroit de son propre fond, elles ne pourroient lui représen-ter rien de plus parfait qu'elle-même. C'est donc Dieu qui nous communique l'idée que nous avons de lui".

[42]   Cf. N. MALEBRANCHE, *De la recherche de la vérité*, Livre III, IIe partie, chapitre VI, in ders., *Oeuvres*, édition établie par G. RODIS-LEWIS avec la collaboration de G. MALBREIL, Bd. 1, pp. 338-346. – Cf. *Lettre à Mr. Des Maizeaux* (16/10/1705), OD IV, p. 862a: „J'ai parcouru le nouveau Livre du Pere MALEBRANCHE contre Mr. ARNAULD; & & j'y ai moins compris que jamais sa prétention, que les Idées, par lesquelles nous connoissons les objets, sont en *Dieu*, & non pas dans notre *Ame*."

[43]   *Continuation des Pensées diverses*, OD III, p. 223a-b.

messenen Gottesidee. Dennoch konstatiert die Vernunft in der Auseinandersetzung mit dem christlichen Gottesbegriff Widersprüche zwischen
den verschiedenen göttlichen Attributen – etwa zwischen der Unveränderlichkeit Gottes und seiner Freiheit oder, vor allem in der Theodizeeproblematik, zwischen seiner Güte und seiner Weisheit. Nicht nur die
Philosophie, auch die Theologie steht für Bayle daher vor dem auch von
Luther dargestellten Problem, die von der Offenbarung als wesentlich
gekennzeichneten Attribute adäquat zu umschreiben.[44] Die Problematik
der göttlichen Attribute zeigt die Gefahr der Füllung des Gottesbegriffs –
den die Vernunft zunächst als inhaltliches Vakuum formuliert – mit
falschen Attributen, die zu einem verzerrten Gottesbild führen. In dieser
Hinsicht könnte sich die fideistische Haltung Bayles mit den Worten
Augustinus' über die Unbegreifbarkeit Gottes rechtfertigen lassen:

„De Deo loquimur, quid mirum, si non comprehendis? Si enim comprehendis, non est
Deus. Sit pia confessio ignorantiae magis quam temeraria professio scientiae. Attingere
aliquantum mente Deum magna beatitudo est: comprehendere autem, omnino impos-
sibile."[45]

1.3. Die Präsenz Gottes

Neben dem Problem der prädikativen Beschreibung Gottes stellt sich der
Vernunft die Frage, in welcher Form und an welchem Ort Gott existiert.
Mit der Ablehnung einer im Sinne Spinozas gedachten Immanenz Gottes
ist diese Frage noch nicht beantwortet. Ist bereits unverständlich, wie die
immaterielle Seele den gleichen Raum besetzen kann wie der menschliche
Körper, so gilt dies erst recht für die Präsenz des körperlosen Gottes im
unendlichen Raum.

Mehrfach kritisiert Bayle die Sozinianer, die der Substanz Gottes
einen Raum innerhalb der Grenzen des Himmels zuweisen.[46] Ebenso
absurd ist für ihn die populäre Auffassung der Omnipräsenz als räumliche

---

[44]   Cf. M. LUTHER, *De servo arbitrio*, in *D. Martin Luthers Werke. Kritische Gesamtausgabe*, 68 Bde., Weimar 1883-1999, Bd. 18 (1908), p. 784. – G. PAGANINI, *Analisi
della fede e critica della ragione nella filosofia di Pierre Bayle*, p. 90f, führt den fundamentalen Gegensatz zwischen den theologischen Konzepten auf die Notwendigkeit
zurück, einer notwendigen Substanz einen persönlichen Charakter und eine freie
Handlungsweise zuzuweisen.

[45]   AUGUSTINUS, *Sermo* CXVII (De verbis Evangelii Joannis, cap. I, 1-3), III 5, in
Migne Patrologia Latina XXXVIII, p. 663.

[46]   Cf. *Janua*, OD V-1, p. 407, p. 541; *Nouvelles de la République des Lettres*, Juni 1686,
OD I, p. 582a.

Ausdehnung.[47] Die Immensität Gottes – die Allgegenwärtigkeit der göttlichen Substanz – verträgt sich nicht mit seiner Immaterialität, da räumliche Ausbreitung nach den evidenten Begriffen der Vernunft nur einer Substanz mit Ausdehnung zugestanden wird.[48] Nicht nur der Versuch, die göttlichen Attribute mit den Begriffen der Vernunft zu vereinbaren, mißlingt, auch die Bemühung, die diversen Attribute miteinander in Beziehung zu setzen, ist somit problematisch.

Ausdehnung ist – nach Descartes – das wesentliche Attribut der Materie. Der Unterschied zwischen Materie und Gott ist ontologischer Natur und gründet sich auf der absoluten Verschiedenheit von *res cogitans* und *res extensa*:[49]

„Rien ne me paroît fondé sur des idées plus claires & plus distinctes, que l'immatérialité de tout ce qui pense"[50].

Zur Wahrung der Nichtkörperlichkeit Gottes hält es Bayle daher für angemessen – gegen die Annahme Lockes, daß Gott der Materie die Fähigkeit zu denken hätte geben können[51] – zu bejahen, daß Ausdehnung (*extensio*) essentielles Attribut der Materie ist. Seine Darlegungen lassen also eine Befürwortung kartesischer Thesen erkennen, die ihn dazu veranlaßt, die räumliche Präsenz Gottes aufgrund der Gleichsetzung von Ausdehnung und Materie zugunsten eines strengen Spiritualismus zu verneinen.

Der Substanz Gottes eine unendliche Ausdehnung zuzusprechen bedeutet für Bayle, Gott körperlich zu machen:

„(...) il est absurde de faire Dieu étendu, parce que c'est lui ôter sa simplicité, & le composer d'un nombre infini de parties"[52].

Auch in dieser Hinsicht verwirft Bayle das spinozistische System, das der einzigen Substanz sowohl das Attribut des Denkens als auch das der Ausdehnung zuweist.[53]

---

47 Cf. *Continuation des Pensées diverses*, OD III, p. 216a.
48 Cf. *Réponse aux questions d'un provincial*, OD III, p. 941a.
49 Cf. S. BROGI, *Teologia senza verità*, p. 132f. – Cf. *Lettre à Mylord Ashley* (23/11/1699), OD IV, p. 786: „Je ne crois pas qu'il soit possible qu'aucun Corps (...) soit susceptible de la Pensée."
50 *Dictionaire historique et critique*, art. Jupiter, rem. G.
51 Cf. *Réponse aux questions d'un provincial*, OD III, pp. 941b-942b.
52 *Dictionaire historique et critique*, art. Spinoza, rem. N.
53 Cf. *Dictionaire historique et critique*, art. Spinoza, rem. DD: „L'étendue selon lui est un attribut de Dieu, il s'ensuit de là que Dieu essentiellement, éternellement, nécessairement, est une substance étendue, & que l'étendue lui est aussi propre que l'existence".

Die Befürwortung des kartesischen Prinzips tut seiner Behauptung der Schwierigkeit, mittels der philosophischen Vernunft zu der Gewißheit der Immaterialität Gottes zu gelangen, jedoch keinen Abbruch, denn auch das kartesische Dogma der strikten Trennung von Materie und Geist, nach dem Gott als immaterielles Wesen an keinem Ort existiert, ist schwierig: Besitzt Gott keine Ausdehnung, so ist er in der körperlichen Welt weder präsent, noch kann er in ihr wirken. Das kartesische Dogma ist letztlich für das menschliche Denken unfaßbar und findet daher keine allgemeine Anerkennung, auch wenn es der Argumentation *ad hominem* am besten begegnet:

„(...) une substance qu'on ne peut placer dans aucun lieu, quelle prise peut-elle donner à nos conceptions?"[54]

So läßt sich das Problem der Konformität von göttlicher Immaterialität und Immensität rational letztlich nicht ganz lösen. Vielmehr dient der rationale Diskurs dazu, die Problematik und ihre Aporien deutlich zu machen – in der Absicht, falsche Denkmodelle zu entwerten und die philosophische Aporie des Problems darzustellen. Somit impliziert die philosophische Betrachtung des Problems eine ganz andere Lösung: Die Omnipräsenz erschließt sich als theologisches Faktum, das heißt als Offenbarungswahrheit, die rational nicht entschlüsselt werden kann.

1.4. Der wahre Gott

Angesichts der Fehlschlüsse und Ignoranz der Vernunft dem Wesen Gottes gegenüber gilt festzuhalten: Sein Wesen offenbart Gott vornehmlich in der Schrift. Dennoch bestätigt die Offenbarung auch vielfach die Ideen der Vernunft hinsichtlich des Wesens des wahren Gottes.

Eine allgemeine Gottesidee lehnt Bayle ab.[55] Gott vermittelt sich nicht als abstrakte Idee oder als begriffliches Vakuum. Ebensowenig kann die philosophische Gottesidee zum Gegenstand kultischer Verehrung werden – wie die Tatsache, daß das philosophische Dogma nie religiöse Praxis war, beweist:[56]

---

[54] *Réponse aux questions d'un provincial,* OD III, p. 941b; cf. *Mémoire (...) pour servir de réponse à (...) un Ouvrage (...) sur la distinction du bien & du mal,* OD IV, p. 183.
[55] Cf. *Continuation des Pensées diverses,* OD III, p. 221b.
[56] Cf. *Continuation des Pensées diverses,* OD III, p. 255b.

„Qu'on reconnaisse tant qu'on voudra un premier être, un Dieu suprême, ce n'est pas assez pour le fondement d'une Religion"[57].

Um zu einem Gottesbegriff zu gelangen, der mehr ist als die Feststellung einer Ursache der Welt und eines ewigen, notwendigen Wesens, schlägt Bayle nun die kartesische Methode der Suche nach der Wahrheit vor, die er nach der dem „Traité de la Méthode" von Descartes nachempfundenen Logik des „Système de Philosophie" von Régis[58] wiedergibt. Die vier Regeln der Wahrheitssuche verlangen ein alleiniges Fürwahrhalten evidenter Erkenntnisse, die Aufschlüsselung der Schwierigkeit in all ihre Teile, die ordnungsgemäße Wahrung der Reihenfolge der Gedanken und die Bemühung, nichts auszulassen. Dabei müssen die dem Verstand eindeutig erscheinenden Ideen auf ihre wahre Evidenz hin, das heißt auf etwaige Beeinflussung durch Erziehung, zahlenmäßige Autorität der Befürworter, Dauer und Verbreitung und auf ein eventuelles Zurückgehen auf ein rein angenommenes Prinzip oder den Reiz des Neuen überprüft werden. Nicht nur den Gegenstand gilt es zu überprüfen, sondern auch die eigenen Gedanken, Neigungen und vorgeprägten Meinungen.[59] Obwohl richtiger philosophischer Weg, ist diese Methode dennoch nicht imstande, völlige Gewißheit zu liefern, wie die Probleme der Philosophie mit den theologischen Dogmen beweisen.

Die Voraussetzung für Religion ist die Annahme einer in der Welt waltenden Vorsehung.[60] In dieser Hinsicht ist die Bestimmung Gottes als Vorsehung – wie LAGREE[61] betont – eine der ersten, wenn nicht sogar die erste Bestimmung Gottes. Aber auf den Providentialismus gründen auch die vielen falschen Gottesbilder von der Antike bis zur Gegenwart. Die Annahme einer Vorsehung ist nicht absolut gleichzusetzen mit der Idee des wahren Gottes. Die Bestimmung Gottes als Vorsehung läßt Raum für

---

[57] *Continuation des Pensées diverses*, OD III, p. 329b.

[58] Es handelt sich wohl um P.S. REGIS, *Cours entier de philosophie, ou Système général selon les principes de M. Descartes*, Amsterdam 1691. Daß die dem Werk von Régis entnommenen Regeln mit den vier Regeln im „Discours de la méthode" fast wörtlich übereinstimmen (alleiniger Unterschied: Tempus und Person), ist ein Indiz dafür, daß Bayle zumindest dieses Werk Descartes' im Original nicht kannte. – Cf. E. LABROUSSE, *Pierre Bayle: hétérodoxie et rigorisme*, p. 143f, n. 61: „(...) d'une manière générale, c'est beaucoup plus de manuels d'auteurs plus ou moins cartésiens que des oeuvres de Descartes que Bayle s'inspire."

[59] Cf. *Réponse aux questions d'un provincial*, OD III, pp. 939b-940a.

[60] Cf. *Dictionaire historique et critique*, art. Epicure, rem. N, cf. art. Lucrece, rem. K: „(...) tous les usages de la Religion sont fondez, non pas sur le dogme de l'existence de Dieu, mais sur le dogme de sa Providence".

[61] J. LAGREE, *La raison ardente. Religion naturelle et raison au XVIIe siècle*, Paris 1991, p. 188.

Spekulationen hinsichtlich seiner Natur und bezieht sich allein auf ein aktives Wirken einer undefinierten höheren Macht, deren Existenz nicht unbestreitbar erscheint. So begnügt sich der „pari" von Pascal damit, auf die Möglichkeit einer Vorsehung zu verweisen, und appelliert an das menschliche Kalkül, dieser Rechnung zu tragen:

„Pesons le gain et la perte, en prenant croix que Dieu est. Estimons ces deux cas: si vous gagnez, vous gagnez tout; si vous perdez, vous ne perdez rien. Gagez donc qu'il est, sans hésiter."[62]

Zwar verteidigt Bayle das Fragment Pascals im „Dictionaire"[63], aber er ist selbst weit davon entfernt, ein solch opportunistisches Verhalten der Vorsehung gegenüber zu propagieren. Es gibt keine Mitte zwischen Glauben und Nichtglauben. Die wahre Gottesidee wird zwar auch von der Schrift als Vorsehung ausgewiesen, etabliert jedoch in erster Linie eine klar definierte Beziehung zwischen Gott und Mensch. Wer von Gott das Geschenk der Gnade und des Glaubens erhält, kann erhoffen, durch Gebet und Glauben Gott in seinem Sinne zu bewegen, wenngleich dies nicht immer gelingt.[64] Ein rein notwendig handelndes Wesen kann ebensowenig verehrt werden wie eine dem Menschen gegenüber gleichgültige Macht. So liegt auch der christlichen Religion die jegliche Religion erst ermöglichende Ausgangsthese zugrunde, daß Gott nicht unbeugsamen Gesetzen unterliegt, sondern in der Welt waltet:

„De là l'espérance d'être exaucé quand on le prie; la crainte d'être puni quand on se gouverne mal, la confiance d'être récompensé quand on vit bien; toute la Religion dans un mot, & sans cela point de Religion."[65]

In der Schrift – so hält Bayle fest[66] – offenbart sich die Forderung des wahren Gottes, mit Respekt, Ehrfurcht und Vertrauen geliebt zu werden. Gemäß der protestantischen Tradition gilt es, die Verehrung, die der wahre Gott vom Menschen fordert, zu verinnerlichen. Der innere Kult ist bedeutender als der äußerliche, der lediglich Ausdruck des inneren sein soll:

---

[62] PASCAL, *Pensées*, fr. 233.
[63] Cf. *Dictionaire historique et critique*, art. Pascal, rem. I.
[64] Cf. *Dictionaire historique et critique*, art. Sommona-Codom, rem. A. – Eine mystische Union zwischen Gott und Geschöpf lehnt Bayle rigoros ab (cf. *Dictionaire historique et critique*, art. Brachmanes, rem. K).
[65] *Continuation des Pensées diverses*, OD III, p. 329b.
[66] Cf. *Réponse aux questions d'un provincial*, OD III, p. 812a.

„C'est le coeur que Dieu demande principalement: les génuflexions, les sacrifices ne sauroient lui plaire qu'autant que ce sont des signes d'une dévotion intérieure"[67].

Gott befiehlt dem Menschen nicht, aufwendige Rituale zu betreiben, sondern ihm von Herzen zu dienen.

Der wahre Gott ist eifersüchtig, auf seine Einzigkeit bedacht. Seine Verehrung muß jegliche Form von Idolatrie, die „ihrem Wesen nach die Transzendenz Gottes leugnet und die Kreatur ihrem Schöpfer gleich-stellt"[68], ausschließen. Daher ist der Atheismus ein zwar schlimmes, aber dennoch geringeres Verbrechen als die Verehrung von Idolen.[69] Jegliche Form von Anthropomorphismus ist in bezug auf die Idee des wahren Gottes abzulehnen. So nimmt Bayle mehrfach die Gelegenheit wahr, die heidnischen Gottesbilder zu attackieren, aber auch ihre „survivance anachronique"[70] im Christentum, insbesondere im Katholizismus, zu verurteilen. Alle Vorstellungen, die nicht die Attribute wahren, die das Wesen Gottes ausmachen (Einheit, Nichtkörperlichkeit[71], Transzendenz, Allmacht, Vollkommenheit, Güte etc.) – und dazu gehört für Bayle aus-drücklich die Gesamtheit der heidnischen Philosophie – sind im Grunde genommen atheistisch.[72]

Die Falschheit der heidnischen Gottesbilder ist leicht zu erkennen; etwas Wahres in der philosophischen Behandlung des Gottesbegriffes zu

---

[67] *Continuation des Pensées diverses*, OD III, p. 256a.

[68] H. DIECKMANN, „Reflexionen über den Begriff Raison in der Aufklärung und bei Bayle", in F. SCHALK, *Ideen und Formen*, p. 50. – F. WENDEL, *Calvin. Sources et évolution de sa pensée religieuse*, Genf ²1985, p. 111, hält fest, daß absolute Transzen-denz Gottes und unendliche Distanz zwischen Schöpfer und Geschöpf das Prinzip der Theologie Calvins bilden.

[69] Cf. *Continuation des Pensées diverses*, OD III, p. 328b.

[70] B. TOCANNE, *L'idée de nature en France dans la seconde moitié du XVIIe siècle*, p. 35.

[71] Über Bayles Verhältnis zum kartesischen Dualismus urteilt P. DIBON, „Redécou-verte de Bayle", in ders. (Hrsg.), *Pierre Bayle. Le philosophe de Rotterdam*, p. xvi, daher, dieser sei in gewisser Weise „la traduction sur le plan philosophique des postulats de sa foi". – Ähnlich auch das Urteil von P. RETAT, „Libertinage et hétérodoxie", *XVIIe Siècle 127* (1980), p. 207, der das Verhältnis jedoch als problematisch wertet: „Persuadé que le dualisme et, jusqu'à un certain point, l'occasionalisme, sont les plus sûrs appuis d'une théologie naturelle qu'il tente souvent de sauver malgré tout, Bayle reste donc cartésien, mais cartésien hétérodoxe, inquiet, conscient d'insurmontables difficultés, dans un climat confus d'adhésion, de doute, d'exploitation paradoxale, de dissolution sceptique par le passage à la limite."

[72] Cf. *Continuation des Pensées diverses*, OD III, p. 331b: „(...) le Dieu des Philosophes Païens n'étoit pas une substance, mais un amas de substances", und p. 332b: „(...) tous les systêmes des anciens Philosophes sur la nature de Dieu conduisoient à l'irréligion".

erkennen ist hingegen schwer.[73] Gerade weil die heidnischen Philosophen so viel Falsches über Gottes Wesen sagen, nützt dem Christentum – etwa in apologetischer Sicht – das wenige Richtige nicht.[74] Mit Bayles Betonung der Unterwerfung der menschlichen Natur und der Bereiche ihrer Entfaltung unter den Irrtum und das Laster manifestiert sich nicht nur eine äußerst pessimistische Anthropologie, sondern auch eine Feststellung der Verborgenheit Gottes, der sich der Vernunft nur in der evidenten Idee eines ewigen und notwendigen Wesens zu erkennen gibt, sie ansonsten jedoch auf ihren Irrwegen allein läßt. Auch die kartesische Methode der Wahrheitssuche, von Bayle als richtiger philosophischer Weg ausgewiesen, löst die Problematik der göttlichen Attribute nicht. Die Philosophie ist daher, was das Wesen des wahren Gottes betrifft, mit ihren wenigen richtigen Aussagen kein angemessener Weg der Gotteserkenntnis. Bereits Pascal hatte die Nutzlosigkeit der Erkenntnis eines ersten Prinzips für die Erfassung des wahren Gottes postuliert und – noch eindringlicher als Bayle – die Verborgenheit Gottes betont.[75] Die Antwort Pascals auf die Frage nach dem Wesen des wahren Gottes ist im übrigen – wie die Calvins und Luthers[76] – eindeutig zentriert auf Christus, den Mittler, ohne den die philosophisch-theologische Erkenntnis „inutile et stérile"[77] ist und auch die Offenbarung unverständlich bleibt. Der Akzent Bayles bezüglich der wahren Gotteserkenntnis liegt nicht auf der Christologie.[78] Seine Position hinsichtlich der Gotteserkenntnis ist jedoch eindeutig: Der wahre Gott offenbart sich in der Schrift. Die Offenbarung ist essentiell *verbum Dei*. Die in der Schrift enthaltenen Anthropomorphismen bezüglich Gottes Wesen und Handeln sind – gemäß der Akkommodationstheorie – als Anpassung an den menschlichen Geist zu verstehen. Diese kleinen Deformierungen des Gottesbildes – und darin liegt die Klarheit der

---

[73] Cf. *Continuation des Pensées diverses*, OD III, p. 329a.
[74] Cf. *Continuation des Pensées diverses*, OD III, p. 332a: „Les Auteurs Chretiens recueillent comme de la manne tous les passages de cette nature, afin de prouver que nos grandes véritez ont été connuës aux Gentils; mais on devroit prendre garde que toutes ces expressions sont fondées sur le principe très-impie, ou que le monde a été formé de la substance de Dieu, ou que Jupiter le plus grand des Dieux n'est autre chose que le Ciel matériel (...)."
[75] Cf. PASCAL, *Pensées*, fr. 556. – Ein immer wiederkehrendes Bibelzitat bei Pascal ist Jes 45,15: „Vere tu es Deus absconditus" (cf. PASCAL, *Pensées*, fr. 242, fr. 585).
[76] Cf. F. WENDEL, *Calvin. Sources et évolution de sa pensée religieuse*, p. 161.
[77] PASCAL, *Pensées*, fr. 556.
[78] In der Tat stellt E. LABROUSSE, *Pierre Bayle: hétérodoxie et rigorisme*, p. 123, n. 69, fest, daß in der Theologie Bayles der Erlösergott zugunsten des Schöpfergottes fast gänzlich ausgeblendet wird. Bezüglich der Gotteserkenntnis ist dies sicherlich richtig. Da jedoch ein großer Teil der Bayleschen Argumentation ebenfalls dem Aspekt der Erlösung gewidmet ist, ist dieser Aussage nur beschränkt zuzustimmen.

Offenbarung – werden an vielen anderen Stellen wieder durch den Hinweis auf Gottes unveränderliche und unendlich vollkommene Herrlichkeit wettgemacht.[79] Diese Stellen sind, wie bereits Augustinus[80] nahelegt, bildlich und nicht wörtlich zu verstehen. Die Schrift redet also dennoch angemessen von Gott. Angemessen von Gott reden für Bayle auch gerade die Mysterien, die der menschlichen Denkweise entgegengesetzt sind. Diesen Arten der Rede von Gott muß Theologie wiederum Rechnung tragen. Nur so kann der wahre Gott gleichzeitig zum Objekt und Subjekt ihrer Rede werden. Eine auf rationalen Überlegungen gründende Gottesidee entspricht für Bayle – wie auch für Calvin[81] – nicht der des wahren Gottes. In diesem Sinne antizipiert Bayles Auffassung den Gedanken Jüngels von einem „dem Denken vorangehenden Wort"[82].

2. Die Schöpfungsproblematik

Ist die Welt ewig, oder hat Gott die Welt erschaffen? Die Erkenntnis einer *natura naturata* – so zeigen die Ausführungen Bayles zu dieser Thematik – ist der Vernunft schwer zugänglich.

2.1. Wesen der Schöpfung

Die Endlichkeit der Einzeldinge ist eine allgemein anerkannte Tatsache. Auch Spinoza erkennt endliche *modi* der unendlichen Substanz an. Wenn Lukrez hingegen behauptet, daß alles neu ist in dieser Welt, vor kurzem erst geboren, so setzt er die Ewigkeit der Prinzipien aller Dinge – Atome und Leeres – voraus.[83] Die Annahme einer ungeschaffenen Urmaterie, so

---

[79]   Cf. *Dictionaire historique et critique,* art. Rimini, rem. B: „Souvenons-nous que si l'Ecriture représente Dieu très-souvent sous des idées populaires, et par conséquent très-fausses, afin de s'accommoder à la portée des esprits à qui Dieu a destiné la révélation, elle nous fournit ailleurs le correctif dont on peut avoir besoin, je veux dire la description de l'Etre infini dans sa majesté immuable et infiniment parfaite".

[80]   Cf. AUGUSTINUS, *De Doctrina christiana*, III 10, 15, in *Corpus Christianorum Series Latina* XXXII, p. 86f.

[81]   Hinsichtlich des Wesens Gottes stellt der Reformator fest: „(...) tout ce que nous en pensons de nous-mesmes n'est que folie" (J. CALVIN, *Institution*, I, 13, 3).

[82]   E. JÜNGEL, *Gott als Geheimnis der Welt*, p. 206; cf. p. 211: „Die Vernunft ist vernünftig, wenn sie begreift, daß sie *von sich aus* keinen Gott konstruieren kann."

[83]   Cf. *Janua*, OD V-1, p. 462.

stellt Bayle fest[84], eint die heidnische Philosophie. Wird die Ewigkeit der Materie postuliert, so ist keine göttliche Einflußnahme auf diese möglich. Die Formung einer bereits existierenden Materie durch Gott ist eine absurde Hypothese.[85] Indem die Materie in ihrer Existenz unabhängig von Gott gedacht wird, wird der Rekurs auf Gott – als Former, Beweger oder Bewahrer der Welt – überflüssig. So zeigt sich die Wahrheit der Schöpfungslehre, da nur ein Schöpfungsakt Gott zum rechtmäßigen Regenten der Welt macht:

„Il faut, pour bien raisonner sur la production du Monde, considérer Dieu comme l'Auteur de la matiere, & comme le prémier & le seul principe du mouvement."[86]

Postuliert man die Immaterialität des ersten Prinzips, so kann eine als Ausdehnung verstandene Materie nur als etwas Geschaffenes gedacht werden:

„Il est visible que l'étendue ne peut sortir ou émaner d'un sujet non étendu que par voie de création."[87]

Der einzige philosophische Weg zum Schöpfergott führt über die Feststellung der Unvollkommenheit der Materie, die zeigt, daß sie weder aus sich selbst heraus noch notwendig existiert. Allein die philosophische Widerlegung der Ungeschaffenheit der Materie und des Prinzips des *ex nihilo nihil fit* führt zur Schöpfung durch eine göttliche Vorsehung. Der Weg zur *creatio ex nihilo* ist jedoch ohne die göttliche Gnade und die Offenbarung nicht leicht erkennbar.[88] Die Konzeption einer Schöpfung aus dem Nichts bleibt für die Vernunft unfaßbar, so daß die christliche Schöpfungslehre den Bezug zwischen göttlicher Ewigkeit und endlicher Welt rational nicht einsichtig machen kann.

Was trennt die möglichen Wesen von den unmöglichen? Die Erklärungen des Peripatetismus, warum Gott dies getan hat, jenes aber nicht tun konnte oder wollte, sind weder nützlich noch gut begründet.[89] Die

---

[84] Cf. *Dictionaire historique et critique*, art. Epicure, rem. S.
[85] Cf. *Dictionaire historique et critique*, art. Epicure, rem. S.
[86] *Dictionaire historique et critique*, art. Ovide, rem. G.
[87] *Dictionaire historique et critique*, art. Spinoza, rem. N.
[88] Cf. *Continuation des Pensées diverses*, OD III, p. 333a. – Cf. J. CALVIN, *Institution*, I, 6: „Pour parvenir à Dieu le créateur, il faut que l'Escriture nous soit guide et maistresse".
[89] Cf. *Continuation des Pensées diverses*, OD III, p. 347a-b; Bayle befindet sich hier im Einklang mit der kartesischen Position, die „die geisttötenden Quisquilien und unnütze Disputationen verabscheute" (J. BOHATEC, *Die cartesianische Scholastik in der Philosophie und reformierten Dogmatik des 17. Jahrhunderts: I. Entstehung, Eigenart, Geschichte und philosophische Ausprägung der cartesianischen Scholastik*, Leipzig 1912,

Möglichkeit der Dinge ist nicht Sache des göttlichen Willens, sondern seiner Macht, die, wie auch die Weisheit Gottes, keinem vorgefaßten Plan unterliegt. Allein die Ausübung der Macht hängt vom göttlichen Willen ab. Eine dem göttlichen Willen Rechnung tragende Erklärung sieht Bayle in der Theorie Descartes', die Gott zum freien Urheber der ewigen Wahrheiten macht, auch wenn diese Lehre, wie Bayle bereitwillig zugibt, in mancher Hinsicht nicht ganz verständlich und sogar paradox ist:

> „(...) j'ai fait tout ce que j'ai pû pour le bien comprendre, & pour trouver la solution des dificultez qui l'environnent. Je vous confesse ingénument que je n'en suis pas venu encore tout-à-fait à bout. Cela ne me décourage point; je m'imagine (...) que le tems développera ce beau paradoxe."[90]

Descartes' Theorie garantiert eine absolute Freiheit Gottes hinsichtlich der Schöpfung. Gibt es ewige Wahrheiten, die nicht wahr sind, weil Gott es so wollte, dann mußte er sie als notwendig wahr anerkennen. Damit unterliegt er jedoch einer Art „*fatum*"[91], einer unüberwindlichen natürlichen Notwendigkeit.

Den notwendigen Charakter ewiger Wahrheiten zu betonen bedeutet auch, einen Vorteil für die stratonische Position zu etablieren: Sind die Wahrheiten von Natur aus wahr, so ist ein sie legitimierender Akt der Erkenntnis durch eine erste Ursache überflüssig. Die Theorie der Festlegung der Wahrheiten und Essenzen durch Gott hingegen wirkt den stratonischen Einwänden entgegen:

> „Toutes ces dificultez s'évanoüissent dès que l'on supose que les essences des Créatures & les véritez philosophiques ont été fixées par des actes de la volonté de Dieu."[92]

Legt Gott Wahrheit und Essenzen fest, so bedeutet dies nach Descartes, daß etwas, das richtig ist, dies nicht von Natur aus ist, sondern weil Gott es so will.[93] Demnach hätte Gott dem Menschen ein dem Dekalog entgegengesetztes Gesetz geben können, wie er auch einen Kreis hätte quadratisch machen können. Hier widerruft Bayle sein einige Seiten früher erfolgtes Plädoyer für den Kartesianismus: Da nach den ewigen und von den freien Dekreten des göttlichen Willens unabhängigen Ideen

---

Repr. Hildesheim 1966, p. 26). – Die Auffassung, nach der Gott Geschehenes nicht ungeschehen machen kann, findet sich bei ARISTOTELES, *Nikomachische Ethik* VI, 2. 1139b 6-10.

[90] *Continuation des Pensées diverses*, OD III, p. 348a.
[91] *Continuation des Pensées diverses*, OD III, p. 348a.
[92] *Continuation des Pensées diverses*, OD III, p. 348a.
[93] Cf. R. DESCARTES, *Lettre à Mersenne* (6/5/1630), in Ch. ADAM/P. TANNERY, *Oeuvres de Descartes*, Bd. 1, p. 149.

die Essenz des Menschen in den Attributen *animal* und *rationale* bestand,
mußte Gott ihm diese Attribute geben:

„Ces essences, ces véritez émanent de la même nécessité de la nature que la science de
Dieu: comme donc c'est par la nature des choses que Dieu existe, qu'il est tout-
puissant, & qu'il connoît tout en perfection, c'est aussi par la nature des choses que la
matiere, que le triangle, que l'homme, que certaines actions de l'homme, &c. ont tels &
tels attributs essentielement."[94]

Es ist nicht so sehr die metaphysische Ungewißheit, ob drei und drei
sechs sind, als die absolute Bindung der Moral an den göttlichen Willen,
die Bayle beunruhigt. Die Wahrheiten und Essenzen sind als unveränderliche Dinge zu betrachten, über die Gott nicht frei verfügt. Aber tut dies
nicht der Freiheit Gottes Abbruch? In der Tat bestätigt Bayle, daß die
göttliche Freiheit nicht darin besteht, von den unveränderlichen Gesetzen
der Ordnung abzuweichen:

„(...) l'infinité de ses perfections demande qu'il ne puisse point pécher, ni agir contre les
idées de sa sagesse, ou autrement que selon l'essence des choses."[95]

So unterscheidet er zwischen den ewigen Gesetzen, denen Gott verpflichtet ist, und den von Gott willkürlich verfügten Gesetzen der Natur, die er
– im Sinne eines Wunders – außer Kraft setzen kann.[96] Es scheint, als
bewege Bayles moralischer Rationalismus, der die Moral von der Erkenntnis der Existenz Gottes unabhängig macht, ihn dazu, sich von der Theorie
Descartes' zu distanzieren, um sich doch der thomistischen Lehre anzuschließen, nach der die ersten theoretischen und praktischen Prinzipien
nicht vom Willen Gottes verfügt sind. In seiner Kritik Kings wird dies
nun deutlich:

„Ceci (...) nous mene tout droit à croire que Dieu a été l'auteur libre non seulement de
la bonté de la vertu, mais aussi de la vérité & de l'essence des choses. Voilà ce qu'une
partie des Cartésiens prétendent, & j'avouë que leur sentiment pourroit être de quelque
usage en certaines rencontres; mais il est combatu par tant de raisons, & sujet à des

---

[94] *Continuation des Pensées diverses*, OD III, pp. 409b-410a. – Die Auffassung der
Ideen als ursprüngliche und wesentliche Formen der Dinge, die ewig und unverän-
derlich im göttlichen Geist enthalten sind, vertritt auch AUGUSTINUS, *De diversis
Quaestionibus* XLVI 2, in *Corpus Christianorum Series Latina* XLIV A, pp. 71-73.

[95] *Réponse aux questions d'un provincial*, OD III, p. 546b.

[96] Cf. *Réponse aux questions d'un provincial*, OD III, p. 545a. – G. MORI, „Bayle et
Malebranche", in ders., *Bayle philosophe*, p. 96, betont, daß der Gegensatz zu Descartes, in den Bayle gerät, ein doppelter ist, da Descartes die physikalischen Gesetze nicht, wie Bayle, auf einen willkürlichen Beschluß Gottes gründet, sondern
auf dessen Unveränderlichkeit, während er ihn gegenüber den moralischen Wahrheiten für frei hält.

conséquences si fâcheuses, qu'il n'y a guerre d'extrémitez qu'il ne vaille mieux subir, que de se jetter dans celle-là."[97]

Während die Annahme von Gott unabhängiger Wahrheiten die göttliche Freiheit einschränkt, macht Descartes Wahrheit und Moral von der Willkür Gottes abhängig, auch wenn er sie nach ihrer Erschaffung durch Gott als – dem göttlichen Willen gemäß – notwendig anerkennt.[98] Die Vernunft steht daher vor der Wahl: Entweder schränkt sie die Freiheit Gottes ein oder macht alles zum Gegenstand göttlicher Willkür. Die Vernunft ist sich immer im Zweifel über ihr Urteil, da sie nicht in der Lage ist, die Aporie, die das von ihr Gewählte enthält, zu bezwingen. In diesem Sinne besitzt die positive Bewertung, die Bayle beiden Systemen nacheinander zukommen läßt, in der Tat eine „logica intrinseca"[99], da sie die Unfähigkeit der Vernunft manifestiert, sich ein von Gegenargumenten unanfechtbares Urteil hinsichtlich des Wesens Gottes zu bilden. Diese Logik ist Leibniz entgangen, der bei Bayle in dieser Frage lediglich ein bedauerliches „Vergnügen an allen Dingen zu zweifeln"[100] zuweist.

Gibt es selbständige Abläufe in der Natur, oder ist die traditionelle theologische Sicht Gottes als eine die *causae secundae* beeinflussende erste Ursache[101] ein unbezweifelbares Faktum? Für den Kartesianismus ist Gott der unmittelbare Urheber aller natürlichen Wirkungen: *Deus solum agens*. Die Körper sind Instrumente, derer sich Gott bei der Erzeugung von Pflanzen, Tieren etc. bedient. Eine wirksame sekundäre Ursache im Sinne der plastischen Natur Cudworths anzunehmen hält Bayle für problematisch:

---

[97] *Réponse aux questions d'un provincial*, OD III, p. 675b.
[98] Cf. R. DESCARTES, *Lettre à Mesland* (2/5/1644), in Ch. ADAM/P. TANNERY, *Oeuvres de Descartes*, Bd. 4, p. 118f.
[99] G. PAGANINI, *Analisi della fede e critica della ragione nella filosofia di Pierre Bayle*, p. 308. – G. MORI, „L',athée spéculatif' selon Bayle", in M. MAGDELAINE ET AL., *De l'humanisme aux Lumières. Bayle et le protestantisme. Mélanges en l'honneur d'Élisabeth Labrousse*, p. 601, vernachlässigt die positive Bewertung, die Bayle auch der Lehre Descartes' von der Schöpfung der ewigen Wahrheiten zukommen läßt.
[100] G.W. LEIBNIZ, „Des Versuchs von der Güte Gottes, von der Freiheit des Menschen, und vom Ursprunge des Bösen: Zweiter Teil", § 185, in ders., *Herrn Gottfried Wilhelms Freiherrn von Leibnitz Theodicee: das ist, Versuch von der Güte Gottes, Freiheit des Menschen, und vom Ursprunge des Bösen*, nach der 1744 erschienenen, mit Zusätzen und Anmerkungen von Johann Christoph Gottsched ergänzten, vierten Ausgabe herausgegeben, kommentiert und mit einem Anhang versehen von H. HORSTMANN, p. 225.
[101] Cf. W.L. CRAIG, *The Problem of Divine Foreknowledge and Future Contingents from Aristotle to Suarez* (Brill's Studies in Intellectual History 7), Leiden/New York/Kopenhagen/Köln 1988, p. 201.

„(...) on multiplieroit les êtres sans nécessité, on admettroit dans les créatures je ne sai quelles facultez actives qui auroient autant besoin de l'action continuelle du Créateur qu'une cause instrumentale purement passive."[102]

Bayle zieht die Theorie der okkasionellen Ursachen ausdrücklich allen anderen Systemen vor, da sie am besten geeignet ist, dem stratonischen Einwand – wenn es Ursachen gibt, die ohne Erkenntnis gesetzmäßig handeln, so ist die Annahme einer ersten Ursache, die weiß, was sie tut, überflüssig – zu begegnen:

„Elle donne à Dieu toute la force motrice & immédiate de l'Univers, & ne fait pas un partage de cette force entre le créateur & les créatures. La multitude de moteurs peut conduire insensiblement à l'Athéisme le plus dangereux"[103].

Indem sie Gott zur einzig wahren Ursache macht, erweist sich die okkasionalistische Position als die theologisch einzig haltbare. Indem Bayle in der Rolle eines „avocat du diable"[104] die Schwierigkeiten der stratonischen Einwände für alle anderen philosophischen Systeme deutlich macht, legitimiert er in theologischer Sicht den Okkasionalismus.

Die Abläufe in der Natur folgen bestimmten Gesetzen. Der Begriff des Gesetzes impliziert einen Gesetzgeber. Kann die erkenntnislose Materie von sich aus Gesetze hervorbringen oder sie auch nur umsetzen? Die Feststellung der Gesetzmäßigkeit in der Natur verweist auf eine vernunftbegabte Ursache, die die Gesetze angeordnet hat:

„(...) si le monde est l'ouvrage du hasard, pourquoi est-il sujet à des loix qui s'exécutent toujours? On ne peut répondre rien qui vaille."[105]

Bayle betont in diesem Zusammenhang, wie Charron[106] vor ihm, daß auch in der „bonne philosophie" die Natur nichts anderes ist als der durch die Geschöpfe oder nach von ihm frei verfügten Gesetzen handelnde Gott

---

[102] *Mémoire communiqué par Mr. Bayle pour servir de réponse à ce qui le peut intéresser dans un Ouvrage imprimé à Paris sur la distinction du bien & du mal, & au IV. article du 5. tome de la Bibliotheque choisie*, OD IV, p. 182f.

[103] *Dictionaire historique et critique*, art. Zabarella, Jacques, rem. G.

[104] E. LABROUSSE, *Pierre Bayle: hétérodoxie et rigorisme*, p. 214.

[105] *Pensées diverses*, OD III, p. 103b; cf. *Dictionaire historique et critique*, art. Leucippe, rem. D: „Les épithetes de fou, de rêveur, de visionnaire, sont dues à quiconque veut que la rencontre fortuite d'une infinité de corpuscules ait produit le Monde, & soit la cause continuelle des générations". – H.-M. BARTH, *Atheismus und Orthodoxie*, p. 240f, stellt fest, daß Argumentationen gegen eine zufällige Entstehung der Welt im 17. Jahrhundert sehr häufig waren.

[106] P. CHARRON, *De la Sagesse*, in ders., *Toutes les oeuvres*, Bd. 1, II, 3, p. 35: „*quid natura nisi Deus?*"

selbst.[107] Natur muß dabei – ganz im Sinne Calvins[108] – als eine von Gott geschaffene Ordnung verstanden werden. Die Naturgesetze verweisen auf eine höchst vollkommene Ursache und bieten insofern eine gewisse Form der Gotteserkenntnis.[109]

Für den Kartesianismus ist Gott nicht nur der „premier moteur", sondern auch „le moteur unique, continuel & perpétuel"[110] der Materie, deren Bewegung letztlich eine Neuschöpfung an verschiedenen Orten ist. Ganz im Sinne Malebranches bestätigt Bayle, daß Gott, Schöpfer der Gesetze der Bewegung, die Ursache ist, die die Körper bewegt, das heißt die Bewegungsgesetze ausführt, die er geschaffen hat.[111] Diese These ist jedoch auch nur deswegen zu befürworten, weil sie die Einheit und Kohärenz der Welt mit Hilfe einer in ihr waltenden, von ihr unterschiedenen Vorsehung erklärt.[112] Nirgends gesteht ihr Bayle eine absolut logische Priorität zu.[113] Dennoch verteidigt er den Okkasionalismus gegen Leibniz'

---

[107] *Pensées diverses*, OD III, p. 60b. Was hier als die „bonne philosophie" bezeichnet wird, ist wohl mit C. Senofonte, *Pierre Bayle, dal calvinismo all'illuminismo*, p. 196, ganz allgemein gleichzusetzen mit der dominierenden, vor allem durch die Errungenschaften des Kartesianismus und des Gassendismus geprägten Philosophie.

[108] Cf. J. CALVIN, *Institution*, I, 5, 5.

[109] Cf. *Addition aux Pensées diverses*, OD III, p. 169. – Auch Calvin erkennt eine unvollkommene natürliche Gotteserkenntnis an, die nicht heilstiftend ist, sondern – im Gegenteil – die Menschen vor Gott noch schuldiger macht (cf. J. CALVIN, *Institution*, II, 2, 18).

[110] *Dictionaire historique et critique*, Anaxagoras, rem. R.

[111] Cf. *Continuation des Pensées diverses*, OD III, p. 341b; cf. N. MALEBRANCHE, *De la recherche de la vérité*, Livre VI, IIe partie, chapitre III, in ders., *Oeuvres*, édition établie par G. RODIS-LEWIS avec la collaboration de G. MALBREIL, Bd. 1, p. 647: „Toutes les forces de la nature ne sont (...) que la volonté de Dieu toujours efficace. (...) il remue toutes choses, et produit ainsi tous les effets que nous voyons arriver, parce qu'il a voulu aussi certaines lois selon lesquelles les mouvements se communiquent à la rencontre des corps: et parce que ces lois sont efficaces, elles agissent, et les corps ne peuvent point agir."

[112] Cf. B. TOCANNE, *L'idée de nature en France dans la seconde moitié du XVIIe siècle*, p. 111f: „Tout déformé qu'il soit par Bayle, l'occasionalisme traduit plus profondément chez lui une préoccupation théologique, et le refus de toute forme de philosophie de l'immanence."

[113] Cf. J. EHRARD, *L'idée de nature en France dans la première moitié du XVIIIe siècle*, Genf/Paris ²1981, p. 81: „Mais tandis que l'auteur de la *Recherche de la vérité*, se voulant à la fois physicien et théologien, cherchait à accorder l'idée chrétienne de la Providence et celle du mécanisme universel, Bayle va plus loin dans la réévaluation critique des thèmes de la philosophie mécaniste. Plutôt que le sommet d'un système harmonieusement construit, le recours à l'action divine est de sa part un acte de foi, sans lequel il ne serait pas possible de sauvegarder l'unité et la cohésion du monde sensible." – Die theologische Motivation hinter der Befürwortung des Okkasionalismus erscheint insgesamt stärker, als dies E. LABROUSSE, *Pierre Bayle: hétérodoxie et rigorisme*, p. 218, formuliert, die religiöses Motiv und logische Kohärenz

Vorwurf, dieser impliziere „ein immerwährendes Wunder"[114], einen „*Deus ex machina*"[115]. Angesichts der allgemeinen Gesetze, nach denen Gott das Verhältnis von Körper und Geist regelt, kann man nicht von einem wundersamen Eingriff Gottes sprechen.[116]

Postuliert man, im Sinne des Kartesianismus, einen absoluten Gegensatz zwischen Materie und Denken, so steht man jedoch vor der Schwierigkeit, das Verhalten der Tiere zu erklären, die in dieser Sichtweise zu reinen Automaten werden. Doch auch die scholastische Annahme einer sensitiven Seele ist problematisch, weil sie im Grunde keine substantielle, sondern nur eine akzidentielle Differenz zwischen menschlicher und tierischer Seele postuliert, die sich darin ausdrückt, daß die eine denkt und die andere empfindet:

> „(...) si l'ame des bêtes est une substance non étendue capable de sensation, elle est capable de raisonnement: elle est donc de la même espèce que l'ame de l'homme"[117].

Hieraus ließe sich jedoch die Unsterblichkeit auch der tierischen Seele ableiten.

Als eine „conquête d'importance"[118] lobt Bayle das Leibnizsche System der prästabilierten Harmonie, das der Seele eine ihr von Gott gegebene Kraft zumißt, „die alle ihre Bestimmungen, das heißt alle Erscheinungen und Vorstellungen, die sie jemals haben wird, der Ordnung nach und ohne Mitwirkung irgend eines anderen Geschöpfes"[119] hervorbringt, so daß „die neuen Bildungen nichts anders, als eine mechanische Folge der vorhergehenden"[120] sind. Dennoch kommt er zu dem Schluß, daß diese

---

als gleichwertige Gründe für Bayles Befürwortung des Okkasionalismus beurteilt. Die logische Kohärenz der okkasionalistischen Argumentation spielt allerdings im Frühwerk Bayles eine Rolle, in dem er die Stärke der Gründe, Gott allein die Erzeugung von Bewegung zuzuschreiben, herausstellt (cf. *Thèses philosophiques*, OD IV, pp. 138-140).

[114] G.W. LEIBNIZ, *Betrachtungen über die Lehre von einem einigen, allumfassenden Geiste*, in ders., *Hauptschriften zur Grundlegung der Philosophie*, hrsg. von E. CASSIRER, 2 Bde., Hamburg ³1966, Bd. 2, p. 66.

[115] G.W. LEIBNIZ, *Zur prästabilierten Harmonie*, in ders., *Hauptschriften zur Grundlegung der Philosophie*, hrsg. von E. CASSIRER, Bd. 1, p. 273.

[116] Cf. *Dictionaire historique et critique*, art. Rorarius, rem. H: „(...) on ne peut pas dire que le Système des causes occasionnelles fasse intervenir l'action de Dieu par miracle, Deum ex machina, dans la dépendance réciproque du corps & de l'ame".

[117] *Dictionaire historique et critique*, art. Rorarius, rem. G, cf. rem. E.

[118] *Dictionaire historique et critique*, art. Rorarius, rem. L.

[119] G.W. LEIBNIZ, *Neues System der Natur und der Gemeinschaft der Substanzen, wie der Vereinigung zwischen Körper und Seele*, in ders., *Hauptschriften zur Grundlegung der Philosophie*, hrsg. von E. CASSIRER, Bd. 1, p. 268.

[120] G.W. LEIBNIZ, „Vorrede des Verfassers", in ders., *Herrn Gottfried Wilhelms Freiherrn von Leibnitz Theodicee: das ist, Versuch von der Güte Gottes, Freiheit des Menschen,*

Hypothese – trotz der Hoffnung, daß ihre Perfektionierung durch Leibniz alle Schwierigkeiten lösen könnte[121] – noch größere Schwierigkeiten enthält als der Okkasionalismus, da Leibniz sowohl hinsichtlich der Präformation der tierischen Körper als auch der Verbindung von Körper und Seele von einer Ursache ausgeht, die nicht weiß, was sie tut. Bringt die Seele selbsttätig ihre Empfindungen hervor, so ist nicht zu verstehen, warum sie sich ein Gefühl wie den Schmerz geben sollte, beziehungsweise wie sich überhaupt – wenn sie durch keine andere Ursache beeinflußt wird – Änderungen in ihren Empfindungen ergeben können, zumal sie sich der Ordnung, der ihre Vorstellungen folgen, nicht bewußt ist.[122] Bayles Reserven gegenüber der Theorie von Leibniz sind daher im Grunde die, die er gegenüber der plastischen Natur geltend macht.

Gott ist von seiner Schöpfung absolut unterschieden. In keiner Weise ist er der Gott Spinozas, den Bayle identisch setzt mit den Geschöpfen, die nur eine Seinsart Gottes sind:

„(...) selon Spinoza les créatures sont en Dieu, ou comme l'effet dans sa cause matérielle, ou comme l'accident dans son sujet d'inhésion, ou comme la forme de chandelier dans l'étain dont on le compose."[123]

Spinoza, der nur eine Substanz anerkennt und diese als *causa immanens* definiert, leugnet die Transzendenz Gottes.[124] Bayle hingegen schreibt dem göttlichen Wesen absolute Transzendenz zu.

Das aus dem Nichts geschaffene Geschöpf ist ein *ens ab alio*. Die Kraft zu existieren hat es in jedem Moment seines Seins von seinem Schöpfer:

„(...) il n'existe à chaque moment qu'à cause que Dieu continue de vouloir ce qu'il a voulu lorsque cet être a commencé d'exister. Cet acte de la volonté divine ne peut cesser d'être créatif pendant qu'il subsiste, puisqu'il l'a été au premier"[125].

---

und vom Ursprunge des Bösen, nach der 1744 erschienenen, mit Zusätzen und Anmerkungen von Johann Christoph Gottsched ergänzten, vierten Ausgabe herausgegeben, kommentiert und mit einem Anhang versehen von H. HORSTMANN, p. 53.

121 Cf. *Dictionaire historique et critique*, art. Rorarius, rem. L.
122 Cf. *Dictionaire historique et critique*, art. Rorarius, rem. H und rem. L. – Natürlich läßt Leibniz diese Einwände nicht unbeantwortet (cf. G. W. LEIBNIZ, *Erwiderung auf die Betrachtungen über das System der prästabilierten Harmonie in der zweiten Auflage des Bayleschen „Dictionnaire historique et critique" (Artikel: Rorarius)*, in ders., *Hauptschriften zur Grundlegung der Philosophie*, hrsg. von E. CASSIRER, Bd. 2, pp. 382-405).
123 *Dictionaire historique et critique*, art. Spinoza, rem. DD.
124 Cf. B. SPINOZA, *Die Ethik des Spinoza im Urtexte*, herausgegeben und mit einer Einleitung (...) versehen von H. GINSBERG, I, Propositio 18: „Deus est omnium causa immanens, non vero transiens."
125 *Dictionaire historique et critique*, art. Rodon, rem. D.

Nach dem metaphysischen Prinzip, *non entis nulla sunt accidentia: operari sequitur esse*, kann ein Geschöpf sich weder gänzlich noch partiell selbst erhalten, was für Bayle auch die Erzeugung von Modalitäten einschließt, so daß in der Konzeption einer kontinuierlichen Schöpfung von einer aktiven schöpferischen Tätigkeit der Geschöpfe, auch hinsichtlich ihres Denkens, abgesehen werden muß[126] und es somit dem Unendlichen allein vorbehalten ist zu erschaffen. In diesem Sinne ist die Schöpfung für Bayle eine *creatio continua*:

> „La conservation des créatures, est toûjours une création continuée, soit qu'elles se meuvent, soit qu'elles demeurent dans la même situation."[127]

2.2. Grund und Ziel der Schöpfung

Aus welchem Grund Gott etwas und nicht nichts geschaffen hat, ist unerklärlich: Der Entschluß, der zur Schöpfung führte, ist Sache des freien Willens Gottes. Warum Gott gewisse mögliche Wesen in die Wirklichkeit geführt und andere in der reinen Möglichkeit gelassen hat, hängt allein von Gottes „bon plaisir infiniment sage"[128], seiner unendlichen Freiheit, ab. Auch Form und Eigenschaften, die Gott den Dingen bei ihrer Schöpfung gegeben hat, lassen sich nicht hinterfragen, da der Mensch den göttlichen Plan, seine Ziele und die Zusammenhänge der Dinge nicht durchschaut. Die göttliche Wissenschaft ist nicht die des Menschen:

> „Il faut s'arrêter à cette raison générale, la sagesse de l'ouvrier étant infinie, l'ouvrage est donc tel qu'il doit être."[129]

Wie steht es aber um die Frage des Menschen nach seinem eigenen Standort in der Schöpfung? Das Universum ist großartig und immens, der

---

[126] Cf. *Réponse aux questions d'un provincial*, OD III, p. 788a-b.

[127] *Dictionaire historique et critique*, art. Zabarella, rem. H.

[128] *Réponse aux questions d'un provincial*, OD III, p. 846b.

[129] *Dictionaire historique et critique*, art. Anaxagoras, rem. R. – In der Konzeption von Leibniz würde der Mensch nicht nur verstehen, daß Gottes Werk so ist, wie es sein muß, sondern – könnte er die universelle Harmonie einsehen – „*sehen* und nicht nur *glauben*, daß das, was Gott gemacht hat, das beste sei" (G. W. LEIBNIZ, „Abhandlung von der Übereinstimmung des Glaubens mit der Vernunft", § 44, in ders., *Herrn Gottfried Wilhelms Freiherrn von Leibnitz Theodicee: das ist, Versuch von der Güte Gottes, Freiheit des Menschen, und vom Ursprunge des Bösen*, nach der 1744 erschienenen, mit Zusätzen und Anmerkungen von Johann Christoph Gottsched ergänzten, vierten Ausgabe herausgegeben, kommentiert und mit einem Anhang versehen von H. HORSTMANN, p. 85).

Mensch hingegen „une créature (...) sujette (...) à tant de défauts, & à tant d'infirmitez de corps & d'ame"[130]. Diese Diskrepanz veranlaßt die Vernunft dazu anzunehmen, daß Gott die Welt nicht allein für den Menschen geschaffen hat, auch wenn sie eine Einbeziehung des Menschen in die Pläne und Fürsorge Gottes anerkennt. Malebranche hingegen, den Bayle an dieser Stelle zitiert, behauptet, daß Gott das Universum für die Errichtung seiner Kirche, die Kirche für Christus und Christus als Opfer und der Herrlichkeit Gottes würdigen Hohepriester geschaffen hat, so daß das höchste Ziel der göttlichen Handlungen Gott selbst ist.[131] Es ist in der Tat vor allem das von der Offenbarung gelehrte Opfer Christi, das den Menschen in den Mittelpunkt der Schöpfung rückt:

„Si Dieu a tant aimé les hommes qu'il a donné son fils unique, son fils coëssentiel & consubstantiel, & qu'il l'a soumis à la mort ignominieuse de la croix, afin de procurer la vie éternelle à ceux qui croiroient en lui, peut-on douter qu'il n'ait fait le monde pour les hommes?"[132]

Aber nicht alles, was im Universum existiert, nützt dem Menschen. Läßt sich denoch in dieser Frage ein Konsens zwischen Theologie und Philosophie erreichen? In theologischer Sicht könnte man behaupten, daß Gott unter allen möglichen Entwürfen nur den seiner Herrlichkeit würdig hielt, der das Mysterium der Inkarnation beinhaltet. Dies würde für die Erschaffung der Welt für den Menschen sprechen, der dann nicht nur die „*conditio sine qua non*"[133] der Schöpfung, sondern ein allen notwendigen Dingen übergeordnetes Mittel ist, das in letzter Perspektive dem höchsten Ziel der Schöpfung, Gott selbst, dient. Diese theologische Sicht – so führt Bayle fort – wäre vereinbar mit einer Philosophie, die davon ausginge, daß Gott sich wegen des Menschen zur Schöpfung entschlossen hätte, sich aber nicht nur auf diesen als sein Hauptziel beschränkte, sondern noch viel mehr der Schöpfung angedeihen ließ, das seiner Macht und unendlichen Weisheit würdig war. Dann muß Gott also nicht direkt, bei allem, was er tut, das Interesse des Menschen beziehungsweise dessen Lebensraum, die Erde, im Auge haben. So bleibt die göttliche Freiheit in der Schöpfung bewahrt:

---

130   *Continuation des Pensées diverses*, OD III, p. 264b.
131   Cf. N. MALEBRANCHE, *Traité de la nature et de la grâce*, Ier Discours, Ire partie, article VI, in ders., *Oeuvres*, édition établie par G. RODIS-LEWIS avec la collaboration de G. MALBREIL, Bd. 2, p. 17.
132   *Continuation des Pensées diverses*, OD III, p. 265a.
133   *Continuation des Pensées diverses*, OD III, p. 266b.

„Il ne s'est point lié les mains, il fait ailleurs, & même dans notre petit tourbillon, une infinité de choses qui ont un raport direct à toute la masse du monde, je veux dire qui émanent des loix générales sans aucun égard particulier & limité à notre espece."[134]

Theologisch kann die Stellung des Menschen in der Schöpfung von der Menschwerdung Gottes her bestimmt werden:

„(...) on peut suposer que le plan de création que Dieu a choisi, a dû nécessairement renfermer l'homme; parce que sans l'union hypostatique de la seconde personne de la Trinité avec la nature humaine le monde ne pouvoit être un ouvrage digne de Dieu; mais que s'étant déterminé à créer selon un tel plan: il ne s'est point limité aux choses qui pouvoient servir à l'homme, il s'est répandu pour d'autres fins qui tendent toutes à sa gloire, sur autant d'êtres possibles qu'il en faloit dans un monde infiniment admirable par sa grandeur, par la symmetrie de toutes sortes de pieces"[135].

Ist hier endlich die Konformität von Glaube und Vernunft erreicht, die Bayle der rationalistischen Theologie so energisch absprach? In der Tat ist selbst auf sprachlicher Ebene eine friedliche Koexistenz theologischer und philosophischer Rede erkennbar: Die theologischen Dogmen der Trinität und der Menschwerdung, zentral für das Verständnis der Schöpfung, stehen nicht im Widerspruch zum philosophischen Konzept der Verwirklichung der Möglichkeit, der „êtres possibles", durch die alle Möglichkeiten umfassende Wirklichkeit Gottes.[136] Unter dem Aspekt der Gnade und des Heilsplans Gottes – das heißt aus theologischer Sicht – ist der Mensch der Mittelpunkt der Schöpfung. Dies wird jedoch nur aus der Schrift erkennbar:

„(...) la raison pourquoi Dieu nous met au Monde; (...) cette raison ne pouvoit guere être l'objet des Lumieres naturelles, (...) elle n'est bien connue que par la Révélation Evangélique"[137].

Gott trägt Sorge um das, was dem Menschen in der Schöpfung nützt und schadet. Was aber die Symmetrie des Universums und die in ihm waltenden Gesetze angeht, so erkennt die Vernunft hier ein ganz anderes Interesse Gottes: Die göttliche Weisheit erstreckt sich auf alle Dinge und

---

134 *Continuation des Pensées diverses*, OD III, p. 267a.
135 *Continuation des Pensées diverses*, OD III, p. 268b.
136 Dieses philosophische Konzept liegt der scholastischen Konzeption der *potentia Dei absoluta*, der ungebrochenen Macht Gottes bezüglich seiner schöpferischen Möglichkeiten, zugrunde. Über die Unterscheidung zwischen *potentia Dei absoluta* und *potentia Dei ordinata* cf. M. OSLER, „Triangulating Divine Will: Henry More, Robert Boyle, and René Descartes on God's Relationship to the Creation", in M.L. BALDI, *„Mind Senior to the World". Stoicismo e origenismo nella filosofia platonica del Seicento inglese*, Milano 1996, p. 76f.
137 *Dictionaire historique et critique*, art. Tullie, rem. R.

manifestiert sich darin, daß sie eine Folge der von ihm geschaffenen allgemeinen Gesetze sind, die er nicht zu korrigieren braucht:

„C'est dire que plus on épargne à Dieu les reglemens particuliers, plus on releve l'idée de sa sagesse, & que pour la situer dans le plus haut point de perfection il faut qu'on supose que le monde n'a jamais besoin que Dieu remédie aux inconvéniens des loix naturelles, de sorte que tous les miracles sont destinez à ce qui concerne le genre humain par raport à la Religion que Dieu nous a révélée extraordinairement."[138]

Gott bewahrt in diesem Sinne seine Schöpfung, ohne einzugreifen. Die Wunder als Abweichungen und Aufhebungen der allgemeinen Gesetze sind selten. Dies entspricht dem Gedanken Malebranches, der die Einfachheit der Wege Gottes als Zeichen seiner Weisheit sieht, die sich in der Vielzahl der Wirkungen der wenigen allgemeinen Gesetze manifestiert.[139]

Doch das der göttlichen Weisheit angemessene „système simple & très-fécond"[140] Malebranches ist nicht so solide, wie es Bayle zunächst erschien:

„Mr. Bayle a été de ceux qui crurent que le Pere Mallebranche donnoit par là un merveilleux dénouement, mais il est presque impossible de s'en païer après avoir lû les livres de Mr. Arnauld contre ce systême, & après avoir bien considéré l'idée vaste & immense de l'Etre souverainement parfait."[141]

Die Idee des höchst vollkommenen Wesens zeigt nämlich, daß Gottes Allmächtigkeit ihm erlaubt hätte, ein System zu schaffen, das für seine Geschöpfe nur Gutes beinhaltete. Die göttliche Güte darf nicht der Weisheit unterworfen sein, sonst ist Gottes Güte ohnmächtig. Dirigiert die Weisheit alles, was geschieht, so bedeutet das: Alles, was nicht geschehen ist, war der Weisheit Gottes unwürdig.[142] Adams Ungehorsam und das Böse waren aus diesem Grund notwendig. Diese Welt ist nicht als *mundus*

---

138 *Continuation des Pensées diverses*, OD III, p. 339b.
139 Cf. N. MALEBRANCHE, *Traité de la nature et de la grâce*, Ier Discours, Ire partie, article 14 und article 17, in ders., *Oeuvres*, édition établie par G. RODIS-LEWIS avec la collaboration de G. MALBREIL, Bd. 2, p. 25, p. 27.
140 *Réponse aux questions d'un provincial*, OD III, p. 825b.
141 *Réponse aux questions d'un provincial*, OD III, p. 825b. Gemeint sind Arnaulds „Réflexions philosophiques et théologiques sur le nouveau système de la nature et de la Grâce" (1685-1686): cf. E. LABROUSSE, *Pierre Bayle: hétérodoxie et rigorisme*, p. 352: „Dans sa réfutation de Malebranche, le grand janséniste avait mise une puissante dialectique, bien faite pour séduire Bayle, au service de cette conception traditionnelle de la Providence divine qui avait bercé la jeunesse de celui-ci (...). Ce n'est pas un moralisme abstrait, ce sont encore moins de perfides intentions polémiques qui incitent Bayle à donner la priorité à la bonté et la justice de Dieu, c'est le souci de respecter la réalité concrète de la religion vécue."
142 Cf. *Réponse aux questions d'un provincial*, OD III, p. 813b.

optimus erkennbar, da eine solche Wahl impliziert, daß Gott gezwungen war, die Wirklichkeit des Bösen zuzulassen, also in seiner Allmacht beschränkt war.[143] Die Wahl dieser Welt ist für Bayle rational nicht zu rechtfertigen, sondern muß – ganz im Sinne des Fideismus – als unerklärbar hingenommen werden.[144]

Die allgemeinen Gesetze sind für Bayle nicht absolut unveränderlich. Eine ausschließliche Anerkennung von allgemeinen Gesetzen, den „volontez générales", lehnt er ab.[145] Göttliche Freiheit und Güte kommen bei Malebranche, der den Aspekt der Weisheit über alles setzt[146], zu kurz. Zwar erkennt Malebranche eine Freiheit Gottes bezüglich der Wahl, eine andere, vollkommenere Welt als diese zu schaffen, ausdrücklich an, aber die jetzige Welt ist, aufgrund der Einfachheit der in ihr waltenden Gesetze, die seiner Weisheit am besten entsprechende. Mit der Entscheidung Gottes, die Welt zu schaffen, ist er also nicht mehr frei. Zwingt die Weisheit Gott zudem dazu, nicht von den von ihm verfügten allgemeinen Gesetzen abzulassen, so wird er einer Notwendigkeit ausgesetzt, die seine

---

[143] Der Nachteil derer, die nicht die Wahl des Besten annehmen, besteht für Leibniz darin, daß die Werke Gottes als verbesserungswürdig dargestellt werden, und vor allem in der „Unmöglichkeit, von der Zulassung des Bösen jemals etwas Vernünftiges zu sagen, oder nur zu hoffen, daß man etwas Vernünftiges werde davon sagen können" (G.W. LEIBNIZ, „Des Versuchs von der Güte Gottes, von der Freiheit des Menschen, und vom Ursprunge des Bösen: Dritter Teil", § 338, in ders., *Herrn Gottfried Wilhelms Freiherrn von Leibnitz Theodicee: das ist, Versuch von der Güte Gottes, Freiheit des Menschen, und vom Ursprunge des Bösen*, nach der 1744 erschienenen, mit Zusätzen und Anmerkungen von Johann Christoph Gottsched ergänzten, vierten Ausgabe herausgegeben, kommentiert und mit einem Anhang versehen von H. HORSTMANN, p. 301). – Cf. H. POSER, „Die beste der möglichen Welten? Ein Topos leibnizscher Metaphysik im Lichte der Gegenwart", in A. HEINEKAMP/A. ROBINET, *Leibniz: le meilleur des mondes*, Stuttgart 1992, p. 26f: „Das Prinzip des Besten sichert mithin ontologisch die Vielfältigkeit und Strukturiertheit der Welt, es sichert epistemisch die Erkennbarkeit der Welt, und es sichert ethisch die Möglichkeit freien, verantwortlichen Handelns. Schließlich erlaubt es einheitsstiftend die Sicht der Welt als sinnvolle Harmonie von Ursachen und Zwecken, von Vielfalt und Ordnung."

[144] Cf. L. BIANCHI, „Pierre Bayle face au meilleur des mondes", in A. HEINEKAMP/A. ROBINET, *Leibniz: le meilleur des mondes*, p. 138: „Pour Bayle, en fait, ce monde non seulement n'est pas le meilleur des mondes possibles mais il montre de telles antinomies que seulement un fidéisme aveugle peut nous le faire accepter."

[145] *Entretiens de Maxime et de Thémiste*, OD IV, p. 64a.

[146] Cf. N. MALEBRANCHE, *Traité de la nature et de la grâce*, Ier Discours, IIe partie, article 39, additions, in ders., *Oeuvres*, édition établie par G. RODIS-LEWIS avec la collaboration de G. MALBREIL, Bd. 2, p. 43: „(...) Dieu aime davantage sa sagesse que son ouvrage".

Allmacht einschränkt.[147] So spricht sich Bayle in der Kritik Kings auch gegen die Lehre aus, die den Ruhm Gottes als das einzige Ziel Gottes in der Schöpfung betrachtet (*mundus conditus est ad Dei gloriam*). Für King wie auch für Bayle gilt aufgrund der Unveränderlichkeit der Herrlichkeit Gottes, daß es vernünftiger ist zu behaupten: *Deus creavit ad suam bonitatem communicandam.* Wäre die Herrlichkeit Gottes Ziel seiner Werke, so bräuchte er die Geschöpfe, um sie zu erlangen und zu wahren. Dies würde jedoch bedeuten, daß Gott *vor* der Schöpfung einen Mangel gehabt hätte, was jedoch mit dem Begriff des höchsten Wesens unvereinbar ist. Einen weiteren Mangel erkennt Bayle auf moralischer Ebene. Für den Menschen gilt die Forderung, die Tugend sei um der Tugend willen zu lieben. Das Streben nach Ruhm ist daher ein von der Vernunft nur toleriertes menschliches Handeln, in dem sich die Unvollkommenheit des Menschen manifestiert. Auch aus diesem Grund, so Bayle, kann der Ruhm nicht das Ziel Gottes in der Schöpfung gewesen sein. Gott, der alles in Fülle hat, kann folglich nur die Interessen seiner Geschöpfe im Auge gehabt haben, als er die Welt schuf. Der Sinn der Schöpfung liegt demnach in dem Glück, das die intelligenten Kreaturen darin empfinden, das höchste vollkommene Wesen zu erkennen, zu loben, zu bewundern und anzubeten.[148] Die Ruhmtheorie Malebranches[149] und Jaquelots, aber auch der „Prédestinateurs rigides"[150] wird also aus rationalen Gründen verworfen. Auch theologisch kann die Theorie der Schöpfung aus Güte gestützt werden, da – vor allem im Neuen Testament – ebenfalls die Güte Gottes als wesentliches Charakteristikum postuliert wird.

---

[147] Cf. *Réponse aux questions d'un provincial*, OD III, p. 848a: „(...) il impliqueroit contradiction que Dieu pût vouloir une chose opposée à sa sagesse". – Leibniz hingegen bestreitet eine Einschränkung der Macht Gottes, indem er betont, daß es sich nicht um eine metaphysische, sondern um eine moralische Notwendigkeit handelt, die eben keine „Sklaverei", sondern der „Stand der größten und vollkommensten Freiheit" ist (G. W. LEIBNIZ, „Des Versuchs von der Güte Gottes, von der Freiheit des Menschen, und vom Ursprunge des Bösen: Zweiter Teil", § 228, in ders., *Herrn Gottfried Wilhelms Freiherrn von Leibnitz Theodicee: das ist, Versuch von der Güte Gottes, Freiheit des Menschen, und vom Ursprunge des Bösen*, nach der 1744 erschienenen, mit Zusätzen und Anmerkungen von Johann Christoph Gottsched ergänzten, vierten Ausgabe herausgegeben, kommentiert und mit einem Anhang versehen von H. HORSTMANN, p. 248).
[148] Cf. *Réponse aux questions d'un provincial*, OD III, p. 652a.
[149] Cf. N. MALEBRANCHE, *Traité de la nature et de la grâce*, Ier Discours, IIe partie, article 56, additions, in ders., *Oeuvres*, édition établie par G. RODIS-LEWIS avec la collaboration de G. MALBREIL, Bd. 2, p. 53: „La fin de Dieu dans sa création, c'est sa gloire."
[150] *Réponse aux questions d'un provincial*, OD III, p. 820a.

3. Theodizee

Den Ursprung des physisch und moralisch Bösen in der Schöpfung eines guten und weisen Gottes zu erklären und zu rechtfertigen ist Hauptaufgabe einer Theodizee. Die Problematik gipfelt in der Epikur zugeschriebenen, von Laktanz zitierten Aussage, auf die Bayle in seinem „Dictionaire" zurückgreift:

„Deus (...) aut vult tollere mala, & non potest; aut potest et non vult; aut neque vult, neque potest; aut & vult & potest."[151]

Im Zentrum der Diskussion stehen die Attribute der Macht, Weisheit und Güte Gottes, von denen die Vernunft augenscheinlich eines aufgeben muß, um das Problem des Bösen zu lösen.

In der Theodizeefrage als ein das menschliche Dasein existentiell betreffendes Problem zentriert sich der Konflikt zwischen Vernunft und Glaube. Elend und Bosheit der Menschen führen zur Formulierung der Theodizeefrage: Wie ist die Präsenz von physisch und moralisch Bösem in der Schöpfung einer einzigen, unendlich weisen und guten Ursache zu erklären? Wie sie im einzelnen nicht erklärt werden darf, ist bereits in der Darstellung der Kritik Bayles an der rationalistischen Theologie gezeigt worden. Nun gilt es – anhand der Betrachtung des Bezugs zwischen Mensch und Sünde einerseits und Gott und Sünde andererseits –, den Standpunkt Bayles in der Sündenproblematik zu bestimmen, die das Bindeglied zwischen Schöpfungstheologie und Gnadenlehre darstellt.

3.1. Die Lage des Menschen

Ist das autonome Handeln des Menschen eine gesicherte Tatsache? Die Abhängigkeit des Menschen als Geschöpf Gottes scheint seine Autonomie in Frage zu stellen. Ist der Mensch jedoch nicht freie Ursache des moralisch Bösen, muß Gott die „cause intégrale"[152] der Sünde sein. Wie bereits KEARNS[153] betont, behandelt Bayle die Thematik des freien menschlichen Willens nicht gesondert, sondern integriert sie in die Sündenproblematik innerhalb der Theodizee:

---

[151] *Dictionaire historique et critique*, art. Pauliciens, rem. E; cf. LAKTANZ, *De Ira Dei*, 13,20 (in ders., *De ira Dei liber/Vom Zorne Gottes* [Texte zur Forschung 4], eingeleitet, herausgegeben, übertragen und erläutert von H. KRAFT und A. WLOSOK, p. 46).

[152] *Janua*, OD V-1, p. 404.

[153] E. J. KEARNS, *Ideas in Seventeenth-Century France*, Manchester 1979, p. 158.

„Tout se réduit enfin à ceci: Adam a-t-il péché librement? Si vous répondez qu'oui; donc, vous dira-t-on, sa chute n'a pas été prévue; si vous répondez que non; donc, vous dira-t-on, il n'est point coupable."[154]

Es geht um die moralische Verantwortlichkeit des Menschen. Liegt das Prinzip des Bösen, wie im Dualismus, außerhalb der menschlichen Seele und übt es einen unwiderstehlichen Zwang auf diese aus, so ist die Seele nicht frei, sondern genötigt zu sündigen. Der Mensch ist dann nur ohnmächtiger Betrachter eines ihn ihm, aber ohne ihn stattfindenden Konfliktes.[155] Handelt der Mensch nicht frei, so ist die Sünde keine strafbare Handlung – keine Sünde.[156] Das Fazit von Augustinus in dieser Frage lautet daher: Die Sünde resultiert aus einer freien Wahl: „id facimus ex libero voluntatis arbitrio"[157].

Bejaht man die menschliche Freiheit, so stellt sich die Frage nach Gottes Einflußmöglichkeiten auf den menschlichen Willen: Entweder lassen sie ihm die Kraft, sich für die eine oder die andere Seite zu entscheiden, oder sie lassen keine andere Art der Entscheidung zu. Das Urteil der Theologen ist einstimmig: Gott kann einen guten Willensakt in der menschlichen Seele erzeugen, ohne ihm die Freiheit zu nehmen – zum Beispiel durch eine *delectatio praeveniens*, die die starke Anziehungskraft des Lasters abschwächt.[158] Alles, was Gott will, geschieht, so daß man schließen muß, daß das, was nicht geschieht, nicht von Gott gewollt ist.[159]

Trotz aller Einwände bestreitet Bayle – aus theologischen und moralischen Gründen – eine Freiheit, die den Menschen für seine Taten

---

154 *Dictionaire historique et critique*, art. Jansenius, rem. G.
155 Cf. J. LAGREE, „Pierre Bayle et l'*Eclaircissement sur les manichéens*, 1701: le mal et le système", in H. BOTS, *Critique, savoir et érudition à la veille des Lumières. Le Dictionaire historique et critique de Pierre Bayle (1647-1706)*, Amsterdam-Maarssen 1998, p. 327.
156 Die Freiheit als Voraussetzung moralischen Handelns findet sich auch bei Kant: „Dieser subjektive Grund muß aber wiederum selbst ein Aktus der Freiheit sein (denn sonst könnte der Gebrauch oder Mißbrauch der Willkür des Menschen in Ansehung des sittlichen Gesetzes ihm nicht zugerechnet werden, und das Gute oder Böse in ihm nicht moralisch heißen)" (I. KANT, „Von der Einwohnung des bösen Prinzips neben dem guten: oder das radikale Böse in der menschlichen Natur", in ders., *Die Religion innerhalb der Grenzen der bloßen Vernunft*, hrsg. von K. VORLÄNDER, Hamburg ⁶1956, p. 19).
157 AUGUSTINUS, *De libero arbitrio*, I 16, 35. 117, in *Corpus Christianorum Series Latina* XXIX, p. 235.
158 Cf. *Dictionaire historique et critique*, art. Pauliciens, rem. M; cf. *Continuation des Pensées diverses*, OD III, p. 388b.
159 Cf. *Entretiens de Maxime et de Thémiste*, OD IV, p. 75b.

verantwortlich zeichnet, nicht.[160] Aber eigentlich ist nicht zu verstehen, daß ein Wesen, das *ab alio* existiert, nicht auch *ab alio* handelt.[161] Selbst die Kartesianer, die Gott zur einzigen Ursache machen, bestreiten nicht, daß Gott der Seele die Kraft zu handeln geben kann – obwohl sie damit in Widerspruch zu ihrer Theorie geraten.[162] Ein absolut autonomes Vermögen des Menschen in Form etwa der scholastischen *libertas indifferentiae* ist für Bayle nicht zu erweisen, zumal eine solche Konzeption der göttlichen Gnade ihre Bedeutung nimmt, indem sie impliziert, der Mensch könne ohne die Gnade das Gute wählen.[163] In Bayles Präsentation ergibt sich daher ein philosophischer Vorteil für eine Position, die, wie der Okkasionalismus, die Seele als wirksame Ursache der Ideen und der Bewegung ablehnt und ihr zusätzlich, in letzter Konsequenz, auch die Urheberschaft der Willensbewegungen abspräche. Eine Entscheidung findet sich bei Bayle jedoch nicht, der ganz ausdrücklich darauf verzichtet, die Frage der Freiheit oder Unfreiheit des Willens philosophisch definitiv zu beantworten:

„Je puis bien vous avouer, ce me semble, que de simple Philosophe à Philosophe la dispute de la liberté est au dessus de la décision."[164]

Was hier jedoch den Anschein einer philosophischen Inkonsequenz hat, ist theologisch legitimiert, da Bayles fideistische Position eine philosophische Entscheidung dieser Frage zugunsten einer mit der Schrift und der reformierten Lehre konformen Auslegung der Freiheit als Abwesenheit von Zwang ausschlagen muß.

---

[160] Er scheint sie jedoch mit einer gewissen vernünftigen Begabung in Zusammenhang zu stellen: Kindern und Geisteskranken stellt er sie ausdrücklich in Abrede (cf. *Dictionaire historique et critique*, art. Rorarius, rem. F).

[161] Cf. F. W. J. SCHELLING, *Philosophische Untersuchungen über das Wesen der menschlichen Freiheit und die damit zusammenhängenden Gegenstände*, mit einem Essay von W. SCHULZ, Frankfurt ²1984, p. 48: „Nicht geringer jedoch ist die Schwierigkeit, wenn zwischen Gott und den Weltwesen auch nur der allerweiteste Zusammenhang angenommen wird; denn wird dieser auch auf den bloßen sogenannten *concursus*, oder auf jene notwendige Mitwirkung Gottes zum Handeln der Kreatur beschränkt, welches vermöge der wesentlichen Abhängigkeit der letzten von Gott angenommen werden muß, wenn auch übrigens Freiheit behauptet wird: so erscheint doch Gott unleugbar als Miturheber des Bösen, indem das Zulassen bei einem ganz und gar dependenten Wesen doch nicht viel besser ist als mitverursachen; oder es muß ebenfalls auf die eine oder die andere Art die Realität des Bösen geleugnet werden."

[162] Cf. *Dictionaire historique et critique*, art. Rorarius, rem. L.

[163] Cf. J. CALVIN, *Institution*, II, 2, 6: Seit dem Sündenfall hat der Mensch keinen „libéral-arbitre à bien faire, sinon qu'il soit aidé de la grâce de Dieu, et de grâce spéciale qui est donnée aux eleus tant seulement, par régénération."

[164] *Réponse aux questions d'un provincial*, OD III, p. 782b.

Entspringt der menschlichen Freiheit das moralisch Böse – so der dualistische Einwand –, dann kann sie nicht das Geschenk eines einzigen guten Gottes sein, denn:

„(...) tout ce qui peut produire le mal est mauvais, puisque le mal ne peut naître que d'une cause mauvaise"[165].

Die Freiheit des menschlichen Willens läßt sich angesichts des moralisch Bösen beziehungsweise der Sünde und ihrer Folgen gegenüber der Vernunft nicht verteidigen:

„Toutes ces choses nous montrent évidemment, que ceux qui voudroient soumettre au jugement de la Raison la conduite de la Providence de Dieu, par rapport à la permission du prémier péché, perdroient infailliblement leur cause, s'ils n'avoient point d'autres moins que de dire que les privileges de la liberté ne devoient pas être violez."[166]

Das moralisch Böse ist das Hauptproblem der Theodizee, sein Eindringen in die Schöpfung des guten Gottes nur schwer erklärbar. Das Christentum lehrt die Allwissenheit und Allmacht Gottes, die das moralisch Böse als etwas von Gott Erlaubtes erscheinen lassen und somit seine Güte in Frage stellen. Will man menschliche Freiheit und göttliche Güte bewahren, so muß man Allwissenheit oder Allmacht Gottes aufgeben.[167] Das moralisch Böse ist also nicht nur in seinem Ursprung schwer erklärbar, sondern zwingt die Vernunft dazu, zur Bewahrung gewisser göttlicher Attribute andere Attribute zu opfern. Man muß entweder zugeben, daß das unfehlbare Vorwissen um ein zufälliges Ereignis ein Mysterium ist, oder daß die Sünde einer ohne Freiheit handelnden Kreatur unbegreiflich ist.[168]

3.2. Das göttliche Handeln

Die Gottesidee enthält das Attribut der Glückseligkeit. Ein sich gegenüber seinen Kreaturen ungerecht und böse verhaltender Gott kann nicht glückselig sein.[169] Ein Konflikt zwischen einem guten und einem bösen Gott, wie ihn der Dualismus voraussetzt, bedeutet daher ebenfalls, daß diese nicht glücklich sein können. Die moralische Vollkommenheit, die Gott zukommen muß, verlangt, daß er die Tugend genauso notwendig

---

165 *Dictionaire historique et critique*, art. Pauliciens, rem. F.
166 *Dictionaire historique et critique*, art. Pauliciens, rem. M.
167 Cf. *Réponse aux questions d'un provincial*, OD III, p. 663b.
168 Cf. *Dictionaire historique et critique*, art. Jansenius, rem. G.
169 Cf. *Continuation des Pensées diverses*, OD III, p. 320b.

liebt, wie er das Laster notwendig haßt.[170] Seine Allmacht, aber auch seine
Güte schließen aus, daß das Böse als unvermeidlich charakterisiert werden
kann:

> „(...) les idées de l'ordre ne souffrent pas qu'une cause infiniment bonne & sainte, qui
> peut empêcher l'introduction du mal moral, ne l'empêche pas, lors sur-tout qu'en la
> permettant, elle se verra obligée d'accabler de peines son propre ouvrage"[171].

Von der traditionellen Fokussierung auf den freien Willen des Menschen
verlegt Bayle den Akzent auf die göttliche Freiheit. Daß die Beziehung
von Seele und Körper auf eine willkürliche Verfügung Gottes zurückgeht,
zeigt seine Freiheit, das physisch Böse durch eine andere Regelung dieser
Beziehung zu verhindern. Diese göttliche Freiheit ist es, die Bayle immer
wieder betont, um alle Notwendigkeit vom höchsten, vollkommenen,
allmächtigen Wesen fernzuhalten, auch wenn sich aus ihr die Problematik
der Bewahrung des Attributes der Güte Gottes ergibt.

Alles wird durch Gott, den Schöpfer, nach seinem freien Willen für
jedes Wesen geregelt, die Art der Empfindung, die Fähigkeit zu denken,
die Bewegungsweise.[172] Alles ist im einzelnen bestimmt durch die von Gott
frei geschaffenen Gesetze und Regelungen hinsichtlich der Beziehung
zwischen den Geschöpfen. Wie der Okkasionalismus betont auch Bayle
die Willkürlichkeit und freie Regelung der Naturgesetze durch Gott. Sein
Ziel ist dabei jedoch nicht die Anklage Gottes als Urheber des Übels,
sondern die Befreiung des höchsten und ewigen Wesens von aller Notwendigkeit, um der göttlichen Gnade ihren uneingeschränkten Wirkungsraum
zu sichern. Auch wenn die Konformität der Existenz des Bösen mit den
göttlichen Attributen der Güte, Heiligkeit und Gerechtigkeit der Vernunft
nicht einsichtig ist, so muß sie anerkennen, daß alles von Gott gewollt und
daher gut ist. Natürliche Ordnung und Naturgesetze sind für Bayle somit
eine freie Anordnung Gottes, was aber die Schwierigkeit der Theodizeefrage nicht löst, die er daher zu den die Vernunft übersteigenden Dingen
rechnet. Die einzige gesicherte Erkenntnis lautet somit nach Bayle: Gott
regiert die Dinge nach dem von ihm gewählten Plan, in dem sich auch die
freien Taten der Geschöpfe und die notwendigen Folgen des Wirkens der
Körper an ihrem Platz befinden; es ist alles von Gott gewollt und geordnet, so daß auch die Laster des Menschen diesen ewigen Heilsplan nicht
stören können.[173]

---

[170] Cf. *Réponse aux questions d'un provincial*, OD III, p. 820a-b.
[171] *Dictionaire historique et critique*, art. Manichéens, rem. D.
[172] Cf. *Réponse aux questions d'un provincial*, OD III, pp. 1064b-1065a.
[173] Cf. *Réponse aux questions d'un provincial*, OD III, p. 1067b.

In der Theodizee muß sich die Vernunft geschlagen geben. Alle Versuche, die Theodizeefrage zu lösen und die Herkunft des Bösen in einem von einem guten Schöpfergott geschaffenen Universum zu erklären, erweisen sich als nutzlose Konstrukte der menschlichen Vernunft.

Als vollkommenes Wesen muß Gott gut handeln – das ist das einzige, was die Vernunft in den Augen Bayles etablieren kann. Gott erfüllt diesen moralischen Anspruch, ohne daß sich eine Konformität seines Handelns mit den Begriffen der Vernunft manifestieren muß. Diese Konformität mit den Begriffen der Vernunft bezeichnet Bayle jedoch als das Maß moralischen Handelns überhaupt. Hinsichtlich der menschlichen Moral gilt der Wahrheitsanspruch der rechten, das heißt von Vorurteilen freien Vernunft. Die Erkenntnis von Gut und Böse geschieht unabhängig von jeglicher Religion, auch unabhängig von der Bejahung oder Verneinung der Existenz Gottes. Um Gott von dem Vorwurf der Immoralität reinzuwaschen, sieht sich Bayle dazu genötigt, seinen moralischen Rationalismus in bezug auf das göttliche Handeln sehr einzuschränken. Gott steht in der Verpflichtung, gut zu sein, und die Vernunft muß anerkennen, daß er gut ist, ohne sich sein Handeln jedoch so recht erklären zu können.

Da die Güte das in der Gottesidee am klarsten erkennbare Attribut ist, haben die heidnischen Philosophen lieber die Macht Gottes begrenzt, als ihn zum Urheber des menschlichen Leids zu machen. Darauf gründet auch die dualistische Hypothese. Andere Philosophen haben das physisch Böse in Zusammenhang mit der Unvollkommenheit der Materie oder mit den Naturgesetzen gebracht, nach denen das Gutsein des Ganzen nur aus dem Schlechtsein einiger seiner Teile hervorgehen konnte.[174] Die „impiété"[175] der Stoiker bestand darin, das menschliche Leid als notwendig für das Universum und die Glückseligkeit der Götter anzusehen. Andere, wie zum Beispiel Horaz, haben das menschliche Leid als Strafe für die Beleidigung der Gottheit gesehen. Doch auch diese These löst nicht das Problem, nach dem eine vollkommene gute Ursache das moralisch Böse hätte verhindern müssen. Das Leid der Tiere, das weder aus einer Sünde resultiert noch dem Menschen nützt, stellt ebenfalls die Güte Gottes in Frage.[176]

Bayles Lösung der Theodizeefrage ist zunächst eine einzige große Attacke gegen rationale Erklärungsmodelle des Bösen und richtet sich nicht zuletzt gegen die augustinische Tradition der privativen Auffassung

---

[174] Cf. *Réponse aux questions d'un provincial*, OD III, p. 824b.
[175] *Réponse aux questions d'un provincial*, OD III, p. 827b.
[176] Cf. *Dictionaire historique et critique*, art. Rorarius, rem. C.

des Bösen, die auch seine Gegner vertreten.[177] Ebensowenig kann der
Ursprung des Bösen mit der Unvollkommenheit der Materie beziehungsweise der Kreatur so in Verbindung gebracht werden, als seien Gott von
vornherein die Mittel genommen, etwa durch die Schaffung anderer
Umstände und Gesetze die Wirklichkeit des Bösen zu verhindern.[178] Das
physisch Böse ist keine natürliche Notwendigkeit des Menschen, wie etwa
King darlegt, sondern einzig und allein eine willkürliche Verfügung des
Schöpfers aufgrund der Sünde Adams und seines Verzichts auf Tugend
und Weisheit.[179] So ist im ganzen der Versuch, das physisch Böse als
notwendig zu deklarieren und durch den Aspekt des Nutzens mit der
göttlichen Güte in Einklang zu bringen, für Bayle theologisch gesehen
eine Untat.[180] Der Grund des physisch Bösen ist die Umwandlung der
Gesetze der Natur in für die Menschheit unbequeme nach dem Sündenfall, einhergehend mit einer anderen dem Menschen auferlegten Regelung
der Verbindung von Körper und Seele.[181] So erklärt nicht die Vernunft die
Existenz des physisch Bösen, die sie allein auf sich gestellt notwendig

---

[177]   Cf. A. GAUDIN, *La distinction du bien et du mal. Traité où l'on combat les sentiments
de Montagne et de Charron et ceux de M. Bayle*, p. 154: „Le mal n'étant qu'une
privation, il n'est plus besoin de lui chercher un autheur, un principe." Bayles
Antwort auf Gaudins Attacken (*Mémoire communiqué par Mr. Bayle pour servir de
réponse à ce qui le peut intéresser dans un Ouvrage imprimé à Paris sur la distinction du
bien & du mal*, OD IV, pp. 179a-184b) umfaßt gerade einmal knapp drei Seiten, in
denen er verächtlich die Nutzlosigkeit dieser Argumentation darlegt, die sich darauf
beschränkt, die augustinischen Thesen zu wiederholen und sie als unüberwindliche
Verteidigung darzustellen „sans daigner dire un seul mot contre les oppositions"
(p. 181a).

[178]   Auch Kant kritisiert diese „auf den Schranken der Natur der Menschen" gründende Rechtfertigung Gottes als Rechtfertigung des Bösen, das, „da es nicht als die
Schuld der Menschen ihnen zugerechnet werden kann", nicht als moralisch Böses
qualifiziert werden dürfte (I. KANT, *Über das Mißlingen aller philosophischen Versuche
in der Theodicee*, in *Kants Werke* [Akademie-Textausgabe], 9 Bde., Berlin 1968-1977,
Bd. 8, p. 258f). Dies ist jedoch der Ausgangspunkt der „Theodicee" Leibniz', der –
im Sinne von Augustinus – das Böse als Privation auffaßt. Weil der Ursprung der
Sünde in der Unvollkommenheit der Geschöpfe liegt, ließ Gott, den „Regeln des
Besten" folgend, das Böse zu (G. W. LEIBNIZ, „Des Versuchs von der Güte
Gottes, von der Freiheit des Menschen, und vom Ursprunge des Bösen: Zweiter
Teil", §§ 153-158, in ders., *Herrn Gottfried Wilhelms Freiherrn von Leibnitz Theo-
dicee: das ist, Versuch von der Güte Gottes, Freiheit des Menschen, und vom Ursprunge
des Bösen*, nach der 1744 erschienenen, mit Zusätzen und Anmerkungen von
Johann Christoph Gottsched ergänzten, vierten Ausgabe herausgegeben, kommen-
tiert und mit einem Anhang versehen von H. HORSTMANN, pp. 203-206).

[179]   Cf. *Dictionaire historique et critique*, art. Pauliciens, rem. E.

[180]   Cf. *Réponse aux questions d'un provincial*, OD III, p. 828a.

[181]   Cf. *Réponse aux questions d'un provincial*, OD III, p. 668b.

dualistisch formuliert, sondern allein die Offenbarung, die die Sünde als den Grund des physisch Bösen nennt.

Die christliche Lehre wird jedoch – in der Gegenüberstellung mit dem Dualismus – in ihrer Überzeugungskraft gemindert. So liegt ihre Stärke zwar in der *a priori* zu erkennenden Einheit Gottes, aber die Überzeugungskraft des Dualismus beruht auf seiner Begründung der Erfahrung einer Vermischung von Gutem und Bösem auf Erden anhand des Argumentes, daß das Böse das Gute daran hindert, dem Menschen alles erdenklich Gute zukommen zu lassen.[182] Das Festhalten an der Einheit Gottes zeigt sich jedoch darin, daß Bayle auch in der Theodizeefrage Spinozas Gottesbegriff kritisiert, nach dem Gott hinsichtlich des moralisch und des physisch Bösen sowohl der Handelnde als auch der Leidtragende wäre.[183]

Auch im Christentum stellt Bayle ein dualistisches Element fest, da es hinsichtlich des moralisch Bösen ein untergeordnetes Prinzip, nämlich den Teufel, anerkennt, der mit Gott um die Herrschaft über die menschlichen Seelen kämpft.[184] Von einer Gleichwertigkeit der Prinzipien kann jedoch keine Rede sein, da der Teufel ebenfalls ein Geschöpf Gottes ist, so daß auch hier – nur im Sinne der Vernunft, da die Schrift die tatsächliche Macht des Teufels lehrt – wieder von einer göttlichen Verursachung des Bösen mittels eines „Satan de comédie"[185] ausgegangen werden muß.[186] Dieser Konsequenz war sich bereits Calvin bewußt, der die Macht des Teufels ausdrücklich auf ein göttliches Dekret zurückführte, darin jedoch sogar einen Trost sah, da der Teufel nur tun könne, was Gott ihm befehle.[187]

Gott hat, so die mehrheitliche Meinung der Theologen, die Sünde vorhergesehen. Wie aber ist dieses Vorwissen mit der menschlichen Freiheit zu vereinbaren? Ist Gott Urheber der Sünde? Um dies auszuschließen, haben die Sozinianer das Vorwissen Gottes um die kontingenten Ereignisse (zu denen das freie menschliche Tun gehört) verneint – eine Ungeheuerlichkeit, wie Bayle befindet, die die Allmacht Gottes und Abhängigkeit der Kreatur in Frage stellt:

[182] Cf. *Dictionaire historique et critique*, art. Pauliciens, rem. E; cf. art. Manichéens, rem. D.
[183] Cf. *Dictionaire historique et critique*, art. Spinoza, rem. N.
[184] Cf. *Dictionaire historique et critique*, art. Xenophanes, rem. E.
[185] M. RAYMOND, „Pierre Bayle et la conscience malheureuse", in ders., *Vérité et poésie*, Neuchâtel 1964, p. 57.
[186] Cf. *Dictionaire historique et critique*, art. Pauliciens, rem. H; cf. art. Ruggeri, rem. D.
[187] Cf. J. CALVIN, *Institution*, I, 17, 11.

„(...) que peut-on dire de plus monstrueux que d'admettre un Dieu qui ne connoisse les actions des hommes qu'à mesure qu'elles se font?"[188]

Hinge das Zukünftige von einer unbestimmten Ursache wie der menschlichen Freiheit ab, so könnte Gott es nicht voraussehen. Die scholastische Konzeption Gottes als *actus purus*, die das Vorwissen Gottes nicht als passiv, sondern als „scienza creativa o causativa"[189] begreift, muß Bayle auch aufgrund seiner Auffassung des Bezugs zwischen Schöpfer und Geschöpf angemessener erscheinen. Die molinistische Konzeption der dem göttlichen Willensakt vorausgehenden *scientia media* hingegen, durch die Gott den individuellen Gebrauch der Freiheit in jedem nur möglichen Umstand voraussieht, lehnt er ausdrücklich als „invention (...) chimérique"[190] ab, da sowohl das menschliche Handeln als auch das Wissen Gottes von den Umständen determiniert werden.

Die Fähigkeit des Geschöpfes zur Sünde und seine Plazierung in bestimmte Umstände sind ebenso ein Beschluß Gottes wie das ausdrückliche Dekret der Sünde und unterliegen damit denselben Einwänden. Ist der Ungehorsam Adams die Folge eines göttlichen Dekrets, so ist sein Gehorsam damit unmöglich geworden, da das Dekret ein absoluter Willensakt Gottes ist, der sowohl die Mittel als auch das Ziel selbst festschreibt.[191] Die orthodoxe Sicht – der sich Bayle zurechnet – beschreibt die Vereinbarung des Vorwissens Gottes mit der menschlichen Freiheit beziehungsweise der Heiligkeit Gottes mit den ewigen Qualen einer notwendig sündigenden Natur daher als ein unbegreifliches Mysterium, wobei sie sich ausdrücklich auf Jes 55,8 beruft.[192] Gottes Verhalten läßt sich aufgrund der Kluft zwischen menschlicher und göttlicher Vernunft rational nicht erklären:

„(...) les notions métaphysiques ne doivent point être notre regle pour juger de la conduite de Dieu, (...) il faut se conformer aux Oracles de l'Ecriture."[193]

Um den Widerspruch zwischen den göttlichen Attributen in der Theodizeeproblematik aufzudecken, arbeitet Bayle – nach geläufigem Gebrauch

---

188   *Dictionaire historique et critique*, art. Carneade, rem. L.
189   C. SENOFONTE, *Pierre Bayle, dal calvinismo all'illuminismo*, p. 138.
190   *Dictionaire historique et critique*, art. Pauliciens, rem. F.
191   Calvin selbst bekräftigt, daß der Grund, warum Gott Adam nicht die Gabe der Beständigkeit gegeben hat, ein verborgener Ratschluß Gottes sei, über den man nicht spekulieren dürfe (cf. J. CALVIN, *Institution*, I, 15, 8).
192   Cf. *Réponse aux questions d'un provincial*, OD III, p. 843b, wo Bayle unter anderem den Genfer Theologen Turrettini zitiert.
193   *Dictionaire historique et critique*, art. Origene, rem. E.

– mit Vergleichen:[194] Gott kann nicht wie ein Monarch sein, der sein Reich ins Elend stürzt, nur um es danach mildtätig wiederaufzubauen – so der Einwand gegen jede Art von Theodizee, die die Erlaubnis der Sünde mit der Ausübung der göttlichen Weisheit in Zusammenhang bringt.[195]

Die Zulassung des Bösen ist ein Faktum, das sowohl die Erfahrung als auch die Offenbarung lehren. Diese Bestätigung verweist bezüglich Gottes auch auf die Beantwortung der Frage ihrer Legitimität: Gott hat es erlaubt, also ist das Böse legitim, das heißt vereinbar mit der göttlichen Natur, wenngleich diese Konformität für die Vernunft nicht einwandfrei erklärbar ist:

„Tout ce que Dieu a permis ou décrété à cet égard, est conforme à toutes les perfections infinies, mais la raison en étant cachée dans les profondeurs impénétrables de l'Etre souverainement parfait, nous ne la saurions découvrir."[196]

Die Feststellung der Erlaubnis der Sünde führt auch auf philosophischem Weg zum Postulat ihrer Konformität mit dem Wesen Gottes:

„Le péché s'est introduit dans le monde; Dieu donc a pû le permettre sans déroger à ses perfections: *ab actu ad potentiam valet consequentia.*"[197]

---

[194] Leibniz beklagt die Unangemessenheit dieser Vergleiche: „Auf solche Weise spottet man nur Gottes, durch unaufhörliche Anthropomorphismos" (G.W. LEIBNIZ, „Des Versuchs von der Güte Gottes, von der Freiheit des Menschen, und vom Ursprunge des Bösen: Zweiter Teil", § 122, in ders., *Herrn Gottfried Wilhelms Freiherrn von Leibnitz Theodicee: das ist, Versuch von der Güte Gottes, Freiheit des Menschen, und vom Ursprunge des Bösen,* nach der 1744 erschienenen, mit Zusätzen und Anmerkungen von Johann Christoph Gottsched ergänzten, vierten Ausgabe herausgegeben, kommentiert und mit einem Anhang versehen von H. HORST-MANN, p. 180). – E. LABROUSSE, *Pierre Bayle: hétérodoxie et rigorisme,* p. 386, n. 159, hingegen betont die damalige Geläufigkeit der Methode, in der Kontroverse Vergleiche anzuwenden, mit denen die gegnerische Theorie *ad absurdum* geführt wurde.

[195] *Dictionaire historique et critique,* art. Pauliciens, rem. E; cf. S. LANDUCCI, *La teodicea nell'età cartesiana,* Neapel 1986, p. 65f: „(...) venire a mostrare il male del mondo come un sottoprodotto necessario alla *saggezza* stessa di Dio (...) equivaleva per Bayle ad occultarne il contrasto insuperabile con quell'idea d'una perfetta *bontà".* – Eine solche Begründung der Zulassung des Bösen findet sich auch in A. GAUDIN, *La distinction du bien et du mal,* p. 181f: „(...) sa puissance ni sa bonté n'on pas dû, en necessitant la creature dans le bien, préjudicier à sa sagesse & à l'ordre de sa Providence, qui l'obligeoient à laisser agir librement sa creature raisonnable."

[196] *Réponse aux questions d'un provincial,* OD III, p. 832b; cf. *Dictionaire historique et critique,* art. Epicure, rem. T: „S'il arrive des choses qu'il a défendues, & qu'il punit, elles n'arrivent pas néanmoins contre ses Décrets, & elles servent aux fins adorables qu'il s'est proposées de toute éternité, & qui font les plus grands Mysteres de l'Evangile."

[197] *Réponse aux questions d'un provincial,* OD III, p. 847b.

Es ist daher nicht nur unmöglich, sondern auch unnötig zu zeigen, wie genau das Böse mit dem göttlichen Entwurf zusammenhängt. Dies wäre jedoch eben die Forderung einer rein philosophisch denkenden Vernunft, wie sie Bayle versteht – was Leibniz vehement bestreitet[198]. Der Versuch, Philosophie und Theologie zu versöhnen, muß scheitern, da eine rationale Erklärung unter Bewahrung der Dogmen nicht möglich ist:

> „(...) on donne dans l'illusion dès qu'on s'imagine que nos Mysteres peuvent être philosophiquement soûtenus & mis à couvert de toutes les objections d'une dispute réglée sur le plan de nos aphorismes de morale & de métaphysique."[199]

Alle Gründe, die für die Erlaubnis der Sünde angeführt werden, sind anfechtbar, wenn sie nicht explizit auf den Mysterien der Schrift gründen.[200] In ihrer Auseinandersetzung mit dem christlichen Gottesverständnis in der Theodizeefrage zeigt die Philosophie, daß sie die Wahrheit nicht erreichen kann.[201]

Das Gott selbst wichtigste Attribut ist das seiner Heiligkeit, so heißt es in der „Addition aux Pensées diverses".[202] Das moralische Gut übertrifft das physische. Diese Wertung kennzeichnet auch die Auslegungen und Kritik Bayles bezüglich der Theodizee. Gott die Heiligkeit abzusprechen ist daher, zusammen mit dem Götzenkult, eines der schlimmsten Verbrechen, das der Mensch gegen ihn begehen kann. Gott muß frei von Lastern sein.[203] Seine Vollkommenheit ist ihm Gesetz. Daher ist alles Handeln Gottes unendlich vollkommen.[204] Diese Schlüsse der Vernunft erweisen sich trotz ihrer Konformität mit den theologischen und philosophischen Beschreibungen des *ens perfectissimum* gerade hinsichtlich der Theodizeefrage jedoch als problematisch. Das Handeln Gottes erscheint der menschlichen Vernunft so wenig nachvollziehbar, daß der Manichäis-

---

[198]   Cf. G. W. LEIBNIZ, „Des Versuchs von der Güte Gottes, von der Freiheit des Menschen, und vom Ursprunge des Bösen: Zweiter Teil", § 145, in ders., *Herrn Gottfried Wilhelms Freiherrn von Leibnitz Theodicee: das ist, Versuch von der Güte Gottes, Freiheit des Menschen, und vom Ursprunge des Bösen*, nach der 1744 erschienenen, mit Zusätzen und Anmerkungen von Johann Christoph Gottsched ergänzten, vierten Ausgabe herausgegeben, kommentiert und mit einem Anhang versehen von H. HORSTMANN, p. 197f: „Allein es scheint, als fordere der Herr Bayle ein wenig zu viel: er wollte gern daß ihm jemand ausführlich zeigte, wie und auf was Weise das Böse mit dem bestmöglichsten Entwurfe des Weltgebäudes verknüpft sei; welches denn die vollkommene Erklärung der Begebenheiten sein würde."

[199]   *Réponse aux questions d'un provincial*, OD III, p. 863a.

[200]   Cf. *Dictionaire historique et critique*, art. Pauliciens, rem. E.

[201]   Cf. *Réponse aux questions d'un provincial*, OD III, p. 773b.

[202]   Cf. *Addition aux Pensées diverses*, OD III, p. 172.

[203]   Cf. *Janua*, OD V-1, p. 545.

[204]   Cf. *Réponse aux questions d'un provincial*, OD III, p. 573a.

mus – wie der hypothetische Dialog zwischen dem Monisten Melissus und dem Dualisten Zoroaster demonstriert[205] – zur plausibleren Erklärung wird. Hier zeigt sich die Unfaßbarkeit der göttlichen Vernunft, die auch anhand des moralischen Kriteriums nicht erklärbar wird.[206]

Das Handeln Gottes läßt sich nicht genau begründen, ohne daß sich gegen eine solche Begründung viele Einwände ergeben. Daher gilt auch in der Theodizeeproblematik die fideistische Maxime: „Il vaut mieux croire & se taire"[207]. Es ist besser einzugestehen, daß man die Gründe Gottes für die Erlaubnis der Sünde nicht kennt, als das Handeln Gottes anhand anfechtbarer Argumente zu erläutern. In der Aufgabe der Verteidigung des göttlichen Handelns gesteht die Vernunft ein, daß sie Gott nicht verteidigen kann, ohne ihn schuldig zu machen. Bayles Denken gipfelt in einer Anti-Theodizee[208], nicht um die Güte Gottes anzugreifen, sondern im Gegenteil, weil er glaubt, daß man erst mit einem Verzicht auf die rationale Rechtfertigung Gottes wirklich „die Sache Gottes führet"[209].

Um die aus der Vollkommenheit Gottes resultierende Undurchschaubarkeit des göttlichen Handelns zu untermauern, verweist Bayle auf viele – vor allem für den Protestantismus relevante – Autoritäten. So finden sich neben Calvin, Augustinus, Luther, Melanchthon, Beza auch Turrettini, du

---

[205] Cf. *Dictionaire historique et critique*, art. Manichéens, rem. D.

[206] Cf. S. BROGI, *Teologia senza verità*, p. 146: „La teologia può certamente costruire un concetto coerente o almeno intelligibile di Dio, ma per farlo deve negare la possibilità di applicare a tale concetto le nostre categorie morali."

[207] *Dictionaire historique et critique*, art. Pauliciens, rem. E.

[208] L. BRUNSCHVICG, „L'idée critique et le système kantien", *Revue de métaphysique et de morale* 31 (1924), p. 138, bezeichnet die Artikel des „Dictionaire" zur Theodizee nachdrücklich als „une véritable *Somme antithéologique*".

[209] G. W. LEIBNIZ, „Vorrede des Verfassers", in ders., *Herrn Gottfried Wilhelms Freiherrn von Leibnitz Theodicee: das ist, Versuch von der Güte Gottes, Freiheit des Menschen, und vom Ursprunge des Bösen*, nach der 1744 erschienenen, mit Zusätzen und Anmerkungen von Johann Christoph Gottsched ergänzten, vierten Ausgabe herausgegeben, kommentiert und mit einem Anhang versehen von H. HORSTMANN, p. 50. – Es ist daher nicht so – wie Leibniz behauptet –, daß Bayle verlange, „Gott müsse auf eben dergleichen Art verteidiget werden, wie man insgemein eines vor dem Richter verklagten Menschen Sache zu verteidigen pfleget" (G. W. LEIBNIZ, „Abhandlung von der Übereinstimmung des Glaubens mit der Vernunft", § 32, in ders., *Herrn Gottfried Wilhelms Freiherrn von Leibnitz Theodicee: das ist, Versuch von der Güte Gottes, Freiheit des Menschen, und vom Ursprunge des Bösen*, nach der 1744 erschienenen, mit Zusätzen und Anmerkungen von Johann Christoph Gottsched ergänzten, vierten Ausgabe herausgegeben, kommentiert und mit einem Anhang versehen von H. HORSTMANN, p. 79). Bayle selbst nimmt diesem Vorwurf seine Richtigkeit: „(...) n'y aïant pas de proportion entre le fini & l'infini, il ne faut point se promettre de mesurer à la même aune la conduite de Dieu & la conduite des hommes" (*Réponse pour Mr. Bayle à Mr. Le Clerc*, OD III, p. 997b).

Moulin, Piscator und Abbadie.[210] Aber auch Arnauld und der Kartesianer Régis – den Bayle andererseits in bezug auf die These, Gott habe die Menschen nicht vollkommener erschaffen können, weil das Universum von ihrer Unvollkommenheit profitiere, kritisiert[211] – werden in diesem Zusammenhang zitiert.

Wichtig ist in theologischer Sicht auch der Verweis auf die „Confession de foy" (Art. 8), die Gottes Urheberschaft des Bösen verneint, gleichwohl aber bekräftigt, daß nichts gegen seinen Willen geschieht.[212] Der calvinistischen Lehre wird jedoch – so Bayle – nur dann zu Unrecht der Vorwurf gemacht, sie mache Gott zum Urheber der Sünde, wenn sie eine rationale Erklärung des göttlichen Handelns ausdrücklich ablehnt.

Bayles Darstellung der Überzeugungskraft der dualistischen Einwände gegen Einheit und Güte des ersten Prinzips haben ihm immer wieder Kritik eingebracht. Es ist angesichts der Kritik philosophischer Gottesrede und der Verteidigung der wahren göttlichen Einheit unverständlich, daß die Forschung in Bayle einen der letzten Manichäer vermutet hat.[213] In diesem Sinne ist die Aussage von Solé zu betonen:

„Il exposera (...) le dogme manichéen; il indiquera la force des objections que cette doctrine peut présenter à la théorie chrétienne: il ne la fera pas sienne pour autant, car elle n'en est pas mieux prouvée pour cela."[214]

Der Dualismus ist nicht die Lösung des Theodizeeproblems, sondern vielmehr eine Waffe gegen die zum Scheitern verurteilten christlichen

---

[210] Cf. *Réponse aux questions d'un provincial*, OD III, pp. 837a-844b.

[211] Cf. *Réponse aux questions d'un provincial*, OD III, pp. 848b-850b.

[212] Cf. *Réponse aux questions d'un provincial*, OD III, pp. 861b-862a; cf. *Confession de foy*, in *Bekenntnisschriften und Kirchenordnungen der nach Gottes Wort reformierten Kirche*, hrsg. von W. NIESEL, p. 68.

[213] Cf. E. LABROUSSE, *Pierre Bayle, Du Pays de Foi à la cité d'Erasme*, p. 270f: „Plutôt que sur la dépouille d'un des premiers déistes du XVIIIe siècle, il se pourrait bien que la fosse commune de l'Eglise wallonne de Rotterdam se soit refermée le 31 décembre 1706 sur celle d'un des derniers manichéens de l'histoire". – Auch J.-P. JOSSUA, *Pierre Bayle ou l'obsession du mal*, Paris 1977, p. 153, lehnt die Interpretation von Labrousse entschieden ab: „Il ne me semble pas que l'oeuvre de Bayle offre des appuis suffisants pour une telle hypothèse, ni que tel soit le sens de son recours si constant et si frappant aux argument (sic!) et aux explications des manichéens."

[214] J. SOLE, „Religion et conception du monde dans le Dictionnaire de Bayle", *Bulletin de la Société de l'Histoire du Protestantisme français* 117 (1971), p. 569. – Weniger überzeugend ist die These von H.-F. BERGERON, „Le Manichéisme de Bayle", *XVIIe Siècle* 68 (1965), p. 49, der für einen „manichéisme foncier" Bayles verneint, andererseits aber die dualistischen Hypothesen in dessen Werk als Versuch wertet, einen Zugang zum Problem des Bösen zu erlangen und die Transzendenz Gottes als Prinzip des Guten zu retten.

Theodizeeversuche. Gibt sich die Vernunft in der Theodizeefrage nicht geschlagen und kann sie auch den Manichäismus nicht als rationale Lösung des Problems anerkennen, so bleibt ihr nur die Verneinung Gottes. Angesichts der Verwicklung Gottes in die Problematik des Bösen – der scheinbaren kausalen Beziehung zwischen Gott und Sünde – kann die Vernunft aufgrund ihres Gottesbegriffs, der Gott und das Böse nicht vereinen kann, nur das verneinen, was ihr nicht unmittelbar und evident vorliegt: Gott. Der Atheismus ist in dieser Hinsicht die Alternative zum Fideismus, der aus der konstatierten Widersprüchlichkeit heraus nicht die Existenz Gottes, sondern die Erkenntnisfähigkeit der Vernunft negiert. Stellt Bayle – wie KEARNS[215] zwar hervorhebt – die Möglichkeit einer rationalen Behandlung metaphysischer Themen in Frage, so schließt sich jedoch selbst der Atheismus für ihn als rationale Antwort im Sinne einer echten Alternative aus.

So steht in der Theodizeefrage nicht nur das Vorwissen Gottes in Opposition zum freien Willen, sondern auch die göttliche Vorsehung und ihr Zusammenhang mit der menschlichen Freiheit erscheint als etwas Unbegreifliches. Calvin selbst gibt zu, daß Adam nicht ohne Wissen und gegen den Willen Gottes gesündigt haben kann, Gott sie also in gewisser Weise angeordnet hat, wobei er präzisiert, daß diese Erlaubnis der Sünde nicht den Umsturz der wahren und rechten Ordnung beabsichtigte, sondern einen dem Menschen verborgenen Sinn besitzt.[216] Bayle selbst betont in diesem Zusammenhang die Unmöglichkeit, der Vernunft die Kompatibilität von menschlicher Schuld und göttlicher Lenkung begreiflich zu machen.[217]

Bayles Fazit in der Theodizeefrage, insbesondere über den Ursprung des Bösen, kommt einem fideistischen Bekenntnis gleich. Der wahre Ursprung des Bösen liegt im dunkeln; er ist eher ein Objekt der Bewunderung als der Erkenntnis. Bayle sieht ihn sogar ganz außerhalb der Reichweite der Vernunft.[218] Dies bedeutet jedoch für die Philosophie, daß sie in der Theodizeefrage ganz stark und ganz schwach ist: stark, da die alleingelassene Vernunft die dualistische Position mit Argumenten kräftigt, schwach, weil sie den Angriff auf die Einheit des ersten Prinzips nicht mehr aufhalten kann. Sie muß daher streng gezähmt und erniedrigt werden, um ihren Stolz zu brechen und sie zu lehren, sich unter den Gehorsam des Glaubens zu begeben:

---

[215] E. J. KEARNS, *Ideas in Seventeenth-Century France*, p. 159.
[216] Cf. J. CALVIN, *Commentarius in Genesin*, in *Calvini Opera* XXIII (*Corpus Reformatorum* LI), p. 55f.
[217] Cf. *Réponse aux questions d'un provincial*, OD III, p. 856b.
[218] Cf. *Réponse aux questions d'un provincial*, OD III, p. 683a.

„Il faut captiver son entendement sous l'obéissance de la foi, & ne disputer jamais sur certaines choses."[219]

Eine interessante und bedeutende Stellungnahme findet sich im Artikel „Lucrece" des „Dictionaire": Weil die Philosophie nicht in der Lage ist, aufgrund der „Nichtableitbarkeit, ja Undenkbarkeit des Bösen, der Sünde"[220], die Zweifel an der Güte Gottes zu beseitigen, liegt es an der Theologie, mit einigen Einwänden aufzuräumen, indem sie dogmatisch argumentiert, also das Leid der Menschen und die scheinbare Ungerechtigkeit auf Erden mit dem Verweis auf das Reich Gottes und seine Gerechtigkeit erklärt.[221] Den Grund des menschlichen Elends – den Sündenfall – lehrt allein die Schrift. Nur sie, die von der Einheit Gottes, seiner Vollkommenheit und dem Sündenfall des Menschen berichtet, darf den dualistischen Lehren entgegengesetzt werden, da sie allein seine Einwände siegreich widerlegen kann:

„Il n'y a, selon l'Ecriture, qu'un bon principe; & cependant, le mal moral & le mal physique se sont introduits dans le Genre humain: il n'est donc pas contre la nature du bon principe qu'il permette l'introduction du mal moral, & qu'il punisse le crime"[222].

Die Erbsünde ist eine für die Vernunft ungeheuerliche Vorstellung, da sie impliziert, daß die Rebellion Adams mit der Bereitschaft aller seiner Nachkommen zur Rebellion bestraft wird:

„La raison aprouveroit-elle les Monarques qui pour châtier un rébelle le condamneroient lui & tous ses descendans à être enclins à se rébeller?"[223]

Die Rechenschaft über die Sünde kann im Christentum also nicht als Rechtfertigung erfolgen, sondern nur als Bericht darüber, wie die Menschheit böse wurde und wie sie erlöst werden wird.[224] Hier zeigt die Schrift ihre Kontinuität: Altes und Neues Testament bieten zusammen eine Antwort auf das ganze Spektrum der Problematik des Bösen, wobei sich die Erfahrung der Sündhaftigkeit der Welt als unbestreitbare Tatsache aufdrängt. Eine weiterreichende Erklärung des Grundes für die Zulassung

---

219 *Dictionaire historique et critique*, art. Pauliciens, rem. F.
220 F. R. J. KNETSCH, „Pierre Bayle", in M. GRESCHAT (Hrsg.), *Gestalten der Kirchengeschichte*, Bd. 8: *Die Aufklärung*, p. 169.
221 Cf. *Dictionaire historique et critique*, art. Lucrece, rem. H. – Calvin etwa tut dies, indem er betont, daß uns das Leid mit dem Kreuz Christi verbindet (J. CALVIN, *Institution*, III, 8, 1).
222 *Dictionaire historique et critique*, art. Pauliciens, rem. E.
223 *Réponse aux questions d'un provincial*, OD III, p. 877b.
224 Cf. J. LAGREE, „Pierre Bayle et l'*Eclaircissement sur les manichéens*, 1701: le mal et le système", in H. BOTS, *Critique, savoir et érudition à la veille des Lumières*, p. 329f.

der Sünde liefert auch die Schrift nicht, so daß die Frage nach dem Warum des Bösen letztlich unbeantwortbar bleibt. Zwar gelangt auch Calvin zu diesem Schluß, indem er Zweck und Grund der Erlaubnis der Sünde als dem Menschen unbekannt bezeichnet – um jedoch im folgenden einen ihm gewiß scheinenden Grund anzuführen:

„(...) pource qu'il voyoit que cela faisoit à la gloire de son Nom"[225].

Eine solche Begründung wäre dem Fideisten Bayle jedoch bereits zu viel, führte dies doch wieder zur Frage, wie Gott sich einer solchen Sache rühmen könnte. Der Grund für die Erlaubnis des Bösen liegt in der göttlichen Vernunft, die für die menschliche Vernunft unerreichbar ist. In der Verneinung jeglicher Kontinuität zwischen menschlicher und göttlicher Vernunft liegt für Bayle die einzige Möglichkeit, blasphemische Schlüsse hinsichtlich des göttlichen Verhaltens nicht nur zu vermeiden[226], sondern auch zu entwerten.

Angesichts der von ihm festgestellten Ohnmacht der Vernunft, die sich nicht nur angesichts der Offenbarung in Widersprüche verwickelt[227], muß Bayle auf den Entwurf eines neuen, besseren Systems verzichten und – in ganz orthodoxer Orientierung – auf die Lehre verweisen, die für ihn die größte Konformität mit der Schrift besitzt: nämlich die durch die Synode von Dordrecht festgelegte calvinistische Theologie.[228] Doch mehr noch als das Bestreben, an dem festzuhalten, was als orthodox gilt, betont Bayle den Aspekt der die menschliche Vernunft übersteigenden göttlichen Vollkommenheit und Weisheit, dem die rationalistische Theologie in ihrem Versuch, das Göttliche der Vernunft begreifbar zu machen, nicht genügend Rechnung trägt.[229] Bayles Standpunkt in der Theodizeefrage ist zweifelsfrei der, den er auch gegen King und Le Clerc vertritt: Da die philosophischen Einwände gegen die christliche Theologie bezüglich des Ursprungs des Bösen und der Folgen der Sünde durch die Vernunft nicht zu widerlegen sind, müssen die auf die Autorität Gottes gründenden Dogmen geglaubt werden, ohne begriffen werden zu können und ohne mit den philosophischen Maximen in Einklang gebracht zu werden.[230] In dieser Haltung sieht Bayle letztlich den wahren Charakter des Christen-

---

225 J. CALVIN, *Institution*, III, 23, 8.
226 Cf. S. BROGI, *Teologia senza verità*, p. 73.
227 Cf. *Entretiens de Maxime et de Thémiste*, OD IV, p. 23a.
228 Cf. *Entretiens de Maxime et de Thémiste*, OD IV, p. 11a.
229 Cf. *Entretiens de Maxime et de Thémiste*, OD IV, p. 6b, p. 10a-b.
230 Cf. *Réponse aux questions d'un provincial*, OD III, p. 762a.

tums[231] und die einzig christliche Position gegenüber der Theodizee-problematik:

„(...) ce sont des abimes de l'*imperscrutable* souveraineté du Créateur, où notre Raison est toute engloutie, ne nous restant plus que la Foi qui nous soutienne."[232]

4. Gnaden- und Erlösungslehre

Trinität, Inkarnation, Erlösungstod Christi und Prädestination „sont des choses qui eussent jetté Simonide dans de plus grands doutes que tout ce que son imagination lui suggéra"[233]. Aufgrund der Unfähigkeit der Vernunft, sich diesen Dogmen angemessen zu nähern, sind die Aussagen Bayles zur Gnaden- und Erlösungslehre äußerst vorsichtig formuliert und berufen sich vielfach, zumeist explizit und wörtlich, auf die Ausführungen der orthodoxen reformierten Theologie (Calvin, Beza, Canones von Dordrecht).[234]

4.1. Gnade und Rechtfertigung

Nur die Gnade kann die unendliche Verdorbenheit unserer Natur und ihre Versklavung durch die Leidenschaften aufheben.[235] Diese Rechtfertigung geschieht nach calvinistischer Sicht allein im Glauben, der nicht der Grund, sondern der Ort der Rechtfertigung durch Christus ist. Der Glaube wiederum ist erzeugt durch die Gnade, die für Bayle, calvinistisch orthodox, unwiderstehlich ist. Der historische, tote Glaube mag zwar orthodox sein, indem er die Wahrheit der Dogmen bekennt, er ist aber letztlich ohne heilbringende Wirkung, wenn er ohne rechtfertigende Gnade bleibt. Eine besonders aufschlußreiche Passage findet sich in den „Pensées diverses":

---

[231] Cf. *Entretiens de Maxime et de Thémiste*, OD IV, p. 53b.
[232] *Dictionaire historique et critique*, art. Marcionites, rem. F.
[233] *Dictionaire historique et critique*, art. Simonide, rem. F.
[234] E. LABROUSSE, „Le Refuge hollandais: Bayle et Jurieu", in E. LABROUSSE, *Conscience et conviction*, p. 201, bestätigt den doktrinären Konservatismus Bayles: Dieser sei auf doktrinärer Ebene „impeccablement – pour ainsi dire mécaniquement – orthodoxe".
[235] Cf. *Dictionaire historique et critique*, art. Esope, auteur des Apologues, rem. I.

„Considérez encore, que la Théologie nous enseigne formellement, que l'homme ne se peut convertir à Dieu, ni se défaire de la corruption de sa concupiscence, sans être assisté de la grace du Saint-Esprit; & que cette grace ne consiste pas simplement à croire qu'il y a un Dieu, & que les mysteres qu'il nous a révélez sont veritables, mais qu'elle consiste dans la charité, qui nous fait aimer Dieu (...). Cela montre clairement que ceux qui en demeurent à la simple persuasion de nos mysteres n'ont point encore la grace sanctifiante et qu'ils sont encore dans les liens et sous le joug du péché."[236]

Nach der Wiedergabe der traditionellen Auffassung über den rechtfertigenden Glauben macht Bayle seine eigene Position deutlich. Nicht nur, daß er die theologische Lehre vorbehaltlos übernimmt, er hebt zudem den Bezug zwischen historischem Glauben und Sündhaftigkeit noch einmal deutlich hervor. Es ist nicht die Anerkennung der gemeinsamen Dogmen, die von der Sünde befreit und zum Heil führt, sondern die rechtfertigende Gnade, die den Einzelnen erst dazu bringt, Gott zu lieben. In diesem Sinne erweist sich Bayle tatsächlich als ein „apôtre de la grâce"[237].

Glaube und Reue sind zur Erlösung nötig – beide sind eine Gnade Gottes.[238] Doch was sind die Inhalte des heilsnotwendigen Glaubens? Eine Unterscheidung zwischen den heilsnotwendigen Wahrheiten und den *Adiaphora* liegt, angesichts der konfessionellen Streitigkeiten, ganz im Sinne einer *pax christiana*, wie bereits Coornhert im 16. Jahrhundert mit seiner Forderung nach einer größeren Toleranz gegenüber der Dogmenvielfalt erkannte.[239] Die dem *consensus omnium* nachgebildete Definition von Vincenz von Lerinum, auf die sich auch Jurieu beruft, beschreibt das als heilsgrundlegend und -notwendig, was von allen Christen einstimmig und überall geglaubt wurde und wird.[240] Dieses Prinzip ist abzulehnen: Es gibt keine Einigkeit darüber, was immer geglaubt wurde.[241] Auch hier kann für den orthodoxen Calvinismus allein die Heilige Schrift maßgeblich sein, die alles enthält, was für den Dienst am Herrn und für das Heil notwendig ist. Ein Grotius' „De Veritate Religionis Christianae" entlehntes christliches Minimalcredo ließe sich auch für Bayle auf folgende Glaubenssätze

---

236 *Pensées diverses*, OD III, p. 94b.
237 G. VAHANIAN, „Pierre Bayle ou les prémices d'une théologie postmoderne", in H. BOST/P. DE ROBERT (Hrsg.), *Pierre Bayle, citoyen du monde*, p. 327.
238 Cf. *Janua*, OD V-1, p. 306.
239 Cf. *Dictionaire historique et critique*, art. Koornhert, rem. L.
240 VINCENZ VON LERINUM, *Commonitorium pro catholicae fidei antiquitate et universitate adversus profanas omnium haereticorum novitates*, hrsg. von A. JÜLICHER, Tübingen ²1925, unveränderter Nachdruck Frankfurt 1968, p. 3: „In ipsa item catholica ecclesia magnopere curandum est, ut id teneamus, quod ubique, quod semper, quod ab omnibus creditum est; hoc est etenim vere proprieque catholicum"; cf. P. JURIEU, *Le Vray Systeme de l'Eglise & la veritable Analyse de la Foy*, Dordrecht 1686, p. 236f.
241 Cf. *Continuation des Pensées diverses*, OD III, p. 218a-b.

beschränken: Christus ist Gottes ewiger Sohn, der dem Vater dem Wesen und der Substanz nach gleich ist; er ist auferstanden und sitzt zur Rechten Gottes; durch den Glauben an seinen Tod und durch seine Fürsprache werden wir erlöst; ihm gilt es zu gehorchen.[242] Auch das Bereuen der Sünden zählt zu den im Credo festgeschriebenen christlichen Pflichten. Die zu glaubenden Wahrheiten sind somit einerseits Dogmen, denen der Rang eines Mysteriums zukommt, sie sind andererseits aber auch von moralischem Gewicht (Gehorsam und Reue). Prädestination und Ewigkeit der Höllenqualen gehören hier nicht zu den genannten grundsätzlichen Glaubensartikeln. Kürzer noch fällt das Credo der allernotwendigsten Glaubenssätze bei Calvin selbst aus, das jedoch nicht den Anspruch auf Vollständigkeit erhebt und außerdem mehrere Dogmen zugleich impliziert (Trinität, Rechtfertigung und Heiligung): Es gibt nur einen Gott; Christus ist Gott und Gottes Sohn, in dessen Barmherzigkeit unser Heil liegt.[243]

Was orthodox und was heterodox, ist kann nicht durch die Vernunft, sondern nur im Rückgriff auf die Schrift geklärt werden. Ein gewisses Maß an Heterodoxie scheint dem Heilsweg nicht entgegenzustehen, zumal Bayle betont, daß alle Menschen, auch die Theologen, hinsichtlich der Natur Gottes und seiner Dekrete unwillkürlich und unausweichlich irren, „sans offenser Dieu"[244]. Abgesehen von der Idolatrie, die für Bayle eine tödliche Lehre zu sein scheint, die „toujours ou presque toujours, et par elle seule"[245] zur Verdammnis führt, stellen theologische Lehren eine Beleidigung Gottes, ein Verbrechen, erst dar, wenn sie dem Wort Gottes willentlich widersprechen und seine Herrlichkeit schmälern wollen.[246] Keine theologische Lehre beabsichtigt dies, so daß Bayle zwar bestätigt, daß von einander widersprechenden Lehren nur eine zwar der tatsächlichen Wahrheit entspricht, die anderen aber, wenn sie der Herrlichkeit Gottes nicht entgegenstehen, zeigen, wie Gott ebenfalls hätte handeln können, also aufgrund der göttlichen Freiheit etwas ihm Mögliches und daher nichts absolut Falsches und Verwerfliches lehren. Hier verschwimmt die Grenze zwischen Orthodoxie und Häresie.

---

[242] Cf. *Dictionaire historique et critique*, art. Grotius, rem. L. – M.I. KLAUBER, „Between Protestant Orthodoxy and Rationalism: Fundamental Articles in the Early career of Jean Le Clerc", *Journal of the History of Ideas* 54 (1993), p. 617, weist jedoch darauf hin, daß für Grotius Trinität und Zwei-Naturen-Lehre keine *articuli fundamentales* sind, da sie erst in der konstantinischen Zeit hinzugefügt wurden und nicht explizit von der Schrift gelehrt würden.

[243] J. CALVIN, *Institution*, IV, 1, 12.

[244] *Pensées diverses*, OD III, p. 128a.

[245] *Janua*, OD V-1, p. 255.

[246] Cf. *Suplément du Commentaire Philosophique*, OD II, p. 548a.

4.2. Prädestination

Gott will die Erlösung aller Menschen, so Paulus in 1 Tim 2,4. Doch der Apostel trennt in seinen Briefen auch die Erwählten von den Verlorenen (zum Beispiel 1 Kor 1,18). Angesichts dieses Dilemmas bedient sich bereits Thomas von Aquin der Unterscheidung zweier göttlicher Willen: Der Wille, alle Menschen zu erlösen, wird durch die Forderungen der göttlichen Gerechtigkeit modifiziert und erzeugt den Willen, die Erwählten aus Barmherzigkeit zu erlösen und die Verworfenen aufgrund der Ansprüche der Gerechtigkeit zu verdammen.[247] Malebranche versucht ebenfalls eine Versöhnung der beiden geoffenbarten Wahrheiten, indem er den Vorrang der Gesetze der göttlichen Weisheit geltend macht.[248] Die auch von den universalistischen Calvinisten (Tronchin[249], Amyraut und Cameron[250]) vertretene Unterscheidung zweier Willen Gottes – von denen der geoffenbarte Wille die Erlösung aller will, aber dem absoluten Willen, der sich in der Erwählung und Verdammung äußert, weichen muß – bietet keine Verständnishilfe:

„Quoi! l'Etre infini est-il sujet à souhaiter quelque chose dont il ne vient pas à bout?"[251]

Eine Diskrepanz zwischen den beiden Willen ist für Bayle nicht möglich, der beide ineinander enthalten sieht.[252] Die Ideen der Vernunft zeigen,

---

[247] Cf. THOMAS VON AQUIN, *Summa Theologiae*, I, q. 19, a. 6, cura et studio sac. P. CARAMELLO cum textu ex recensione Leonina, 3 Bde., Turin/Rom 1952-1956, Bd. 1, p. 112.

[248] N. MALEBRANCHE, *Traité de la nature et de la grâce*, Ier Discours, IIe partie, article 46, in ders., *Oeuvres*, édition établie par G. RODIS-LEWIS avec la collaboration de G. MALBREIL, Bd. 2, p. 47: „Ainsi on peut assurer, que Dieu veut véritablement le salut de tous les hommes: qu'il fait pour eux tout ce qu'il peut faire, agissant comme il doit agir: que s'il y avait quelque ordre de grâce aussi simple et plus fécond, aussi digne à sa sagesse et plus utile aux hommes, qu'il l'aurait choisi; et qu'ainsi il sauve autant de personnes qu'il en peut sauver, agissant selon les règles adorables que sa sagesse lui prescrit."

[249] Interessant ist in diesem Zusammenhang die Bewertung der Motive Tronchins, sich der universalistischen Sicht anzuschließen, durch J. SOLE, *Le débat entre protestants et catholiques français de 1598-1685*, Bd. 3, p. 1491, der ihn zum Repräsentanten eines aufgeklärten Calvinismus erklärt: „Sa campagne antiparticulariste exprima, au cours des années 1670, l'inquiétude d'un Calvinisme moderne et raisonnable devant la vision insoutenable de la multitude des réprouvés tranquillement condamnés par un Créateur à l'ineffable bonté."

[250] Cf. F. LAPLANCHE, *Orthodoxie et prédication. L'oeuvre d'Amyraut et la querelle de la grâce universelle*, Paris 1965, pp. 51-53.

[251] *Réponse aux questions d'un provincial*, OD III, p. 823b.

[252] Cf. *Réponse aux questions d'un provincial*, OD III, p. 823a; cf. *Entretiens de Maxime et de Thémiste*, OD IV, p. 82a.

daß Gott als allmächtigem Wesen alles möglich ist, so auch, die zu erlösen, die er *de facto* nicht erlöst. Die tatsächliche Zahl der Erwählten ergibt sich daher nicht zwingend aus der göttlichen Weisheit. Warum sollte, so der Einwand der Vernunft gegen die Prädestination, die Zahl der Erwählten nicht größer sein dürfen, als sie ist?[253]

Die Prädestination ist eines der wichtigsten Dogmen der protestantischen Lehre. Calvin lehrt eine doppelte und absolute Prädestination, nach der Gott, unabhängig von dem Vorwissen um die Taten der Menschen, die einen zum ewigen Leben, die anderen zu ewiger Verdammnis bestimmt.[254] Auch Luther ist sich der Unbegreiflichkeit der Prädestination bewußt, wenn er festhält, daß der geoffenbarte Gott zwar das Heil aller, der verborgene Gott aber den Tod des Sünders will, so daß der in der Schrift geoffenbarte universale Heilswille Gottes der Ausführung des geheimen Heilsplans nicht entgegenwirkt.[255] Einer Anfechtung dieses Mysteriums durch die Vernunft – so Bayle – kann man nur die paulinische Aussage über die Unergründlichkeit der Beschlüsse Gottes und Unerforschbarkeit seiner Wege (Röm 11,33) entgegensetzen.[256] Daher schätzt er gerade jene Theologen, die – wie Beza, Piscator und du Moulin – die Ungeheuerlichkeit der Prädestination für die Vernunft nicht verschwiegen haben.[257] Rationale Spekulationen über die Prädestination hingegen sind der Anlaß für Streitigkeiten, die den Protestantismus unnötig in mehrere Lager aufspalten.[258]

Die Canones von Dordrecht folgen der Lehre, nach der das Dekret der Prädestination den Sündenfall voraussetzt, ohne jedoch die Anhänger Bezas zu verurteilen, die es vom Vorwissen um den Sündenfall unabhängig machen und dem Dekret der Schöpfung vorhergehen lassen.[259] Der hypo-

[253] Cf. *Réponse aux questions d'un provincial*, OD III, p. 813a.
[254] Cf. J. CALVIN, *Institution*, III, 21, 5.
[255] Cf. M. LUTHER, *De servo arbitrio*, in *D. Martin Luthers Werke. Kritische Gesamtausgabe*, Bd. 18 (1908), p. 684f. – W. PANNENBERG, *Systematische Theologie*, 3 Bde., Göttingen 1988-1993, Bd. 3, p. 483, betont, daß Luther und Calvin gerade wegen der „pelagianischen" Aufweichung der Prädestinationslehre in der Scholastik zur rigorosen augustinischen Lehre tendierten.
[256] Cf. *Dictionaire historique et critique*, art. Arminius, rem. E.
[257] Cf. *Réponse aux questions d'un provincial*, OD III, pp. 842b-844b.
[258] Cf. *Dictionaire historique et critique*, art. Synergistes, rem. B.
[259] Für diese beiden Richtungen tauchen nach Dordrecht die Begriffe „infralapsarisch" und „supralapsarisch" (im Sinne von Beza) auf. Eine Anwendung dieser Begriffe zur Charakterisierung von Prädestinationslehren hält T. MAHLMANN, „Prädestination. V. Reformation bis Neuzeit", *Theologische Realenzyklopädie*, teilw. hrsg. von G. KRAUSE und G. MÜLLER, Bd. 27, Berlin/New York 1997, p. 132, jedoch für problematisch: „Da dem Sprachgebrauch auch jetzt noch primär sachliche Varianten zugeordnet werden, ist der heute übliche etikettierende Sprachgebrauch nicht nur

thetische Universalismus Amyrauts hingegen versucht, die Rigidität der calvinistischen Prädestinationslehre durch die Hervorhebung einer allen Menschen bestimmten, wenngleich nur *sub conditione fidei* wirksamen Gnade zu mildern, indem er das Dekret der Prädestination nicht nur dem Vorwissen um den Fall, sondern auch dem der Erlösung nachstellt.[260]

Die Canones von Dordecht bestätigen, daß der Tod Christi die Sünden der Welt ausreichend sühnen kann. Gott aber hat beschlossen, daß die Heilswirksamkeit seines Todes sich nur auf die Erwählten erstreckt, denen allein der rechtfertigende Glaube gegeben ist.[261] Die Canones wenden sich damit gegen eine universelle Erlösung, wie sie die Arminianer vertreten[262],

---

anachronistisch, sondern auch simplifizierend auf die ihnen vorausliegenden theologischen Konzeptionen angewendet und geeignet, deren Argumentation mehr zu verdecken als zu erhellen." Versuche, diese Begriffe auf die Lehre Calvins anzuwenden, sind äußerst fragwürdig: Während F. LAPLANCHE, *Orthodoxie et prédication. L'oeuvre d'Amyraut et la querelle de la grâce universelle*, p. 277, von einer infralapsarischen Lehre Calvins ausgeht, qualifiziert C. SENOFONTE, *Pierre Bayle dal calvinismo all'illuminismo*, p. 73, die Lehre Calvins als supralapsarisch, wobei aus den begrifflichen Erläuterungen Senofontes (p. 138f) hervorgeht, daß er die supralapsarische Lehre in erster Linie mit der Lehre der doppelten Prädestination und die infralapsarische mit der Theorie der einfachen Prädestination gleichsetzt. – B. G. ARMSTRONG, *Calvinism and the Amyraut Heresy*, p. 41f, n. 121, weist zu Recht darauf hin, daß Calvin sich über die Reihenfolge der Dekrete selbst nicht äußert.

260 Cf. E. LABROUSSE, *Pierre Bayle: hétérodoxie et rigorisme*, p. 410f. – Eine kurze Zusammenfassung der Lehre Amyrauts findet sich in F. LAPLANCHE, *Orthodoxie et prédication. L'oeuvre d'Amyraut et la querelle de la grâce universelle*, pp. 253-263. Der einzige Schwachpunkt dieser insgesamt ausgezeichneten Studie liegt in dem Versuch, einen hypothetischen Universalismus in der Theologie Calvins auszumachen (pp. 274-276). Obwohl Amyraut – wie Calvin, als dessen Interpret er sich versteht – die Prädestination nicht nur als eine absolute (das heißt unabhängig vom Vorwissen um die menschlichen Taten), sondern auch als eine doppelte (Prädestination zum Heil und zur Verdammnis) begreift, betont er – in seinem Bestreben, die Härten der Prädestinationsthematik abzuschwächen – die Universalität der göttlichen Heilsversprechen weitaus mehr als der Reformator und bezeichnet die Verwerfung als einen rein negativen Beschluß Gottes, die *massa perditionis* sich selbst zu überlassen. In einem späteren Artikel nimmt Laplanche selbst eine Nuancierung vor: Die Schule von Saumur entferne sich nicht von der Orthodoxie, weil sie sowohl die doppelte Prädestination und die Allmacht der Gnade anerkenne, ihr Bestreben, die calvinistisch orthodoxe Lehre menschlicher zu machen, habe aber zu einem „système bâtard" geführt, das die nächste Generation (Claude, Du Bosc, Gaussen) kaum überdauert habe (F. LAPLANCHE, „Tradition und modernité au XVIIe siècle. L'exégèse biblique des protestants français", *Annales de l'Ecole des Hautes Etudes en Sciences Sociales* mai-juin, n. 3 [1985], p. 478f).

261 Cf. *Dordrechter Canones von 1619*, in E.F. MÜLLER, *Die Bekenntnisschriften der reformierten Kirche*, Kap. II, Art. III und VIII, p. 849.

262 Anders als Amyraut erkennen die Arminianer an, daß es in der Macht des Menschen steht, von dieser Erlösung Gebrauch zu machen. Ein Vergleich der Lehre Amyrauts

und proklamieren den Partikularismus des göttlichen Heilswillens. Auch Bayle hebt hervor, daß aus dem Neuen Testament hervorgeht, daß Christi Gesetz allen Menschen, unabhängig von ihrem Geschlecht und ihrem Stand, als einziges Mittel gegen die ewige Verdammnis angeboten wird.[263] Ebenso stellt er fest, daß der Mensch von seiner Natur aus so zum Bösen neigt, daß außer der kleinen Anzahl von Erwählten alle anderen Menschen in den Diensten des Teufels leben und sterben – ohne daß die väterliche Sorge Gottes um ihr Heil sie von ihrer Böswilligkeit heilen und zur Buße führen kann.[264] Ganz im Sinne Calvins[265] erklärt er die Nutzlosigkeit rationaler Erklärungen, die die Ungeheuerlichkeit der Prädestination mildern wollen:

„(...) les voïes les plus radoucies qu'on puisse inventer sur le mystere de la prédestination sont celles, qui au bout du compte augmentent le plus les dificultez. Le mieux est d'adorer dans le silence ce profond abîme."[266]

Das Mysterium der Prädestination ist für die Vernunft schwer hinzunehmen. Das reformierte Dogma erscheint ihr mindestens ebenso grausam wie die katholische Lehre, die alle ungetauften Kinder und Nichtkatholiken verdammt.[267] Wenn andere Systeme die Prädestination nicht besser

---

mit dem Arminianismus findet sich in F. LAPLANCHE, *Orthodoxie et prédication. L'oeuvre d'Amyraut et la querelle de la grâce universelle*, pp. 268-270.

[263] Cf. *Continuation des Pensées diverses*, OD III, pp. 361b-362a.

[264] Cf. *Dictionaire historique et critique*, art. Xenophanes, rem. E.

[265] Cf. J. CALVIN, *Institution*, III, 21, 2: „Ayons donc cela devant les yeux sur toutes choses, que ce n'est pas une moindre rage d'appéter autre cognoissance de la prédestination, que celle qui nous est donnée en la parolle de Dieu, que si quelcun vouloit cheminer par des roches inaccessibles, ou voir en ténèbres".

[266] *Continuation des Pensées diverses*, OD III, p. 327a. – W. E. REX, „Pierre Bayle, Louis Tronchin et la querelle des donatistes", *Bulletin de la Société de l'Histoire du Protestantisme Français* 105 (1959), p. 104, hebt zwar Bayles Verteidigung des Universalismus gegen die Vorwürfe der Orthodoxen hervor, weist ihm aber dennoch eine ausgesprochene Sympathie für diesen zu. Gegen diese These spricht auch, daß Bayle alle Systeme, die sich nicht im Widerspruch zur Schrift befinden, wohlwollend beurteilt, vor allem wenn sie von anderen zu Unrecht als gefährlich und nicht der Schrift konform eingestuft werden. Von einer positiven Stellungnahme kann nicht unbedingt auf eine absolute Befürwortung dieses Systems geschlossen werden. Mit Recht verweist G. PAGANINI, „Fidéisme ou ,modica theologia'? Pierre Bayle et les atavars de la tradition érasmienne", in H. BOTS, *Critique, savoir et érudition à la veille des Lumières. Le Dictionaire historique et critique de Pierre Bayle (1647-1706)*, Amsterdam-Maarssen 1998, p. 397f, daher auf den Konservatismus Bayles.

[267] In der *Réponse aux questions d'un provincial*, OD III, pp. 873b-881a, kritisiert Bayle die anti-katholische Argumentation Jurieus: Dieser habe – gegen Nicole – die Grausamkeit der katholischen Lehre aufgezeigt, ohne sich darüber im klaren zu sein, daß ein *criterium veritatis*, das die Grausamkeit einer Lehre zu einem Zeichen ihrer Falschheit macht, auch die protestantische Lehre entwertet.

erklären, empfiehlt es sich, den Aussagen der Synode von Dordrecht zu folgen, da sie anerkanntermaßen auf der Schrift gründen.[268] Dennoch hält Bayle fest, daß die Neuerungen die Lehre Calvins nicht grundlegend verändern, da der Universalismus in den wesentlichen Punkten dasselbe lehre wie der Partikularismus.[269] Doch selbst eine den Canones absolut konträre Lehre, die einen universellen Erlösungswillen Gottes proklamiert und bestätigt, daß Gott den Menschen ausreichende Hilfen dafür gibt, läßt sich mit philosophischen und theologischen Argumenten und auch mit Verweisen auf die Schrift stützen, so daß es scheint, als sei das eigene Urteil in dieser Frage eher bestimmt durch Ideen, die dem eigenen Temperament mehr liegen.[270]

4.3. Ekklesiologie

Die „Critique générale de l'Histoire du calvinisme de Mr. Maimbourg" ist eine Apologie des Calvinismus, aber auch eine in großem Stil geführte antikatholische Polemik, die sich vor allem gegen die Unfehlbarkeit der Kirche richtet und die Widersprüche der katholischen Lehre aufdeckt. In diesem Werk hält Bayle streng an den orthodoxen Ausführungen zur Ekklesiologie fest. Interessanter sind die späteren Werke, die den Kirchenbegriff – auch im eigenen Lager – diskutieren.

Ist die Konzeption einer „wahren Kirche" untrennbar mit dem Erlösungsgedanken verbunden? Trotz seiner Opposition zum katholischen Kirchenbegriff kommt auch Calvin zu dem traditionellen Schluß, daß es außerhalb der Kirche kein Heil gibt.[271] Doch was ist „wahre Kirche"? Ist sie sichtbar oder unsichtbar, konfessionell gebunden oder transkonfessionell? Dazu referiert Bayle die Meinung der reformierten Theologen, nach der die Kirche als Leib Christi die der Erwählten ist, die sich unsichtbar über alle Völker erstreckt.[272] Mitgliederzahl und Alter sind keine Zeichen der wahren Kirche.[273] Neben der polemischen Unterstellung, eine „Chimere"[274] der wahren Kirche entworfen zu haben, in der alle – auch die Anhänger der falschen Religionen – ihr Heil finden, wirft Bayle Jurieu

---

[268] Cf. *Réponse aux questions d'un provincial*, OD III, p. 769b.
[269] Cf. *Réponse aux questions d'un provincial*, OD III, p. 894a.
[270] Cf. *Suplément du Commentaire Philosophique*, OD II, p. 546b.
[271] Cf. J. CALVIN, *Institution*, IV, 1, 4.
[272] Cf. *Janua*, OD V-1, p. 355f.
[273] Cf. *Réponse aux questions d'un provincial*, OD III, p. 706a.
[274] *Nouvel avis au petit auteur des petits livres (concernant ses Lettres sur les différens de Mr. Jurieu & de Mr. Bayle)*, OD II, p. 808b.

vor, die Unsichtbarkeit der wahren Kirche nicht deutlich herauszustellen, sondern sie vor allem als sichtbare Kirche, als „congrégation visible"[275], zu begreifen. Jurieus Kirchenbegriff hat in der Tat auch einen kirchen- politischen Aspekt. Indem Jurieu die Kirche als Gesamtheit christlicher Gemeinschaften definiert, in denen die grundlegenden Wahrheiten bewahrt werden, läßt er die Möglichkeit offen, die Legitimität einer Gemeinschaft an der Reinheit ihrer Lehre, das heißt an der Vermischung der Wahrheiten mit Irrtümern, zu messen.[276] Dies erlaubt es ihm, die Orthodoxie der anderen Konfessionen zu beurteilen beziehungsweise zu verurteilen. Indem Bayle jedoch, nicht nur aus polemischen Gründen und aus der Feststellung einer höchst unchristlichen sozialen Wirklichkeit heraus[277], sondern auch um der Forderung nach mehr Toleranz Nach- druck zu verleihen, gegen den „partikulären Wahrheitsbegriff"[278] der einzelnen Konfessionen die unsichtbare Kirche in den Vordergrund rückt, entfernt er sich in gewisser Weise von Calvin, der seinen Kirchenbegriff an den von Christus eingesetzten Gnadenmitteln festmacht und somit die zu ehrende sichtbare und die zu glaubende unsichtbare Kirche zu einer Einheit zusammenfaßt.[279]

---

[275] *Janua*, OD V-1, p. 553; cf. P. JURIEU, *Le Vray Systeme de l'Eglise*, p. 79: „(...) *l'Eglise Catholique & universelle renferme toutes les Societés chrétiennes qui retiennent les verités fondamentales"*.

[276] Cf. F. R. J. KNETSCH, „Les idées unitaires de Pierre Jurieu (1637-1713)", in M. PERONNET (Hrsg.), *Naissance et affirmation de l'idée de tolérance. XVIe et XVIIIe siècle* (Actes du Vème colloque Jean Boisset), Montpellier 1988, p. 236.

[277] Cf. *Continuation des Pensées diverses*, OD III, p. 362b. Bayles Aussage, daß die voll- kommenen Christen nur in sehr geringer Anzahl im sozialen Gefüge vertreten sind, manifestiert jedoch nicht – wie R. WHELAN, „Pierre Bayle, critique et créateur des mythes des origines", in *Primitivisme et mythes des origines dans la France des Lumières 1680-1820*, Paris 1989, p. 127, behauptet – Bayles späte Hinwendung zur Vorstellung von einer „église mystique", sondern stellt schlichtweg die Diskrepanz zwischen unsichtbarer und organisierter, sichtbarer Kirche, das heißt den Erwählten und den Nennchristen, fest.

[278] E. HAASE, *Einführung in die Literatur des Refuge. Der Beitrag der französischen Prote- stanten zur Entwicklung analytischer Denkformen am Ende des 17. Jahrhunderts*, Berlin 1959, p. 258. – Cf. J. SOLE, „Religion et conception du monde dans le Dictionnaire de Bayle", *Bulletin de la Société de l'Histoire du Protestantisme Français* 118 (1972), p. 650: „Héritier des tendances protestantes qui avaient insisté sur le caractère intérieur et spirituel du christianisme, il propose aux orthodoxies, durcies dans leur intransigeance, de reconnaître le peu de fondement qu'avait souvent leur exclu- sivisme."

[279] Cf. J. CALVIN, *Institution*, IV, 1, 9: „Car par tout où nous voyons la parolle de Dieu estre purement preschée et escoutée, les Sacremens estre administrez selon l'institution de Christ, là il ne faut douter nullement qu'il n'y ait Eglise". – Cf. F. WENDEL, *Calvin. Sources et évolution de sa pensée religieuse*, p. 226.

Die Sakramente – Taufe und Abendmahl – sind für Calvin äußerliche Zeichen der Gnade, die den Gläubigen stärken und ihm seine Gemeinschaft mit Christus zeigen.[280] Die Eucharistie wird von Bayle mehrfach diskutiert, aber nur im Hinblick auf die Lehren, die sich von der reformierten Lehre unterscheiden. Ganz im Sinne von Tronchin führt er insbesondere gegen die Transsubstantiationslehre die kartesische Gleichsetzung von Materie und Ausdehnung ins Feld.[281] Der Vorrang der calvinistischen Abendmahlslehre besteht für ihn jedoch vor allem darin, daß die figurative Bedeutung der Schrift konform ist.[282] Katholiken und Lutheraner, die den Worten *Hoc est corpus meum* eine wörtliche Bedeutung geben, haben somit nicht deshalb Unrecht, weil sie den Einwänden nicht genügen können und wollen, sondern weil die Schrift eine figurative Interpretation privilegiert, zumal die Katholiken, wenn sie Wein und Brot anbeten, einem tödlichen Irrtum unterliegen, „qui ducit eos ad idololatriam"[283]. Aus diesem Grund kann es für den Protestanten kein gemeinsames Abendmahl mit den Katholiken geben, weil er sich sonst selbst der Idolatrie schuldig macht.[284] Über das Sakrament der Taufe äußert sich Bayle kaum. Er entschuldigt jedoch die Auffassung der Anabaptisten, diese bis zu einem Alter aufzuschieben, in dem der Gebrauch der Vernunft einsetzt, als einen nicht tödlichen Irrtum.[285]

Kann man auch in den anderen Konfessionen oder sogar in den anderen Religionen das Heil erlangen? Die Frage, ob es unter den Heiden, die tugendhaft lebten, Erlöste gab, hatte La Mothe le Vayer positiv beantwortet.[286] Ihr unbewußtes Streben danach, sich der Gnade Gottes würdig zu erweisen, muß ihnen angerechnet werden. Anders sieht dies Bayle, der ganz orthodox feststellt, daß die ungläubigen Völker fest in der Hand des Teufels sind, der mittels der Idolatrie die Menschen von Gott abwendet.[287] Die Behauptung, daß das Heil auch in der römisch-katholischen Konfession möglich ist, ist für Bayle problematisch, kommt sie doch auch einer Infragestellung des Reformationsgedankens gleich:

---

[280] Cf. J. CALVIN, *Institution*, IV, 14, 1.
[281] Cf. *Avis de Mr. Bayle au lecteur*, OD IV, p. 187b.
[282] Cf. *Réponse aux questions d'un provincial*, OD III, p. 1075b.
[283] *Objectiones in libros quatuor de Deo, anima et malo*, OD IV, p. 156b.
[284] Cf. *Janua*, OD V-1, p. 300.
[285] Cf. *Janua*, OD V-1, p. 499.
[286] Cf. F. DE LA MOTHE LE VAYER, *De la vertu des payens* (Paris 1670), in ders., *Oeuvres*, 7 Bde., Dresden 1756-1759, Bd. 5 (1757), p. 60f.
[287] Cf. *Dictionaire historique et critique*, art. Xenophanes, rem. E.

„C'est apporter un grand obstacle aux efforts de ceux qui élaborent une Apologie de la Réformation que d'avouer qu'on pouvait faire son salut dans la Communion Romaine, et qu'on peut donc le faire encore de nos jours"[288].

Kein Protestant kann ohne Inkonsequenz behaupten, daß es unter den christlichen Anhängern der Idolatrie mehrere Erlöste gibt.[289] Theoretisch ist das Heil in der katholischen Konfession jedoch möglich, aber nur, insoweit die Gläubigen nicht von der papistischen Idolatrie infiziert sind, die der heidnischen in nichts nachsteht. Es ist folglich möglich, daß einige in der römischen Kirche erlöst werden – diese sind aber nicht als Katholiken erlöst.[290] Heikel ist in diesem Zusammenhang auch, daß bereits die alte Kirche mit der Anrufung der Heiligen Idolatrie betrieben hat, wie Bayle in seinem polemischen Werk gegen Jurieu bemerkt.[291] Hier muß gezeigt werden, daß die idolatrische Tendenz der alten Kirche entschuldbar ist – eine schwierige Angelegenheit für den Protestantismus. Idolatrie ist auch als gegen das eigene Gewissen betriebener äußerlicher Kult unentschuldbar:

„(...) il y a très-peu de diférence entre être Idolâtre, & assister à l'Idolâtrie sans la croire."[292]

Protestanten, die sich, um persönlicher Gefahr zu entgehen, als Katholiken ausgeben, sind daher nicht zu entschuldigen. Auch machen sich Christen, die trotz der Hilfen Gottes der Idolatrie verfallen, schuldiger als Heiden, denen das Wort Gottes nicht gepredigt wurde.[293]

Bei aller Kritik an den konfessionellen Streitigkeiten und an der Religion selbst ist es Bayle wichtig herauszustellen, daß er in keiner Weise gegen die unvergängliche wahre Kirche polemisiert, das heißt gegen die Gemeinschaft der Erwählten, die er definiert als „l'Epouse de JESUS-CHRIST, le siege de la véritable vertu, & des grans exemples de piété"[294].

---

[288]   *Janua*, OD V-1, p. 220.

[289]   Cf. *Réponse aux questions d'un provincial*, OD III, p. 1078a.

[290]   Cf. *Janua*, OD V-1, p. 357. – Dies entspricht nicht nur der Meinung Jurieus, sondern der von François Turrettini und Calvin selbst vertretenen Position, die die katholische Kirche zwar als Teilhaberin der *ecclesia catholica* charakterisieren, aber nur insoweit sie nicht papistisch ist; cf. J. COURVOISIER, *De la Réforme au protestantisme. Essai d'ecclésiologie réformée*, Paris 1977, p. 116: „(...) l'attitude ecclésiologique vis-à-vis de l'Eglise romaine est sensiblement la même chez les deux hommes. Il s'agit de purifier une Eglise qui est encore Eglise".

[291]   Cf. *Janua*, OD V-1, p. 293.

[292]   *Réponse pour Mr. Bayle à Mr. Le Clerc*, OD III, p. 992a.

[293]   Cf. *Janua*, OD V-1, p. 443.

[294]   *Réponse aux questions d'un provincial*, OD, III, p. 988b.

Eine Distanzierung von der institutionellen Kirche ist aber spürbar.[295] Die sichtbaren Formen der Kirche sind nicht absolut, sondern variabel. In ihnen sind jedoch Visitationen, Katechese und allen voran die Predigt des göttlichen Wortes Mittel, derer Gott sich bedient, um den Glauben, die Gnade und das Heil der Menschen zu erwirken.[296] Die von Bayle in den Vordergrund gestellte Unsichtbarkeit der wahren Kirche und seine Fest-stellung der Relativität der konfessionellen Ausprägungen der sichtbaren Kirche entwerten nicht die in der sichtbaren Kirche notwendigen Hilfen Gottes, die ja seine Erwählten stützen und bestärken sollen.

4.4. Trinitätsgedanke und Christologie

Trinität und Inkarnation gehören für Bayle zu den grundlegenden Funda-menten der christlichen Religion. Ausführungen über Christus als Mittler zwischen Mensch und Gott sind selten, aber kategorisch. Christus ist der ewige Sohn Gottes, der auf die Welt gekommen ist, um die Menschen zu erlösen und zu lehren.[297] Wie die religiöse Verehrung allein dem wahren Gott gebührt, so ist es Christus allein vorbehalten, als Mittler zwischen Mensch und Gott zu fungieren.[298]

Interessant ist der Artikel „Xenophanes" des „Dictionaire", in dem Bayle auf das dualistische Moment im Christentum, das heißt den Kampf des Teufels gegen Gott, eingeht. Die Betrachtung des heilsgeschichtlichen Prozesses von der Schöpfungsgeschichte über die Sintflut und die Zeit Christi bis zur Gegenwart zeigt fast ununterbrochen eine Vorherrschaft des Bösen. Durch die Menschwerdung der zweiten Person der Trinität, Mittler zwischen Gott und Mensch und Erlöser Adams und seiner Nach-kommen, wurde die Menschheit von der Herrschaft des Teufels befreit. Dieser ist jedoch nicht machtlos geworden, sondern besitzt weiterhin auch in der christlichen Welt sowohl geistige als auch moralische Dominanz.[299] Dies ist nun kein heterodoxer Gedanke, sondern, wie Bayle betont, auch Thema vieler Predigten, und stellt daher nicht die allmächtige Herrschaft

---

[295] Cf. J. SOLE, „Religion et conception du monde dans le Dictionnaire de Bayle", *Bulletin de la Société de l'Histoire du Protestantisme Français* 118 (1972), p. 654f.

[296] Cf. *Janua*, OD V-1, p. 502.

[297] Cf. *Commentaire Philosophique*, OD II, p. 375b.

[298] Cf. *Janua*, OD V-1, p. 266.

[299] Cf. *Dictionaire historique et critique*, art. Xenophanes, rem. E: „Les Hérésies, les superstitions, les violences, les fraudes, les extorsions, les impuretez (...) sont des choses que je ne saurois décrire qu'imparfaitement, quand même j'aurois plus d'éloquence que Ciceron. (...) Il n'y a point d'asyle, point de forteresse, où il ne fasse à cet égard les effets de son pouvoir."

des fleischgewordenen Wortes in Frage.[300] Hier soll vielmehr das Ausmaß des moralisch Bösen auf Erden veranschaulicht werden. Bayles Darstellung, die mit dem Verweis auf die wenigen Erwählten und die *massa perditionis* endet, zeigt, daß Geschichte immer auch Heilsgeschichte ist. Auch in der Geschichte, die weniger die Größe als das Elend der Menschheit zeigt, manifestiert sich die Prädestination, und die Erlösung (einer Minderheit) von den überall sichtbaren Folgen des Sündenfalls wird in gewissen Momenten, Sintflut, Reformation, aber vor allem im historischen Leben und Tod Christi, geradezu greifbar.[301]

Die philosophische Blickrichtung Bayles, dem es – immer in theologischer Orientation – darum geht, rational-theologische Spekulationen zu entwerfen, wird auf dem Gebiet der Christologie kaum fündig[302], so daß Aussagen vorherrschen, in denen er lediglich die orthodoxe Lehre wiedergibt. Eine Ausnahme bietet der „Commentaire Philosophique", in dem es Bayle darum geht, deutlich zu machen, daß eine wörtliche Interpretation des „compelle intrare" des Gleichnisses Jesu eine Idee propagiert, die dem Wesen Christi und der christlichen Moral widerspricht.

Die Bedeutung, die Bayle dem Dogma der Trinität beimißt, zeigt sich in seiner scharfen Verurteilung der Antitrinitarier. Zum einen entspricht die Ablehnung des Dogmas der Trinität aus rationalen Gründen einer dem Christen ungemäßen Haltung und verstößt gegen die Notwendigkeit, sich der Autorität Gottes zu fügen:

„La grandeur, l'autorité & la souveraineté de Dieu demande que nous cheminions ici par foi et non par vue"[303].

---

[300] D. WOOTTON, „Pierre Bayle, libertine?", in M. A. STEWART, *Studies in Seventeenth-Century Philosophy*, p. 223, interpretiert die Ausführungen Bayles so, daß dieser auch im Falle der Wahrheit der Bibel die Unbegründetheit des Gottesvertrauens zeigen wolle. Mit einer solchen Folgerung ließen sich jedoch sämtliche christlichen Theologien, die kein optimistisches Weltbild vertreten, sondern das Böse im Menschen und in der Welt herausstellen, deklassieren.

[301] Cf. R. WHELAN, „Pierre Bayle, critique et créateur des mythes des origines", in *Primitivisme et mythes des origines dans la France des Lumières 1680-1820*, p. 124: „Le principe de l'alternance entre grandeur et décadence amène l'auteur du *Dictionnaire* à isoler trois moments lumineux de l'histoire, où Dieu met fin aux ténèbres qui ont suivie la chute primitive: le Déluge, la venue du Messie, et la Réforme du seizième siècle."

[302] Diese Reduktion der christologischen Dimension ist jedoch nicht ungewöhnlich. Auch die Apologeten des 17. Jahrhunderts haben in ihrer rationalen Argumentation, wie H.-M. BARTH, *Atheismus und Orthodoxie*, p. 320, bemerkt, „weitgehend Christus aus ihren Überlegungen ausgeklammert".

[303] *Dictionaire historique et critique*, art. Socin, rem. H.

Daß rationale Aussagen über das Dogma der Trinität inadäquat sind, hat Bayle bereits gegen Jaquelot betont. Die Trinität läßt sich nur durch die Offenbarung beweisen. Die Schwierigkeiten sind für die Vernunft unauflösbar.[304] Zum anderen jedoch bedeutet für Bayle, Christus als unterschieden von Gott zu begreifen, wie die Arianer und Sozinianer dies tun, ihn auf eine Ebene mit den Geschöpfen zu stellen und einen rein graduellen Unterschied zwischen ihm und dem geringsten Geschöpf anzunehmen.[305] Gerade dieses wichtige christliche Dogma beweist, daß der zivile Nutzen oder Schaden einer Häresie kein Merkmal für ihre Tödlichkeit ist.[306] Tödliche Lehren sind für Bayle – wie für Paulus, auf den er sich beruft – daher auch die, die Christus und die Gnade unnötig machen.[307] Die Inkarnation des göttlichen Wortes und die Notwendigkeit der Erlösung durch das Opfer Christi bleiben somit, trotz der wenigen expliziten Ausführungen, wichtige Elemente der Theologie Bayles, die sich ja nicht als systematische Abhandlung dogmatischer Inhalte versteht, sondern als Versuch, die Glaubenswahrheiten vor den Attacken der Vernunft zu schützen, und als Kritik einer von der Schrift abstrahierenden theologischen Rede. Die weitgehende Ausklammerung der Christologie ist somit positiv zu verstehen.

---

[304] Cf. *Mémoire (...) pour servir de réponse à (...) un Ouvrage (...) sur la disctinction du bien & du mal*, OD IV, p. 179.
[305] Cf. *Janua*, OD V-1, p. 402.
[306] Cf. *Janua*, OD V-1, p. 404.
[307] Cf. *Janua*, OD V-1, p. 482.

Kapitel V

Bayles ethisches Denken

Insbesondere Moral und Toleranz sind von der Forschung als rein philosophische Themen Bayles verstanden worden. Daß Bayle eine Loskoppelung der Moral von der Religion betreibt, ist in der Kritik an Bernard deutlich geworden. Es muß allerdings geklärt werden, ob in der Tat eine totale Ablösung erkennbar wird oder ob nicht doch einige Elemente seines ethischen Denkens implizit oder gar explizit in seiner Theologie begründet sind.

1. Das irrende Gewissen

Während Calvin das Gewissen als eine „cognoissance moienne entre Dieu et l'homme"[1] charakterisiert, die es dem Menschen nicht erlaubt, seine Sünden und Pflichten zu vergessen, definiert Bayle das Gewissen zunächst generell als geistiges Urteil, das uns dazu bewegt, gewisse Taten zu vollbringen, weil sie der Vernunft – insbesondere ihren Ideen von Pflicht und von Gut und Böse – entsprechen, und andere zu unterlassen, weil sie ihr widersprechen.[2] Dies setzt voraus, daß es eine Regel oder ein Gesetz gibt, das für die Unterscheidung von Gut und Böse grundlegend ist. Dieses ewige Gesetz verpflichtet den Menschen dazu, nach seinem Gewissen zu handeln. Unabhängig davon, ob dieses Gesetz von Gott geschaffen ist oder nicht – das heißt, ob er es verfügt hat oder es unabhängig ist von einem Akt des göttlichen Willens –, stimmt es notwendig mit dem göttlichen Willen überein. Das Gewissen kann daher darauf

---

[1]   J. CALVIN, *Institution*, IV, 10, 3.
[2]   Cf. *Réponse aux questions d'un provincial*, OD III, p. 986b.

schließen, daß eine von ihm als gut erkannte Tat gottgefällig ist.[3] Wer das
Gewissen mißachtet, verachtet Gott[4], denn die Rechte des Gewissens
„sont directement ceux de Dieu même"[5]. Diese These ist nicht neu,
sondern findet sich, verbunden mit der Anerkennung eines irrenden
Gewissens, bereits bei Thomas von Aquin [6] Neu ist bei Bayle jedoch, daß
er dem irrenden Gewissen den gleichen normativen Wert gibt wie dem
aufgeklärten Gewissen.[7]

In der „Addition aux Pensées diverses" faßt Bayle seine Lehre über
das irrende Gewissen in fünf Thesen zusammen:[8]

1. Ein Mensch kann nicht gegen sein irrendes Gewissen verstoßen, ohne
    sich schuldig zu machen.

    Dies ist für Bayle ein klar erkennbares moralisches Prinzip. Es ist eine
    notitia communis, daß eine Handlung eine größere Sünde darstellt,
    wenn sie gegen das Gewissen getan wird, als wenn sie das Gewissen
    diktiert.[9] Gegen das Gewissen zu handeln ist die größte aller Tod-
    sünden, „le plus noir de tous les péchez"[10]. Niemand darf, wie Cicero
    oder Seneca, verehren, was er verurteilt.[11] Wer der Wahrheit folgt, sie
    aber heimlich verachtet, begeht eine Todsünde und kann nicht auf
    Erlösung hoffen. Der Mensch aber darf sich nicht anmaßen zu beur-
    teilen, ob ein anderer gegen sein Gewissen verstößt oder es böswillig
    ignoriert. Dieses Recht gebührt Gott allein, wie auch er allein die
    Schwere der Sünden beurteilen kann.[12]

2. Jeder ist bei jeder Handlung verpflichtet, dem Diktat seines Gewissens
    zu folgen.

---

[3]   Cf. *Commentaire Philosophique*, OD II, p. 422b.
[4]   Cf. *Addition aux Pensées diverses*, OD III, p. 181b.
[5]   *Commentaire philosophique*, OD II, p. 379b.
[6]   Cf. THOMAS VON AQUIN, *Summa Theologiae*, Ia, IIae, q. 19, a. 5, cura et studio sac.
      P. CARAMELLO cum textu ex recensione Leonina, Bd. 1, pp. 99-101.
[7]   Cf. M. TURCHETTI, „La liberté de conscience et l'autorité du magistrat au lende-
      main de la Révocation. Aperçus du débat touchant la théologie morale et la
      philosophie politique des Réformés: Pierre Bayle, Noël Aubert de Versé, Pierre
      Jurieu, Jacques Philipot et Elie Saurin", in H. R. GUGGISBERG ET AL., *La liberté de
      conscience (XVIe – XVIIe siècles)*, Genf 1991, p. 312, n. 40.
[8]   Cf. *Addition aux Pensées diverses*, OD III, p. 180a.
[9]   Cf. *Janua*, OD V-1, p. 492.
[10] *Commentaire Philosophique*, OD II, p. 426b.
[11] Cf. *Janua*, OD V-1, p. 301f. – Cf. AUGUSTINUS, *De civitate Dei*, VI 10, in *Corpus
      Christianorum Series Latina* XLVII, p. 181.
[12] Cf. *Dictionaire historique et critique*, art. François I, rem. O; cf. *Addition aux Pensées
      diverses*, OD III, p. 175.

Diese Verpflichtung dem Gewissen gegenüber nennt Bayle „naturel, essentiel, & absolu"[13]. Daß der Verstoß gegen das Gewissen eine Sünde ist, ist für ihn ein Prinzip, das alle Abhandlungen über Moral voraussetzen.[14]

3. Daraus ergibt sich nicht, daß seine Handlung frei von Sünde ist: Wer nicht einer „ignorance invincible" unterliegt, ist vor Gott verantwortlich für alle Untaten, die er unter der Anleitung seines Gewissens begeht.

Auch wenn die vermeintliche Wahrheit die Rechte der Wahrheit besitzt, ist die Ausübung dieser Rechte nicht *per se* unschuldig.[15] Ein Verbrechen bleibt ein Verbrechen. Ein Gewissen, das zum Morden etc. aufruft, ist kein irrendes Gewissen, sondern ist pervertiert durch Leidenschaften.[16] Nur die unvermeidlichen Irrtümer, auch die hinsichtlich der Schrift, werden dem Menschen von Gott nicht angerechnet:

„Un Chretien qui suit une mauvaise doctrine, qu'il croit être contenuë dans la parole de Dieu, mérite grace, supposé qu'avec la meilleure intention du monde, avec une sincérité achevée, avec une ame vuide de préjugez, & duëment préparée par l'invocation du St. Esprit, il ait en vain cherché le vrai sens de l'Ecriture."[17]

Damit, daß ein unwillkürlicher religiöser Irrtum keine Sünde ist[18], lassen sich auch die Irrtümer der alten Kirche entschuldigen. Jemand, der aufgrund seines Gewissens in Gott nur eine Natur und eine Person annimmt, aber dennoch Christus verehrt, ist zudem eher zu entschuldigen als jemand, der einen geschöpflichen Christus nur zu verehren vorgibt.[19]

---

13 *Dictionaire historique et critique*, art. Grégoire I, rem. E.

14 Cf. *Suplément du Commentaire Philosophique*, OD II, p. 497b.

15 Cf. *Nouvelles Lettres critiques*, OD II, p. 226b: „(...) on rendra conte un jour à Dieu de tout ce que l'on aura fait, en conséquence des erreurs que l'on aura prises pour des dogmes véritables".

16 Cf. *Addition aux Pensées diverses*, OD III, p. 181b. – Die Konsequenz, die S. O'CATHASAIGH, „Bayle and Locke on toleration", in M. MAGDELAINE ET AL., *De l'humanisme aux Lumières. Bayle et le protestantisme*, p. 692, aus der Lehre Bayles zieht, nämlich daß der Einzelne das Recht besäße, sich kriminell zu verhalten, ist nicht korrekt, da Bayle ausdrücklich die Notwendigkeit von Gesetzen hervorhebt, die die Triebhaftigkeit des Menschen eindämmen.

17 *Nouvelles Lettres critiques*, OD II, p. 227a.

18 Cf. *Suplément du Commentaire Philosophique*, OD II, p. 524a.

19 Cf. *Janua*, OD V-1, p. 533: „(...) ainsi il faut mal opiner de la pénitence de gens qui, contre le dictamen de leur conscience, ont souillé toute leur vie, leur bouche, leurs mains, et leurs yeux par la profession extérieure de l'impiété et il faut mieux espérer du salut de ceux qui ont suivi les lumières de leur conscience."

4. Ein Mensch, der für die von ihm für wahr gehaltene Religion nicht das tut, von dem er weiß, daß Gott dies für die wahre Religion verlangt, macht sich vor Gott schuldig, die Wahrheit verachtet zu haben.

Gott verpflichtet uns, die Wahrheit zu lieben und zu achten, wenn wir sie kennen. Kennen wir sie nicht, so verliert sie uns gegenüber alle Rechte, während der als Wahrheit erkannte Irrtum ihre Rechte beansprucht:

> „(...) car comme ce seroit déplaire à Dieu, que de respecter la vérité que l'on s'imagineroit être le mensonge, ce seroit aussi l'offenser que de ne pas respecter le mensonge, que l'on croiroit être la vérité."[20]

Das Individuum ist nicht der absoluten Wahrheit, sondern der partikulären Wahrheit[21] verpflichtet. Jeder steht in der Pflicht, sich der Idee anzuschließen, die er für die vernünftigste und dem Willen Gottes gemäße hält. Tut er dies, so ist er Gott gegenüber orthodox.[22] Was ist aber mit dem Status der heilsnotwendigen Wahrheiten, wenn auch die theologischen Lehren zu putativen Wahrheiten werden? Nicht der auf Inhalte beschränkte historische Glaube, sondern der authentische Glaube, wahre Gottes- und Nächstenliebe, ist für die Erlösung nötig. Dennoch wäre es verfehlt, den Glauben auf einen moralischen Akt zu reduzieren, wie DELVOLVE[23] dies tut. Dies hieße, den Aspekt der göttlichen Gnade zu vernachlässigen, der sowohl für das Glaubensverständnis als auch für die Erlösungslehre Bayles wichtig ist.

5. Wenn ein Häretiker davon überzeugt ist, daß seine Religion die von Gott geoffenbarte ist, muß er sie lehren und sie mit den Mitteln zu verbreiten suchen, die Gott für die Verbreitung des Glaubens befohlen hat.

Ein Häretiker kann nicht die orthodoxe Lehre lehren, wenn er davon überzeugt ist, daß sie dem Heil seiner Mitmenschen schadet. Die innere Qualität, das heißt die Absicht einer Handlung zählt – nicht ihre Nützlichkeit.[24] Der Verstoß gegen das Gewissen ist eine Sünde – seine möglicherweise nützlichen Folgen nehmen ihm nicht seine Sündhaftigkeit.[25] Es gibt keinen Unterschied zwischen Häretikern und

---

[20] *Nouvelles Lettres critiques*, OD II, p. 219b.
[21] Cf. *Nouvelles Lettres critiques*, OD II, p. 222a.
[22] Cf. *Commentaire Philosophique*, OD II, p. 438b.
[23] J. DELVOLVE, *Religion, critique et philosophie positive chez Pierre Bayle*, p. 118.
[24] Cf. *Réponse aux questions d'un provincial*, OD III, p. 1016a.
[25] Cf. *Réponse aux questions d'un provincial*, OD III, p. 978a.

Orthodoxen bezüglich ihrer Pflicht und ihrem Recht, die Wahrheit zu achten.[26] Den Terminus der Orthodoxie behält Bayle bei, aber er gibt ihm einen eher ethischen als dogmatischen Sinn. Orthodox ist es, Gott zu gehorchen, indem man seinen Geboten, aber auch dem eigenen Gewissen gehorcht.[27] Die Grenze zwischen Orthodoxie und Häresie verschwimmt nicht zuletzt, weil aus der Erkenntnis, daß die Verteidigung des irrenden Gewissens den Interessen der Reformierten am besten dient, eine Gleichheit der religiösen Gemeinschaften resultiert[28], in der aber auch die von ihm kritisierten Sozinianer zu ihrem Recht kommen. Eine Toleranz aller nicht tödlichen Irrtümer ist unabdingbar, weil sie Schismen und konfessionelle Kämpfe verhindert.[29] Allein die Verteidigung der Rechte des irrenden Gewissens ermöglicht ein friedliches Zusammenleben der christlichen Kirchen.[30]

Entspricht dies nun einer Apologie des Irrtums, der nicht mehr vordergründig als Böswilligkeit des Herzens gesehen wird? Da für Bayle Schuld immer moralische Schuld ist[31], muß er den Irrtum, der auf reinem Nichtwissen gründet, entschuldigen. Kann es Gott genügen, daß wir dem folgen, was uns wahr erscheint? Wenn wir die Wahrheit so sorgfältig suchen wie möglich und die, die wir gefunden haben, lieben und nach ihr unser Leben ausrichten, folgen wir dem göttlichen Willen, auch wenn wir hinsichtlich der Wahrheit irren.[32] Wichtig ist es, das eigene Gewissen zu hinterfragen, um einem Irrtum nicht aus Trägheit oder Böswilligkeit anzuhängen.[33] Außerdem besitzt der Christ in der Schrift die Regel seines Gewissens. Solange ihr als Wort Gottes Respekt gezollt wird, ist auch die Auslegung des Häretikers gottgefällig.[34]

---

[26] Cf. *Nouvelles Lettres critiques*, OD II, p. 223b.

[27] Cf. E. LABROUSSE, *Pierre Bayle: hétérodoxie et rigorisme*, p. 576: „L'orthodoxie devient chez Bayle la notion formelle d'un impératif d'obéissance à la conscience, catégorique et absolu".

[28] Cf. J. SOLE, *Le débat entre protestants et catholiques français de 1598-1685*, Bd. 3, p. 1390.

[29] Cf. *Janua*, OD V-1, p. 261.

[30] Cf. L. BIANCHI, „Pierre Bayle interprete di Charron", in V. DINI/D. TARANTO, *Temi e problemi dell'opera di Pierre Charron*, p. 293.

[31] Cf. A. DEREGIBUS, *Pierre Bayle. „Coscienza errante" et tolleranza religiosa*, 2 Bde., L'Aquila-Roma, 1990-1991, Bd. 2, p. 60.

[32] Cf. *Commentaire Philosophique*, OD II, p. 438b.

[33] Kant nennt das irrende Gewissen „ein Unding": Das Urteil über die Wahrheit einer Sache trifft nicht das Gewissen, sondern allein der Verstand, während das Gewissen das Bewußtsein ist, daß ich etwas für wahr erachte oder es nur vorgebe – darin ist aber kein Irrtum möglich (I. KANT, *Über das Mißlingen aller philosophischen Versuche in der Theodicee*, in ders., *Werke*, Bd. 8, p. 268).

[34] Cf. *Commentaire Philosophique*, OD II, p. 443a.

Immer wieder zeigt sich, wie sehr Bayles Plädoyer für das irrende
Gewissen auch vom historischen Kontext beeinflußt ist. Schon die ersten
Christen, aber auch die Reformatoren haben sich auf dieses Prinzip berufen, das heißt die Freiheit, Gott ihrem Gewissen folgend zu dienen. Auch
die Repressionen der französischen Katholiken gegenüber den Protestanten bestärken Bayle sicherlich in seiner „äußerst individualistischen
Auffassung des Gewissens"[35], in der, in dogmatischer Sicht, allein der
willentliche Verstoß gegen das als wahr erkannte Wort Gottes zur Sünde
wird, während der Verstoß gegen das eigene Gewissen generell zur
Todsünde wird. Die Häresie wird bei Bayle zum Problem der Ethik, weil
der Irrtum nicht an sich sündig ist, sondern nur unter der Voraussetzung
einer Absicht und Eigenverantwortung.[36] Bayles Ethik der Gewissensfreiheit[37] ist nicht rein philosophisch, sondern auch theologisch legitimiert,
weil der Verstoß gegen das Gewissen als Todsünde deklariert wird.

2. Das Plädoyer für die Toleranz

Die Forderung nach Toleranz ist natürlich keine Baylesche Innovation.[38]
Leider – so konstatiert Bayle – wird der Toleranzgedanke nur von wenigen vertreten – meistens nur von denen, die verfolgt werden, und auch nur
in eigener Sache.[39] Jurieu etwa beklagt die Verfolgung der Protestanten in
Frankreich und stellt gleichzeitig fest, daß man Gemeinschaften, die die
grundlegenden christlichen Wahrheiten ruinieren, nicht tolerieren könne,

---

35 H. DIECKMANN, „Reflexionen über den Begriff Raison in der Aufklärung und bei
    Bayle", in F. SCHALK, *Ideen und Formen*, p. 56.
36 Cf. E. LABROUSSE, *Pierre Bayle: hétérodoxie et rigorisme*, p. 562.
37 Cf. H. BOST, „Regards critiques ou complices sur les hérétiques. De l'*Alphabet* de
    Prateolus au *Dictionnaire* de Bayle", in H. BOST/P. DE ROBERT (Hrsg.), *Pierre
    Bayle, citoyen du monde*, p. 213.
38 E. LABROUSSE, „Le Refuge hollandais: Bayle et Jurieu", in dies., *Conscience et con-
    viction*, p. 203, bestätigt, daß der bereits im Edikt von Nantes implizierte Toleranz-
    gedanke nicht im Widerspruch steht zur theologischen Orthodoxie. – Die
    Faktoren, die in der Frühen Neuzeit zu einer positiveren Sicht der Toleranz füh-
    ren, faßt Y. BIZEUL, „Pierre Bayle – Vordenker des modernen Toleranzbegriffs",
    in H. J. WENDEL/W. BERNARD/Y. BIZEUL, *Toleranz im Wandel*, pp. 73-76,
    zusammen: religiöse Vielfalt, Reformationsgedanke, Irenismus, Kriegsmüdigkeit,
    Verfolgung, Rationalismus und freier Markt.
39 Cf. *Addition aux Pensées diverses*, OD III, p. 179: Alle christlichen Gemeinschaften
    „prêchent la Tolérance dans les païs où elle leur est nécessaire, & l'Intolérance dans
    les païs où elles dominent."

ohne sich der Verdammnis vieler schuldig zu machen.[40] Der Schutz des irrenden Gewissens und die damit verbundene Forderung nach Toleranz stoßen bei ihm auf Widerstand. Eine Gleichstellung von Orthodoxie und Häresie in ihrem Bezug auf das individuelle Gewissen kann von einer sich als orthodox begreifenden Position nicht toleriert werden.[41]

Bayle stellt fest, daß die Intoleranz eine christliche Untugend ist, während die anderen Religionen, zum Beispiel der Islam, im wesentlichen tolerant sind – obwohl sich weder das intolerante Christentum noch der tolerante Islam dabei auf ihren Glauben berufen können:

„Les Mahometans, selon les principes de leur foi, sont obligez d'emploïer la violence pour ruïner les autres Religions, & néanmoins, ils les tolèrent depuis plusieurs siecles. Les Chrétiens n'ont reçu ordre que de prêcher & d'instruire; & néanmoins, de tems immémorial, ils exterminent par le fer & par le feu ceux qui ne sont point de leur Religion"[42].

Der *odium theologicum* hat schon viele Opfer gefordert. Die größte Intoleranz findet sich bei denen, die sich ungehörigerweise als Reformatoren aufspielen.[43]

---

[40]   Cf. P. JURIEU, *Le Vray Systeme de l'Eglise*, p. 176.
[41]   1690 verurteilte die Synode von Amsterdam auf Betreiben Jurieus folgende Thesen zur Toleranz: „ 1) Que le Socinianisme est une religion tolérable et dans laquelle on se peut sauver. 2) Que l'on se peut sauver en toutes Religions à la faveur de la bonne foy ou de la bonne intention. 3) Qu'on ne pèche point en suivant les mouvements de sa conscience quelque mauvaise que soit l'action. 4) Qu'il n'y a point d'autres hérétiques que ceux qui combattent la vérité contre leur conscience. 5) Qu'on n'est point blasphémateur si l'on ne blasphème contre ses propres principes. 6) Que la piété et la raison obligent à la Tolérance, tant civile qu'ecclésiastique, de toutes les hérésies. 7) Que le Magistrat n'est point en droit d'employer son authorité pour abatre l'idolâtrie et empescher le progrès de l'hérésie. 8) Que tout particulier a droit, non seulement de croire, mais aussi d'enseigner tout ce qu'il veut sans que le souverain Magistrat le puisse empêcher. 9) Que la grâce consiste uniquement dans la proposition de la parole et qu'il n'y a point d'opération interne du Saint-Esprit" (Artikel 27 der Erklärung der Synode von Amsterdam im August 1690, zitiert nach F. PUAUX, *Les précurseurs français de la tolérance au XVIIe siècle*, p. 200). – Cf. die Schilderung der Reaktionen auf Bayle in M. TURCHETTI, „La liberté de conscience et l'autorité du magistrat au lendemain de la Révocation. Aperçus du débat touchant la théologie morale et la philosophie politique des Réformés: Pierre Bayle, Noël Aubert de Versé, Pierre Jurieu, Jacques Philipot et Elie Saurin", in H. R. GUGGISBERG ET AL., *La liberté de conscience (XVIe – XVIIe siècles)*, p. 314ff.
[42]   *Dictionaire historique et critique*, art. Mahomet, rem. AA.
[43]   Cf. *Dictionaire historique et critique*, art. Pareus, rem. H. – Im gesamten Protestantismus herrscht eine Intoleranz auf doktrinärer Ebene, die sich mit der Zersplitterung in kleine Sekten verschärft: cf. P. BARTHEL, „La tolérance dans le discours de l'orthodoxie ‚raisonnée' au petit matin du XVIIIe siècle", in M. PÉRONNET (Hrsg.), *Naissance et affirmation de l'idée de tolérance. XVIe et XVIIIe siècle*, pp. 263-270.

Das Problem liegt darin, daß jeder von seiner Position her urteilt:
Was uns nützt, erscheint uns gerecht, was der eigenen Sache widerspricht,
erscheint ungerecht.[44] In dieser Denkweise proklamiert jeder ein Recht
auf Intoleranz. Gibt es ein Recht, die Wahrheit mit Gewalt anderen aufzu-
zwingen, so ist dieses universell, da jeder der Wahrheit, auch der putativen
Wahrheit verpflichtet ist. Dann darf nicht nur die wahre Religion die
falsche verfolgen, sondern auch jene die wahre.[45] Eine solche Denkweise
legitimiert Gewalt und führt automatisch zu Krieg und universellem
Unglück. Die Maxime, die in gewisser Weise Kant antizipiert, ist absolut:
Man darf sich nur die Handlungen erlauben, die allen erlaubt sind.[46] Die
universelle Geltung einer Maxime ist das Richtmaß, nicht der eigene
Vorteil. Die Toleranz ist sowohl Resultat der theologischen Forderung,
das Gewissen zu achten, als auch des moralischen Prinzips der Reziprozi-
tät.[47] Sie ist aber zudem eine politische Notwendigkeit. Die Diversität der
religiösen Gemeinschaften ist ein staatliches Übel, wo der Gedanke der
Toleranz fehlt.[48] Auch die Herrscher müssen die in Gott begründeten
Rechte des Gewissens anerkennen[49], besitzen aber selbst das Recht und
die Pflicht, die öffentliche Ordnung zu bewahren und jede Art von Auf-
ruhr zu verhindern. Die Staatsgewalt hat nicht die Funktion eines Wäch-
ters über die Orthodoxie, wie Calvin verlangt, sondern überwacht die
religiösen Gemeinschaften nur im Hinblick auf die Ausübung ihrer zivilen
Pflichten.[50] Bayle proklamiert in der Tat eine Trennung von Staat und

---

[44] Cf. *Nouvelles Lettres critiques de l'Auteur de la Critique générale*, OD II, pp. 176b-
      177a.
[45] Cf. *Commentaire Philosophique*, OD II, p. 434b.
[46] Cf. O. ABEL, „La condition pluraliste de l'homme moderne. Relire Bayle", *Esprit*
      8-9 (1996), p. 109; cf. J. DELVOLVE, „Le principe de la morale chez Pierre Bayle",
      in *Bibliothèque du Premier Congrès International de Philosophie, 1900*, tome IV, Paris
      1902, p. 325: „Cette idée d'une équité supérieure à la lumière même du Verbe,
      n'est-ce pas déjà la Raison pratique à laquelle Kant subordonnera métaphysique et
      religion? (...) Comment ne pas songer (...) à la maxime célèbre: ,Agis de telle sorte
      que la maxime de ton action puisse être érigée en loi universelle?'" Später wird er
      die Ähnlichkeiten zu Kant im theoretischen und praktischen Gebrauch der Ver-
      nunft, in der Moral als Gesetzgebung der Vernunft und in der Vorform des
      kategorischen Imperativs sehen (cf. J. DELVOLVE, *Religion, critique et philosophie
      positive chez Pierre Bayle*, p. 421).
[47] H. BOST, *Pierre Bayle et la religion*, Paris 1994, p. 57.
[48] Cf. *Réponse aux questions d'un provincial*, OD III, p. 1011a-b.
[49] Cf. *Dictionaire historique et critique*, art. Guise, F. duc de Lorraine, rem. C.
[50] Hinsichtlich der Trennung von Religion und Politik sieht F. LAPLANCHE, *L'écriture,
      le sacré et l'histoire*, p. 663, den Ursprung des Bayleschen Denkens in der politischen
      Theologie von Saumur, die ihrerseits im Denken der französischen Juristen des 16.
      Jahrhunderts wurzelt, insbesondere in ihren Überlegungen zu den Zielen des Staa-
      tes und den Grenzen seiner Macht. – Cf. zu diesem Thema auch F. LAPLANCHE,

Kirche[51], die sich auch gegen das Motto des *cuius regio eius religio* richtet.[52] Religionsfreiheit ist zunächst eine Pflicht der Staatsgewalt[53], die zum Wohl des Staates Verfolgung verhindern soll. Intoleranz darf nicht toleriert werden.[54] Die Toleranz erfolgt innerhalb der Grenzen der Sicherheit des Staates, der das Recht hat, seiner Sicherheit schadende Gemeinschaften zur Ordnung zu rufen und aufzulösen, ohne den Einzelnen jedoch wegen seines Glaubens zu verfolgen.[55] In seinem Glauben ist der Einzelne unabhängig von der Religion seines Herrschers. Für den Gläubigen beinhaltet Religionsfreiheit allein das Versammlungsrecht[56], das Recht auf Gottesdienst und gemäßigte Reflexion und Verteidigung der eigenen Lehre, aber nicht das Recht, Prozessionen zu machen und öffentliche Gebetshäuser zu haben[57] – oder gar die politische Ordnung zu stören. Doch während der Gläubige in letzter Konsequenz sich auch bei der Verletzung der staatlichen Ordnung noch auf sein Gewissen, das heißt auf die Maxime „Man muß eher Gott als den Menschen gehorchen" berufen könnte, spricht Bayle dem atheistischen Ruhestörer ein solches Recht ab.[58] Der Atheist kann sich nicht auf die Achtung der Rechte des Gewissens

„Tradition et modernité au XVIIe siècle. L'exégèse biblique des protestants français", *Annales de l'Ecole des Hautes Etudes en Sciences Sociales* mai-juin, n. 3 (1985), p. 466.

[51] Cf. M. PARADIS, „Les fondements de la tolérance universelle chez Bayle: La séparation de l'Eglise et de l'état", in E. GREFFIER/M. PARADIS, *The Notion of Tolerance and Human Rights. Essays in Honour of R. Klibanski*, p. 32f.

[52] Cf. S.L. JENKINSON, „Bayle and Leibniz: Two Paradigms of Tolerance and Some Reflections on Goodness without God", in J.C. LAURSEN, *Religious Toleration*, p. 76.

[53] Cf. *Dictionaire historique et critique*, art. Geldenhaur, rem. F: „(...) les Souverains n'ont pas reçu de Dieu la puissance de persécuter les Religions".

[54] Nur mit Einschränkung läßt sich mit C. BERKVENS-STEVELINCK/S.G. O'CATHASAIGH, „The Lantern of Rotterdam", *Studies on Voltaire and the Eighteenth Century* 303 (1992), p. 530, feststellen, daß Bayle den Katholizismus von der Toleranz ausnimmt – wenn dieser nämlich, wie unter Louis XIV, nicht auf die Ausübung von Intoleranz verzichtet.

[55] Daß Bayle trotz der Priorität der Pflicht, dem Gewissen zu gehorchen, auch den staatlichen Interessen einen gewissen Platz einräumt, wird in der Analyse von E. LABROUSSE, „Note à propos de la conception de la tolérance au XVIIIe siècle", *Studies on Voltaire and the Eighteenth Century* 56 (1967), p. 811, vernachlässigt, die eine absolute Ablehnung jeglicher Konzession an die Sicherheitsansprüche des „Leviathan social" bei Bayle konstatiert.

[56] Y. BIZEUL, „Pierre Bayle – Vordenker des modernen Toleranzbegriffs", in H.J. WENDEL/W. BERNARD/Y. BIZEUL, *Toleranz im Wandel*, p. 85f, macht jedoch deutlich, daß Bayle mit dem Versammlungsrecht ein größeres Recht einforderte als die *religio privata* – die Errungenschaft des Westfälischen Friedens.

[57] Cf. *Commentaire Philosophique*, OD II, p. 414a.

[58] Cf. *Commentaire Philosophique*, OD II, p. 431a.

berufen, da er sie nicht mit ihrem göttlichen Ursprung begründet. Dennoch wäre es nicht angemessen zu behaupten, daß Bayle dem Atheisten ein Gewissen abspricht: Lediglich die Berufung auf dessen Rechte ist ihm nicht möglich. Hier zeigt sich erneut, daß die Rechte des Gewissens vor allem theologisch legitimiert sind.

Bayle rechtfertigt angesichts der Lage der Protestanten in Frankreich keinen Umsturz der politischen Ordnung, wie Jurieu und seine Anhänger dies tun, die damit in Widerspruch zur calvinischen Lehre geraten[59], sondern „beharrt (...) auf der Ordnungsfunktion des Staates"[60]. Er zieht die Monarchie anderen Staatsformen vor, da nur eine ungeteilte Macht die innere Ordnung garantiert.[61] Doch nicht der politische Nutzen, sondern die Rechte des irrenden Gewissens sind das wahre Fundament der Toleranz.[62] Auch die kirchlichen Instanzen, Synoden und Konzile haben nicht das Recht, das Gewissen zu zwingen. Wie Calvin gesteht Bayle der kirchlichen Gemeinschaft jedoch das Recht zu, die auszuschließen, die sich von ihren Lehren entfernen, ohne jedoch, wie dieser, auf die Notwendigkeit einer geistlichen Polizei zu schließen.[63] Bei der innerkirchlichen Toleranz endet die Pflicht zur Toleranz.

Augustinus hat Unrecht, wenn er sagt, daß es nicht darauf ankommt, ob man mit Gewalt bekehrt, sondern zu was man bekehrt:

„(...) il ne faut pas regarder à quoi l'on force en cas de Religion, mais si l'on force, & que dès-là que l'on force, on fait une très-vilaine action, & très-opposée au génie de toute Religion, & spécialement à l'Evangile."[64]

---

[59] Calvin sieht auch den Tyrannen als von Gott eingesetzten Herrscher, dem der Untertan zum Gehorsam verpflichtet ist; wo dieser ganz klar dem göttlichen Wort widerspricht, muß der Gehorsam verweigert werden, ohne daß sich daraus eine Legitimität gewaltsamen Widerstands ergibt (cf. J. CALVIN, *Institution*, IV, 20, 29-32).

[60] S. NEUMEISTER, „Pierre Bayle: Ein Kampf für religiöse und politische Toleranz", in L. KREIMENDAHL, *Philosophen des 17. Jahrhunderts*, p. 224.

[61] Cf. I. DELPLA, „Bayle: Pensées diverses sur l'athéisme ou le paradoxe de l'athée citoyen", in E. CATTIN/L. JAFFRO/A. PETIT, *Figures du théologico-politique*, Paris 1999, p. 127. – T. J. HOCHSTRASSER, „The Claims of Conscience: Natural Law Theory, Obligation, and Resistance in the Huguenot Diaspora", in J. C. LAURSEN, *New Essays on the Political Thought of the Huguenots of the Refuge*, Leiden 1995, p. 23, sieht in Bayles Befürwortung des Absolutismus ein Resultat der orthodoxen Sünden- und Gnadenlehre: Da die Mehrheit der Menschen die *massa perditionis* bilden und sündig und verdorben sind, können sie nur von einem absolutistischen Herrscher regiert werden.

[62] Dies betont auch C. B. BRUSH, *Montaigne and Bayle. Variations on the Theme of Skepticism*, p. 24.

[63] Cf. J. CALVIN, *Institution*, IV, 11, 1.

[64] *Commentaire Philosophique*, OD II, p. 461a.

Indem man den Menschen zwingt, gegen sein Gewissen zu handeln, zwingt man ihn dazu, sich Gott gegenüber unehrenhaft zu verhalten und sich noch schuldiger zu machen. Wer die Stimme seines Gewissens ignoriert, handelt unsittlich – dies gilt auch für religiöse Heuchler.[65] Weit davon entfernt, den Häretiker seinem Heil näherzubringen, macht die Zwangsbekehrung ihn vor Gott schuldig. Gewaltsame Missionierung ist auch dort ein Unrecht, wo falschen Göttern gehuldigt wird. Christliche Intoleranz kann sich nicht rechtmäßig auf das Evangelium berufen, auch wenn Augustinus sie mit dem Verweis auf das *compelle intrare* in Lk 14,23 rechtfertigt.[66] Schon die Nächstenliebe widerspricht einer solchen Haltung. Die Verfolgung und Zwangsbekehrung der Protestanten ist eine „injustice véritablement anti-Chretienne"[67]:

„(...) l'Esprit evangélique est un feu qui doit éclairer & échauffer, mais non pas brûler, calciner, stigmatiser"[68].

Die wörtliche Bedeutung des *compelle intrare* in Lk 14,23 ist vor allem deswegen abzulehnen, weil sie eine sehr schändliche Vorstellung von Gott und seinem Sohn propagiert. Dahinter steht aber auch das exegetische Prinzip, daß jede wörtliche Auslegung, die zum Verbrechen verpflichtet, falsch ist. Hier ist es also die sittliche Vernunft, die die Auslegung bestimmt und die das Recht auf Verfolgung annulliert.[69] Einen Gegensatz zwischen den Ideen der Moral und der Gottesidee darf es nicht geben. Dies ist auch der Grund, warum für Bayle das göttliche Attribut der Güte das wesentlichste ist.

Es geht Bayle nicht darum, die Verfolger zu brandmarken, die ja ihrem Gewissen folgen. Er stellt ausdrücklich fest, daß auch die Verfolger ihrem Gewissen verpflichtet sind und sich, wenn sie ihm nicht folgen, ebenfalls vor Gott schuldig machen.[70] Aber die Antwort Bayles ist in keiner Weise so unlogisch, wie es ihm heute noch vorgeworfen wird:[71] Sie begehen ein Verbrechen, weil sie ihr Tun nicht mit einer unüberwindlichen Ignoranz entschuldigen können. Bayle sagt keinesfalls, daß das irrende

---

65   Cf. *Janua*, OD V-1, p. 358.
66   Cf. AUGUSTINUS, *Contra Gaudentium Donatistarum episcopum* I 25, 28, in *Migne Patrologia Latina* XLIII, p. 722f.
67   *Nouvelles Lettres critiques*, OD II, p. 227a.
68   *Dictionaire historique et critique*, art. Sponde, rem. C.
69   Cf. E. CASSIRER, *Die Philosophie der Aufklärung*, p. 223.
70   Cf. *Commentaire Philosophique*, OD II, p. 430b.
71   Cf. G. MORI, „Conscience et tolérance", in ders., *Bayle philosophe*, pp. 293-295; cf. W. E. REX, *Essays on Pierre Bayle and Religious Controversy*, p. 181: „(...) Bayle is reduced to the mere assertion that persecution *is* a crime, with very little logic to substantiate it."

Gewissen alles entschuldigt. Er entschuldigt es in bezug auf die Dogmen,
aber nicht auf die sichersten Erkenntnisse der Ethik. Man kann und muß
den Verfolgern daher zeigen, daß Verfolgung falsch ist[72], da sie das
Gewissen anderer und den Willen Gottes nicht achtet.

Bayle stellt sich ganz hinter das Konzept einer Toleranz, die ein
nachsichtiges Dulden der Irrtümer anderer ist:

> „C'est par cet esprit de tolérance que j'ai toûjours crû qu'il faloit combatre les hérésies
> avec douceur, & avec de bonnes raisons, sans exciter les Magistrats à persécuter ceux à
> qui Dieu n'a pas fait encore la grace de les éclairer de sa lumiere"[73].

Die Toleranz ergibt sich damit nicht zuletzt aus dem christlichen Gebot
der Nächstenliebe, als ein liebevolles Dulden der kleinen Fehler und ein
behutsames Korrigieren der großen.

Daß die Toleranz sich eben vor allem als das Ergebnis der göttlichen
Forderung, das Gewissen zu achten, präsentiert, ist vielfach vernachlässigt
worden. Bayle wird weithin als Apostel einer Toleranz aus einer „allgemein
menschlichen Begründung"[74] gesehen, die sich allein auf das Naturrecht
beruft. Auch ist Bayle kein französischer Locke.[75] Als „apôtre de la
tolérance et d'un christianisme évangelique"[76] ist er der Vertreter einer
Theologie der Toleranz[77], der, anders als Locke, Gewissensfreiheit nicht
als das Recht des Individuums proklamiert, sondern die Rechte des Gewissens als Rechte Gottes versteht.[78] Das Gewissen ist der Sitz des Glaubens
und als „der heilige Ort der Begegnung zwischen dem Menschen und

---

[72]   Cf. J. KILCULLEN, „Bayle on the Rights of Conscience", in ders., *Sincerity and
       Truth*, p. 92.
[73]   *La Cabale Chimérique*, OD II, p. 676a.
[74]   K. BORNHAUSEN, „Das religiöse Problem während der französischen Vorrevolu-
       tion bei Bayle, Voltaire, Rousseau", *Historische Zeitschrift*, 3. Folge, 9. Band (1910),
       p. 499.
[75]   Cf. C. BERKVENS-STEVELINCK/S. G. O'CATHASAIGH, „The Lantern of Rotter-
       dam", *Studies on Voltaire and the Eighteenth Century* 303 (1992), p. 528. – Neben
       den vielen Gemeinsamkeiten macht Y. BIZEUL, „Pierre Bayle – Vordenker des
       modernen Toleranzbegriffs", in H.J. WENDEL/W. BERNARD/Y. BIZEUL, *Toleranz
       im Wandel*, pp. 82-84, die Unterschiede zwischen den beiden Denkern deutlich:
       Lockes Ablehnung einer universellen religiösen Toleranz und seine primär politi-
       sche Argumentation, Bayles extensiver Toleranzbegriff und seine theologische und
       philosophische Orientierung.
[76]   H. BOTS, „André Rivet et le *Dictionnaire* de Pierre Bayle", in H. BOST/P. DE
       ROBERT (Hrsg.), *Pierre Bayle, citoyen du monde*, p. 225.
[77]   Cf. J. SOLE, *Le débat entre protestants et catholiques français de 1598-1685*, Bd. 1, p.
       127; cf. J.-P. JOSSUA, „Pierre Bayle précurseur des théologies modernes de la
       liberté religieuse", *Revue des Sciences religieuses* 39 (1965), p. 119.
[78]   Cf. E. LABROUSSE, „Le Refuge hollandais: Bayle et Jurieu", in dies., *Conscience et
       conviction*, p. 204.

seinem Schöpfer"[79] zu respektieren. Gestützt wird das Prinzip der Toleranz letztlich auch von Bayles Fideismus, der die objektive Geltung der Dogmen verneint und ihnen eine rein moralische Gewißheit zuspricht.[80] Die Gewißheit der Dogmen ist keine objektive, sondern nur subjektiv spürbar. Sie macht aber die religiöse Überzeugung des Menschen aus, die ihn von den anderen religiösen Anschauungen abwendet. Sein Toleranzgedanke propagiert deshalb nicht etwa einen religiösen Indifferentismus.[81] Bayles Standpunkt ist klar: Idolatrie ist eine Sünde und muß als solche angeprangert werden. Eine brüderliche Einheit mit einer Religion, die dieser anhängt, ist nicht möglich. Da infolgedessen eine Einheit der christlichen Konfessionen unmöglich ist, muß man sich gegenseitig tolerieren.[82]

3. Moral versus Religion?

In der „Addition aux Pensées diverses" führt Bayle seine Behauptung, die Atheisten können genauso sittlich sein wie die Heiden, auf die Lehre der Synode von Dordrecht zurück, nach der der Mensch so verdorben geboren wird, daß er ohne die wirksame Gnade des Heiligen Geistes der Versklavung durch die Sünde nicht entkommen und keine guten Werke

---

[79] Y. BIZEUL, „Pierre Bayle – Vordenker des modernen Toleranzbegriffs", in H. J. WENDEL/W. BERNARD/Y. BIZEUL, *Toleranz im Wandel*, p. 86.

[80] Cf. S. BROGI, *Teologia senza verità*, p. 70. – L. KREIMENDAHL, „Das Theodizeeproblem und Bayles fideistischer Lösungsversuch", in R. H. POPKIN/A. VANDERJAGT (Hrsg.), *Scepticism and Irreligion in the Seventeenth and Eighteenth Centuries*, p. 274, sieht sogar den einzigen Sinn des Fideismus darin, die Forderung nach Toleranz zu ermöglichen. Anders sieht dies F. BRAHAMI, *Le travail du scepticisme*, p. 161f, der die Toleranz und die Rechte des irrenden Gewissens nicht als Ziel, sondern als Wirkung des Bayleschen Skeptizismus versteht.

[81] Dies ist der Vorwurf von P. JURIEU, *Des droits des deux souverains en matière de Religion, la Conscience et le Prince, pour détruire le dogme de l'indifférence des religions et de la tolérance universelle. Contre un livre intitulé: Commentaire philosophique sur ces paroles de la parabole, „Contrains-les d'entrer"*, Rotterdam 1687. – Bayles Plädoyer für die Achtung des Gewissens ist eben nicht – wie K. BORNHAUSEN, „Das religiöse Problem während der französischen Vorrevolution bei Bayle, Voltaire, Rousseau", *Historische Zeitschrift*, 3. Folge, 9. Band (1910), p. 500, dies versteht – eine Aufforderung an das Christentum, es solle „an dem Glauben des fremden heidnischen Volkes die eigene Gottesanschauung erweitern und fortbilden" mit dem Ziel einer synkretistischen Universalreligion.

[82] Cf. *Commentaire Philosophique*, OD II, p. 418b.

vollbringen kann.[83] Ohne die Gnade besteht das einzig wirksame Handlungsprinzip des Menschen in seiner Eigenliebe, seinem Temperament, seinem Stolz und dem Wunsch nach Anerkennung. Es gäbe nichts Verdorbeneres als die menschliche Seele, eine absolute Dominanz der Leidenschaften, wenn es keine menschlichen und göttlichen Gesetze gäbe, „si l'art ne corrigeoit la Nature"[84]. Die Natur ist in Sachen Moral kein Führer, sondern „un état de maladie"[85]. Die Eigenliebe führt zur Universalität der Leidenschaften, auch wenn der Maßstab für Sittlichkeit überall ein anderer ist.[86] Rachsucht und Streben nach Wohlstand sind zwei wesentliche menschliche Eigenschaften, die aus der Verbindung von Leib und Seele resultieren und die seine Eigenliebe am stärksten befriedigen.[87] Doch alle Leidenschaften haben für Bayle letztlich etwas Mechanisches und Unwillkürliches, was ihre Dominanz über Vernunft und Bewußtsein stärkt.[88] Nur wenige Menschen sind in der Lage, durch ihr mildes Temperament, geistige Überlegenheit, Studium oder göttliche Gnade die Fehler ihrer Natur zu beheben. Dies ist aber die Voraussetzung für Sittlichkeit:

> „On n'est honnête homme, & bien éclairé, qu'autant qu'on a pû guérir les maladies naturelles de l'ame, & leurs suites."[89]

Schon die Kinder sind ohne Versprechen, Drohungen und Erziehung nicht zu sittlichem Verhalten fähig.[90] Grund für den Hang zum Bösen ist die Erbsünde, wie Bayle mit dem Verweis auf Eph 2,3 und die reformierte Lehre belegt. Bayle lobt in diesem Zusammenhang Augustinus, der das Elend der *conditio humana* besonders gut beschreibt.[91] In seiner Anthropologie zeigt sich, neben der skeptischen Komponente, deutlich eine Ver-

---

[83] Cf. *Addition aux Pensées diverses*, OD III, p. 181b. – Cf. *Dordrechter Canones von 1619*, in E. F. MÜLLER, *Die Bekenntnisschriften der reformierten Kirche*, Kap. III und IV, Art. III, p. 851.

[84] *Continuation des Pensées diverses*, OD III, p. 199b.

[85] *Réponse aux questions d'un provincial*, OD III, p. 714a. – Hinsichtlich der Charakterisierung der Natur als Krankheitszustand bemerkt M. RAYMOND, „Pierre Bayle et la conscience malheureuse", in ders., *Vérité et poésie*, p. 54: „On mesure ici tout ce qui sépare la doctrine presque partout répandue dans le *Dictionnaire* de celle des Encyclopédiste."

[86] Cf. *Pensées diverses*, OD III, p. 88a.

[87] Cf. *Pensées diverses*, OD III, p. 109a-b.

[88] Cf. L. BIANCHI, „Passioni necessarie e passioni causa di errori in P. Bayle", in I. CAPPIELLO, *Tra antichi e moderni. Antropologia e Stato tra disciplinamento e morale privata*, p. 146.

[89] *Continuation des Pensées diverses*, OD III, p. 220b.

[90] Cf. *Continuation des Pensées diverses*, OD III, p. 220a.

[91] Cf. *Continuation des Pensées diverses*, OD III, p. 272b.

bundenheit mit der augustinisch-calvinistischen Tradition.[92] Sehr modern ist dagegen die enorme Rolle, die er der Erziehung zuordnet. So sieht er in den Unterschieden zwischen Mann und Frau weniger geschlechtsspezifische Merkmale als durch Erziehung verursachte psychologische Eigentümlichkeiten: Die Frauen wären genauso kriegerisch wie die Männer und letztere so ängstlich wie die Frauen, wenn man sie dazu erzöge.[93]

Auch wenn Bayle die Dominanz der Leidenschaften geltend macht, entschuldigt er das menschliche Handeln dadurch nicht. Ein Geschöpf, dessen wesentliches Attribut in der Vernunft liegt, muß sich dieser konform verhalten. Aus der Erkenntnis dieser Pflicht heraus muß auch das Verhalten König Davids getadelt werden:[94] Eine Handlung ist nicht deshalb gerecht, weil sie von einem verehrten Menschen vollbracht wird, auch wenn dieser ansonsten von Frömmigkeit und Gotteseifer erfüllt war.[95] Als

---

[92] Cf. E. LABROUSSE, *Pierre Bayle: hétérodoxie et rigorisme*, p. 124; cf. L. BIANCHI, „Pierre Bayle face au meilleur des mondes", in A. HEINEKAMP/A. ROBINET, *Leibniz, le meilleur des mondes*, p. 135. – G. MORI, „Pierre Bayle: un pessimiste anti-augustinien", in ders., *Bayle philosophe*, p. 327, hingegen versucht, in seinem Bemühen, Bayles Philosophie als Atheismus zu charakterisieren, ihn auch als absoluten Gegner des Augustinismus herauszustellen und seine negative Anthropologie auf eine rein mechanische Erklärung der Leiden und Leidenschaften zurückzuführen. Eine solche Sicht setzt sich nicht nur über den Text hinweg, sondern geht auch völlig an Bayles wiederholter Feststellung vorbei, daß der Schmerz nicht notwendig zur Körperlichkeit gehört, sondern daß die Verbindung von Körper und Seele auf einer willkürlichen Verfügung des Schöpfers aufgrund des Sündenfalls beruht. Unbestreitbar sind natürlich die Unterschiede zum Augustinismus in der Toleranzfrage, der Auffassung des Bösen und des freien Willens.

[93] Cf. *Nouvelles de la République des Lettres*, August 1685, OD I, p. 341b; cf. *Réponse aux questions d'un provincial*, OD III, p. 982a.

[94] Cf. *Dictionaire historique et critique*, art. David, rem. I. Diese Anmerkung sollte Bayle in der zweiten Ausgabe des „Dictionaire" völlig streichen und eine andere (rem. G) einfügen, in der er seine Kritik widerrief und behauptete, daß eine augenscheinlich schlechte Handlung doch unschuldig sein kann. Auf den Druck der potentiellen Käuferschaft ließ der Verleger Leers den kontroversen Artikel jedoch auch in seiner ursprünglichen Form neben dem korrigierten in das „Dictionaire" aufnehmen (cf. E. LABROUSSE, *Pierre Bayle: hétérodoxie et rigorisme*, p. 346, n. 1).

[95] W. E. REX, „Pierre Bayle: the Theology and Politics of the Article on David", *Bibliothèque d'Humanisme et Renaissance* 25 (1963), p. 390f, sieht in dieser Betonung des Primats der ethischen Gesetze und in der Verurteilung der Verbrechen Davids den Kontrapunkt, den Bayle zu den Lehren Jurieus setzen will, der zur Durchsetzung seines politischen Ziels, einen Heiligen Krieg gegen Frankreich anzuzetteln, Krieg und Verbrechen mit dem Verweis auf das Alte Testament rechtfertigt. – Es ist daher kein Wunder, daß Jurieu, wie E. LABROUSSE, „Le Refuge hollandais: Bayle et Jurieu", in dies., *Conscience et conviction*, p. 207, betont, Bayle vor allem auch als Verräter der gemeinsamen Sache und sogar als Geheimagent des Sonnenkönigs sehen muß.

Nachkomme Adams unterlag David sowohl der Gnade als auch den Leidenschaften. Zeigt sich nicht auch in Davids Verhalten die Richtigkeit des theologischen Prinzips, daß auch der Gerechte ein Sünder ist (man denke an das lutherische *simul iustus ac peccator*)? In der Tat war es im Calvinismus nichts Neues, in David sowohl den Heiligen als auch den Sünder zu sehen, wobei jedoch immer mit Bedacht betont wurde, daß Davids Rückfall in die Sünde nicht von einem Verlust des rechtfertigenden Glaubens begleitet war.[96]

Im menschlichen Geist ist, trotz aller Verdorbenheit, die Erkenntnis der grundlegenden metaphysischen und moralischen Prinzipien bewahrt.[97] Diese Sicht stimmt mit der orthodoxen Tradition überein.[98] Ein natürliches Gesetz, das die Regeln der Moral enthält, wird auch von Calvin mit dem Verweis auf Röm 2,14 postuliert.[99] Aber die vornehmliche Funktion des Naturgesetzes bei Calvin ist es, den Menschen unentschuldbar zu machen, indem es ihm den Vorwand der Unwissenheit nimmt. Vernunft und Wille sind dem Menschen geblieben, aber sie sind durch den Sündenfall im wesentlichen korrumpiert worden, weshalb Calvins Aussagen über das Naturgesetz keinem ethischen Entwurf gleichkommen, sondern, im Gegenteil, die Notwendigkeit der Erlösung verdeutlichen.[100]

Alle moralischen Gesetze müssen der natürlichen Idee der Billigkeit (*aequitas*) untergeordnet werden, die jedem Menschen eingegeben ist.[101] Bayles Feststellung der Relativität der moralischen Urteile impliziert somit nicht schon ein Gutheißen aller moralischen Regeln, sondern nur, insoweit sie sich auf die Idee der Billigkeit berufen können.[102] Auch das Gewissen

---

[96]   Cf. W. E. REX, „Pierre Bayle: the Theology and Politics of the Article on David", *Bibliothèque d'Humanisme et Renaissance* 24 (1962), p. 177f.

[97]   Cf. *Pensées diverses*, OD III, pp. 114b-115a.

[98]   Cf. *Dordrechter Canones von 1619*, in E. F. MÜLLER, *Die Bekenntnisschriften der reformierten Kirche*, Kap. III und IV, Art. IV, p. 852: „Residuum quidem est post lapsum in homine lumen aliquod naturae, cujus beneficio ille notitias quasdam de Deo, de rebus naturalibus, de discrimine honestorum et turpium retinet, et aliquod virtutis ac disciplinae externae studium ostendit".

[99]   Cf. J. CALVIN, *Institution*, II, 2, 22: „Or si les Gentils naturellement ont la iustice de Dieu imprimée en leur esprit, nous ne les dirons pas du tout aveuglez quant est de savoir comment il faut vivre. Et de fait, c'est une chose vulgaire, que l'homme est suffisamment instruit a la droite reigle de bien vivre par ceste loy naturelle dont parle l'Apostre."

[100] Cf. W. NIESEL, *Die Theologie Calvins*, München ²1957, p. 100f.

[101] Cf. *Commentaire Philosophique*, OD II, p. 368b.

[102] Die Behauptung von E. HAASE, *Einführung in die Literatur des Refuge*, p. 370, „die reine Regung der *conscience*" sei „das führende Prinzip und zugleich die inhaltliche Bestimmung aller Moral", kann daher nur unter Vorbehalt akzeptiert werden, insofern für Bayle nur das der Billigkeit und damit den Ideen der *recta ratio* verpflichtete Gewissen sittlich ist.

ist dieser Idee verpflichtet. Wenn man gegen diese Idee, die dem Menschen als Prüfstein aller Moral – selbst der geoffenbarten – gegeben wurde[103], verstößt, setzt man sich dem Mißfallen Gottes aus.[104] Hier könnte sich Bayle zu Recht auf Calvin berufen, der ebenfalls die natürliche Regel der Billigkeit zur Richtschnur aller Gesetze macht.[105] Die Geltung der moralischen Prinzipien resultiert aus ihrer Konformität mit der in Gott enthaltenen *summa ratio*.[106] Die Vernunft kann die Wahrheit allgemein-moralischer Prinzipien entdecken, da die „Ethica naturalis" nichts anderes ist als das „lumen"[107] des Geistes. Diese einsichtig zu machen ist Aufgabe der Philosophie. Hier ist Bayles Denken nicht fideistisch, sondern vielmehr rationalistisch[108], da er wie Kant das Sittengesetz als ein Faktum der Vernunft ansieht. Hier gibt es kein Veto der Theologie. Die Vernunft liefert die Einsicht der moralischen Wahrheiten, das Festhalten an diesen Wahrheiten ist Aufgabe des Gewissens. Die Einsicht ist dem sündigen Menschen geblieben, aber die Fähigkeit, die Maximen der Moral in die Tat umzusetzen, ist verlorengegangen.[109]

Ein nicht von der Gnade beeinflußtes Handeln, das nicht auf den eigenen Vorteil, sondern allein auf den Forderungen der Vernunft begründet ist, ist zwar selten, aber nicht gegen alle Erfahrung:

„(...) la Raison, sans la connoissance de Dieu, peut quelquefois persuader à l'homme, qu'il y a des choses honnêtes, qu'il est beau & loüable de faire, non pas à cause de l'utilité qui en revient, mais parce que cela est conforme à la Raison."[110]

Nicht das Wissen um seine Pflicht ist jedoch das tatsächliche Handlungsprinzip des Menschen, sondern das jeweilige, fast immer von Leidenschaften, Temperament, Gewohnheit, Geschmack und Neigung geprägte Urteil

---

[103] Cf. *Commentaire Philosophique*, OD II, p. 368b.

[104] Cf. *Pensées diverses*, OD III, p. 125b.

[105] Cf. J. CALVIN, *Institution*, IV, 20, 16.

[106] Cf. *Système de Philosophie*, OD IV, p. 261f. – Bayles These widerspricht der Feststellung von M. PARADIS, „Les fondements de la tolérance universelle chez Bayle: La séparation de l'Eglise et de l'état", in E. GREFFIER/M. PARADIS, *The Notion of Tolerance and Human Rights*, p. 31, daß Bayle die Bedeutung des „impératif moral" des Gewissens nicht von Gott ableitet, sondern von der *recta ratio*. Daß Bayle die praktische Vernunft von der Religion entbindet und ihr eine autonome Existenz gibt, ist jedoch zutreffend, wenn die Autonomie auf die Praxis beschränkt und nicht absolut gewertet wird.

[107] *Système de Philosophie*, OD IV, p. 260.

[108] Cf. J. DELVOLVE, „Le principe de la morale chez Pierre Bayle", in *Bibliothèque du Premier Congrès International de Philosophie, 1900*, tome IV, Paris 1902, p. 308: „(...) en matière de pratique, son scepticisme cesse, et la raison retrouve sa valeur."

[109] Cf. *Dictionaire historique et critique*, art. Ovide, rem. H.

[110] *Pensées Diverses*, OD III, p. 114b.

über den Gegenstand des Handelns.[111] Nicht nur die Religion, sondern auch die Vernunft scheint in diesem Sinne für das menschliche Handeln kaum eine Rolle zu spielen – obwohl es, wie ja auch Grotius in seinem „De iure belli ac pacis" betont, eine Pflicht jedes Menschen ist, auch in seinen Willensakten den Ideen der *recta ratio* zu folgen[112]. Die Akte des Willens sind es, die Tugend und Laster ausmachen.[113] Daher beurteilt auch Gott allein den Willensakt, die Gesinnung, die die Handlung formt. Diese Unterscheidung zwischen Sittlichkeit und Sitten hebt Bayle von den Moralisten seiner Zeit ab.[114]

Bayles Theorie ermöglicht nicht zuletzt die Annahme der Möglichkeit einer atheistischen Moral und wird gestützt von der These, daß im menschlichen Sinne ehrenhaftes Handeln oft aus Eigenliebe, Stolz und dem Streben nach Anerkennung resultiert.[115] Wenn Heiden und Atheisten eine Moral möglich war, dann fehlt dieser aber das Prinzip der Gottesliebe, die nur durch die Gnade erwirkt wird, so daß sie letztlich nur äußere Sittlichkeit ist, das heißt „*splendida peccata*"[116]. Die Geschichte zeigt aber nicht nur sittliche Atheisten, sondern auch unmoralische Christen.[117] Die reine Lehre der Christen bestimmt nicht ihr Verhalten, so daß die tatsächliche (Un-)Moral letztlich nicht den religiösen Dogmen entspricht. In diesem Sinn ist die Feststellung richtig, daß „Religion (...) nicht die

---

[111] Cf. *Pensées diverses*, OD III, p. 87a. – E. LABROUSSE, *Pierre Bayle: hétérodoxie et rigorisme*, p. 78f, und L. BIANCHI, „Passioni necessarie e passioni causa di errori in P. Bayle", in I. CAPPIELLO, *Tra antichi e moderni. Antropologia e Stato tra disciplinamento e morale privata*, p. 149, betonen neben der calvinistischen Tradition den Einfluß der französischen Moralisten La Bruyère, La Rochefoucauld und Nicole.

[112] Cf. *Continuation des Pensées diverses*, OD III, p. 409a.

[113] Cf. *Système de Philosophie*, OD IV, p. 265.

[114] Cf. J.-M. GROS, „L'Apologie de Pascal", in H. BOST/P. DE ROBERT (Hrsg.), *Pierre Bayle, citoyen du monde*, p. 248.

[115] Cf. *Addition aux Pensées diverses*, OD III, p. 175.

[116] *Réponse aux questions d'un provincial*, OD III, p. 772a-b. – G. MORI, „Athéisme et fidéisme", in ders., *Bayle philosophe*, pp. 198-200, möchte die *splendida peccata* als eine reine Konzession an die Orthodoxie ansehen, die in Widerspruch gerate mit Bayles Verteidigung der Sittlichkeit der Atheisten und der Anprangerung religiöser Immoralität. Dem ist jedoch entgegenzusetzen, daß Bayle die Pflicht zur Sittlichkeit einerseits philosophisch auf das Wesen des Menschen als vernünftiges Wesen begründet, was das Verdienst der Tugend erheblich relativiert, und andererseits wiederholt die Gnade, nicht das Befolgen der moralischen Gesetze, verantwortlich macht für wahrhaft gutes, das heißt gottgefälliges Tun und für die Erlösung. Wenn er, wie in der *Continuation des Pensées diverses*, OD III, p. 390b, die rügt, die den „belles actions" der Heiden jeglichen Glanz nehmen, dann weil diese sich darin auszeichnen, worin sich nur wenige hervortun – in dem Befolgen ihrer menschlichen Pflicht.

[117] Cf. *Addition aux Pensées diverses*, OD III, p. 173.

Geburtsstätte der Moral"[118] ist. Auch bei den Christen spielen die Eigenliebe und die eigene Ehre eine wichtige Rolle. Die menschliche Ehre ist ein stärkeres Motiv als die Stimme des Gewissens und die göttlichen Gebote.[119] Die göttlichen Gesetze können die Leidenschaften nur bedingt bändigen.[120] Die Christen, die sündigen, wissen das, aber das Motiv der Leidenschaft ist letztlich stärker als das göttliche Gebot:

„(...) tant il est vrai que les véritez de l'Evangile, qu'on lit & qu'on entend lire tous les jours de la semaine, font peu d'impression sur notre coeur!"[121]

Bayle bejaht klar das Prinzip „*Malus homo bonus civis*"[122]. Vorurteile, Irrtümer und Leidenschaften – die den natürlichen Instinkt des Menschen ausmachen – sind, wie bereits Erasmus betone[123], ein notwendiges Übel zur Erhaltung der Welt:

„Les erreurs, les passions, les préjugez, & cent autres défauts semblables, sont comme un mal nécessaire au monde."[124]

Weder eine Gesellschaft von wahren Christen noch eine, in der alle Menschen allein ihrer Vernunft folgen, könnte den Fortbestand der Menschheit sichern – im Gegenteil, es scheint, als wäre der Instinkt, die Eigenliebe, auf die alle Leidenschaften gründen, von Gott zur Bewahrung

---

118 K. BORNHAUSEN, „Das religiöse Problem während der französischen Vorrevolution bei Bayle, Voltaire, Rousseau", *Historische Zeitschrift*, 3. Folge, 9. Band (1910), p. 503.
119 Cf. *Dictionaire historique et critique*, art. Patin, rem. C.
120 Anders sieht dies J.P. DE CROUSAZ, *Traité du beau*, Amsterdam 1715, Repr. Genf 1970, p. 130, der – ganz traditionell – in den göttlichen Geboten mit ihrer Androhung von Strafen die wirksamste Barriere gegen die Stärke der menschlichen Leidenschaften sieht. Seiner strengen Gegnerschaft zu Bayle wird der Philosophieprofessor De Crousaz 1733 in seinem „Examen du pyrrhonisme ancien et moderne" Ausdruck verleihen, in dem er den Skeptizismus Bayles anprangert. Seine Klage, daß Bayles Gedanken von vielen Theologen übernommen worden seien, ist von Bedeutung, weil sie darauf hindeuten könnte, daß einige orthodoxe Theologen in Bayle einen Verbündeten gegen die rationalistische Theologie sahen (cf. E. LABROUSSE, *Pierre Bayle: hétérodoxie et rigorisme*, p. 605).
121 *Dictionaire historique et critique*, art. Bunel, rem. C. – Der Christ muß sich das vorwerfen, was sich Medea in OVID, *Metamorphoses*, VII, 20-21, vorwirft: „(...) video meliora proboque, deteriora sequor."
122 *Continuation des Pensées diverses*, OD III, p. 361b.
123 Cf. *Nouvelles Lettres critiques*, OD II, p. 328b; cf. ERASMUS, *Das Lob der Torheit*, übersetzt und herausgegeben von A.J. GAIL, Stuttgart 1966, p. 32: „Solche Torheit gründet Staaten, in ihr sind die Reiche verankert, die Regierung, die Religion, die Ratsbeschlüsse, die Gerichtsentscheide, und das gesamte menschliche Leben ist nichts anderes als ein Spiel der Torheit."
124 *Nouvelles Lettres Critiques*, OD II, p. 274b.

der Menschheit geschaffen.[125] Bayle legt damit auch in seiner Betrachtung der Leidenschaften nicht den Schluß nahe, „daß zum Funktionieren der Welt Gott eigentlich nicht nötig ist"[126]. Vielmehr dient alles der unergründlichen Vorsehung Gottes – nur das Wissen um Gott ist für den Lauf der Welt nicht nötig.

Die Gesetzgebung Gottes im Dekalog bezieht sich nicht nur auf kriminelle Taten, sondern auch auf die innere Einstellung, also die Absicht zu stehlen, zu töten etc.[127], da nicht nur die Tat, sondern auch der dem göttlichen Willen konträre Wille Sünde ist. Es gibt nur wenige Ausnahmen, die von der Befolgung der zehn Gebote dispensieren: Der Krieg und die Bestrafung der Verbrecher können das Töten legitimieren, und auch der göttliche Wille, das heißt ein ausdrücklicher Befehl Gottes, kann dazu verpflichten.[128]

Während die Bejahung falscher Dogmen zwar ein schwerer, aber bei einem reinen Gewissen ein verzeihlicher Fehler ist, werden die Verstöße gegen die klaren moralischen Maximen von Gott schwer geahndet werden. Es gibt daher keinen notwendigen Zusammenhang zwischen Häresie und Unsittlichkeit.[129] Während die Dogmen nicht einstimmig von allen Christen bejaht werden, gelten in allen christlichen Gemeinschaften die in der Schrift für alle Welt klar und eindeutig enthaltenen Lehren Christi über die Nächstenliebe:

„Nous convenons tous qu'il faut vivre chastement, sobrement, aimer Dieu, renoncer à la vengeance, pardonner à nos ennemis, leur faire du bien, être charitable. Nous sommes divisez sur les points qui n'aggravent, ni exténuent le joug de la Morale Chretienne."[130]

---

[125] J. DELVOLVE, „Le principe de la morale chez Pierre Bayle", in *Bibliothèque du Premier Congrès International de Philosophie, 1900*, p. 316, qualifiziert diesen Bezug zwischen Leidenschaften und Vorsehung als „providentialisme naturel".

[126] S. NEUMEISTER, „Pierre Bayle: Ein Kampf für religiöse und politische Toleranz", in L. KREIMENDAHL, *Philosophen des 17. Jahrhunderts*, p. 233.

[127] Cf. *Janua*, OD V-1, p. 265.

[128] Cf. *Commentaire Philosophique*, OD II, p. 433a. Diese Stelle macht natürlich vor allem den Forschern Probleme, die den göttlichen Willen oder die Autorität der Schrift nicht als elementare Faktoren sehen, denen sich das Denken Bayles verpflichtet: G. MORI, „Conscience et tolérance", in ders., *Bayle philosophe*, p. 302f, versucht einen Ausweg, indem er darin einen „ton provocateur – pour ne pas dire libertin" erkennt, der das Evangelium als moralischen Maßstab entwertet. Damit gerät er jedoch in Widerspruch zur unbestreitbaren Tatsache, daß das Evangelium für Bayle eine Moral predigt, die den moralischen Prinzipien der Vernunft konform und in mancher Hinsicht sogar überlegen ist.

[129] Cf. *Réponse aux questions d'un provincial*, OD III, p. 773a: „Or il est de notoriété publique qu'il n'y a point de secte qui à l'égard des moeurs s'aproche plus de la simplicité, & de la rigidité des premiers Chretiens que le Socinianisme."

[130] *Commentaire Philosophique*, OD II, p. 439b.

Sittlichkeit ist kein Zustand, sondern muß erarbeitet werden, indem man versucht, die Seele der Dominanz durch die Leidenschaften zu entziehen.[131] Auch wenn wahre Sittlichkeit nur durch die Gnade möglich ist, ist die Sittlichkeit eine dem Menschen wesensmäßige Pflicht, von der also weder der Atheist noch der Christ ausgenommen sind.[132]

Moralisches Verhalten ist, neben dem Glauben, aber nötig zur Erlösung:

„(...) on a beau croire, si on n'est homme de bien, on ne sera pas sauvé"[133].

Bayle betrachtet die Vernunft und das menschliche Gewissen eben nicht als völlig autonom, sondern führt den Ursprung der sittlichen Vernunft explizit auf ein von Gott gegebenes *lumen* zurück, das den Menschen trotz der Sünde befähigt, Gut und Böse zu unterscheiden.[134] Es gibt drei Momente, die das Naturgesetz an Gott binden:

1. Gott hat dem Menschen die Einsicht in die moralischen Prinzipien gegeben, damit er sie befolge.
2. Die durch die Gnade erwirkte Erlösung impliziert das Befolgen der moralischen Prinzipien.
3. Die Moral ist keine spekulative Angelegenheit: In ihr gibt es zwei Führer, den gesunden Menschenverstand und die Erleuchtung durch das Evangelium.[135]

Eine absolut „scharfe Grenzziehung"[136] zwischen Religion und Moral ist daher nicht erkennbar: Die moralischen Normen sind zwar nicht die einer

---

[131] Cf. *Dictionaire historique et critique*, art. Amphiaraus, rem. H.
[132] Kant sieht in der Ergänzung der Pflicht durch die Gnade den Grundsatz der christlichen Religion, die für ihn die einzig moralische Religion ist: „(...) daß ein jeder soviel, als in seinen Kräften tun müsse, um ein besserer Mensch zu werden; und nur alsdann (...), wenn er die ursprüngliche Anlage zum Guten benutzt hat, um ein besserer Mensch zu werden, er hoffen könne, was nicht in seinem Vermögen ist, werde durch höhere Mitwirkung ergänzt werden" (I. KANT, „Von der Einwohnung des bösen Prinzips neben dem guten: oder das radikale Böse in der menschlichen Natur", in ders., *Die Religion innerhalb der Grenzen der bloßen Vernunft*, p. 57).
[133] *Commentaire Philosophique*, OD II, p. 439a.
[134] Cf. *Système de Philosophie*, OD IV, p. 259. – L. BRUNSCHVICG, „L'idée critique et le système kantien", *Revue de métaphysique et de morale* 31 (1924), p. 139, behauptet, Bayle sehe in der menschlichen Vernunft die Vernunft schlechthin, während J. DELVOLVE, *Religion, critique et philosophie positive chez Pierre Bayle*, p. 420, die Rückführung der sittlichen Vernunft auf Gott sogar für eine weitere Unaufrichtigkeit Bayles hält.
[135] Cf. *Dictionaire historique et critique*, art. Loyola (Ignace de), rem. T.
[136] K. BORNHAUSEN, „Das religiöse Problem während der französischen Vorrevolution bei Bayle, Voltaire, Rousseau", *Historische Zeitschrift*, 3. Folge, 9. Band (1910), p. 503.

bestimmten Religion, und sie gehen den göttlichen Gesetzen sogar voraus[137], so daß man nicht von einer theonomen Ethik sprechen kann, aber sie sind in letzter Instanz dem Menschen von Gott eingegeben, und wahre Sittlichkeit bleibt im Sinne des orthodoxen Calvinismus nur den Erwählten möglich. Daher kann Bayle die Erkenntnis der moralischen Wahrheiten auch als eine natürliche Religion bezeichnen.[138] Gott ist auch hinsichtlich der Moral ein *Deus absconditus*. Mit Grotius bestätigt Bayle, daß die moralischen Gesetze zu befolgen sind *etsi Deus non daretur*.[139] Dies gilt besonders für das Befolgen der Stimme des Gewissens: Die Lüge wäre eine Sünde, auch wenn das göttliche Gesetz sie nicht verboten hätte oder es Gott nicht gäbe.[140] Der ethische Kern des Christentums wird bewahrt[141], indem die volle Geltung der moralischen Lehren des Neuen Testaments und ihre Konformität und gleichzeitig ihre Überlegenheit hinsichtlich der Moralphilosophie postuliert wird.[142] Die christliche Lehre ist eine Fortführung der Erkenntnisse der Moral und ihrer Pflichten: Die Maxime, daß man seinem Mitmenschen nichts zufügen soll, was man selbst nicht erleiden will, hat durch das Evangelium mit dem Gebot der Nächstenliebe eine absolute Notwendigkeit und eine Radikalisierung erhalten, die der Moralphilosophie unbekannt war.[143] Der Mensch hat daher weniger Probleme, die für die Vernunft schwierigen christlichen Dogmen zu akzeptieren, als die Moral des Evangeliums zu befolgen, die seiner Natur äußerst unbequem ist.[144] Die Eigenliebe widersetzt sich der Nächstenliebe. Selbst wenn die christliche Lehre in allen Punkten mit der Vernunft übereinstimmen würde, hätte dies keine praktische Konsequenz, da die Menschen, obwohl sie vernünftige Wesen sind, nicht nach ihren Prinzipien leben. Dies klingt natürlich sehr nach Resignation. Aber auch

---

137 Cf. *Continuation des Pensées diverses*, OD III, p. 410a.

138 Cf. *Commentaire Philosophique*, OD II, p. 379b.

139 Cf. *Continuation des Pensées diverses*, OD III, p. 409a; cf. H. GROTIUS, *De iure belli ac pacis*, Paris 1625, Prolegomena: „Et haec quidem quae iam diximus, locum haberent etiamsi daremus, quod sine summo scelere dari nequit, non esse Deum".

140 Cf. *Continuation des Pensées diverses*, OD III, p. 409a.

141 Cf. G. PAGANINI, „Fidéisme ou ‚modica theologia'? Pierre Bayle et les atavars de la tradition érasmienne", in H. BOTS, *Critique, savoir et érudition à la veille des Lumières. Le Dictionaire historique et critique de Pierre Bayle (1647-1706)*, p. 409.

142 Cf. H. DIECKMANN, „Reflexionen über den Begriff Raison in der Aufklärung und bei Bayle", in F. SCHALK, *Ideen und Formen*, p. 50: „Nirgendwo verteidigt er eine a-religiöse, rein rationale sittliche Norm im Gegensatz zum christlichen Sittengebot. (...) Zwischen Vernunftgesetz und christlichem Gesetz besteht für ihn (...) eine klare Parallele."

143 Cf. *Critique Générale de l'Histoire du calvinisme de Mr. Maimbourg*, OD II, pp. 93b-94a.

144 Cf. *Pensées diverses*, OD III, p. 118b.

wenn bei Bayle die Schilderung dessen, wie der Mensch ist, im Vordergrund zu stehen scheint[145], so vergißt er nie zu betonen, wie der Mensch der Vernunft und dem göttlichen Willen nach sein soll. Sicher, ein den Prinzipien seiner Vernunft und den christlichen Maximen konform lebender Mensch ist eine große Ausnahme und eine konstante Sittlichkeit sogar ein Ideal, aber darin besteht sowohl seine Pflicht als vernünftiges Wesen als auch, so Gott will, seine Heiligung als Erwählter.

---

[145] Cf. B. TALLURI, „Note su Pierre Bayle e il problema morale", *Rivista critica di Storia della Filosofia* XII, 4 (1957), p. 435: „No gli importa di stabilire come l'uomo deve essere, ma come l'uomo è."

Kapitel VI

Abschließende Betrachtung über die Bedeutung Bayles

1. Der Einfluß des Bayleschen Denkens auf das 18. und 19. Jahrhundert

Die vielen Ausgaben des voluminösen „Dictionaire" in der ersten Hälfte des 18. Jahrhunderts zeigen die große Popularität Bayles. Aber groß ist auch die Zahl der Schmähschriften und Widerlegungen – in der Art der „Dissertationes anti-Baelianae"[1] von Pfaff –, die Bayle zu den Atheisten zählen und ihm vorwerfen, er habe den Manichäismus verteidigt und den Gebrauch der Vernunft für die christliche Lehre entwertet. Die Vielfältigkeit der Wirkungen Bayles auf das 18. Jahrhundert und darüber hinaus kann in diesem Rahmen nur kursorisch dargestellt werden.

Bayle zählt zu den beliebtesten Autoren der französischen Aufklärung, wenn er nicht gar „ihr Lieblingsautor"[2] ist. Der Einfluß Bayles auf Voltaire ist unbestritten und in dessen Werken nachweisbar.[3] Voltaire selbst verleiht seiner Vorliebe für den Skeptiker und Kritiker Bayle Ausdruck:

> „J'abandonne Platon, je rejette Epicure,
> Bayle en sait plus qu'eux tous: je vais le consulter:
> La balance à la main, Bayle enseigne à douter,
> Assez sage, assez grand pour être sans système,
> Il les a tous détruits, et se combat lui-même:

---

[1] C. M. PFAFF, *Dissertationes anti-Baelianae, in quibus Petrus Baelius, philosophus olim Roterodamensis, qui in Dictionario Historico et Critico eo titulo, qui Pyrrhonem exhibet, sumta abbatis sceptici larva, dogmata christiana de SS. Trinitate, de Incarnatione Christi, de praesentia reali corporis Christi in eucharistia, de origine mali Adamitici adortus fuerat, repellitur et confutator*, Tübingen 1720.

[2] F. SCHALK, *Studien zur französischen Aufklärung*, p. 258.

[3] H. T. MASON, *Pierre Bayle and Voltaire*, pp. 140–147, gibt eine ausführliche Liste der Verweise auf Bayle in Voltaires Werken und seiner Korrespondenz.

Semblable à cet aveugle en lutte aux Philistins,
Qui tomba sous les murs abattus par ses mains"[4].

Auch für Voltaire ist das Theodizeeproblem ein ebenso wichtiges wie schwieriges Thema. Er übernimmt es, auf Leibniz' „Theodicee" zu antworten: Die Vertreibung aus dem Paradies, die Erlaubnis der Sünde, Geburtsschmerzen, die Böswilligkeit und das Elend des Menschen, Höllenqualen – all das spricht gegen Leibniz' Konzeption des *mundus optimus*, der auf diese Einwände nicht antworten kann. Und so schließt er in verächtlichem Tonfall:

„Leibnitz sentait qu'il n'y avait rien à répondre: aussi fit-il de gros livres dans lesquels il ne s'entendait pas."[5]

Bayle ist es auch, der Voltaire zu seinem antibiblischen Stück „Saül"[6] inspiriert und ihm die Basis für die Artikel über David und Abraham im „Dictionnaire Philosophique" liefert.[7] Bayle weist in den Augen Voltaires zu Recht darauf hin, daß David durch seine Reue ein Mann nach dem Herzen Gottes war, daß Gott aber nicht alle Verbrechen in der jüdischen Geschichte heiligt.[8] Voltaires exegetisches Wissen, sein Interesse an Varianten des biblischen Textes und an den Apokryphen sind enorm, wie seine biblischen Artikel zeigen. Wenn er im Artikel „Christianisme" auf den Unterschied zwischen göttlich inspirierten und menschlichen Texten hinweist und den Satz einwirft, daß Gottes Wege nicht unsere sind[9], so mag man ihm das nur schwer abnehmen. Der Deist Voltaire steht der christlichen Religion weitaus kritischer und ironischer gegenüber als Bayle.[10]

---

4   VOLTAIRE, *Poème sur le désastre de Lisbonne*, in ders., *Oeuvres complètes*, hrsg. von L. MOLAND, IX, p. 476f.
5   VOLTAIRE, *Dictionnaire Philosophique*, hrsg. von J. BENDA/R. NAVES, Paris 1954, art. Bien, Tout est Bien, p. 55.
6   VOLTAIRE, *Saül*, in ders., *Oeuvres complètes*, hrsg. von L. MOLAND, V, pp. 537-611.
7   Cf. H.T. MASON, *Pierre Bayle and Voltaire*, p. 17 und p. 25, der betont, daß Bayle nicht die einzige Quelle für Voltaires Artikel über Abraham ist. – W.E. REX, „Pierre Bayle: the Theology and Politics of the Article on David", *Bibliothèque d'Humanisme et Renaissance* 24 (1962), p. 171, n. 3, führt weitere Schriften Voltaires an, in denen er sich mit der Immoralität Davids beschäftigt und die ebenfalls einen Einfluß Bayles nahelegen.
8   Cf. VOLTAIRE, *Dictionnaire Philosophique*, hrsg. von J. BENDA/R. NAVES, art. Philosophe, p. 346.
9   Cf. VOLTAIRE, *Dictionnaire Philosophique*, hrsg. von J. BENDA/R. NAVES, art. Christianisme, p. 111.
10 A. DEREGIBUS, „Pascal, Bayle, Voltaire. Bayle e Voltaire interpreti di Pascal", *Studi Francesi* 34 (1990), p. 14, macht den Unterschied zwischen Bayles vorsichtig neutraler Haltung und Voltaires antireligiöser und manchmal antichristlicher Offenheit deutlich. – Eine besonders ironische Stelle findet sich am Anfang des Artikels über

Wie Bayle bemängelt Voltaire die Intoleranz der christlichen Religion, die doch eigentlich tolerant sein müßte.[11] Bayles Erklärung, daß auch bei den Christen die Intoleranz daraus, daß jeder nur den eigenen Vorteil sieht, erwächst und genährt wird, ist auch die Voltaires:

„Pourquoi? c'est que leur intérêt est leur dieu, c'est qu'ils sacrifient tout à ce monstre qu'ils adorent."[12]

Viele Philosophen, so stellt Voltaire fest, wurden verfolgt, so auch der unsterbliche Bayle, „l'honneur de la nature humaine"[13]. Aber er äußert auch Kritik: Bayle ist ein bewundernswerter Dialektiker, aber so sehr in der Philosophie seiner Zeit, dem lächerlichen Kartesianismus[14], befangen, daß er noch nicht skeptisch genug ist.[15] Gegen Bayle spricht sich Voltaire dafür aus, daß eine schlechte Religion für den Staat besser sei als keine, sowohl für die Herrscher als auch für die Untertanen, da die Annahme eines höchsten Wesens das menschliche Verhalten beeinflußt.[16] Dennoch behauptet er, daß die Moral mit den Dogmen nichts zu tun hat, sondern für alle Menschen die gleiche ist.[17] Schlimmer als der Atheismus, der sich dem Verbrechen nicht entgegenstellt, ist für ihn der Fanatismus, der zu diesem aufruft.[18] Mit Bayle stellt Voltaire fest, daß der Atheismus auf

---

die Konzilien: „Tous les conciles sont infaillibles, sans doute; car ils sont composés d'hommes. Il est impossible que jamais les passions, les intrigues, l'esprit de dispute, de haine, la jalousie, le préjugé, règnent dans ces assemblées" (VOLTAIRE, *Dictionnaire Philosophique*, hrsg. von J. BENDA/R. NAVES, art. Conciles, p. 142f.).

[11] Cf. VOLTAIRE, *Dictionnaire Philosophique*, hrsg. von J. BENDA/R. NAVES, art. Tolérance, p. 403; cf. VOLTAIRE, *Henriade*, Chant II, in ders., *Oeuvres complètes*, hrsg. von L. MOLAND, VIII, p. 66. – Cf. H. E. HAXO, „Pierre Bayle et Voltaire avant les Lettres Philosophiques", *Publications of the Modern Language Association of America* 46 (1931), pp. 477-482, der Passagen aus der „Henriade" einigen antikatholischen Textstellen bei Bayle gegenüberstellt.

[12] VOLTAIRE, *Dictionnaire Philosophique*, hrsg. von J. BENDA/R. NAVES, art. Tolérance, p. 405.

[13] VOLTAIRE, *Dictionnaire Philosophique*, hrsg. von J. BENDA/R. NAVES, art. Philosophe, p. 344.

[14] Cf. VOLTAIRE, *Dictionnaire Philosophique*, hrsg. von J. BENDA/R. NAVES, art. Secte, p. 385: „(...) le système de Descartes est un tissu d'imaginations erronées et ridicules."

[15] Cf. VOLTAIRE, *Le Siècle de Louis XIV*, in ders., *Oeuvres complètes*, hrsg. von L. MOLAND, XX, p. 57.

[16] Cf. VOLTAIRE, *Dictionnaire Philosophique*, hrsg. von J. BENDA/R. NAVES, art. Athée, Athéisme, p. 42f.

[17] Cf. VOLTAIRE, *Dictionnaire Philosophique*, hrsg. von J. BENDA/R. NAVES, art. Morale, p. 326.

[18] Cf. VOLTAIRE, *Dictionnaire Philosophique*, hrsg. von J. BENDA/R. NAVES, art. Athée, Athéisme, p. 42.

einer falschen Argumentation der Vernunft beruht und aus den Schwierigkeiten der Vernunft hinsichtlich der Schöpfung, dem Ursprung des Bösen etc. resultiert.

Der Einfluß von Bayle auf Voltaire ist unbestritten.[19] Bayles Rolle für das Werk Voltaires ist jedoch geringer einzuschätzen als die Bedeutung von Voltaire für die Bayle-Rezeption, da er das Bild eines religionskritischen und skeptischen Bayle prägt, der zum Vorbild der Aufklärung wird.[20]

Diderot und die anderen Autoren der „Encyclopédie" (d'Alembert, de Jaucourt, Yvon, Formey, Romilly etc.) konsultieren das inzwischen berühmte „Dictionaire" und beschäftigen sich sogar mit der Auseinandersetzung zwischen Bayle und Jaquelot (zum Beispiel im Artikel „Manichéisme" von Yvon). Je nach Autor und Thema stoßen Bayles Argumente auf Zustimmung oder Ablehnung.[21] In seinem Artikel „Tolérance" lobt der reformierte Pastor Romilly Bayles „Commentaire Philosophique", auf dem der Artikel aufbaut, in höchsten Tönen und verteidigt die Rechte des irrenden Gewissens. Im Artikel „Vertu" hingegen wendet er sich gegen Bayles These eines sittlichen Atheismus. Die unterschiedliche Bayle-Rezeption in der „Encyclopédie" ist stellvertretend für die unterschiedlichen Reaktionen, auf die Bayles Argumente im 18. Jahrhundert stoßen: von der Sichtweise Bayles als eines in vielerlei Hinsicht überholten Vorläufers der Aufklärung (Diderot) über die Nutzung seiner antikatholischen Argumente bis zur positiven Bewertung seines Plädoyers für die Gewissensfreiheit.[22] Diderots Atheist in den „Pensées philosophiques" beharrt darauf, daß, wenn alles das Werk eines Gottes ist, alles so gut wie nur

[19]   E. CASSIRER, *Die Philosophie der Aufklärung*, p. 224, schreibt über Voltaire, er habe „den Schatz, der in Bayles Wörterbuch unter einen ungefügen Masse historischer und theologischer Gelehrsamkeit verborgen und wie begraben lag, ans Licht gehoben."

[20]   Cf. P. RETAT, *Le Dictionnaire de Bayle et la lutte philosophique au XVIIIe siècle*, p. 370: „La dette de Voltaire est beaucoup moins grande qu'on ne pourrait le penser", cf. p. 264: „En l'exaltant, en réduisant le *Dictionnaire* à un héritage essentiel et philosophique, en amplifiant un certain ton et une certaine causticité critique pour leur donner une résonance nouvelle, Voltaire a créé Bayle."

[21]   Cf. P. RETAT, *Le Dictionnaire de Bayle et la lutte philosophique au XVIIIe siècle*, p. 403. – Zu den Artikeln der „Encyclopédie", die am deutlichsten von Bayle beeinflußt sind, zählt G. ADAMS, *The Huguenots and French Opinion, 1685-1787. The Enlightenment Debate on Toleration*, Waterloo 1991, p. 103 und p. 112, die Artikel „Liberté", „Manichéisme", „Providence" und „Liberté de Conscience".

[22]   Cf. P. RETAT, *Le Dictionnaire de Bayle et la lutte philosophique au XVIIIe siècle*, p. 419. – E. CASSIRER, *Die Philosophie der Aufklärung*, p. 301, sieht aber auch eine Abhängigkeit Diderots von Bayle, was die Darstellung der Geschichte der Philosophie betrifft.

möglich sein müsse, weil Gott sonst ohnmächtig oder böswillig wäre. Das Böse kann daher nicht damit erklärt werden, daß das Böse dem Guten diene:

„Permettre des vices, pour relever l'éclat des vertus, c'est un bien frivole avantage pour un inconvénient si réel."[23]

Die natürliche Religion, das heißt das dem Menschen in seiner Vernunft gegebene Naturgesetz, verträgt sich am besten mit der Güte und Gerechtigkeit Gottes. An der Befolgung dieses Gesetzes, das für alle Menschen gilt, wird Gott den Menschen messen.[24] Auch Diderot bejaht, daß der Aberglaube eine größere Gottesbeleidigung darstellt als der Atheismus.[25] Für Diderot muß eine Religion ihre Wahrheit nicht durch Wunder, sondern durch unüberwindbare Gründe erweisen können:

„La raison seule fait des croyants."[26]

Diderot bekennt sich aus den Gründen zum Katholizismus, die auch für Montaigne und die Freidenker („libertins") unter den *nouveaux sceptiques* maßgeblich waren, nämlich aus der Verbundenheit mit der Religion heraus, in der er geboren ist und in der er sterben will. Diderots Bekenntnis zum Katholizismus als der Religion seiner Väter ist ein skeptisches Glaubensbekenntnis, sein Bekenntnis zum Christentum in den vorangehenden „pensées" jedoch deistisch:

„(...) je ne suis pas chrétien parce que saint Augustin l'était; mais je le suis, parce qu'il est raisonnable de l'être."[27]

Diderot trennt die Moral von der Religion, indem er deutlich macht, daß selbst ein Begreifen der Dogmen aus einem Menschen keinen besseren Menschen macht.[28] Hinzu kommt, daß die Schrift einerseits hinsichtlich der Moral das lehrt, was bereits das Naturgesetz vorschreibt, und anderer-

---

23   Cf. D. DIDEROT, *Pensées Philosophiques*, XV, in ders., *Oeuvres complètes*, hrsg. von H. DIECKMANN, Bd. 2: *Philosophie et mathématique. Idées I*, Paris 1975, p. 23.

24   Cf. D. DIDEROT, *De la suffisance de la religion naturelle*, §7, in ders., *Oeuvres complètes*, hrsg. von H. DIECKMANN, Bd. 2, p. 185.

25   Cf. D. DIDEROT, *Pensées Philosophiques*, XII, in ders., *Oeuvres complètes*, hrsg. von H. DIECKMANN, Bd. 2, p. 21.

26   D. DIDEROT, *Pensées Philosophiques*, LVI, in ders., *Oeuvres complètes*, hrsg. von H. DIECKMANN, Bd. 2, p. 48.

27   D. DIDEROT, *Pensées Philosophiques*, LVII, in ders., *Oeuvres complètes*, hrsg. von H. DIECKMANN, Bd. 2, p. 49.

28   Cf. D. DIDEROT, *La promenade du sceptique, ou les allées*, Discours préliminaire, in ders., *Oeuvres complètes*, hrsg. von H. DIECKMANN, Bd. 2, p. 79f.

seits, wo sie über das Naturgesetz hinausgeht, völlig unverständliche Dogmen wie zum Beispiel die Erbsünde lehrt.[29] Daher zieht er letztlich, anders als Bayle, die natürliche Religion ausdrücklich der christlichen vor.

In England zeigt sich Bayles Einfluß zunächst in den Schriften von Mandeville[30] und Shaftesbury. Mandevilles „Fable of the Bees" zeigt die Bedeutung der Leidenschaften für Wohlstand und Überleben eines Staates, seine „Free Thoughts on Religion" die Bedeutungslosigkeit des Glaubens für das menschliche Verhalten und die Notwendigkeit der Toleranz.[31] Shaftesbury erkennt mit Bayle an, daß der Atheismus nicht zu Anarchie und Unsittlichkeit führen muß – eine These, die sich auch Diderot und La Mettrie zunutze machen.[32] Bayles skeptische Argumentation beeindruckt nicht nur Philosophen wie Hume und Berkeley, die ihm in manchen Argumenten folgen, diese aber nicht kritiklos übernehmen.[33] Viele populärphilosophische Schriften folgen mehr oder weniger explizit Bayles skeptischem Ansatz.[34] Bayle hat, vor allem im „Dictionaire", eine Popularisierung der Philosophie betrieben, die sie auch den weniger akademisch Gebildeten zugänglich macht. Ob man ihm darin eine Pionierleistung zusprechen muß[35], ist – angesichts der „Essais" von Montaigne, aber auch der „Sagesse" von Charron, deren Ziel es ist, Laien eine praxisorientierte Moralphilosophie zu vermitteln[36] – jedoch fraglich.

Nach einer Kurzausgabe[37] erscheint in Deutschland eine Übersetzung des „Dictionaire", die zugleich – aus Gründen der Zensur[38] – eine

---

[29]   Cf. D. DIDEROT, *De la suffisance de la religion naturelle*, § 5, in ders., *Oeuvres complètes*, hrsg. von H. DIECKMANN, Bd. 2, p. 184f.

[30]   Cf. M.E. SCRIBANO, „La presenza di Bayle nell'opera di Bernard de Mandeville", *Giornale critico della filosofia italiana* 60 (1981), pp. 186-220.

[31]   Cf. P. RETAT, *Le Dictionnaire de Bayle et la lutte philosophique au XVIIIe siècle*, pp. 223-225.

[32]   Cf. M.J. BUCKLEY, *At the Origins of Modern Atheism*, New Haven/London 1987, p. 196; cf. E. HAASE, *Einführung in die Literatur des Refuge*, p. 526. – Über La Mettries Gebrauch der Bayleschen Argumente cf. P. RETAT, *Le Dictionnaire de Bayle et la lutte philosophique au XVIIIe siècle*, pp. 264-270.

[33]   Cf. H.M. BRACKEN, „Bayle, Berkeley and Hume", *Eighteenth-Century Studies* 11 (1977-1978), pp. 227-245; cf. L.P. COURTINES, „Bayle, Hume and Berkeley", *Revue de littérature comparée* 21 (1947), pp. 416-428.

[34]   Cf. F. SCHALK, *Studien zur französischen Aufklärung*, pp. 254-256. – J. DELVOLVE, *Religion, critique et philosophie positive chez Pierre Bayle*, p. 428, betont, daß der Rückgriff auf Bayles Argumentation im 18. Jahrhundert meistens ohne die Nennung seines Namens geschieht.

[35]   Cf. C. LENIENT, *Etude sur Bayle*, p. 232.

[36]   Cf. N. STRICKER, „Le sage de Charron: une réévaluation", in P.-F. MOREAU, *Le scepticisme au XVIe et au XVIIe siècle*, p. 172f.

[37]   *Die von Peter Bayle verfertigte so angenehm als gründliche Lebens-Beschreibung dreyer merckwürdiger und gelehrter Männer; 1. Desiderii Erasmi; 2. Johannis Calvini; 3. Robert*

Widerlegung in Form von Kommentaren integriert: Das von Gottsched in den Jahren 1741-1744 in Leipzig herausgegebene „Historische und Critische Wörterbuch" enthält zusätzlich Argumente von Leibniz, vor allem aus der „Theodicee", und Anmerkungen von Gottsched selbst. Nach einer Übersetzung der „Pensées diverses" von Gottscheds Schüler Faber, die ein Vorwort Gottscheds enthält[39], erscheint 1744, drei Jahre später, die von Gottsched herausgegebene vierte Auflage der „Theodicee", in der Gottsched erneut die Gelegenheit wahrnimmt, Bayle in seinen Anmerkungen zu kritisieren. Zu Bayles Lesern in Deutschland gehören außerdem unter anderem Graf Zinzendorf, Schiller, Novalis, Haller, Schlegel, Jean Paul, Goethe, Winckelmann, Herder, Mendelssohn und Lessing.[40]

Bekannt ist auch der Einfluß, den das Denken Bayles als Vorgänger Voltaires und als Begründer der Aufklärung auf Friedrich den Großen, der unter anderem mit Voltaire in enger Verbindung stand, gehabt hat.[41] So schreibt er über Voltaire, dieser sei in manchen Schriften wie ein mit allen Argumenten seiner Dialektik bewaffneter Bayle.[42] Bayles Argumente gegen Spinoza finden sich wieder in Friedrichs Empfehlungen an den Philosophieprofessor, dem er die Aufgabe zuweist, sowohl den Stoizismus als auch den Spinozismus zu widerlegen.[43] Bayle habe die Wahrheits-

---

Bellarmini; aus dessen weltbekannten Dictionnaire historique et critique, hrsg. von G.F. SCHMIDT, Hannover 1732.

[38] Cf. G. SAUDER, „Bayle-Rezeption in der deutschen Aufklärung", *Deutsche Vierteljahrsschrift für Literaturwissenschaft und Geistesgeschichte*, Sonderheft „18. Jahrhundert" (1975), p. 96; cf. I. DINGEL, „La traduction du Dictionaire historique et critique de Pierre Bayle en allemand et sa réception en Allemagne", in H. BOTS, *Critique, savoir et érudition à la veille des Lumières*, p. 116f.

[39] *Herrn Peter Baylens, weyland Prof. der Philosophie zu Rotterdam, verschiedene Gedanken bey Gelegenheit des Cometen, der im Christmonate 1680 erschienen, an einen Doctor der Sorbonne gerichtet. Aus dem Französischen übersetzet, und mit Anmerkungen und einer Vorrede ans Licht gestellet von Joh. Christoph Gottscheden*, Hamburg 1741.

[40] Nach einer Aufzählung von G. SAUDER, „Bayle-Rezeption in der deutschen Aufklärung", *Deutsche Vierteljahrsschrift für Literaturwissenschaft und Geistesgeschichte*, Sonderheft „18. Jahrhundert" (1975), p. 87.

[41] Cf. C. L. THIJSSEN-SCHOUTE, „La diffusion européenne des idées de Bayle", in P. DIBON (Hrsg.), *Pierre Bayle. Le philosophe de Rotterdam*, p. 168; cf. insbesondere E. BIRNSTIEL, „Frédéric II et le Dictionnaire de Bayle", in H. BOST/P. DE ROBERT (Hrsg.), *Pierre Bayle, citoyen du monde*, pp. 143-157.

[42] Cf. FRIEDRICH II., *Eloge de Voltaire*, in *Oeuvres philosophiques de Frédéric II, roi de Prusse*, hrsg. von J.-R. ARMOGATHE/D. BOUREL, Paris 1985, p. 415.

[43] Cf. FRIEDRICH II., *De la littérature allemande, des défauts qu'on peut lui reprocher, quelles en sont les causes, et par quels moyens on peut les corriger*, in *Oeuvres philosophiques de Frédéric II, roi de Prusse*, hrsg. von J.-R. ARMOGATHE/D. BOUREL, p. 442f, p. 444. – E. CASSIRER, *Die Philosophie der Aufklärung*, p. 250, macht Bayle verantwortlich für die einseitige und falsche Interpretation Spinozas im 18. Jahrhundert.

ansprüche der Philosophen zurechtgestutzt und ihre Chimären zerstört und sei vorsichtig genug gewesen, nicht selbst ein philosophisches System zu errichten.[44] Die Philosophie – als System – ist, so Friedrich, selten frei von Vorurteilen und falschen Argumentationen – selbst die eines Descartes, Newton oder Leibniz:

„Convaincu de la faiblesse de l'entendement humain et frappé des erreurs de ces célèbres philosophes, je m'écrie: Vanités des vanités, vanité de l'esprit philosophique!"[45]

Der menschliche Geist neigt eher zum Irrtum als zur Wahrheit – auch dies ist ein Baylesches Thema. Wie Bayle bejaht Friedrich, daß die Vernunft nicht zu einer exakten Idee der Gottheit gelangen kann, sondern nur in der Lage ist, ihre Existenz festzustellen. Fast hört man auch bei Friedrich einen fideistischen Appell heraus, wäre da nicht auch eine deutlich deistische Note:

„Contentons-nous d'adorer dans le silence, et de borner les mouvements de nos coeurs aux sentiments d'une profonde reconnaissance pour l'Etre des êtres, en qui et par lequel tous les êtres existent."[46]

Eine rationalistische Theologie lehnt auch Friedrich ab, der die Aufgabe der Theologen in der Vermittlung der praktischen Moral des Evangeliums und der unverschnörkelten Predigt sieht.[47] Auch Bayles These, daß die Annahme einer strafenden und belohnenden Vorsehung Religion erst ermöglicht, wird von ihm übernommen.[48] Gegen den Atheisten d'Holbach, der in gewisser Weise die stratonische Position vertritt, macht sich Friedrich Bayles Einwand zu eigen, daß eine blinde Natur nicht der Ursprung alles Seienden sein kann, sondern nur eine intelligente Ursache für die Gesetzmäßigkeiten verantwortlich gemacht werden kann.[49]

---

[44]   Cf. FRIEDRICH II., *Avant-propos de l'extrait du dictionnaire historique et critique de Bayle*, in *Oeuvres philosophiques de Frédéric II, roi de Prusse*, hrsg. von J.-R. ARMOGATHE/D. BOUREL, p. 318.

[45]   FRIEDRICH II., *Examen de l'essai des préjugés*, in *Oeuvres philosophiques de Frédéric II, roi de Prusse*, hrsg. von J.-R. ARMOGATHE/D. BOUREL, p. 362.

[46]   FRIEDRICH II., *Essai sur l'amour-propre envisagé comme principe de morale*, in *Oeuvres philosophiques de Frédéric II, roi de Prusse*, hrsg. von J.-R. ARMOGATHE/D. BOUREL, p. 336.

[47]   Cf. FRIEDRICH II., *Essai sur l'amour-propre envisagé comme principe de morale*, in *Oeuvres philosophiques de Frédéric II, roi de Prusse*, hrsg. von J.-R. ARMOGATHE/D. BOUREL, p. 345.

[48]   Cf. FRIEDRICH II., *Examen critique du système de la nature*, in *Oeuvres philosophiques de Frédéric II, roi de Prusse*, hrsg. von J.-R. ARMOGATHE/D. BOUREL, p. 395.

[49]   Cf. FRIEDRICH II., *Examen critique du système de la nature*, in *Oeuvres philosophiques de Frédéric II, roi de Prusse*, hrsg. von J.-R. ARMOGATHE/D. BOUREL, pp. 388-390.

Friedrich schreibt außerdem das Vorwort zu einer Ausgabe des „Dictionaire", die nur ausgewählte Artikel enthielt.[50] In Deutschland werden noch zwei Anthologien in deutscher Sprache folgen.[51] Es ist wohl, neben dem Bestreben, das Baylesche Denken zu kondensieren, der finanzielle Aspekt, der zu den Auszügen aus dem voluminösen „Dictionaire" führt. Den hohen Preis der Gesamtausgabe des „Dictionaire" nennt Friedrich in der Tat als einen Grund für das „Extrait". Er hält das „Dictionaire" beziehungsweise seine Auswahl für das Brevier des gesunden Menschenverstandes und die nützlichste Lektüre für Menschen jeden Ranges, weil es die wichtigste Betätigung des Menschen sei, sich ein Urteil zu bilden.[52] Vor allem Bayles „dialectique admirable"[53] und sein Skeptizismus haben es Friedrich angetan; weniger überzeugt ist er von dessen Qualitäten als Historiker, weswegen im „Extrait" die historischen Artikel fehlen. Wie Bayle konstatiert Friedrich in seinem „Essai sur l'amour-propre" auch bei den Christen eine Diskrepanz zwischen moralischen Prinzipien und menschlichem Handeln:

„Que de chrétiens qui dégénérèrent, et qui corrompirent l'ancienne pureté des moeurs! La cupidité, l'ambition, le fanatisme remplirent des coeurs qui faisaient profession de renoncer au monde, et pervertirent ce que la simple vertu avait établi."[54]

---

[50]　*Extrait du Dictionnaire historique et critique de Bayle, divisé en deux volumes, avec une preface*, Berlin 1765, 2. Auflage 1767, 3. Auflage Amsterdam 1780. – E. BIRNSTIEL, „Frédéric II et le Dictionnaire de Bayle", in H. BOST/P. DE ROBERT (Hrsg.), *Pierre Bayle, citoyen du monde*, p. 151, n. 30, zählt 63 Artikel; P. RETAT, *Le Dictionnaire de Bayle et la lutte philosophique au XVIIIe siècle*, p. 311, n. 30, zählt in der zweiten Ausgabe 76 Artikel.

[51]　*Peter Bayle, historisch-kritisches Wörterbuch im Auszuge, neu geordnet und übersetzt*, 2 Bde. (Bd. 1: ... *für Theologen*, Bd. 2: ... *für Dichterfreunde*), Lübeck 1779-1780; *Peter Baylens Philosophisches Wörterbuch oder die philosophischen Artikel aus Baylens historisch-kritischem Wörterbuche in deutscher Sprache abgekürzt und herausgegeben zur Beförderung des Studiums der Geschichte der Philosophie und des menschlichen Geistes von Ludwig Heinrich Jakob*, 2 Bde., Halle/Leipzig 1797-1798.

[52]　Cf. FRIEDRICH II., *Avant-Propos de l'extrait du dictionaire historique et critique de Bayle*, in *Oeuvres philosophiques de Frédéric II, roi de Prusse*, hrsg. von J.-R. ARMOGATHE/D. BOUREL, p. 318f.

[53]　FRIEDRICH II., *Avant-propos de l'extrait du dictionnaire historique et critique de Bayle*, in *Oeuvres philosophiques de Frédéric II, roi de Prusse*, hrsg. von J.-R. ARMOGATHE/ D. Bourel, p. 319. Bayle ist für Friedrich „le premier des dialecticiens de l'Europe" (FRIEDRICH II., *De la littérature allemande, des défauts qu'on peut lui reprocher, quelles en sont les causes, et par quels moyens on peut les corriger*, in *Oeuvres philosophiques de Frédéric II, roi de Prusse*, hrsg. von J.-R. ARMOGATHE/D. BOUREL, p. 439).

[54]　FRIEDRICH II., *Essai sur l'amour-propre envisagé comme principe de morale*, in *Oeuvres philosophiques de Frédéric II, roi de Prusse*, hrsg. von J.-R. ARMOGATHE/D. BOUREL, p. 334.

Die heutigen Christen sind – so stellt Friedrich fest – in bezug auf ihre Moral nicht besser als die Römer, aber die wirklich Frommen sind für die Gesellschaft nutzlos.

Wie BIRNSTIEL[55] überzeugend darlegt, sind es die Ansichten Bayles über das Verhältnis von Religion und Gesellschaft und die Toleranz, die im Werdegang dieses aufgeklärten Herrschers eine Rolle spielen, der die Toleranz zur philosophischen Tugend erklärt und eine Trennung zwischen Religion und Sittlichkeit befürwortet[56]. Ein weiteres gekröntes Haupt – das sei hier kurz erwähnt –, nämlich Katharina II. von Rußland, interessiert sich in ihren Gesprächen mit Diderot sehr für Bayle.[57] Goethe schreibt über seine Begegnung mit Bayle im Zuge seiner Beschäftigung mit den Enzyklopädien:

„Durch diesen anhaltenden und hastigen, Tag und Nacht fortgesetzten Fleiß verwirrte ich mich eher als ich mich bildete; ich verlor mich aber in ein noch größeres Labyrinth, als ich Baylen in meines Vaters Bibliothek fand und mich in denselben vertiefte."[58]

Goethes Urteil über das „Dictionaire" ist in der Tat zwiespältig. Einerseits lobt er Scharfsinn und Gelehrsamkeit des „Dictionaire", andererseits aber bemängelt er es wegen „Klätscherei und Salbaderei"[59].

Einer, der Bayles theologisches Anliegen ernst genommen zu haben scheint, ist Zinzendorf, dem BEYREUTHER[60] eine Beeinflussung durch Bayle nachweist. Zinzendorf hat nicht nur manches Argument aus Bayles Werken entlehnt, er soll sogar den Weg zu Luther über Bayle und dessen „Dictionaire" gefunden haben. Auch für den Pietisten, den das Verhältnis von Glaube und Vernunft sehr beschäftigt, kann es keine philosophische Theologie geben[61], wenngleich eine rationale Betrachtung der sinnlichen Welt bejaht wird. Die Kluft zwischen Schöpfer und Geschöpf, die Bayle

---

55   Cf. E. BIRNSTIEL, „Frédéric II et le Dictionnaire de Bayle", in H. BOST/P. DE ROBERT (Hrsg.), *Pierre Bayle, citoyen du monde*, p. 156f.

56   Cf. FRIEDRICH II., *Examen de l'essai des préjugés*, in *Oeuvres philosophiques de Frédéric II, roi de Prusse*, hrsg. von J.-R. ARMOGATHE/D. BOUREL, p. 367, p. 369.

57   Cf. C.L. THIJSSEN-SCHOUTE, „La diffusion européenne des idées de Bayle", in P. DIBON (Hrsg.), *Pierre Bayle. Le philosophe de Rotterdam*, p. 176.

58   J.W. GOETHE, *Aus meinem Leben. Dichtung und Wahrheit*, Bd. 1: Text, hrsg. von W. HETTCHE, Stuttgart 1991, II. Teil, 6. Buch, p. 256.

59   J.W. GOETHE, *Aus meinem Leben. Dichtung und Wahrheit*, Bd. 1: Text, hrsg. von W. HETTCHE, IV. Teil, 16. Buch, p. 718.

60   E. BEYREUTHER, „Die Paradoxie des Glaubens: Zinzendorfs Verhältnis zu Pierre Bayle und zur Aufklärung", in ders., *Studien zur Theologie Zinzendorfs*, pp. 201-234.

61   Cf. das Zitat Zinzendorfs in E. BEYREUTHER, „Die Paradoxie des Glaubens: Zinzendorfs Verhältnis zu Pierre Bayle und zur Aufklärung", in ders., *Studien zur Theologie Zinzendorfs*, p. 226: „Wenn eine Creatur über Gott räsonniert, so liegt schon eine Art Blasphemie und Gotteslästerung darin".

immer wieder betont, wird Zinzendorf zur Gewißheit der göttlichen Überbrückung dieser Kluft in Christus:

> „Ich faßte den firmen Schluß, und hab ihn noch, daß ich entweder ein Atheiste seyn, oder an Jesum gläuben müsse: Daß ich den Gott, der sich mir außer Jesu Christo offenbaret, und nicht durch Jesum, entweder vor eine Chimere oder vor den leidigen Teufel halten müsse: daß ich alle Theologie, die in dieser Oeconomie, darinnen ich lebe, nicht von Jesu ins Fleisch kommen und Leiden und Sterben ihren Ursprung hat, vor Stuß halten müsse: Daß ich alle Christliche Theologos, die mich in 24 Stunden hierunter nicht verstehen können, vor Narren und Blinde halten müsse."[62]

Die Vernunft ist auch für Zinzendorf eher ein destruktives Mittel. Auch er, der öffentlich zu seiner Vorliebe für Bayle steht[63], denkt dialektisch. Im Vordergrund steht für Zinzendorf, wie auch für Bayle, die Gnade des Glaubens. Eine „positive kirchengeschichtliche Bedeutung"[64] der Gedanken Bayles ist somit bei Zinzendorf gegeben, der vielleicht als einziger die Theologie Bayles erkannt hat. Der Unterschied zwischen beiden liegt aber – neben Zinzendorfs Kreuzestheologie – vor allem darin, daß Zinzendorf seine theologischen Anliegen in die Tat umsetzt.

1750 und 1758 erscheinen die beiden „Dictionnaires" von Chauffepié und Marchand[65], die sich als Fortsetzung des Bayleschen „Dictionaire" verstehen. Anders als Marchand, der sich dem Bayleschen Denken verwandt fühlt, will Chauffepié den ungläubigen Bayle widerlegen.[66] Lessing urteilt über die Fortsetzung von Chauffepié, sie sei „weder in dem Baylischen

---

[62]   A.G. SPANGENBERG, *Apologetische Schluß-Schrift, worinn über tausend Beschuldigungen gegen die Brüder-Gemeinen ind ihren zeitherigen Ordinarium nach der Wahrheit beantwortet werden*, in N. L. VON ZINZENDORF, *Ergänzungsbände zu den Hauptschriften*, hrsg. von E. BEYREUTHER und G. MEYER, 14 Bde., Hildesheim 1963-1985, Bd. 3 (1964), p. 27.

[63]   Cf. E. BEYREUTHER, „Die Paradoxie des Glaubens: Zinzendorfs Verhältnis zu Pierre Bayle und zur Aufklärung", p. 202f.

[64]   E. BEYREUTHER, „Die Paradoxie des Glaubens: Zinzendorfs Verhältnis zu Pierre Bayle und zur Aufklärung", p. 232.

[65]   J.G. DE CHAUFFEPIE, *Nouveau dictionnaire historique et critique pour servir de supplément ou de continuation au Dictionaire historique et critique de Mr. Bayle*, 4 Bde., Amsterdam/Den Haag 1750; P. MARCHAND, *Dictionaire historique ou Mémoires critiques et littéraires concernant la vie et les ouvrages de divers personnages distingués, particulièrement dans la République des Lettres*, 2 Bde., Den Haag 1758-1759.

[66]   Über Chauffepié cf. P. RETAT, *Le Dictionnaire de Bayle et la lutte philosophique au XVIIIe siècle*, pp. 167-171. – Über Marchands „Dictionaire" und seinen Gegensatz zum Bayleschen Toleranzbegriff cf. C. BERKVENS-STEVELINCK, „La tolérance et l'héritage de P. Bayle en Hollande dans la première moitié du XVIIIe siècle. Une première orientation", *Lias* V (1978), pp. 257-272.

Geschmack noch mit der Baylischen Einsicht geschrieben"[67]. Auch der deutsche Aufklärer Lessing ist offen für die Idee, daß eine Religion sich an ihrer Moral messen muß.[68] Beyreuther[69] weist Lessing jedoch vor allem eine literarische Beeinflussung durch Bayle nach. Bayles Werk werde Lessing „zum vielfältig geprüften und erprobten Paradigma"[70] hinsichtlich der eigenen schriftstellerischen Orientierung und Methode.

Bezüglich einer Beeinflussung der Philosophie Kants durch das Baylesche Denken gilt es unbedingt zu differenzieren. Während es als sehr wahrscheinlich gilt, daß Kant das „Dictionaire" kennt und aus ihm Anleihen macht, um die metaphysischen Ansprüche der Vernunft zu attackieren, ist es sehr fraglich, ob die Formulierung des kategorischen Imperativs der Hilfe Bayles bedurfte.[71] Ebenso voreilig wäre es, aus dem Umstand, daß Hegel Bayles Artikel „Zenon" in den Vorlesungen über die Geschichte der Philosophie ausführlich zitiert[72], ihm eine Vorliebe für Bayle zuzuschreiben, zumal der deutsche Philosoph diesem vorwirft, keine Begabung zur Spekulation, sondern nur zur Dialektik zu haben.[73]

Herder hingegen lobt Bayles Dialektik und das „Dictionaire" und weist darauf hin, daß Bayle nicht nur der berühmteste Exilfranzose sei, „sondern auch Wirkungen aufs Jahrhundert erregt, an welche er selbst

---

[67]   G. E. LESSING, *Lessings Werke*, hrsg. von J. PETERSEN und W. V. OLSHAUSEN, 25 Bde., Berlin/Leipzig/Wien/Stuttgart (1925), Bd. 9: *Zeitungsartikel und Rezensionen*, hrsg. von F. BUDDE, p. 92.

[68]   Cf. L. BRUNSCHVICG, „L'idée critique et le système kantien", *Revue de métaphysique et de morale* 31 (1924), p. 139.

[69]   Cf. E. BEYREUTHER, „Die Bedeutung Pierre Bayles für Lessing und dessen Fragment über die Herrnhuter", in H. BORNKAMM ET AL., *Der Pietismus in Gestalten und Wirkungen*, pp. 84-97.

[70]   Cf. G. SAUDER, „Bayle-Rezeption in der deutschen Aufklärung", *Deutsche Vierteljahrsschrift für Literaturwissenschaft und Geistesgeschichte*, Sonderheft „18. Jahrhundert" (1975), p. 99. – E. BEYREUTHER, „Die Bedeutung Pierre Bayles für Lessing", in H. BORNKAMM ET AL., *Der Pietismus in Gestalten und Wirkungen*, p. 88, macht deutlich, daß Lessings Aufsätze im Stil Bayles geschrieben sind und der Aufbau seiner Werke dem Bayleschen Muster folgt.

[71]   Cf. J. FERRARI, *Les sources françaises de la philosophie de Kant*, p. 98f und pp. 267-270 (Index der expliziten und wahrscheinlichen Verweise auf Bayle im Gesamtwerk Kants). – Strikt gegen eine Interpretation der Bayleschen Thesen zur Sittlichkeit als Vorform des kategorischen Imperativs wendet sich E. HAASE, *Einführung in die Literatur des Refuge*, p. 370, „denn – abgesehen davon, daß die erkenntnistheoretische Grundlegung dafür fehlte – trug die Dialektik Bayles einen so eindeutig destruktiven Charakter, daß sie sich ebensowenig wie zu einer materialen zu einer formalen Normierung erheben konnte."

[72]   Cf. G.W.F. HEGEL, *Vorlesungen über die Geschichte der Philosophie*, in ders., *Werke*, Red. E. MOLDENHAUER, 20 Bde., Frankfurt 1971-1981, Bd. 18, p. 308.

[73]   Cf. B. TALLURI, „Note su Pierre Bayle e il problema morale", *Rivista critica di Storia della Filosofia* XII, 4 (1957), p. 442.

schwerlich dachte."[74] Was das 18. Jahrhundert vor allem von Bayle übernimmt – so läßt sich mit JOSSUA[75] vielleicht zusammenfassen –, sind seine
Kritik des Aberglaubens, das Plädoyer für die Toleranz[76], die Infragestellung der überkommenen Ideen von der Vorsehung und sogar die
Anzüglichkeit einiger Artikel des „Dictionaire", nicht aber seine theologische Argumentation. Die Interpretation von Bayles Denken ist also eher
einseitig, wobei es auch fraglich ist, ob sich überhaupt viele mit seinen
Werken intensiv beschäftigt haben. Die meisten scheinen, wie PITTION[77]
hervorhebt, eher eine vage Kenntnis von Bayle zu besitzen. Zudem dürf-
ten Bayles Argumente für die Trennung von Moral und Religion mit der
Zeit Allgemeingut geworden sein, was den Nachweis eines direkten Einflusses noch erschwert.[78]

Die Aufklärungstheologie strebt vornehmlich nach der Versöhnung der
Wahrheiten des Glaubens mit der Vernunft. Daher sind die Widerlegungen
Bayles in diesem Jahrhundert so zahlreich. Fest steht auch, daß das „Dictio-
naire" eine Fülle von Informationen bereitstellt, aus denen die Gegner des
Christentums ihre Religionskritik aufbauen können.[79] D'Holbach etwa
benutzt die dualistischen Einwände gegen die deistische Annahme einer

---

[74] J. G. HERDER, *Sämmtliche Werke*, hrsg. von B. SUPHAN, 33 Bde., Berlin 1877-1913,
Bd. 23 (1885), p. 86. – Daß Bayle diese Wirkung seines Denkens nicht voraussah,
wird von mehreren Forschern bestätigt, so auch von K. POMIAN, „Piotr Bayle
wobec socynianizmu", *Archiwum historii filozofii i mysli spolecznej* 6 (1960), pp. 101-
180 (p. 181f: französische Zusammenfassung); cf. E. BEYREUTHER, „Die Bedeutung Pierre Bayles für Lessing", in H. BORNKAMM ET AL., *Der Pietismus in Gestalten
und Wirkungen*, p. 85, n. 7: „Daß die Aufklärung, nicht nur Voltaire, das Werk
Bayles als Steinbruch für die ‚Skepsis' auswerteten, lag nicht in der Intention
Bayles."

[75] J.-P. JOSSUA, *Pierre Bayle ou l'obsession du mal*, pp. 8-10.

[76] P. RETAT, *Le Dictionnaire de Bayle et la lutte philosophique au XVIIIe siècle*, p. 466,
betont, daß der Name Bayles im 18. Jahrhundert untrennbar mit dem Ideal der
Toleranz verbunden ist. – E. LABROUSSE, „Note à propos de la conception de la
tolérance au XVIIIe siècle", *Studies on Voltaire and the Eighteenth Century* 56
(1967), p. 810f, sieht jedoch einen allgemeinen Rückschritt in der Toleranzdebatte
der Aufklärung, die aufgrund der Erkenntnis der Wichtigkeit staatlicher Interessen
zu einem Kompromiß hinsichtlich der Toleranz führen muß.

[77] Cf. J.P. PITTION, „Hume's Reading of Bayle: An Inquiry into the Source and Role
of the Memoranda", *Journal of the History of Philosophy* 15 (1977), p. 374.

[78] Cf. P. RETAT, *Le Dictionnaire de Bayle et la lutte philosophique au XVIIIe siècle*, p.
358: „Pour une large partie du public, Bayle ne survit plus qu'anonymement: lui-
même est presque définitivement mort."

[79] Cf. C. J. BETTS, *Early Deism in France. From the so-called „déistes" of Lyon (1564) to
Voltaire's „Lettres philosophiques" (1734)*, Den Haag 1984, p. 93: „Quite apart from
what Bayle himself believed (...) and despite his anti-rationalism, the *Dictionnaire*
encouraged a critical, philosophical attitude to religion barely distinguishable from
that found in the rational deists."

ersten Ursache.[80] Die als unüberwindbar geltenden Einwände Bayles gegen die Theodizee werden vom 18. Jahrhundert übernommen, Bayles fideistische Antwort übernimmt es aber nicht.[81] Sein Ziel – aufgrund der Erkenntnis, daß Glaube und Vernunft nicht versöhnbar sind –, die christlichen Dogmen durch den Fideismus zu schützen, schlägt fehl – vielmehr wird er selbst für die Deisten und Atheisten zum Philosophen und Kritiker, der die Dogmen dem Tribunal der Vernunft unterstellt. Die Philosophen des 18. Jahrhunderts setzen sich über den Fideismus im Denken Bayles hinweg und behalten nur seine skeptische und rationale Kritik, um die Absurdität der Religion zu unterstreichen – wobei sie jedoch meinen, wie Bayle zu urteilen und zu denken[82]. Der Gegensatz zwischen Glaube und Vernunft und zwischen Religion und Moral wird im 18. Jahrhundert in negativer Hinsicht bestätigt. Doch ebenso wie Bayle zwischen Moral und Religion trennt, trennt er zwischen Sitten und Sittlichkeit, wobei für ihn wahre Sittlichkeit ein Ideal der Vernunft und eine Wirkung der Gnade ist. SOLE[83] spricht hinsichtlich des Einflusses Bayles auf die Philosophie der französischen Aufklärung von einem großen Mißverständnis, da diese Bayle in einer bestimmten Manier verstehen wollte und die protestantischen Quellen seines „Dictionaire" nicht beachtete. Madame de Staël, die Bayle mitverantwortlich für den Materialismus des 18. Jahrhunderts macht, schreibt:

„Bayle, dont le savant dictionnaire n'est guère lu par les gens du monde, est pourtant l'arsenal où l'on a puisé toutes les plaisanteries du scepticisme: Voltaire les a rendues piquantes par son esprit et par sa grâce"[84].

Eine gänzlich literarische Rezeption des Denkens Bayles ist im Werk Melvilles nachgewiesen.[85] BELL zeigt in einem direkten Textvergleich, daß

---

[80] Cf. P. RETAT, *Le Dictionnaire de Bayle et la lutte philosophique au XVIIIe siècle*, pp. 424-427.
[81] J. SPINK, *French Free Thought from Gassendi to Voltaire*, London 1960, p. 285, sieht darin einen Sieg der Bayleschen Einwände über Leibniz' „Theodicee". – P. HAZARD, „Le problème du mal dans la conscience européenne du dix-huitième siècle", *The Romanic Review* 32 (1941), pp. 152-157, weist jedoch darauf hin, daß Leibniz' rationale Erklärung des Bösen durch den Topos der besten aller Welten Fortbestand hat, unter anderem bei Wolff, Pope und Haller.
[82] E. BEYREUTHER, „Die Paradoxie des Glaubens: Zinzendorfs Verhältnis zu Pierre Bayle und zur Aufklärung", in ders., *Studien zur Theologie Zinzendorfs*, p. 203.
[83] J. SOLE, „Religion et conception du monde dans le Dictionnaire de Bayle", *Bulletin de la Société de l'Histoire du Protestantisme Français* 118 (1972), p. 680.
[84] Madame DE STAËL, *De l'Allemagne*, nouvelle édition publiée (...) par la Comtesse JEAN DE PANGE, 5 Bde., Paris 1958-1960, Bd. 4 (1959), III, 4, p. 74.
[85] Daß Melville Bayles „Dictionaire" gelesen hat, bestätigt er in einem Brief an Duyckinck, nachzulesen bei M. BELL, „Pierre Bayle and Moby Dick", *Publications*

Melvilles Ausführungen in den Kapiteln 82 („The Honor and Glory of Whaling") und 83 („Jonah historically regarded") seines Romans „Moby Dick" vor allem auf dem Artikel „Jonas" des „Dictionaire" basieren.[86] Dabei hilft Bayles „Dictionaire" Melville, nicht nur das Problem des Bösen, sondern auch die Unverständlichkeit des Göttlichen zu thematisieren.[87] Die Jagd auf den weißen Wal ist „Impiety and blasphemy"[88] – nicht nur weil der Mensch sich anmaßt, in die Dimension des Göttlichen vorzudringen, sondern weil die erschreckende Weißheit des Wals auch mit der „colorless, all-color of atheism"[89] assoziiert wird. In der Figur des Starbuck wird die Flucht aus der Problematik des Bösen durch den Glauben dargestellt und der Fideismus als Ausweg gezeigt:[90]

„Loveliness unfathomable (...) – Tell me not of thy teeth-tiered sharks, and thy kidnapping cannibal ways. Let faith oust fact; let fancy oust memory; I look deep down and do believe."[91]

Für Melville kommt der Fideismus Starbucks jedoch einer Ablehnung des Wissens um das Böse gleich, einer für Melville inakzeptablen Selbsthypnose.[92]

Auf philosophischem und theologischem Gebiet feiert und verurteilt auch das 19. Jahrhundert in Bayle den „Feind der Systeme"[93] und den großen Zweifler. Als ein „löbliches Bestreben"[94] qualifiziert Feuerbach Bayles Trennung von Moral und Religion aufgrund der Erkenntnis, daß

---

of the Modern Language Association 66 (1951), p. 626.

86 M. BELL, „Pierre Bayle and Moby Dick", Publications of the Modern Language Association 66 (1951), pp. 631-634.

87 M. BELL, „Pierre Bayle and Moby Dick", Publications of the Modern Language Association 66 (1951), pp. 638-641.

88 H. MELVILLE, Moby Dick, hrsg. von H. HAYFORD/H. PARKER, New York 1967, p. 459. – Cf. M. BELL, „Pierre Bayle and Moby Dick", Publications of the Modern Language Association 66 (1951), p. 641: „The hunt is impious because it represents an assault of the mystery of the divine being, a symbolic attempt to wrest the nature of His intentions from God. (...) Moby Dick embodies some quality of cosmic will incarnate – part of the undecipherable allegory of Will in nature."

89 H. MELVILLE, Moby Dick, p. 647.

90 Cf. J.-P. JOSSUA, Pierre Bayle ou l'obsession du mal, p. 134; cf. M. BELL, „Pierre Bayle and Moby Dick", Publications of the Modern Language Association 66 (1951), p. 638.

91 H. MELVILLE, Moby Dick, p. 406.

92 M. BELL, „Pierre Bayle and Moby Dick", Publications of the Modern Language Association 66 (1951), p. 638.

93 M. MENDELSSOHN, Brief 287, in ders., Gesammelte Schriften (Jubiläumsausgabe), 24 Bde., Stuttgart-Bad Cannstatt 1971-1997, Bd. 5.1 (1991), p. 619.

94 L. FEUERBACH, Pierre Bayle. Ein Beitrag zur Geschichte der Philosophie und Menschheit (Gesammelte Werke), hrsg. von W. SCHUFFENHAUER, Bd. 4), p. 98.

die Christen nicht ihrem Glauben gemäß leben – eine Erkenntnis, die auch für Feuerbach „Bittere Wahrheit"[95] ist. Das Gute an sich ist das Prinzip der Ethik, die ohne den Begriff „Gott" auskommen kann und soll, da sie sonst in Gefahr gerät, durch weitere theologische Vorstellungen entstellt, verunreinigt und verfinstert zu werden[96]. Bayle hat erkannt, daß die Theologie der Philosophie schadet.[97] Dies ist sein großes Verdienst. Feuerbach sieht in Bayle einen Verbündeten gegen eine sich als objektive Wissenschaft begreifende, vernunftkonforme Theologie. Eine christliche Philosophie kann es für Feuerbach, wie für Bayle, nicht geben. In der Dogmenkritik geht Bayle in den Augen Feuerbachs jedoch nicht weit genug, denn letzterer urteilt über das Dogma, es widerspreche „dem Begriffe und Wesen der Wahrheit"[98]. Die Verbundenheit mit der christlichen Tradition werde Bayle somit zum Verhängnis. Bayles Widersprüche registriert Feuerbach „mit Widerwillen" und nennt sie verächtlich „die köstlichen Früchte eures historisch-dogmatischen Glaubens"[99]. Bayles Philosophie ist noch nicht wirklich frei, wie auch die Rolle des Skeptizismus zum Schutz religiöser Dogmen zeigt, sondern nur eine dialektische Hinleitung zur Befreiung der Philosophie von der Theologie. Daß die Beschäftigung mit Bayle Feuerbach „zu seiner epochemachenden Lösung des Religionsproblems"[100] führt, erkennt auch die marxistische Geschichtsschreibung an, die den maßgeblichen Einfluß Bayles auf den „bedeutendsten vormarxschen Religionskritiker"[101] bestätigt, der Bayles Kritik in atheistischer und materialistischer Orientierung weiterentwickle. Karl Marx selbst würdigt Bayle in der Schrift „Die heilige Familie" als den Zerstörer der Metaphysik:

---

[95]   L. FEUERBACH, *Pierre Bayle. Ein Beitrag zur Geschichte der Philosophie und Menschheit* (*Gesammelte Werke*, hrsg. von W. SCHUFFENHAUER, Bd. 4), p. 58.

[96]   L. FEUERBACH, *Pierre Bayle. Ein Beitrag zur Geschichte der Philosophie und Menschheit* (*Gesammelte Werke*, hrsg. von W. SCHUFFENHAUER, Bd. 4), p. 103.

[97]   L. FEUERBACH, *Pierre Bayle. Ein Beitrag zur Geschichte der Philosophie und Menschheit* (*Gesammelte Werke*, hrsg. von W. SCHUFFENHAUER, Bd. 4), p. 37.

[98]   L. FEUERBACH, *Pierre Bayle. Ein Beitrag zur Geschichte der Philosophie und Menschheit* (*Gesammelte Werke*, hrsg. von W. SCHUFFENHAUER, Bd. 4), p. 144.

[99]   L. FEUERBACH, *Pierre Bayle. Ein Beitrag zur Geschichte der Philosophie und Menschheit* (*Gesammelte Werke*, hrsg. von W. SCHUFFENHAUER, Bd. 4), p. 173.

[100]   W. BOLIN, „Vorwort des Herausgebers", in L. FEUERBACH, *Sämmtliche Werke*, neu herausgegeben von W. BOLIN/F. JODL, Bd. 5: *Pierre Bayle*, Stuttgart 1905, p. VII.

[101]   O. FINGER, „Bemerkungen zu einer Entwicklungslinie: Feuerbachs Bayle-Rezeption", in *Studien zur Geschichte der russischen Literatur des 18. Jahrhunderts*, Bd. 2, p. 50.

„Er wurde ihr Geschichtsschreiber, um die Geschichte ihres Tods zu schreiben."[102]

Indem Bayle Moral und Religion entkoppelt und den Aberglauben aufs stärkste kritisiere, sei er ein Vorgänger, ein Vorbote der atheistischen Gesellschaft.

Bayle selbst unterscheidet zwischen großen Geistern, die die Konsequenzen ihrer Prinzipien nicht erkennen, und den weniger großen, die sie oft sofort erkennen.[103] Er treibt die Irrationalisierung der christlichen Lehre bewußt voran, weil er sich über ihre rationale Angreifbarkeit im klaren ist. Bayles Trennung zwischen rational erkennbarer Welt und der des Glaubens, aber auch zwischen Moral und Religion, die er ja nicht als einziger seiner Zeit durchführt, hat zudem zum Ziel, die Religion von Idolatrie und Aberglauben zu reinigen. Dieses Bestreben hat aber letztendlich auch dem Deismus und dem Atheismus der Aufklärung den Weg geebnet[104] – und damit auch der Dogmenkritik des 19. Jahrhunderts.

Auch ist es kein Zufall, daß die Errichtung einer Statue zu Ehren Bayles – ein Jahr vor seinem 200. Todestag – in das Jahr fällt, in dem in Frankreich das Gesetz zur Trennung von Staat und Kirche verabschiedet wird.[105] In einer Kantate auf Bayle anläßlich der Einweihung der Statue in Pamiers – die Vernunft hält die Büste Bayles in den Händen, um sie auf den Sockel seiner Werke zu betten[106] – wird der Befreier vom religiösen Dogma und der Vorläufer Voltaires gefeiert:

„Plus de croyant à la légende impure!
Plus d'âme prise aux noirs filets du mal!
Nous dresserons l'autel de la Nature
A côté de ton piédestal.
L'Eden perdu n'est plus l'effroi des mères;
Ton geste immense élargit l'horizon;

---

[102] F. ENGELS/K. MARX, *Die heilige Familie, oder Kritik der kritischen Kritik*, in K. MARX, *Werke, Schriften, Briefe*, Bd. 1: *Frühe Schriften*, hrsg. von H.-J. LIEBER/P. FURTH, Darmstadt/Stuttgart ²1971, p. 822.

[103] Cf. *Continuation des Pensées diverses*, OD III, p. 333a.

[104] Nur wenn man Bayle nicht selbst als den ersten Deisten versteht, läßt sich mit E. CASSIRER, *Die Philosophie der Aufklärung*, p. 233, behaupten, daß Bayle „am Anfang der deistischen Bewegung steht".

[105] Diese Meinung teilt T.G. BUCHER, „Zwischen Atheismus und Toleranz. Zur historischen Wirkung von Pierre Bayle (1647-1706)", *Philosophisches Jahrbuch* (1985), p. 379.

[106] Die Beschreibung der Statue erfolgt nach den Angaben von P. CABANEL, „La faute à Voltaire et le nécessaire révisionnisme historique: La question de l'oubli de Bayle au XIXe siècle", in H. BOST/P. DE ROBERT (Hrsg.), *Pierre Bayle, citoyen du monde*, p. 110, n. 17.

Et nous prenons sur les chimères
La revanche de la Raison."[107]

Bayle als Vordenker des Laizismus – das ist die Aussage des Gedichts, das
stark an den antiklerikalen Tonfall der revolutionären Pamphlete erinnert.

2. Die Originalität der Theologie Bayles

Der wohl auffälligste Aspekt der Werke Bayle ist – die im universitären
Rahmen entstandenen Schriften ausgenommen – ihre fehlende Systema-
tik, sowohl auf inhaltlicher als auch auf formaler Ebene.[108] Auffallend sind
ebenfalls die vielen inhaltlichen Wiederholungen, die sich vor allem aus
dem polemischen Charakter vieler seiner Schriften ergeben. Man kann
wohl zu Recht behaupten, daß alle Schriften Bayles auf Schriften anderer
Autoren gründen.[109]

Bei Bayle findet sich eine solche Anhäufung kritischer Gedanken, daß
der Gegner gar nicht weiß, wo er mit seiner Verteidigung ansetzen und
welche These er im Gegenzug widerlegen soll. Diese Anhäufung ist aber
nicht völlig unsystematisch, da Bayle in der Auseinandersetzung äußerst
logisch vorgeht. Die aristotelische Logik wird zur Waffe der Vernunft; sie
bestimmt die argumentative Struktur, aber nur, wenn sie klaren Ideen und
nicht reinen Sophismen folgt.[110] Sie hat bei Bayle – anders als bei den
Vertretern der reformierten Scholastik – allerdings nicht die Funktion, ein
theologisches System zu konstruieren.[111] Gerne bedient sich Bayle der

---

[107] C. HUGUES, „Cantate en l'honneur de Bayle pour l'Inauguration de sa statue", in
A. CAZES, *Pierre Bayle: sa vie, ses idées, son influence, son oeuvre*, p. 264.

[108] S. NEUMEISTER, „Pierre Bayle: Ein Kampf für religiöse und politische Toleranz",
in L. KREIMENDAHL, *Philosophen des 17. Jahrhunderts*, p. 239, weist darauf hin, daß
bereits der Titel der Bayleschen Werke zeigt, daß „Bayles Duktus stark dialogisch
gefärbt, nicht systematisch" ist.

[109] Cf. W. R. CARLSON, *Dialectic and Rhetoric in Pierre Bayle*, (Yale Univ., 1973) Ann
Arbor/London 1979, p. 177: „Bayle's texts are distinctive in that they always have
pre-texts". – O. ABEL, „La condition pluraliste de l'homme moderne. Relire Bayle",
Esprit 8-9 (1996), p. 105, sieht den Dialog narrativer Standpunkte als Resultat der
Bayleschen Kritik.

[110] Cf. J.-P. JOSSUA, „Pierre Bayle précurseur des théologies modernes de la liberté
religieuse", *Revue des Sciences religieuses* 39 (1965), p. 115; cf. P. RETAT, „Logique et
rhétorique: la ‚Réponse aux questions d'un provincial' de Bayle", in J. JEHASSE ET
AL., *Mélanges offerts à Georges Couton*, Lyon 1981, p. 460, p. 468.

[111] Cf. B. G. ARMSTRONG, *Calvinism and the Amyraut Heresy*, p. 32, p. 261. – E. LA-
BROUSSE, *Pierre Bayle: hétérodoxie et rigorisme*, p. 133, verweist darauf, daß die Aus-

Argumentation *ad hominem* und des *dato non concesso*, um die Aporien des Gegners zu verdeutlichen. Häufig sind es aber auch literarische Mittel (Vergleiche, fiktive Dialoge etc.), mit denen er die Logik des Gegners *ad absurdum* führt. Es ist seine mangelhafte Logik, die dem Anhänger eines Systems zum Verhängnis wird.

Eine Eigenart des Bayleschen Denkens liegt in dem kritischen Gebrauch der Vernunft – in der Analyse von Systemen[112], die ihre logischen Unzulänglichkeiten, aber auch ihren Widerspruch zur menschlichen Realität zeigt. Die Aporien sind in Systemen philosophisch-theologischer Prägung so enorm, daß der Gebrauch der Vernunft in metaphysischer und theologischer Orientierung zur Errichtung oder Untermauerung eines bestimmten Systems abgelehnt werden muß. Die Wahrheit der Philosophie ist keine universelle, einheitliche – jedes System hat eine Berechtigung und stimmt sogar bruchstückhaft mit der absoluten Wahrheit überein. Bayle errichtet kein System, auch nicht eines, in dem er, um einen Ausdruck von Rex[113] zu benutzen, sich damit begnügt, Malebranche mit etwas Gassendi (wie ihn Bernier darstellt) zu mischen und das Resultat mit der Terminologie von Aristoteles zu erklären. Er diskutiert diese Philosophen kritisch und selektiv. Bayles Eklektizismus hat kein System zum Ziel, sondern einerseits, in negativem Sinn, die Darstellung der Widersprüchlichkeit der Philosophie und andererseits eine positiv verstandene Gleichwertigkeit philosophischer Erklärungen, die eine dogmatische Verbissenheit als ein von Vorurteilen und Geschmack geleitetes Denken disqualifiziert.[114] Indem er die skeptische Argumentation vervollkommnet, argumentiert Bayle dialektisch und zeigt die Antinomien der spekulativen Vernunft.[115] Der Pflicht zur Logik entkommt nur das Dogma selbst

---

bildung, die Bayle genossen hat, sich in seiner Hochachtung für die Logik besonders bemerkbar macht.

[112] Cf. D.E. CURTIS, „Bayle and the Range of Cartesian Reason", *Yale French Studies* 49 (1973), p. 71: „His rationalism is critical rather than architectonic: he practices the analysis of facts rather than their synthesis".

[113] W. E. REX, „Bayle, Jurieu and the Politics of Philosophy. A Reply to Professor Popkin", in T.M. LENNON ET AL., *Problems of Cartesianism*, p. 87.

[114] Cf. S. NEUMEISTER, „Pierre Bayle und der Mythos. Postmoderne Lektüre eines protestantischen Querdenkers", in ders. (Hrsg.), *Frühaufklärung*, p. 132: „Nicht das Bekenntnis zu einer bestimmten Auslegung oder Theorie kennzeichnet Bayles Position, sondern die Freilegung ihrer jeweiligen Berechtigung, aber auch ihrer Bedingtheit." – Fraglich ist, ob man Bayles Eklektizismus unbedingt mit der Beschaffenheit seiner eigenen Persönlichkeit erklären muß, wie E. LABROUSSE, *Pierre Bayle: hétérodoxie et rigorisme*, pp. XVI-XVII und p. 43, dies tut.

[115] Cf. G. PAGANINI, *Analisi della fede e critica della ragione nella filosofia di Pierre Bayle*, p. 123: „Per nessun altro pensatore come per Bayle, lo sviluppo dell'argumentazione si offre nella forma di una dialettica antinomica, che non può essere fissata

aufgrund seiner erwiesenen und legitimierten Irrationalität. „Unsystematisch" bedeutet jedoch nicht, daß die Ideen Bayles keine Kohärenz besäßen. Fragestellungen, die entweder das Verhältnis von Glaube und Vernunft oder von Religion und Moral betreffen, ziehen sich wie ein roter Faden durch Bayles Werk.

Bayles Freiheit in Präsentation und Kritik propagiert eine neue Form der Darstellung und Rezeption von Gedanken, die auch als Antizipation der Philosophie der Aufklärung gesehen wird.[116] Doch es ist nicht nur eine neue Art philosophischer und kritischer Rede, sondern auch eine neue Form der Theologie, die Bayle entwickelt, dessen Schriften weder die äußere Form noch die Struktur theologischer Werke besitzen. Seine Theologie versteckt sich in der philosophischen und kritischen Argumentation, in der seine eigene Position oft verborgen oder nur angedeutet ist. Eben weil Bayle in seinen Werken eine Reflexion des philosophischen und theologischen Denkens unternimmt[117], ist seine Theologie in höchster Weise dialektisch. Zugleich ist sie aber ein Appell, wieder zu den Quellen zurückzufinden und sich nicht in der Feststellung von Antinomien zu verlieren. Ist es der christlichen, auch der calvinistischen Theologie nicht möglich, sich vor der Vernunft als rational, aber auch als unterschieden von den Formen des Aberglaubens auszuweisen, kann ihre Stärke nur darin liegen, sich von der Philosophie abzuwenden und sich auf die von ihr als wahr erkannte Autorität – die Schrift – zu gründen.

Bayle ist kein Theologe, der sich auf Exegese und Dogmatik verlegt. Sein Augenmerk gilt der Gefahr, daß auch die calvinistische Theologie, deren grundlegende Dogmen er durchgehend vertritt, immer mehr von der Philosophie vereinnahmt und damit anfällig wird für rationalistische Attacken. Seine Betonung der Irrationalität der Glaubenswahrheiten gründet nicht auf dem Konzept einer autonomen Vernunft, sondern auf der paulinischen Trennung von eitler Philosophie und wahrer Theologie nach 1 Kor 1,19-20. Theologie und Philosophie sind für Bayle nicht kompatibel – das ist offenkundig. Der Glaube als Wirkung der Gnade und Ort der Rechtfertigung nimmt im Werk Bayles jedoch eine Stellung ein, deren Bedeutung nur allzu häufig verkannt wurde. In Bayle nur einen Kritiker und Philosophen zu sehen und seine Verweise auf die Notwendigkeit des Glaubens als Nebensächlichkeit oder gar als Unaufrichtigkeit zu werten entspricht einer oberflächlichen Betrachtung seines

---

nei resultati parziale, ma deve essere afferrata nel movimento complessivo dei suoi aspetti diversi e apparentemente contradittori."

[116] Cf. P. RETAT, „Logique et rhétorique: la ‚Réponse aux questions d'un provincial' de Bayle", in J. JEHASSE ET AL., *Mélanges offerts à Georges Couton*, p. 469.

[117] Cf. C. SENOFONTE, *Pierre Bayle dal calvinismo all'illuminismo*, p. 215.

Werks und kann bisweilen auf einer hermeneutischen Position beruhen, die das Religiöse als gänzlich belanglos ansieht.

Blickt man hinter die Maske des Philosophen von Rotterdam, so kann man die Grundzüge seiner maskierten Theologie erkennen, die – bis auf die Aussagen über den Ursprung der wahren Gottesidee, Ekklesiologie und Ethik – der orthodoxen Position entspricht. Bayle entwirft keine neue Theologie, aber er bringt die traditionellen Inhalte in eine neue Form. Es geht ihm dabei nicht um eine Erläuterung der Grundsätze des Glaubens. Vielmehr werden die orthodoxen Inhalte so in die vornehmlich philosophische und kritische Argumentation eingebunden, daß Bayles Theologie in ihrer Verknüpfung mit der Philosophie bisweilen eine rationalistische Maske annimmt und sich in ihrer Argumentation sogar gegen die christliche Lehre zu richten scheint. Bayles theologisches Ziel besteht jedoch in dem Schutz der Glaubenswahrheiten vor einer selbstherrlichen Vernunft, aber auch in der Abgrenzung zum Aberglauben und zu den der wahren Gottesidee nicht gemäßen Arten theologischer Rede und – in praktischer Hinsicht – in der Kennzeichnung von Intoleranz, Haß und Stolz als dem Evangelium entgegengesetzte Haltungen. Ziel seiner Kritik ist es, die Fragwürdigkeit jeglichen philosophisch-theologischen Denkens, das die Offenbarungswahrheiten nicht unterstützt und bestätigt, herauszustellen. Dies veranlaßt ihn, einerseits den rationalististischen Anspruch der Theologie zu widerlegen und zugunsten einer fideistischen Theologie zu argumentieren, andererseits aber auch rationalistisch und theologisch gegen den Aberglauben und den *odium theologicum* vorzugehen. Da es ihm um die Authentizität des christlichen Glaubens geht, widerspricht seine Theologie in manchen Punkten auch einer zu eng gefaßten Orthodoxie. Die Verknüpfung von Philosophie und Theologie in den Werken Bayles beruht letztlich auf dem Bestreben, das Scheitern der Vernunft in der Gotteserkenntnis, aber auch die Inevidenz der Glaubenswahrheiten herauszustellen, um nur die Offenbarung als wahre Gotteserkenntnis gelten und Gott allein die Fähigkeit der vollen Einsicht in seine Schöpfung zu lassen.

Bibliographie

1. Quellen

1.1. Zitierte Werke Bayles

BAYLE, P., *Oeuvres diverses* (= OD), hrsg. von E. LABROUSSE, 5 Bde., Hildesheim 1964-1982:

Nouvelles de la République des Lettres, OD I.

Critique Générale de l'Histoire du calvinisme de Mr. Maimbourg, OD II, pp. 1a-160b.

Nouvelles Lettres critiques de l'Auteur de la Critique générale de l'Histoire du Calvinisme, OD II, pp. 161a-335b.

Commentaire philosophique sur ces paroles de Jésus-Christ, contrains-les d'entrer, OD II, pp. 357a-496b.

Suplément du Commentaire Philosophique, OD II, pp. 497a-560b.

La Cabale chimérique, OD II, pp. 637a-685b.

La Chimère de la Cabale de Rotterdam, OD II, pp. 717a-788b.

Nouvel avis au petit auteur des petits livres (concernant ses Lettres sur les différens de Mr. Jurieu & de Mr. Bayle), OD II, pp. 796a-813b.

Pensées diverses, OD III, pp. 3a-160b.

Addition aux Pensées diverses, OD III, pp. 161a-186b.

Continuation des Pensées diverses, OD III, pp. 189a-417b.

Réponse aux questions d'un provincial, OD III, pp. 501a-988b, pp. 1010a-1084b.

Réponse pour Mr. Bayle à Mr. Le Clerc, OD III, pp. 989a-1009b.

Entretiens de Maxime et de Thémiste, OD IV, pp. 3a-106b.

Dissertation où on défend contre les Péripatéticiens les raisons par lesquelles quelques Cartésiens ont prouvé que l'essence du corps consiste dans l'étenduë, OD IV, pp. 109-132.

Thèses philosophiques, OD IV, pp. 132a-145b.

Objectiones in Libros quatuor de Deo, anima et malo, OD IV, pp. 146a-161b.

Mémoire communiqué par Mr. Bayle pour servir de réponse à ce qui le peut intéresser dans un Ouvrage imprimé à Paris sur la distinction du bien & du mal, & au IV. article du 5. tome de la Bibliotheque choisie, OD IV, pp. 179a-184b.

Avis de Mr. Bayle au lecteur, OD IV, pp. 186a-188b.

Système de Philosophie, OD IV, pp. 201a-520b.

Lettre à Mr. Lenfant (6/10/1685), OD IV, p. 619a-b.

Lettre à Mylord Ashley (23/11/1699), OD IV, pp. 785a-786b.

Lettre à Mr. Coste (27/12/1703), OD IV, p. 834a-b.

Lettre à Mr. Des Maizeaux (3/7/1705), OD IV, pp. 855a-856b.

Lettre à Mr. Des Maizeaux (16/10/1705), OD IV, pp. 861a-862b.

Janua, OD V-1, pp. 211-554 (französische Übersetzung des lateinischen Textes OD II, pp. 821a-902b).

BAYLE, P., *Dictionaire historique et critique, par Mr Pierre Bayle*, 4 Bde., Amsterdam/ Leiden 1740.

1.2. Deutsche Ausgaben

Die von Peter Bayle verfertigte so angenehm als gründliche Lebens-Beschreibung dreyer merck-würdiger und gelehrter Männer; 1. Desiderii Erasmi; 2. Johannis Calvini; 3. Robert Bellarmini; aus dessen weltbekannten Dictionnaire historique et critique, übersetzt und herausgegeben von G. F. SCHMIDT, Hannover 1732.

Leben des Königs und Propheten David, von dem Herrn Abt von Choisy und Peter Bayle in frantzösischer Sprache beschrieben, nunmehro aber mit des letztern critischen Anmer-kungen ins Deutsche übersetzt von P. G. v. K., Frankfurt/Leipzig 1736.

Herrn Peter Baylens, weyland Prof. der Philosophie zu Rotterdam, verschiedene Gedanken bey Gelegenheit des Cometen, der im Christmonate 1680 erschienen, an einen Doctor der Sorbonne gerichtet. Aus dem Französischen übersetzet, und mit Anmerkungen und einer Vorrede ans Licht gestellet von Joh. Christoph Gottscheden, Hamburg 1741.

Herrn Peter Baylens, weyland Professors der Philosophie und Historie zu Rotterdam, Histori-sches und Critisches Wörterbuch, nach der neuesten Auflage von 1740 ins Deutsche übersetzt; auch mit einer Vorrede und verschiedenen Anmerkungen sonderlich bey anstößigen Stellen versehen, von Johann Christoph Gottscheden, 4 Bde., Leipzig 1741-1744.

Herrn Peter Baylens weiland Professors der Weltweisheit und Geschichte zu Rotterdam Tractat von der allgemeinen Toleranz oder Philosophischer Commentar über die Worte Christi Nöthige sie herein zu kommen, übersetzt von D. SEMERAU, 4 Bde., Wittenberg 1771.

Peter Bayle, historisch-kritisches Wörterbuch im Auszuge, neu geordnet und übersetzt, 2 Bde. (Bd. 1: ... *für Theologen*, Bd. 2: ... *für Dichterfreunde*), Lübeck 1779-1780.

Peter Baylens Philosophisches Wörterbuch oder die philosophischen Artikel aus Baylens histo-risch-kritischem Wörterbuche in deutscher Sprache abgekürzt und herausgegeben zur Beförderung des Studiums der Geschichte der Philosophie und des menschlichen Geistes von Ludwig Heinrich Jakob, 2 Bde., Halle/Leipzig 1797-1798.

Obszönitäten. Kritische Glossen, bearbeitet und zeitgemäß erweitert von A. KIND, Berlin [2]1908.

Wenn es von einem Buche heißt, es enthalte Obszönitäten. Mit einem Brief von Ludwig Mar-cuse an den Verfasser, herausgegeben und übersetzt von W. STIEGELE, München 1967.

Pierre Bayles Historisches und Critisches Wörterbuch, nach der Ausgabe von 1740 übersetzt von Johann Christoph Gottsched u.a., neu herausgegeben von E. BEYREUTHER, 4 Bde., Repr. Hildesheim 1974-1978.

Verschiedene einem Doktor der Sorbonne mitgeteilte Gedanken über den Kometen, der im Monat Dezember 1680 erschienen ist, von J. C. GOTTSCHED herausgegeben, über-setzt von J. C. FABER, eingeleitet von R. GEISSLER, Leipzig 1975.

1.3. Andere Quellen

BERNARD, J., [Rezension der] „Continuation des Pensées diverses", in ders., *Nouvelles de la République des Lettres*, février 1705, pp. 123-153.

—, [Fortsetzung der Rezension der] „Continuation des Pensées diverses", in ders., *Nouvelles de la République des Lettres*, mars 1705, pp. 289-330.

—, [Rezension der] „Réponse aux questions d'un provincial, Tome Troisième", in ders., *Nouvelles de la République des Lettres*, février 1706, pp. 153-187.

CALVIN, J., *Advertissement contre l'Astrologie qu'on appelle judiciaire*, in *Calvini Opera* VII (Corpus Reformatorum XXXV), pp. 509-542.

—, *Commentarius in Genesin*, in *Calvini Opera* XXIII (Corpus Reformatorum LI), pp. 6-622.

—, *Institution de la religion chrestienne*, publiée par J.-D. BENOIT, 4 Bde., Paris 1957-1961.

CHARRON, P., *Toutes les oeuvres*, 2 Bde., (Paris: J. Villery, 1635) Repr. Genf 1970.

CHAU(F)FEPIE, J.G. DE, *Nouveau dictionnaire historique et critique pour servir de supplément ou de continuation au Dictionaire historique et critique de Mr. Bayle*, 4 Bde., Amsterdam/Den Haag 1750.

Confession de foy, in *Bekenntnisschriften und Kirchenordnungen der nach Gottes Wort reformierten Kirche*, hrsg. von W. NIESEL, Zollikon-Zürich 3. Auflage [um 1947], pp. 66-75.

CROUSAZ, J. P. DE, *Traité du beau*, Amsterdam 1715, Repr. Genf 1970.

CUDWORTH, R., *The Digression concerning the Plastick Life of Nature, or an Artificial, Orderly and Methodical Nature* (Auszug aus „The True Intellectual System of the Universe" [1678], Book I, ch.III, Sect. XXXVII, §§ 2-16, 19-26), in C.A. PATRIDES, *The Cambridge Platonists*, Cambridge ²1980, pp. 288-325.

DESCARTES, R., *Oeuvres*, hrsg. von Ch. ADAM und P. TANNERY, 12 Bde., Paris 1897-1910.

DIDEROT, D., *Pensées Philosophiques*, in ders., *Oeuvres complètes*, hrsg. von H. DIECKMANN, Bd. 2: *Philosophie et mathématique. Idées I*, Paris 1975, pp. 17-52.

—, *De la suffisance de la religion naturelle*, in ders., *Oeuvres complètes*, hrsg. von H. DIECKMANN, Bd. 2: *Philosophie et mathématique. Idées I*, Paris 1975, pp. 181-195.

—, *La promenade du sceptique, ou les allées*, Discours préliminaire, in ders., *Oeuvres complètes*, hrsg. von H. DIECKMANN, Bd. 2: *Philosophie et mathématique. Idées I*, Paris 1975, pp. 73-155.

Dordrechter Canones von 1619, in E.F. MÜLLER, *Die Bekenntnisschriften der reformierten Kirche*, Leipzig 1903, Repr. Zürich 1987, pp. 843-861.

ENGELS, F./K. MARX, *Die heilige Familie, oder Kritik der kritischen Kritik*, in K. MARX, *Werke, Schriften, Briefe*, Bd. 1: *Frühe Schriften*, hrsg. von H.-J. LIEBER/P. FURTH, Darmstadt/Stuttgart ²1971, pp. 667-925.

ERASMUS VON ROTTERDAM, *Das Lob der Torheit*, übersetzt und herausgegeben von A. J. GAIL, Stuttgart 1966.

FRIEDRICH II., *Oeuvres philosophiques de Frédéric II, roi de Prusse*, hrsg. von J.-R. ARMOGATHE/D. BOUREL, Paris 1985.

GARASSE, F., *La Doctrine curieuse des beaux-esprits de ce temps*, Paris 1624.

—, *Somme théologique des véritez capitales de la religion chrestienne*, Paris 1625.

GASSENDI, P., *Opera Omnia*, 6 Bde., Lyon 1658.

GAUDIN, A., *La distinction et la nature du bien et du mal. Traité où l'on combat les sentiments de Montagne et de Charron et ceux de M. Bayle, et Le Livre de Saint Augustin de la nature du bien contre les* manichéens, Paris 1704, Repr. Genf 1970.

GOETHE, J. W., *Aus meinem Leben. Dichtung und Wahrheit*, Bd. 1: *Text*, hrsg. von W. HETTCHE, Stuttgart 1991.

GROTIUS, H., *De iure belli ac pacis*, Paris 1625.

HEGEL, G. W. F., *Vorlesungen über die Geschichte der Philosophie*, in ders., *Werke*, Red. E. MOLDENHAUER, 20 Bde., Frankfurt 1971-1981, Bd. 18.

HERDER, J. G., *Sämmtliche Werke*, hrsg. von B. SUPHAN, 33 Bde., Berlin 1877-1913.

JAQUELOT, I., *Conformité de la Foi avec la Raison*, Amsterdam 1705.

—, *Examen de la théologie de Mr. Bayle, Répandue dans son Dictionnaire Critique, dans ses Pensées sur les Comètes, & dans ses Réponses à un Provincial; où l'on defend la Conformité de la Foi avec la Raison, contre sa Réponse*, Amsterdam 1706.

—, *Réponse aux Entretiens, composez par Mr. Bayle, contre la Conformité de la Foi avec la Raison, et l'Examen de sa Théologie*, Amsterdam 1707.

JURIEU, P., *Le Vray Systeme de l'Eglise & la veritable Analyse de la Foy*, Dordrecht 1686.

—, *Des droits des deux souverains en matière de Religion, la Conscience et le Prince, pour détruire le dogme de l'indifférence des religions et de la tolérance universelle. Contre un livre intitulé: Commentaire philosophique sur ces paroles de la parabole,"Contrains-les d'entrer"*, Rotterdam 1687.

—, *La Religion du Latitudinaire. Avec l'Apologie pour la Sainte Trinité, appellée l'heresie des trois Dieux*, Rotterdam 1696.

—, *Le Philosophe de Roterdam* (sic !) *accusé, atteint et convaincu*, Amsterdam 1706.

KANT, I., „Von der Einwohnung des bösen Prinzips neben dem guten: oder das radikale Böse in der menschlichen Natur", in ders., *Die Religion innerhalb der Grenzen der bloßen Vernunft*, hrsg. von K. VORLÄNDER, Hamburg [6]1956, pp. 17-58.

—, *Über das Mißlingen aller philosophischen Versuche in der Theodicee*, in *Kants Werke* (Akademie-Textausgabe), 9 Bde., Berlin 1968-1977, Bd. 8, pp. 253-271.

KING, W., *An Essay on the Origin of Evil*, in *The Collected Works of Edmund Law*, edited and introduced by V. NUOVO, 5 Bde., Bristol 1997, Bd. 1 und Bd. 2.

LAKTANZ, *De ira Dei liber/ Vom Zorne Gottes* (Texte zur Forschung 4), eingeleitet, herausgegeben, übertragen und erläutert von H. KRAFT und A. WLOSOK, Darmstadt [3]1974.

LA MOTHE LE VAYER, F. DE, *De la vertu des payens* (Paris 1670), in ders., *Oeuvres*, 7 Bde., Dresden 1756-1759, Bd. 5.

LE CLERC, J., *Entretiens sur diverses matieres de Théologie où l'on examine particulierement les questions de la Grace immédiate, du Franc-Arbitre, du Peché-Originel, de l'Incertitude de la Metaphysique, & de la Prédestination*, Amsterdam 1685.

—, *De l'Incredulité, Où l'on examine Les Motifs & les Raisons génerales qui portent les Incredules à rejetter la Religion Chrétienne*, Amsterdam 1696.

—, *Parrhasiana ou Pensées Diverses sur des Matieres de Critique, d'Histoire, de Morale et de Politique. Avec la Défense de divers ouvrages de Mr. L.C. par Theodore Parrhase*, 2 Bde., Amsterdam ²1701.

—, *Réponse aux Objections des Athées, contre l'Idée que nous avons de Dieu, avec des preuves de son Existence, tirées de la Section I. du Chapitre V. du Systeme Intellectuel de Mr. Cudworth*, in ders., *Bibliothèque choisie*, 28 Bde., Amsterdam 1703-1713, Bd. 5 (1705), pp. 30-145.

—, *Eclaircissement de la doctrine de Mrs. Cudworth & Grew, touchant la Nature Plastique & le Monde Vital, à l'occasion de quelques endroits de l'Ouvrage de Mr. Bayle, intitulé, Continuation des pensées diverses sur les Cometes*, in ders., *Bibliothèque choisie*, 28 Bde., Amsterdam 1703-1713, Bd. 5 (1705), pp. 283-303.

—, [Rezension der] „Conformité de la foi avec la raison" [von Jaquelot], in ders., *Bibliothèque choisie*, 28 Bde., Amsterdam 1703-1713, Bd. 6 (1705), pp. 412-422.

—, *Remarques sur le premier principe de la fécondité des Plantes et des Animaux, où l'on fait voir que la supposition des Natures Plastiques, ou Formatrices, sert à en rendre une raison très-probable*, in ders., *Bibliothèque choisie*, 28 Bde., Amsterdam 1703-1713, Bd. 7 (1705), pp. 255-289.

—, [Rezension der] „Works of the most Reverend Dr. John Tillotson", in ders., *Bibliothèque choisie*, 28 Bde., Amsterdam 1703-1713, Bd. 7 (1705), pp. 289-360.

—, *Défense de la Bonté & de la Sainteté Divine, contre les objections de Mr. Bayle*, in ders., *Bibliothèque choisie*, 28 Bde., Amsterdam 1703-1713, Bd. 9 (1706), pp. 103-171.

—, *Remarques sur la Réponse pour Mr. Bayle au sujet du III et X Article de la Bibliothèque choisie*, in ders., *Bibliothèque choisie*, 28 Bde., Amsterdam 1703-1713, Bd. 10 (1706), pp. 364-426.

—, *Remarques sur l'Essai concernant l'Entendement de Mr. Locke. Sa défense contre Mr. Bayle*, in ders., *Bibliothèque choisie*, 28 Bde., Amsterdam 1703-1713, Bd. 12 (1707), pp. 80-123.

—, *Remarques sur les Entretiens posthumes de Mr. Bayle, contre la Bibliothèque Choisie*, in ders., *Bibliothèque choisie*, 28 Bde., Amsterdam 1703-1713, Bd. 12 (1707), pp. 198-386.

LEIBNIZ, G. W., *Zur prästabilierten Harmonie*, in ders., *Hauptschriften zur Grundlegung der Philosophie*, hrsg. von E. CASSIRER, 2 Bde., Hamburg ³1966, Bd. 1, pp. 272-275.

—, *Neues System der Natur und der Gemeinschaft der Substanzen, wie der Vereinigung zwischen Körper und Seele*, in ders., *Hauptschriften zur Grundlegung der Philosophie*, hrsg. von E. CASSIRER, 2 Bde., Hamburg ³1966, Bd. 1, pp. 258-271.

—, *Betrachtungen über die Lehre von einem einigen, allumfassenden Geiste*, in ders., *Hauptschriften zur Grundlegung der Philosophie*, hrsg. von E. CASSIRER, 2 Bde., Hamburg ³1966, Bd. 1, pp. 48-62.

—, *Erwiderung auf die Betrachtungen über das System der prästabilierten Harmonie in der zweiten Auflage des Bayleschen „Dictionnaire historique et critique" (Artikel: Rorarius)*, in ders., *Hauptschriften zur Grundlegung der Philosophie*, hrsg. von E. CASSIRER, 2 Bde., Hamburg ³1966, Bd. 2, pp. 382-405.

—, *Theodicy. Essays on the Goodness of God, the Freedom of Man, and the Origin of Evil*, ed. with an introduction by A. FARRER, La Salle ²1985.

—, *Herrn Gottfried Wilhelms Freiherrn von Leibnitz Theodicee: das ist, Versuch von der Güte Gottes, Freiheit des Menschen, und vom Ursprunge des Bösen*, nach der 1744 erschienenen, mit Zusätzen und Anmerkungen von Johann Christoph Gottsched ergänzten, vierten Ausgabe herausgegeben, kommentiert und mit einem Anhang versehen von H. HORSTMANN, Berlin 1996.

LESSING, G. E., *Lessings Werke*, hrsg. von J. PETERSEN und W. V. OLSHAUSEN, 25
  Bde., Berlin/Leipzig/Wien/Stuttgart (1925), Bd. 9: *Zeitungsartikel und Rezensionen*, hrsg. von F. BUDDE.
LUTHER, M., *De servo arbitrio*, in D. *Martin Luthers Werke. Kritische Gesamtausgabe*, 68
  Bde., Weimar 1883-1999, Bd. 18 (1908), pp. 551-787.

MALEBRANCHE, N., *Oeuvres*, édition établie par G. RODIS-LEWIS avec la collaboration
  de G. MALBREIL, 2 Bde., Paris 1979 (Bd. 1) und 1992 (Bd. 2).
MARCHAND, P., *Dictionaire historique ou Mémoires critiques et littéraires concernant la vie et
  les ouvrages de divers personnages distingués, particulièrement dans la République des
  Lettres*, 2 Bde., Den Haag 1758-1759.
MELVILLE, M., *Moby Dick*, hrsg. von H. HAYFORD/H. PARKER, New York 1967.
MENDELSSOHN, M., *Gesammelte Schriften* (Jubiläumsausgabe), 24 Bde., Stuttgart-Bad
  Cannstatt 1971-1997.
MONTAIGNE, *Les Essais*, Edition de P. VILLEY, 3 Bde., Paris ²1992.

PASCAL, B., *Pensées*, hrsg. von Ch.-M. DES GRANGES, Paris 1961.
PFAFF, C. M., *Dissertationes anti-Baelianae, in quibus Petrus Baelius, philosophus olim Roterodamensis, qui in Dictionario Historico et Critico eo titulo, qui Pyrrhonem exhibet,
  sumta abbatis sceptici larva, dogmata christiana de SS. Trinitate, de Incarnatione
  Christi, de praesentia reali corporis Christi in eucharistia, de origine mali Adamitici
  adortus fuerat, repellitur et confutator*, Tübingen 1720.

RÉGIS, P. S., *Cours entier de philosophie, ou Système général selon les principes de M. Descartes*, Amsterdam 1691.

SAINT-CYRAN, *La Somme des fautes et faussetez capitales contenues en la Somme Théologique du père Francois Garasse de la Compagnie de Iesus*, 2 Bde., Paris 1626.
SALES, F. DE, *Les Controverses*, in ders., *Oeuvres*, édition complète (...) publiée (...) par les
  soins des Religieuses de la Visitation du Premier Monastère, 27 Bde., Annecy
  1892-1964, Bd. I.
SAURIN, E., *Défense de la véritable doctrine de l'Église Réformée (...) contre le livre de Mr.
  Jurieu intitulé Défense de la doctrine universelle de l'Eglise*, Utrecht 1697.
SCHELLING, F. W. J., *Philosophische Untersuchungen über das Wesen der menschlichen Freiheit und die damit zusammenhängenden Gegenstände*, mit einem Essay von W.
  SCHULZ, Frankfurt ²1984.
SPANGENBERG, A. G., *Apologetische Schluß-Schrift, worinn über tausend Beschuldigungen
  gegen die Brüder-Gemeinen ind ihren zeitherigen Ordinarium nach der Wahrheit
  beantwortet werden*, in N. L. VON ZINZENDORF, *Ergänzungsbände zu den Hauptschriften*, hrsg. von E. BEYREUTHER und G. MEYER, 14 Bde., Hildesheim 1963-
  1985, Bd. 3 (1964).
SPINOZA, B., *Die Ethik des Spinoza im Urtexte*, herausgegeben und mit einer Einleitung
  (...) versehen von H. GINSBERG, Leipzig 1875.
STAËL, Madame DE, *De l'Allemagne*, nouvelle édition publiée (...) par la Comtesse JEAN
  DE PANGE, 5 Bde., Paris 1958-1960.

THOMAS VON AQUIN, *Summa Theologiae*, cura et studio sac. P. CARAMELLO cum textu
  ex recensione Leonina, 3 Bde., Turin/Rom, 1952-1956.

VINCENZ VON LERINUM, *Commonitorium pro catholicae fidei antiquitate et universitate adversus profanas omnium haereticorum novitates*, hrsg. von A. JÜLICHER, Tübingen ²1925, unveränderter Nachdruck Frankfurt 1968.
VOLTAIRE, *Oeuvres complètes*, hrsg. von L. MOLAND, 52 Bde., Paris 1877-1885, Repr. Nendeln 1967.
—, *Dictionnaire Philosophique*, hrsg. von J. BENDA/R. NAVES, Paris 1954.

2. Sekundärliteratur

ABEL, O., „La condition pluraliste de l'homme moderne. Relire Bayle", *Esprit* 8-9 (1996), pp. 101-113.
—, „Les témoins de l'histoire", in H. BOST/P. DE ROBERT (Hrsg.), *Pierre Bayle, citoyen du monde. De l'enfant du Carla à l'auteur du Dictionnaire* (Actes du colloque de Carla-Bayle, 13-15 septembre 1996), Paris 1999, pp. 343-362.
—/P.-F. MOREAU (Hrsg.), *Pierre Bayle: la foi dans le doute*, Genf 1995.
ADAMS, G., *The Huguenots and French Opinion, 1685-1787. The Enlightenment Debate on Toleration*, Waterloo 1991.
ARMSTRONG, B. G., *Calvinism and the Amyraut Heresy: Protestant Scholasticism and Humanism in Seventeenth-Century France*, Madison/Milwaukee/London 1969.
BARBER, W. H., „Pierre Bayle: Faith and Reason", in W. MOORE/R. SUTHERLAND/E. STARKIE, *The French Mind: Studies in Honour of G. Rudler*, Oxford 1952, pp. 109-125.
BARTH, H.-M., *Atheismus und Orthodoxie. Analysen und Modelle christlicher Apologetik im 17. Jahrhundert* (Forschungen zur systematischen und ökumenischen Theologie 26), Göttingen 1971.
BARTHEL, P., „La tolérance dans le discours de l'orthodoxie ‚raisonnée' au petit matin du XVIIIe siècle", in M. PERONNET (Hrsg.), *Naissance et affirmation de l'idée de tolérance. XVIe et XVIIIe siècle* (Actes du Vème colloque Jean Boisset), Montpellier 1988, pp. 263-270.
BECKER, P. A., „Gottsched, Bayle und die Enzyklopädie", in *Beiträge zur deutschen Bildungsgeschichte. Festschrift zur Zweihundertjahrfeier der Deutschen Gesellschaft in Leipzig 1727-1927*, Leipzig 1927, pp. 94-108.
BELIN, C., *L'oeuvre de Pierre Charron (1541-1603). Littérature et théologie de Montaigne à Port-Royal*, Paris 1995.
BELL, M., „Pierre Bayle and Moby Dick", *Publications of the Modern Language Association* 66 (1951), pp. 626-648.
BERKVENS-STEVELINCK, C., „La tolérance et l'héritage de P. Bayle en Hollande dans la première moitié du XVIIIe siècle. Une première orientation", *Lias* V (1978), pp. 257-272.
BERKVENS-STEVELINCK, C./S. G. O'CATHASAIGH, „The Lantern of Rotterdam", *Studies on Voltaire and the Eighteenth Century* 303 (1992), pp. 527-530.
BERGERON, H.-F., „Le Manichéisme de Bayle", *XVIIe Siècle* 68 (1965), pp. 44-49.

BETTS, C.J., *Early Deism in France. From the so-called „déistes" of Lyon (1564) to Voltaire's „Lettres philosophiques" (1734)*, Den Haag 1984.

BEYREUTHER, E., „Die Paradoxie des Glaubens: Zinzendorfs Verhältnis zu Pierre Bayle und zur Aufklärung", in ders., *Studien zur Theologie Zinzendorfs*, Neukirchen 1962, pp. 201-234.

—, „Die Bedeutung Pierre Bayles für Lessing und dessen Fragment über die Herrnhuter", in H. BORNKAMM ET AL., *Der Pietismus in Gestalten und Wirkungen*, Bielefeld 1975, pp. 84-97.

—, „Bayle", *Theologische Realenzyklopädie*, teilw. hrsg. von G. KRAUSE und G. MÜLLER, Bd. 5, Berlin/New York 1980, pp. 387-389.

BIANCHI, L., „Pierre Bayle interprete di Charron", in *La saggezza moderna. Temi e problemi dell'opera di Pierre Charron*, a cura di V. DINI e D. TARANTO, Neapel/Rom 1987, pp. 265-303.

—, „La critique leibnizienne du Projet du Dictionaire de Pierre Bayle", in *Leibniz: Tradition und Aktualität*, V. Internationaler Leibniz-Kongress, Vorträge, Hannover 1988, pp. 73-81.

—, „Pierre Bayle face au meilleur des mondes", in A. HEINEKAMP/A. ROBINET, *Leibniz, le meilleur des mondes*, Stuttgart 1992, pp. 129-141.

—, „Passioni necessarie e passioni causa di errori in P. Bayle", in I. CAPPIELLO, *Tra antichi e moderni. Antropologia e Stato tra disciplinamento e morale privata*, Neapel 1990, pp. 137-169.

—, „Pierre Bayle et le libertinage érudit", in H. BOTS, *Critique, savoir et érudition à la veille des Lumières. Le Dictionaire historique et critique de Pierre Bayle (1647-1706)*, Amsterdam-Maarssen 1998, pp. 251-268.

—, Bayle et l'Italie, in H. BOST/P. DE ROBERT (Hrsg.), *Pierre Bayle, citoyen du monde. De l'enfant du Carla à l'auteur du Dictionnaire* (Actes du colloque de Carla-Bayle, 13-15 septembre 1996), Paris 1999, pp. 127-142.

BIRNSTIEL, E., „Frédéric II et le *Dictionnaire* de Bayle", in H. BOST/P. DE ROBERT (Hrsg.), *Pierre Bayle, citoyen du monde. De l'enfant du Carla à l'auteur du Dictionnaire* (Actes du colloque de Carla-Bayle, 13-15 septembre 1996), Paris 1999, pp. 143-157.

BIZEUL, Y., „Pierre Bayle – Vordenker des modernen Toleranzbegriffs", in H.J. WENDEL/W. BERNARD/Y. BIZEUL, *Toleranz im Wandel*, Rostock 2000, pp. 67-112.

BLOCH, O., *La philosophie de Gassendi: nominalisme, matérialisme et métaphysique*, Den Haag 1971.

BOHATEC, J., *Die cartesianische Scholastik in der Philosophie und reformierten Dogmatik des 17. Jahrhunderts: I. Entstehung, Eigenart, Geschichte und philosophische Ausprägung der cartesianischen Scholastik*, Leipzig 1912, Repr. Hildesheim 1966.

BOISSET, J., „Pierre Bayle et l'enseignement de Calvin", *Baroque* 7 (1974), pp. 99-107.

BOLIN, W., „Biographische Einleitung", in L. FEUERBACH, *Sämmtliche Werke*, neu herausgegeben von W. BOLIN/F. JODL, Bd. 5: *Pierre Bayle*, Stuttgart 1905, pp. 1-109.

BORNHAUSEN, K., „Das religiöse Problem während der französischen Vorrevolution bei Bayle, Voltaire, Rousseau", *Historische Zeitschrift*, 3. Folge, 9. Band (1910), pp. 496-504.

BOST, H., *Pierre Bayle et la religion*, Paris 1994.

—, „Regards critiques ou complices sur les hérétiques. De l'*Alphabet* de Prateolus au *Dictoinnaire* de Bayle", in H. BOST/P. DE ROBERT (Hrsg.), *Pierre Bayle, citoyen du monde. De l'enfant du Carla à l'auteur du Dictionnaire* (Actes du colloque de Carla-Bayle, 13-15 septembre 1996), Paris 1999, pp. 199-213.

—/P. DE ROBERT (Hrsg.), *Pierre Bayle, citoyen du monde. De l'enfant du Carla à l'auteur du Dictionnaire* (Actes du colloque de Carla-Bayle, 13-15 septembre 1996), Paris 1999.

BOTS, H., „André Rivet et le *Dictionnaire* de Pierre Bayle", in H. BOST/P. DE ROBERT (Hrsg.), *Pierre Bayle, citoyen du monde. De l'enfant du Carla à l'auteur du Dictionnaire* (Actes du colloque de Carla-Bayle, 13-15 septembre 1996), Paris 1999, pp. 215-225.

BRACKEN, H. M., „Bayle, Berkeley and Hume", *Eighteenth-Century Studies* 11 (1977-78), pp. 227-245.

BRAHAMI, F., *Le travail du scepticisme: Montaigne, Bayle, Hume*, Paris 2001.

BRETEAU, J.-L., „Origène était-il pour Cudworth le modèle du philosophe chrétien?", in M. L. BALDI (Hrsg.), *„Mind Senior to the World"*, pp. 127-147.

BROGI, S., *Teologia senza verità: Bayle contro i „rationaux"*, Milano 1998.

BRUNSCHVICG, L., „L'idée critique et le système kantien", *Revue de métaphysique et de morale* 31 (1924), pp. 133-204.

BRUSH, C. B., *Montaigne and Bayle. Variations on the Theme of Skepticism*, Den Haag 1966.

BUCHER, T. G., „Zwischen Atheismus und Toleranz. Zur historischen Wirkung von Pierre Bayle (1647-1706)", *Philosophisches Jahrbuch* 92 (1985), pp. 353-379.

BUCKLEY, M. J., *At the Origins of Modern Atheism*, New Haven/London 1987.

CABANEL, P., „La faute à Voltaire et le nécessaire révisionnisme historique: La question de l'oubli de Bayle au XIXe siècle", in H. BOST/P. DE ROBERT (Hrsg.), *Pierre Bayle, citoyen du monde. De l'enfant du Carla à l'auteur du Dictionnaire* (Actes du colloque de Carla-Bayle, 13-15 septembre 1996), Paris 1999, pp. 105-125.

CARLSON, W. R., *Dialectic and Rhetoric in Pierre Bayle*, (Yale Univ., 1973) Ann Arbor/London 1979.

CASSIRER, E., *Die platonische Renaissance in England und die Schule von Cambridge*, Leipzig/Berlin 1932.

—, *Die Philosophie der Aufklärung*, mit einer Einleitung von G. HARTUNG und einer Bibliographie der Rezensionen von A. SCHUBBACH, Hamburg 1998.

CAUJOLLE-ZASLAWSKY, F., „L'interprétation du scepticisme comme philosophie du doute religieux: analyse d'un malentendu", *Revue de Théologie et de Philosophie* (troisième série) 27 (1977), pp. 81-112.

CAVAILLÉ, J.-P., „L'art d'écrire des philosophes", *Critique* 631 (Dez. 1999), pp. 959-980.

—, „Libertinage, irréligion, incroyance, athéisme dans l'Europe de la première modernité (XVIe-XVIIe siècles). Une approche critique des tendances actuelles de la recherche (1998-2002)": http://www.ehess.fr/centres/grihl/DebatCritique/LibrePensee/Libertinage 0.htm

CAZES, A., *Pierre Bayle: sa vie, ses idées, son influence, son oeuvre*, Paris 1905.

CERNY, G., *Theology, Politics and Letters at the Crossroads of European Civilisation. Jacques Basnage and the Baylean Huguenot Refugees in the Dutch Republic*, Dordrecht 1987.

COLIE, R. L., *Light and Enlightenment. A Study of the Cambridge Platonists and the Dutch Arminians*, Cambridge 1957.

COTTRET, B., „L'essai sur l'origine du mal de William King. Vers une définition de l'optimisme", *XVIIIe Siècle* 18 (1986), pp. 295-302.

COURTINES, L. P., „Some Notes on the Dissemination of Bayle's Thought in Europe", *Revue de littérature comparée* 17 (1937), pp. 700-705.

—, „Bayle, Hume and Berkeley", *Revue de littérature comparée* 21 (1947), pp. 416-428.

COURVOISIER, J., *De la Réforme au protestantisme. Essai d'ecclésiologie réformée*, Paris 1977.

CRAIG, W. L., *The Problem of Divine Foreknowledge and Future Contingents from Aristotle to Suarez* (Brill's Studies in Intellectual History 7), Leiden/New York/Kopenhagen/Köln 1988.

CURTIS, D. E., „Bayle and the Range of Cartesian Reason", *Yale French Studies* 49 (1973), pp. 71-81.

DARMON, J.-C., „Gassendi contre Spinoza selon Bayle: ricochets de la critique de l'âme du monde", *Archives de philosophie* 57 (1994), pp. 523-540.

DELPLA, I., „Bayle: Pensées diverses sur l'athéisme ou le paradoxe de l'athée citoyen", in E. CATTIN/L. JAFFRO/A. PETIT, *Figures du théologico-politique*, Paris 1999, pp. 117-147.

DELVOLVE, J., „Le principe de la morale chez Pierre Bayle", in *Bibliothèque du Premier Congrès International de Philosophie, 1900*, tome IV, Paris 1902, pp. 299-335.

—, *Religion, critique et philosophie positive chez Pierre Bayle*, Paris 1906, Repr. New York 1971.

DEREGIBUS, A., „Pascal, Bayle, Voltaire. Bayle e Voltaire interpreti di Pascal", *Studi Francesi* 34 (1990), pp. 13-42.

—, *Pierre Bayle. „Coscienza errante" et tolleranza religiosa*, 2 Bde., L'Aquila-Roma, 1990-1991.

DIBON, P. (Hrsg.), *Pierre Bayle. Le philosophe de Rotterdam*, Amsterdam 1959.

—, Redécouverte de Bayle, in ders., *Pierre Bayle. Le philosophe de Rotterdam*, Amsterdam 1959, pp. vii-xvii.

DIECKMANN, H., „Pierre Bayle: ‚Philosopher of Rotterdam'", *Journal of the History of Ideas* 22 (1961), pp. 131-136.

—, „Reflexionen über den Begriff Raison in der Aufklärung und bei Bayle", in F. SCHALK, *Ideen und Formen. Festschrift für H. Friedrich*, Frankfurt 1965, pp. 41-59.

—, „Form and Style in Pierre Bayle's Dictionaire historique et critique", in *Essays on European Literature in Honor of Liselotte Dieckmann*, hrsg. von P. U. HOHENDAHL, St. Louis 1972, pp. 179-190.

DINGEL, I., „La traduction du Dictionaire historique et critique de Pierre Bayle en allemand et sa réception en Allemagne", in H. BOTS, *Critique, savoir et érudition à la veille des Lumières. Le Dictionaire historique et critique de Pierre Bayle (1647-1706)*, Amsterdam-Maarssen 1998, pp. 109-124.

EHRARD, J., *L'idée de nature en France dans la première moitié du XVIIIe siècle*, Genf/Paris ²1981.

EUCKEN, R. C., „Pierre Bayle, der grosse Skeptiker, eine psychologische Studie", in ders., *Gesammelte Aufsätze zur Philosophie und Lebensanschauung*, Leipzig 1903, pp. 186-206.

FERRARI, F., *Les Sources françaises de la philosophie de Kant*, Paris 1979.

FEUERBACH, L., *Pierre Bayle. Ein Beitrag zur Geschichte der Philosophie und Menschheit* (*Gesammelte Werke*, hrsg. von W. SCHUFFENHAUER, Bd. 4), Berlin 1967.

FINGER, O., „Bemerkungen zu einer Entwicklungslinie: Feuerbachs Bayle-Rezeption", in *Studien zur Geschichte der russischen Literatur des 18. Jahrhunderts*, Bd. 2, Berlin 1968, pp. 40-61, pp. 382-385.

FONTIUS, M., „Blüteperioden und wissenschaftlicher Niedergang: Reflexionen bei Bayle und Lambert", in S. NEUMEISTER (Hrsg.), *Frühaufklärung*, München 1994, pp. 171-194.

FRANKE, U., „Mundus optimus – eine hermeneutische Kategorie. Leibniz' Verteidigung der Sache Gottes gegen Pierre Bayle", in A. HEINEKAMP/A. ROBINET, *Leibniz, le meilleur des mondes*, Stuttgart 1992, pp. 153-162.

FRÉMONT, C., „La triple vérité", *Revue des sciences philosophiques et théologiques* 76 (1992), pp. 43-55.

GROS, J.-M., „Sens et limites de la théorie de la tolérance chez Bayle", in O. ABEL/P.-F. MOREAU, *Pierre Bayle: la foi dans le doute*, Genf 1995, pp. 65-86.

—, „L'Apologie de Pascal", in H. BOST/P. DE ROBERT (Hrsg.), *Pierre Bayle, citoyen du monde. De l'enfant du Carla à l'auteur du Dictionnaire* (Actes du colloque de Carla-Bayle, 13-15 septembre 1996), Paris 1999, pp. 243-256.

GRUBE, D. M., „Fideismus", in *Religion in Geschichte und Gegenwart*, 5 Bde., Tübingen ⁴1998ff, Bd. 3 (2000), cols. 112-113.

HAAG, Eug. und Em., *La France Protestante*, Bd. 1, Paris ²1877, cols. 1053-1077.

HAASE, E., *Einführung in die Literatur des Refuge. Der Beitrag der französischen Protestanten zur Entwicklung analytischer Denkformen am Ende des 17. Jahrhunderts*, Berlin 1959.

HAXO, H. E., „Pierre Bayle et Voltaire avant les Lettres Philosophiques", *Publications of the Modern Language Association of America* 46 (1931), pp. 461-497.

HAZARD, P., „Le problème du mal dans la conscience européenne du dix-huitième siècle", *The Romanic Review* 32 (1941), pp. 147-170.

—, *La crise de la conscience européenne, 1680-1715*, Paris 1961.

HAZEWINKEL, H. C., „Pierre Bayle à Rotterdam", in P. DIBON, *Pierre Bayle. Le philosophe de Rotterdam*, Amsterdam 1959, pp. 20-47.

HEYD, M., *Between Orthodoxy and the Enlightenment. Jean-Robert Chouet and the Introduction of Cartesian Science in the Academy of Geneva*, Den Haag/Boston/London/Jerusalem 1982.

HOCHSTRASSER, T. J., „The Claims of Conscience: Natural Law Theory, Obligation, and Resistance in the Huguenot Diaspora", in J. C. LAURSEN, *New Essays on the Political Thought of the Huguenots of the Refuge*, Leiden 1995, pp. 15-51.

HOFMEISTER, H., *Philosophisch denken*, Göttingen 1991.

HUGUES, C., „Cantate en l'honneur de Bayle pour l'Inauguration de sa statue", in A. CAZÈS, *Pierre Bayle: sa vie, ses idées, son influence, son oeuvre*, Paris 1905, pp. 263f.

HUNTER, W. B. Jr., „The Seventeenth Century Doctrine of Plastic Nature", *Harvard Theological Review* 43 (1950), pp. 197-213.

JAKOBY, E., *Pierre Bayles Anschauung über Staat und Gesellschaft*, Diss., Frankfurt 1926.

JAMES, E. D., „Scepticism and Fideism in Bayle's Dictionnaire", *French Studies* vol. XVI, no. 4 (Oct. 1962), pp. 307-323.

JAUMANN, H., „Frühe Aufklärung als historische Kritik: P. Bayle und Christian Thomasius", in S. NEUMEISTER (Hrsg.), *Frühaufklärung*, München 1994, pp. 149-170.

JEANMAIRE, E., *Essai sur la critique religieuse de Pierre Bayle*, Strasbourg 1862.

JENKINSON, S. L., „Bayle and Leibniz: Two Paradigms of Tolerance and Some Reflections on Goodness without God", in J. C. LAURSEN, *Religious Toleration. The Variety of Rites from Cyrus to Defoe*, New York 1999, pp. 173-189.

JOSSUA, J.-P., „Pierre Bayle précurseur des théologies modernes de la liberté religieuse", *Revue des Sciences religieuses* 39 (1965), pp. 113-157.

—, *Pierre Bayle ou l'obsession du mal*, Paris 1977.

JÜNGEL, E., *Gott als Geheimnis der Welt*, Tübingen ⁶1992.

KEARNS, E. J., *Ideas in Seventeenth-Century France*, Manchester 1979.

KILCULLEN, J., „Bayle on the Rights of Conscience", in ders., *Sincerity and Truth. Essays on Arnauld, Bayle and Toleration*, Oxford 1988, pp. 54-105.

KLAUBER, M. I., „Between Protestant Orthodoxy and Rationalism: Fundamental Articles in the Early career of Jean Le Clerc", *Journal of the History of Ideas* 54 (1993), pp. 611-636.

KNETSCH, F. R. J., „Pierre Bayle", in M. GRESCHAT (Hrsg.), *Gestalten der Kirchengeschichte*, 12 Bde., Stuttgart 1981-1986, Bd. 8: *Die Aufklärung* (1983), pp. 157-170.

—, „Les idées unitaires de Pierre Jurieu (1637-1713)", in M. PERONNET (Hrsg.), *Naissance et affirmation de l'idée de tolérance. XVIe et XVIIIe siècle* (Actes du Vème colloque Jean Boisset), Montpellier 1988, pp. 233-253.

KOLAKOWSKI, L., „Pierre Bayle, critique de la métaphysique spinoziste de la substance", in P. DIBON, *Pierre Bayle. Le philosophe de Rotterdam*, Amsterdam 1959, pp. 66-80.

KREIMENDAHL, L., „Das Theodizeeproblem und Bayles fideistischer Lösungsversuch", in R. H. POPKIN/A. VANDERJAGT (Hrsg.), *Scepticism and Irreligion in the Seventeenth and Eighteenth Centuries*, Leiden 1993, pp. 267-281.

KRUSE, M., *Das Pascal-Bild in der französischen Literatur*, Hamburg 1955.

LABROUSSE, E., „Les coulisses du Journal de Bayle", in P. DIBON, *Pierre Bayle. Le philosophe de Rotterdam*, Amsterdam 1959, pp. 97-141.

—, „Documents relatifs à l'offre d'une chaire de philosophie à l'Université de Franeker au printemps de 1684", in P. DIBON, *Pierre Bayle. Le philosophe de Rotterdam*, Amsterdam 1959, pp. 234-237.

—, *Pierre Bayle, Du Pays de Foix à la cité d'Erasme*, Den Haag 1963.

—, *Pierre Bayle: hétérodoxie et rigorisme*, Paris ²1996.

—, *Pierre Bayle et l'instrument critique*, Paris 1965.

—, „Note à propos de la conception de la tolérance au XVIIIe siècle", *Studies on Voltaire and the Eighteenth Century* 56 (1967), pp. 799-811.

—, „Le paradoxe de l'érudit cartésien Pierre Bayle", in *Religion, érudition et critique à la fin du XVIIe siècle et au début du XVIIIe siècle*, Paris 1968, pp. 53-70.

—, *Notes sur Bayle*, Paris 1987.

—, „Pierre Bayle", in J.-P. SCHWOBINGER (Hrsg.), *Grundriss der Geschichte der Philosophie: Die Philosophie des 17. Jahrhunderts*, Bd. 2: *Frankreich und die Niederlande*, Basel 1993, pp. 1025-1050.

—, *Conscience et conviction. Études sur le XVIIe siècle*, Oxford 1996.

LAGRÉE, J., „La raison ardente. Religion naturelle et raison au XVIIe siècle", Paris 1991.

—, „Pierre Bayle et l'Eclaircissement sur les manichéens, 1701: le mal et le système", in H. BOTS, *Critique, savoir et érudition à la veille des Lumières. Le Dictionaire historique et critique de Pierre Bayle (1647-1706)*, Amsterdam-Maarssen 1998, pp. 321-340.

LANDUCCI, S., *La teodicea nell'età cartesiana*, Neapel 1986.

LAPLANCHE, F., *Orthodoxie et prédication. L'oeuvre d'Amyraut et la querelle de la grâce universelle*, Paris 1965.

—, „Tradition et modernité au XVIIe siècle. L'exégèse biblique des protestants français", *Annales de l'Ecole des Hautes Etudes en Sciences Sociales* mai-juin, n. 3 (1985), pp. 463-488.

—, *L'écriture, le sacré et l'histoire. Erudits et politiques protestants devant la Bible en France au XVIIe siècle*, Amsterdam-Maarssen 1986.

LÉNIENT, C., *Étude sur Bayle*, Paris 1855, Repr. New York 1972.

LÉON-MIEHE, A., „Pierre Bayle, l'homme qui démasque", in *Libertinage et philosophie au XVIIe siècle*, N°5: *Les libertins et le masque: simulation et représentation*, Journée d'étude organisée par (...) A. MCKENNA/P.-F. MOREAU, Saint-Etienne 2001, pp. 163-170.

LÉVY-BRUHL, L., „Les tendances générales de Bayle et de Fontenelle", *Revue d'histoire de la philosophie* 1 (1927), pp. 49-68.

Libertinage et philosophie au XVIIe siècle, N°5: *Les libertins et le masque: simulation et représentation*, Journée d'étude organisée par (...) A. MCKENNA/P.-F. MOREAU, Saint-Etienne 2001.

MAHLMANN, T., „Prädestination. V. Reformation bis Neuzeit", *Theologische Realenzyklopädie*, teilw. hrsg. von G. KRAUSE und G. MÜLLER, Bd. 27, Berlin/New York 1997, pp. 118-156.

MASON, H. T., *Pierre Bayle and Voltaire*, London 1963.

MATTON, S., „Quelques figures de l'antiplatonisme de la Renaissance à l'Age Classique", in *Contre Platon. I: Le platonisme dévoilé*, textes réunis par M. DIXSAUT, Paris 1993, pp. 357-413.

MCKENNA, A., „Rationalisme moral et fidéisme", in H. BOST/P. DE ROBERT (Hrsg.), *Pierre Bayle, citoyen du monde. De l'enfant du Carla à l'auteur du Dictionnaire* (Actes du colloque de Carla-Bayle, 13-15 septembre 1996), Paris 1999, pp. 257-274.

MONOD, A., *De Pascal à Chateaubriand: les défenseurs français du christianisme de 1670 à 1802*, Paris 1916, Repr. New York 1971.

MORI, G., *Tra Descartes e Bayle. Poiret e la teodicea*, Bologna 1990.

—, *Introduzione à Bayle*, Rom/Bari 1996.

—, „L',athée spéculatif' selon Bayle: permanence et développements d'une idée", in M. MAGDELAINE ET AL., *De l'Humanisme aux Lumières, Bayle et le protestantisme. Mélanges en l'honneur d'Élisabeth Labrousse*, Oxford 1996, pp. 595-609.

—, „Interpréter la philosophie de Bayle", in H. BOST/P. DE ROBERT (Hrsg.), *Pierre Bayle, citoyen du monde. De l'enfant du Carla à l'auteur du Dictionnaire* (Actes du colloque de Carla-Bayle, 13-15 septembre 1996), Paris 1999, pp. 303-324.

—, *Bayle philosophe*, Paris 1999.

NEUMEISTER, S., „Pierre Bayle oder die Lust der Aufklärung", in H. A. KOCH/A. KRUP-EBERT, *Welt der Information. Wissen und Wissensvermittlung in Geschichte und Gegenwart*, Stuttgart 1990, pp. 62-78.

—, „Pierre Bayle und der Mythos. Postmoderne Lektüre eines protestantischen Querdenkers", in ders. (Hrsg.), *Frühaufklärung*, München 1994, pp. 127-148.

—, „Pierre Bayle. Ein Kampf für religiöse und politische Toleranz", in L. KREIMENDAHL (Hrsg.), *Philosophen des 17. Jahrhunderts*, Darmstadt 1999, pp. 222-237.

NIESEL, W., *Die Theologie Calvins*, München ²1957.

NORTON, D., „Leibniz and Bayle: Manicheism and Dialectic", *Journal of the History of Philosophy* 2 (1964), pp. 23-36.

O'CATHASAIGH, S., „Bayle and Locke on toleration", in M. MAGDELAINE ET AL., *De l'humanisme aux Lumières. Bayle et le protestantisme, Mélanges en l'honneur d'Élisabeth Labrousse*, Oxford 1996, pp. 679-692.

OSLER, M., „Triangulating Divine Will: Henry More, Robert Boyle, and René Descartes on God's Relationship to the Creation", in M. L. BALDI, *„Mind Senior to the World". Stoicismo e origenismo nella filosofia platonica del Seicento inglese*, Milano 1996, pp. 75-87.

PAGANINI, G., *Analisi della fede e critica della ragione nella filosofia di Pierre Bayle*, Florenz 1980.

—, „Fidéisme ou ,modica theologia'? Pierre Bayle et les atavars de la tradition érasmienne", in H. BOTS, *Critique, savoir et érudition à la veille des Lumières. Le Dictionaire historique et critique de Pierre Bayle (1647-1706)*, Amsterdam-Maarssen 1998, pp. 389-409.

PAILHES, C., „Catholiques et protestants en Pays de Foix au temps de Bayle (vers 1630-1685)", in H. BOST/P. DE ROBERT (Hrsg.), *Pierre Bayle, citoyen du monde. De l'enfant du Carla à l'auteur du Dictionnaire* (Actes du colloque de Carla-Bayle, 13-15 septembre 1996), Paris 1999, pp. 29-62.

PANNENBERG, W., *Systematische Theologie*, 3 Bde., Göttingen 1988-1993.

PARADIS, M., „Les fondements de la tolérance universelle chez Bayle: La séparation de l'Eglise et de l'état", in E. GREFFIER/M. PARADIS, *The Notion of Tolerance and Human Rights. Essays in Honour of R. Klibanski*, Carleton 1991, pp. 25-35.

PENELHUM, T., *God and Skepticism*, Dordrecht 1983.

PITTION, J. P., „Hume's Reading of Bayle: An Inquiry into the Source and Role of the Memoranda", *Journal of the History of Philosophy* 15 (1977), pp. 373-386.

—, „Notre maître à tous: Aristote et la pensée réformée française au XVIIe siècle", in M. MAGDELAINE ET AL., *De l'humanisme aux Lumières. Bayle et le protestantisme. Mélanges en l'honneur d'Élisabeth Labrousse*, Oxford 1996, pp. 429-443.

POMIAN, K., „Piotr Bayle wobec socynianizmu", *Archiwum historii filozofii i mysli spolecznej* 6 (1960), pp. 101-180 (p. 181f. französische Zusammenfassung).

POPKIN, R. H., „Pierre Bayle's Place in 17th Century Scepticism", in P. DIBON, *Pierre Bayle. Le philosophe de Rotterdam*, Amsterdam 1959, pp. 1-19.

—, „An Unpublished Letter of Pierre Bayle to Pierre Jurieu", in P. DIBON, *Pierre Bayle. Le philosophe de Rotterdam*, Amsterdam 1959, pp. 216-218.

—, „The High Road to Pyrrhonism", *American Philosophical Quarterly* 2-1 (1965), pp. 18-32.

POSER, H., „Die beste der möglichen Welten? Ein Topos leibnizscher Metaphysik im Lichte der Gegenwart", in A. HEINEKAMP/A. ROBINET, *Leibniz: le meilleur des mondes*, Stuttgart 1992, pp. 23-36.

PUAUX, F., *Les précurseurs français de la tolérance au XVIIe siècle*, Paris 1881, Repr. Genf 1970.

„Rationalismus", in *Philosophisches Wörterbuch*, hrsg. von G. SCHISCHKOFF, Stuttgart ¹⁷1965, pp. 489-490.

RAYMOND, M., „Pierre Bayle et la conscience malheureuse", in ders., *Vérité et poésie*, Neuchâtel 1964, pp. 39-60.

RÉTAT, P., *Le Dictionnaire de Bayle et la lutte philosophique au XVIIIe siècle*, Paris 1971.

—, „Libertinage et hétérodoxie: Pierre Bayle", *XVIIe Siècle* 127 (1980), pp. 197-211.

—, „Logique et rhétorique: la ,Réponse aux questions d'un provincial' de Bayle", in J. JEHASSE ET AL., *Mélanges offerts à Georges Couton*, Lyon 1981, pp. 455-469.

REVENTLOW, H. Graf, „Bibelexegese als Aufklärung. Die Bibel im Denken des Johannes Clericus (1657-1736)", in H. Graf REVENTLOW/W. SPARN/J. WOODBRIDGE (Hrsg.), *Historische Kritik und biblischer Kanon in der deutschen Aufklärung*, Wiesbaden 1988, pp. 1-19.

REX, W. E., „Pierre Bayle, Louis Tronchin et la querelle des donatistes", *Bulletin de la Société de l'Histoire du Protestantisme Français* 105 (1959), pp. 97-121.

—, „Pierre Bayle: the Theology and Politics of the Article on David", *Bibliothèque d'Humanisme et Renaissance* 24 (1962, 1963), pp. 168-189, pp. 366-403.

—, *Essays on Pierre Bayle and Religious Controversy*, Den Haag 1965.

—, „Bayle, Jurieu and the Politics of Philosophy. A Reply to Professor Popkin", in T. M. LENNON ET AL., *Problems of Cartesianism*, Montreal 1982, pp. 83-94.

ROBINET, A., „L'aphilosophie de P. Bayle devant les philosophies de Malebranche et de Leibniz", in P. DIBON, *Pierre Bayle. Le philosophe de Rotterdam*, Amsterdam 1959, pp. 48-65.

SAIGEY, E. „La théologie de Bayle", *Nouvelle Revue de Théologie* 5 (1860), p. 1-22.

SAINTE-BEUVE, C.-A., „Du génie critique et de Bayle", in ders., *Portraits littéraires*, hrsg. von G. ANTOINE, Paris 1993, pp. 250-266.

—, *Nouveaux lundis*, 13 Bde., Paris ²1874.

SAUDER, G., „Bayle-Rezeption in der deutschen Aufklärung", *Deutsche Vierteljahrsschrift für Literaturwissenschaft und Geistesgeschichte*, Sonderheft „18. Jahrhundert" (1975), pp. 83-104.

SCHALK, F., *Studien zur französischen Aufklärung*, Frankfurt am Main ²1977.

SCHNEIDER, G., *Der Libertin. Zur Geistes- und Sozialgeschichte des Bürgertums im 16. und 17. Jahrhundert*, Stuttgart 1970.

SCHOELL, T., „Le protestantisme de Bayle, à propos de deux livres récents", *Bulletin de la Société de l'Histoire du Protestantisme Français* 57 (1908), pp. 359-375.

SCRIBANO, M. E., „La presenza di Bayle nell'opera di Bernard de Mandeville", *Giornale critico della filosofia italiana* 60 (1981), pp. 186-220.

SENOFONTE, C., *Pierre Bayle, dal calvinismo all'illuminismo*, Neapel 1978.

SERRURIER, C., *Pierre Bayle en Hollande, étude historique et critique*, Lausanne 1912.

SHACKLETON, R., „Bayle and Montesquieu", in P. DIBON, *Pierre Bayle. Le philosophe de Rotterdam*, Amsterdam 1959, pp. 142-149.

SINA, M., „Origenismo e anti-agostinismo in Jean Le Clerc diffusore della cultura inglese", in M. L. BALDI (Hrsg.), *„Mind Senior to the World". Stoicismo e origenismo nella filosofia platonica del Seicento inglese*, Milano 1996, pp. 293-312.

SOLÉ, J., „Religion et méthode critique dans le ‚Dictionnaire' de Bayle", in *Religion, érudition et critique à la fin du XVIIe siècle et au début du XVIIIe siècle*, Paris 1968, pp. 71-117.

—, „Religion et conception du monde dans le Dictionnaire de Bayle", *Bulletin de la Société de l'Histoire du Protestantisme Français* 117 (1971), pp. 545-581, 118 (1972), pp. 55-98, pp. 483-510, pp. 650-682.

—, *Le débat entre protestants et catholiques français de 1598-1685*, 3 Bde., Paris 1985.

SPINK, J., *French Free Thought from Gassendi to Voltaire*, London 1960.

STRICKER, N., „Le sage de Charron: une réévaluation", in P.-F. MOREAU, *Le scepticisme au XVIe et au XVIIe siècle* (Le retour des philosophies antiques à l'Age classique, Bd. II), Paris 2001, pp. 164-173.

—, „La théologie masquée de Pierre Bayle", in *Libertinage et philosophie au XVIIe siècle*, N° 5: *Les libertins et le masque: simulation et représentation*, Journée d'étude organisée par (...) A. MCKENNA/P.-F. MOREAU, Saint-Etienne 2001, pp. 149-162.

SUGG, E. B., *Pierre Bayle. Ein Kritiker der Philosophie seiner Zeit* (Forschungen zur Geschichte der Philosophie und der Pädagogik, hrsg. von A. SCHNEIDER/W. KAHL, IV. Band, Heft 3), Leipzig 1930.

TALLURI, B., „Note su Pierre Bayle e il problema morale", *Rivista critica di Storia della Filosofia* XII, 4 (1957), pp. 435-445.

THIJSSEN-SCHOUTE, C. L., „La diffusion européenne des idées de Bayle", in P. DIBON, *Pierre Bayle. Le philosophe de Rotterdam*, Amsterdam 1959, pp. 150-195.

TOCANNE, B., *L'idée de nature en France dans la seconde moitié du XVIIe siècle*, Paris 1978.

TURCHETTI, M., „La liberté de conscience et l'autorité du magistrat au lendemain de la Révocation. Aperçus du débat touchant la théologie morale et la philosophie politique des Réformés: Pierre Bayle, Noël Aubert de Versé, Pierre Jurieu, Jacques Philipot et Elie Saurin", in H. R. GUGGISBERG ET AL., *La liberté de conscience (XVIe – XVIIe siècles)*, Genf 1991, pp. 289-367.

VAHANIAN, G., „Pierre Bayle ou les prémices d'une théologie postmoderne", in H. BOST/P. DE ROBERT (Hrsg.), *Pierre Bayle, citoyen du monde. De l'enfant du Carla à l'auteur du Dictionnaire* (Actes du colloque de Carla-Bayle, 13-15 septembre 1996), Paris 1999, pp. 325-342.

VERNIÈRE, P., *Spinoza et la pensée française avant la Révolution. Première Partie: XVIIe siècle*, Paris 1954.

VOELTZEL, R., *Vraie et fausse Eglise selon les théologiens protestants du XVIIe siècle*, Paris 1956.

WALKER, D. P., *The Decline of Hell. Seventeenth-Century Discussions of Eternal Torment*, London 1964.

WALTER, P., „Fideismus", in *Lexikon für Theologie und Kirche*, 11 Bde., Freiburg ³1993-2001, Bd. 3 (2000), cols. 1272-1273.

WEISCHEDEL, W., *Der Gott der Philosophen*, 2 Bde., München 1979.

WENDEL, F., *Calvin. Sources et évolution de sa pensée religieuse*, Genf ²1985.

WHELAN, R., „Pierre Bayle, critique et créateur des mythes des origines", in *Primitivisme et mythes des origines dans la France des Lumières 1680-1820*, Paris 1989, pp. 119-128.

—, „The Wisdom of Simonides: Bayle and La Mothe le Vayer", in R. H. POPKIN/A. VANDERJAGT (Hrsg.), *Scepticism and Irreligion in the Seventeenth and Eighteenth Centuries*, Leiden 1993, pp. 230-253.

—, „Les Réformateurs radicaux dans le *Dictionnaire* de Bayle: analyse d'une attitude ambivalente", in G. GROS, *La Bible et ses raisons: diffusion et distorsions du discours religieux (XIVe-XVIIe siècle)*, Saint-Etienne 1996, pp. 257-267.

WHITMORE, P. J. S., „Bayle's Criticism of Locke", in P. DIBON, *Pierre Bayle. Le philosophe de Rotterdam*, Amsterdam 1959, p. 81-96.

WOLFES, M., „Bornhausen, Karl-Eduard", in *Biographisch-Bibliographisches Kirchenlexikon*, begr. u. hrsg. von F. W. BAUTZ, fortgef. von T. BAUTZ, Bd. 15, Herzberg 1999, cols. 264-286.

WOOTTON, D., „Pierre Bayle, libertine?", in M. A. STEWART, *Studies in Seventeenth-Century Philosophy*, Oxford 1997, pp. 197-226.

Autoren- und Personenregister

Abbadie, J. 172
Abel, O. 20, 22, 57, 198, 232
Adam, Ch. 49, 147, 149
Adams, G. 218
Amyraut, M. 86, 179, 181
Antoine, G. 6
Aristoteles 34, 147, 233
Arminius, J. 88
Armogathe, J.-R. 221-224
Armstrong, B. G. 88, 181, 232
Arnauld, A. 16, 66, 157, 172
Augustinus 48, 81, 107, 134, 138, 145,
    148, 161, 166, 171, 180, 192, 200,
    201, 204

Bacon, F. 82
Baldi, M. L. 97, 98, 156
Barber, W. H. 13, 55, 58
Barth, H.-M. 61, 77, 106, 135, 150, 188
Barthel, P. 197
Bautain, L. E. 25
Bautz, F. W. 11
Bautz, T. 11
Bayle, J. 4
Becker, P. A. 12
Belin, C. 29
Bell, M. 228, 229
Benda, J. 216, 217
Benoit, D. 27
Bergeron, H.-F. 172
Berkeley, G. 220
Berkvens-Stevelinck, C. 199, 202, 225
Bernard, J. 5, 65, 75-88, 107, 122, 123,
    126, 127, 131, 136, 191
Bernard, W. 23, 56, 196, 199, 202, 203
Bernier, F. 134, 233
Betts, C. J. 227
Beyreuther, E. 14, 15, 224-228
Beza, T. 171, 176, 180

Bianchi, L. 20, 21, 38, 53, 158, 195, 204,
    205, 208
Birnstiel, E. 22, 221, 223, 224
Bizeul, Y. 23, 56, 196, 199, 202, 203
Bloch, O. 33
Bohatec, J. 146
Boisset, J. 59
Bolin, W. 9, 10, 230
Bornhausen, K. 11, 12, 60, 202, 203,
    209, 211
Bornkamm, H. 14, 15, 226, 227
Bost, H. 3, 20-22, 96, 177, 196, 198,
    202, 208, 221, 223, 224, 231
Bots, H. 20, 161, 174, 182, 202, 212, 221
Bourel, D. 221-224
Bracken, H. M. 220
Brahami, F. 24, 25, 82, 203
Breteau, J.-L. 98
Brogi, S. 22, 64, 77, 79, 80, 83, 90, 103,
    121, 123, 126, 139, 171, 175, 203
Brunschvicg, L. 171, 211, 226
Brush, C. B. 18, 56-58, 64, 130, 200
Bucher, T. G. 56, 231
Buckley, M. J. 220
Budde, F. 226

Cabanel, P. 231
Calvin, J. 27, 37, 41, 46, 50, 55, 77, 83,
    109, 131, 143-146, 151, 162, 167,
    168, 171, 173-176, 178, 180-186, 191,
    198, 200, 206, 207
Cameron, J. 179
Cappel, L. 47
Cappiello, I. 20, 204, 208
Caramello, P. 179, 192
Carlson, W. R. 232
Carneades 37
Cassirer, E. 13, 97, 152, 153, 201, 218,
    221, 231

Sachregister